KB159573

진보는 차별을 없앨 수 있을까

김진석 지음

진보는 차별을 없앨 수 있을까

2020년 9월 14일 초판 1쇄

지은이 | 김진석

편   집 | 김희중
제   작 | 영신사

펴낸이 | 장의덕
펴낸곳 | 도서출판 개마고원
등   록 | 1989년 9월 4일 제2-877호
주   소 | 경기도 고양시 일산동구 호수로 662 삼성라끄빌 1018호
전   화 | (031) 907-1012, 1018
팩   스 | (031) 907-1044
이메일 | webmaster@kaema.co.kr

ISBN 978-89-5769-474-9 (93300)
ⓒ 김진석, 2020. Printed in Goyang, Korea

• 책값은 뒤표지에 표기되어 있습니다.
• 파본은 구입하신 서점에서 교환해 드립니다.

※ 이 책은 인하대학교의 연구비 지원을 받았습니다.

이 도서는 한국출판문화산업진흥원의
'2020년 출판콘텐츠 창작 지원 사업'의 일환으로
국민체육진흥기금을 지원받아 제작되었습니다.

진보는 차별을 없앨 수 있을까

나쁜 차별과 사회가 정당화하는 차별

김진석 지음

개마고원

차례

넓은 의미의 폭력적 차별,
그 해결난망에 대하여

한국 사회에는 차별이 많다. 그런데 차별을 금지하는 법이 아직도 도입되지 못하고 있다. 차별을 개선할 수 있는 법과 정책들이 가능한 한 빨리 그리고 포괄적으로 도입되길 나는 바란다. 이 지점에서 나는 진보적인 방향으로 차별금지법이 만들어지길 바란다.

그러나 나는 이 책에서 더 포괄적인 문제에 대해 논의하고자 한다. 차별금지법을 잘 만들더라도, 사회가 생산하는 다양한 차별과 불평등을 해결하기는 어렵다는 점이다. 평등과 자유를 포함한 인권의 이념에 호소하는 차별금지법을 만드는 일은 중요하지만, 그것으로도 사회적 문제인 차별과 불평등은 해결되지 않을 것이라는 게 이 책이 우선 다루는 문제다.

일단 헌법이나 인권 차원에서 어떤 차별도 금지한다는 것과, 형법의 차원에서 차별을 처벌의 대상으로 삼는 것은 서로 다른 일이라는 데 주의를 기울일 필요가 있다. 법을 통해 일정 범위에서 사회적 차별과 갈등을 해결할 수 있기는 하지만, 그렇다고 모든 차별이나 권력관계가 법으로 해결되지는 않을 것이다. 오히려 실정법은 여러 점에서 현재의 권력관계나 기득권을 인정해주며, 사회적으로 정당화된 차별적인 관계도 법률로써 정당화해주는 면이 있다. 다르게 말하면 실정법과 자연법 사이에는 큰 차이가 있는데, 인권 이념은 알게 모르게 자연법에 의존하는 경향이 크다.

이 책은 좁은 의미의 차별과 넓은 의미의 차별을 구별할 것이다. 앞의 것은 우리가 알고 있는 나쁜 의미의 차별이며, 차별금지법을 통해서 일정 정도로 개선할 수 있고 규제할 수 있는 것이다. 후자는 그 범위를 넘어서는 것이다. 말하자면 사회에서 여러 이유로 '정당하다'고 인정되거나 묵인되거나 심지어 생산되는 차별이다. 교육경쟁 과정에서 생기는 학력차별이 대표적이다. 남녀평등이라는 고전적 목표로는 더 이상 설명하기 어려운 젠더차별도 여기에 속하며, 중앙과 지방의 차별이나 '원래의' 국민과 이주해온 국민 사이의 차별 등도 여기에 속한다. 그것들은 사회제도와 사회시스템에 의해 생산되고 뒷받침되며, 더 나아가 사회적 기능이나 권력관계에 의해 정당화되거나 묵인된다.

사회적 차별과 불평등의 문제를 다룰 때 이제까지는 진보적인 관점이 효과가 있었고, 실제로 진보 또는 좌파가 차별을 개선하려는 데 적극적이었다. 차별금지법이라는 성과가 생긴다면 그것도 기본적으로는 진보적이거나 좌파적 접근의 성과라고 할 수 있다. 그러나 그런 차별금지법으로 해결되기 어려운 형태의 차별들이 있다.

조금 강하게 표현하자면, 학력경쟁과 소득경쟁과 자산경쟁에서는 자칭 진보도 보수와 큰 차이가 나지 않는다. 부동산가격 폭등의 문제에서도 보수와 진보의 차이는 별로 없다. 좁은 의미의 차별을 없애는 데는 보수보다 진보적 관점이 낫고 또 중요하지만, 넓은 의미의 차별은 보수와 진보의 구별에 의해 제대로 다루기 힘든 이유가 여기에 있다.

특히 교육은 점점 폭력적인 차별을 생산하는 역할을 하고 있다. 교육은 근대 이후 자유와 평등을 실현하고 자아를 실현하는 중요한 공간이었지만, 20세기 중반 이후 점점 학력차별을 정당화하는 매우 기괴한 과정이 되었다. 실제로 폭력적인 차별이 가장 합법적으로 생산되고 정당화되는 공간이 바로 교육과정이다.

물론 나쁜 의미의 학력차별이 있다. 그러나 현재 교육시스템이 유발하는 학력차별은 그 나쁜 의미의 차별에만 국한되지 않는다. 대학입시 과정, 다양한 스펙을 쌓는 과정, 취업준비를 하는 과정, 그리고 시험결과에 의해 사람의 능력과 실력이 평가되는 일 자체가 폭력성을 띠고 있기 때문이다. 단순히 그 과정들에 편법이나 불법이 개입한다는 말이 아니다. 합법적인 사회 제도, '정상적'인 발전 과정, '뉴 노멀'이라고 여겨지는 진화 과정도 얼마든지 폭력적인 성격을 띤다. 경쟁의 과열은 다수를 피곤하게 만들지만, 사람들은 거기서 벗어나지 못한 채 자신의 모든 수단과 능력을 동원한다. 그런데도 사회와 정부는 그 제도나 경쟁을 개선하지 못한다. 이처럼 좁은 의미의 차별을 넘어가는 넓은 의미의 차별이 많다.

젠더차별도 좁은 의미의 차별과 넓은 의미의 차별로 나눌 수 있다. 인권의 관점에서 차별금지법으로 다룰 수 있는 '나쁜' 젠더차별이 있고, 단순히 차별금지법으로 해결하기 어려운 넓은 의미의 차별로서 젠더 갈등이 있기 때문이다. 남녀 구별을 둘러싼 갈등, 또 동성애와 트랜스젠더를 둘러싼 갈등 가운데 적지 않은 것들은 단순히 일률적으로 법으로 금지할 수 있는 차별이 아닐 것이다. 이를테면 군복무 인정을 둘러싼 오래되었지만 쉽게 해결되지 않는 갈등도 그 예이다. 또 동성애자의 군 입대를 일반적으로 거부할 수 있는가? 또 트랜스젠더가 여자대학에 입학하거나 여군에 입대하는 것을 금지할 수 있는가? 또 국회의원을 비롯한 정치적 대표자 비율에서 여성이 불평등하다는 불만에 대해 차별금지법이 정답을 줄 수 있는가? 그 물음에 대해 현재 어떤 결정을 내리더라도, 그것은 잠정적인 성격을 가질 뿐이다.

더 나아가면, 부동산가격 폭등에서 기인하는 차별적 갈등이 있고, 수도권과 지방의 차별에서 오는 차별적 갈등도 있다. 특히 부동산 문제는 점점 차별적인 갈등을 야기하고 있다. 역대 모든 정부들이 그랬지만 현 정부도 효과적으로 다루지 못하는 문제 가운데 하나가 이것이다. 코로나 바이러스의 피해 속에서도 부동산가격이 심상치 않자 정부는 2020년 6월에 또 다시 부동산 대책을 내놓았는데, 거기서 심각해진 차별적 갈등의 모습이 더 폭력적으로 드러난다. 주택가격이 오르자 대출을 어렵게 만드는 것이 정부가 발표한 대책의 핵심인데, 그 결과로 이제까지 주택을 구입하지 못한 실수요자들의 주택 구입도 매우 힘들어졌기 때문이다. 결과적으로 형편이 안 좋거나 새로운 세대에게 불리한 정책인 셈이다. 지금까지 형편이 괜찮은 사람들은 대출을 받아 상대적으로 쉽게 주택을 구입했고 그 과정에서 부동산 문제가 커졌는데, 이제 형편이 안 좋은 사람들에게 그 문제의 짐을 떠넘기는 정책은 효과도 없을 뿐 아니라 차별적이다.

넓은 의미의 차별은 보수와 진보가 대결하는 정치 및 정책의 방식으로는 해결하기 점점 어려워지고 있다. 학력경쟁뿐 아니라 다양한 재테크의 실행에서 보수와 진보 사이에는 별 차이가 없기 때문이다. 여기서 그치지 않는다. 넓은 의미의 차별은 오히려 정치이념의 대립에 의해 부추겨진다. 미국과 한국이 특히 심하지만, 다른 곳에서도 정치적 이념의 대립은 갈등을 부추기고 경직되게 만든다. 정치적 이념의 대립은 갈등을 다루는 관점을 좁고 단순하게 만드는 경향이 크기 때문이다. 시장이냐 정부냐, 큰 정부냐 작은 정부냐, 우리 편이냐 아니냐, 보수냐 진보냐의 이분법이 거칠게 작동한다. 그런데도 사람들은 여전히 그리로 몰린다.

보수는 사회에 존재하는 폭력을 지나치게 경제성장과 권위의 이름으로 정당화하려는 경향이 있다. 반면에, 진보는 이념적으로 과도하게 인권을 강조하며 모든 차별을 없앨 수 있는 것처럼 주장하는 경향이 크다. 그러다보니, 이전의 책에서 언급했듯이, 진보가 선한 의지를 강조하다가 위선을 저지르는 반면, 보수는 위악僞惡스러운 일을 피할 수 없다고 말하며 정말 악한 짓을 한다. 강자를 위한다는 도덕도 위험하지만, 약자를 위하기만 하면 된다는 도덕도 충분하지 않다.

물론 진보나 좌파는 불평등과 자본주의 그리고 거대기업 권력을 비판하는 데서는 분명히 보수보다 적극적이다. 나도 정치적으로는 진보를 지지했고, 제대로 된 중도가 자리를 잡지 못하는 지금도 진보에 가깝다. 그러나 이제 단순히 보수와 진보로 쏠린 정치 진영 가운데서 하나를 택일하는 관행에서 벗어나야 한다. 또는 현재 상황에서 진보를 지지하더라도, 단순하고 또는 심지어 맹목적으로 진보의 이념을 따르기만 하면 된다고 생각할 필요는 없다. 보수와 진보라는 경직된 정치적 대립에 대한 회의, 그리고 그 대립에 의존해서 사회갈등을 다루는 관행에 대한 이의제기가 필요하다.

실제로 자칭 진보의 상당수는 고학력·고소득 계층이 되었고, 사회적 지위와 인적 자본도 소유하고 있다. 그들의 말과는 달리 실제로 불평등이나 자본주의의 위험을 줄이는 성과를 내기는 어렵다는 것이다. 그들이 꼭 나쁘거나 위선에 빠져서가 아니다. 고학력·고소득은 사회적으로 안전과 권력을 확보하게 해주며, 거기에서는 보수와 진보라는 이념적 구별은 별 의미가 없다. 저학력·저소득 계층의 불만이 커지지만, 그 불만이 고학력 위주의 진보에 의해 대변되기 어려운 까닭이 거기 있다. 결국 자칭 진보는 좁은 의미의 차별은 개선하지만, 넓은 의미의 차별이나 불평등을 해결하기는 어렵다. 그들 스스로 이것의 생산에 기여하기 때문이다. 학력과 소득과 자산의 격차는 점점 서로 연결되고, 이것들은 넓은 의미의 차별을 구성한다.

자칭 진보에는 점점 고학력 부르주아들이 많이 진을 치게 되었고, 거꾸로 상당수의 저학력자와 저소득자는 보수 쪽으로 떠밀려가고 있다. 전통적인 보수와 진보의 역할에 상당한 변화가 일어날 수밖에 없다. 2019년에 '조국 사태'가 일어났었는데, 우연이 아니었다. 진보를 자처한 정권은 물론 보수 정권보다 진보적인 정책을 펼 것이라 기대되고 또 보수보다 많이 신경을 쓰긴 하지만, 실질적으로 그것을 줄일 수 있다는 신뢰는 점점 줄어들고 있다.

물론 자칭 진보의 정치적 동일성만 변했다거나 변질됐다는 말은 아니다. 전반적으로 학력경쟁과 일자리경쟁은 대부분의 나라에서 일어났으며, 미국뿐 아니라 유럽의 대도시에서도 부동산가격은 폭등했다. 그만큼 전반적인 분위기에 변화가 있었다. 사회적 불확실성이 커지는 상황에서 소비생활의 수준은 높아졌고, 소득과 재테크에 대한 관심이 커졌다. 더 나아가 안전에 대한 관심도 커졌다. 자유와 평등이 확대되었지만, 위험에 대한 감수성과 안전에 대한 욕구도 커졌다. 서로의 자유를 침해하지 않으면서 연대하는 근대적 자유주의는 더 이상 과거처럼 지속되기 어려워졌다. 진보적 이념을 재생산하는 것만으로는 충분하지 않은 지점들이 빠르게 늘어나고 있고, 그것만으로 충분한 세상은 저 멀리 지나가고 있다. 인공지능의 빠른 발달은 앞으로 점점 인간의 일자리를 축소할 가능성이 클 뿐 아니라, 여러 점에서 문제적이다. 기후재난에 대한 불안과 불만은 크지만, 그 문제도 쉽게 해결되기 어렵다. 소비 수준은 높아지고 범위는 확대되고 있기 때문이다. 올해 코로나 전염병도 이제까지의 근대적 모델은 충분하지 않다는 점을 일깨웠다. 그리고 미·중 사이의 폭력적 갈등도 이제 본격적으로 시작되고 있다.

*

넓은 의미의 차별 또는 사회적으로 정당화되는 차별들은 이제까지 근대적 사고에서 제대로 다루어지지 않았다. 또는 기껏해야 정치적으로 다뤄졌다. 크게 보면, 보수는 그것이 사회적으로 정당화되니 문제없다고 여겼던 반면에, 진보는 그것을 인권을 통해 쉽게 극복할 수 있다고 여겼다. 넓은 의미의 차별이 보수와 진보라는 정치적인 구별을 통해 다뤄지기 어려운 이유가 바로 거기에 있다. 그 차별에 대한 서로 다른 접근이 애초에 보수와 진보라는 구별을 낳았기 때문이다. 그러나 보수와 진보라는 정치적 구별만이 문제는 아니다. 여기서 보수와 진보라는 정치적 구별을 낳은 근대적 분위기 자체를 관찰할 필요가 있다.

근대사회는 무엇보다 희망을 주는 권리나 이념을 퍼트렸다. 평등과 자유를 포함하는 권리, 자유주의뿐 아니라 사회주의도 거기에 속한다. 공론장에 대한 기대, 공공의 권력이 합리성을 가진다는 믿음과 복지국가에 대한 기대도 그렇다. 능력주의도 거기에 속한다. 우리가 아는 대단한 믿음과 이념들이 거의 다 거기에 속한다. 물론 그것들의 효과가 사라진 것은 아니다. 그러나 그저 그것을 믿고 앞으로 나아가기만 하면 되는 시대는 저물어가고 있다. 그것들만으로 다루지 못하거나 심지어 그것들이 부추기고 생산하는 넓은 의미의 폭력적 차별들이 있다. 기본권만으로 사회 갈등을 다루기 어렵고, 능력주의가 사람들에게 공정한 기회를 주는 것도 아니다. 그렇다고 인권과 능력주의가 서로를 조화롭게 보완해주지도 않는다. 그런데도 사회적 갈등을 다루는 현재의 접근방식은 대부분 바로 저 이념들에 근거한다.

흔히 '차별'은 전적으로 나쁜 의미를 가진다고 여겨지지만, 거기서부터 모호성이나 오해가 발생한다. 일단 좁은 의미의 차별과 넓은 의미의 차별을 구별함으로써 그 모호성과 오해를 일정 부분 막을 수 있지만, 그 구별은 넓은 의미의 차별이 어떤 맥락에서 생기는지를 알려주지는 않는다. 넓은 의미의 차별이 사회에서 많건 적건 묵인되거나 정당화되는 제도에 의존한다는 점도 중요하지만, 그렇게만 말하면 폭력적인 사실들의 모습은 잘 드러나지 않는다. 또 넓은 의미의 차별은 기득권계급의 지배 때문에 생길 수도 있지만, 그렇다고 기득권계급과 억압받는 계급을 너무 단순하게 구별한다면 착각일 것이다. 이 책이 주의를 기울이며 또 다루는 넓은 의미의 차별은 고정된 계급에 의해 발생한다기보다는 방금 말한 폭력적 사실들의 결과이자 다시 그것을 부추기는 원인으로 작용한다.

근대적 공공성이나 이성을 믿는 사람들은 차별과 폭력이 그것에 의해 충분히 관리되거나 해결될 수 있으며, 정당에 의한 대의정치가 그 일을 충분히 해준다고 말한다. 정말 그럴까? 나는 아니라고 생각한다. 물론 그것들이 의미를 완전히 잃지는 않았다. 그러나 무조건 그것에만 호소하면 되는 시대는 지나가고 있다. 정당 조직조차 진영논리에 빠져서 허우적거린다. 이제 더 이상 권력이 합리적으로 작동한다고 믿을 수 없다. 약자를 대변한다는 조직들도 자신을 위한 조직을 키운다. 피해자를 대변하는 사람들이 시민단체에 속하고 거기 머물기만 하면 좋겠지만, 그렇지 않고 권력을 추구하는 일이 빈번하다.

이 책이 좁은 의미의 차별을 넘어 폭력성을 띠는 사실들과 넓은 의미의 차별에 초점을 맞추는 다른 이유가 여기에 있다. 더 이상 권력이나 권력관계를 단순히 공적인 사실로 인정하면서 합리적으로 운영하고 통제하는 수준에서 만족할 수 없기 때문이다. 물론 권력의 수행은 여전히 공적인 실행으로 여겨질 수 있지만, 다른 한편으로 더 이상 통제할 수 없는 방식으로 갈등을 생산한다. 권력이라는 사실 자체가 폭력으로 여겨지거나, 폭력과 구별하기 어려운 경계로 옮겨가고 있다. 그 결과로 공적인 권력은 겸손과 오만 사이에서 분열증을 앓고 있다. 직접적인 정치권력뿐 아니라 사회적 형태의 권력들도 그렇다.

공적인 권력이 단순히 제 역할을 못해서 그렇게 되는 것일까? 그렇지 않을 것이다. 그것이 정상적으로 작동한다고 여겨져도, 권력의 수행은 그것을 지지하지 않는 사람들에게는 너무 쉽게 갈등의 원인이나 갈등을 낳는 폭력이라고 여겨질 것이다. 진보와 보수로 단순화된 정치지형에서는 더 그럴 수밖에 없다. 또 권력이 정상적으로 작동한다는 말이 모호해진 상항이다. 기관의 존재 자체가 통계적인 지지율에 의해 측정되는 상황에서, 몇 퍼센트를 넘으면 '정상'이라고 말할 수 있는가? 그런 기준은 없다. 대통령 지지율이 60%를 넘으면 30%일 때보다 정부 운영이 두 배로 안정적이라고 쉽게 말할 수 있을까? 정부가 잘할 때에는 지지율이 높은 것이 정상이고 못할 때에는 낮은 것이 정상이겠지만, 이제 여론의 수치만으로는 어떤 권력의 수행에 대해 공공적인 사실을 알기 어렵다.

사실들Facts이 폭력성을 띠거나 폭력을 야기한다. 일단 여기서 출발하면서, 그것들과 직면해야 한다. 사회가 부과한 입시제도 및 평가시스템에 복합적으로 끼어 있는 학생들은 어쩔 수 없이 그 평가의 과정과 결과를 받아들이고 또 그것을 다른 사람들에게 많건 적건 차별적으로 적용한다. 시험으로 사람의 능력을 등급으로 나누고 평가하는 일이 전적으로 옳다고 인정되지는 않지만, 그럼에도 불구하고 평가의 결과는 개인들의 사회적 경력을 지시하는 지표로 작용하며 그들 각자에게 차등적이고도 차별적으로 부과된다. 이것의 영향은 입시뿐 아니라 고용에서도 끔찍한 모습으로 나타난다. 인천국제공항에서 비정규직을 정규직으로 전환해주는 과정이 사회적 갈등이 된 것을 보자. 시험으로 공기업 입사를 준비하던 취업준비생들은 그런 전환이 공정성을 해친다고 외친다. 그뿐인가. 사기업의 비정규직들은 공기업에서 그런 전환이 일어나는 것에 큰 의미를 두지 않는다. 공기업 일부, 특히 대통령이 특별히 관심을 가진 공기업에서만 비정규직이 정규직으로 바뀐다면, 사회 전체적으로 비정규직의 문제는 크게 개선되지 않을 것이라고 생각하기 때문이다. 또 코로나 바이러스로 경제가 흔들리는 상황에서도 부동산 시장은 광증을 드러내고, 많은 사람들이 주식투자에 뛰어드는 모습을 보자. 위험한 상황에도 불구하고, 아니 위험한 상황일수록 사람들은 재테크를 해야 한다고 생각한다. 주식투자는 개인의 기회이고 경제적 위축을 막는 데도 도움이 될 수 있겠지만, 위기 상황을 이용해서 재테크의 기회를 찾는 일은 투기성을 띤다. 이처럼 사실들은 객관성을 박탈당한 채, 폭발성을 띤 예민한 폭탄이 된다. 자칫 잘못 건드리면 언제든지 터질 수 있는 폭탄. 이들 폭력적인 사실들은 넓은 의미의 차별이 일어나는 현장이 되거나 이것을 유발한다.

이 점에서, 흔히 말하는 '팩트 폭력'은 사회에서 사실들이 폭력성을 띠는 상황과 뗄 수 없는 상관관계를 가진다. 현재 사회에서 가난하다고 누구에게 말한다면 팩트 폭력으로 여겨진다. 그런데 왜 그런 일이 생기는가? 그저 그 사실이 그에게 부끄럽고 뼈아프기 때문에? 그런 면이 있다. 그러나 그것은 충분한 설명이 아니다. 그것이 왜 부끄럽고 뼈아픈 일로 여겨지는가? '가난하다'는 사실은 과거엔 어떤 사람의 운이 안 좋음이나 팔자의 사나움이나 인생의 기구함 같은 사실과 연관이 있었으며, 따라서 그 자체로 폭력적인 성격을 띠지는 않았다. 그와 달리, 현재 사회에서 부유함과 가난함은 점점 일종의 폭력적인 사실로 변하고 있다. 빈곤은 복지정책의 잘못이나 사람들의 투기적 경향이나 자본주의적 탐욕이 원인인 사회문제가 되었고, 따라서 사람들은 그에 대해 화를 낼 수 있다고 생각한다. 또 어떤 집단이나 세대가 운이 없어서 집을 가지지 못한다면, 그 사실도 그들에게 폭력적으로 다가올 것이다.

이처럼 사회적 사실들이 폭력성을 띠는 이유는 무엇일까? 여기서 정확한 인과관계를 분석하기는 어려울 것이다. 자연에서도 그렇지만 사회에서는 인과관계가 훨씬 더 모호하고 복잡하다. 일단 기껏해야 상관관계에 있는 문제나 과정들이 복합적으로 작용한다고 언급할 수 있다. 또 갈등이 제대로 관리되지 못한 채 꼬이면, 원인과 결과의 관계가 악순환에 빠지는 일도 흔하다. 개별적인 문제에 작용하는 원인들도 차이가 있다. 그래도 어쨌든 중요한 요인들을 지적해보자.

첫째, 사회관계의 합리성과 공공성이 쇠퇴하고 있다. 모든 개인들이 이기적인 이익을 위해 움직이더라도, 사회적으로는 합리성이 유지된다는 것이 애덤 스미스가 주장한 근대적 자유주의의 대전제였는데, 유감스럽게도 그런 전제는 이미 적잖게 부서지고 있다. 둘째, 권력의 공적인 통치능력에 대해서도 불만과 불신이 커진다는 것이다. 교육현장이나 부동산 시장에서 정부의 대책이나 통치는 크게 제한되어 있거나 무력하다. 심지어 정치 조직 자체의 대표성과 효율성도 크게 의심된다. 셋째, 근대 이후 크게 칭송된 사실의 객관성은 점점 흔들리면서, 사람들의 이중적 태도는 점점 폭력적인 사실로 확산된다. 대표적인 예가 불평등에 관한 태도이다. 불평등이 확대된다는 지적이 반복된다고 해서, 사람들이 일반적으로 그것을 줄이는 쪽으로 움직이지는 않는다. 오히려, 다가오는 위험이 커지는 상황 속에서는 그 위험을 줄이기 위해 각자가 더 이기적으로 움직일 수 있다. 재산증식과 학력경쟁에서 보수와 진보의 차이가 없다는 것은 이 경향의 결과이자 또 그 경향을 부추기는 원인이 된다. 넷째, 이 상황에서 개인의 자율성도 심하게 요동을 친다는 점이 지적될 수 있다. 물론 단순히 개인의 자율성이 타격을 받는 일이 일어난다기보다는, 오히려 자유의 확대 속에서 개인의 책임이 강조되면서도 다른 한편으로 개인이 책임질 수 있는 것이 점점 사라지고 있다고 해야 할 것이다. 이 애매한 상황이 개인들을 불확실한 존재로 만든다. 또 인공지능을 비롯한 사회적 도구도 개인의 개인화 과정을 촉진하는 것처럼 보이기는 하지만, 실제로 개인들은 점점 시스템에 의해 관리되는 어떤 결과물이 되고 있다. 개인의 멘탈은 그 자체로 모호할 뿐 아니라, 여러 모호하고 추상적인 시스템에 의해 찔리고 상처받는다. 그뿐인가. 개인들이 접어드는 경로는 점점 다른 사람에 의해서 공유하기 어려운 좁고 가느다란 길이 되고 있다. 다섯째, 근대적 공공성이 쇠퇴하면서 상식에 근거한 인간관계도 허물어지고 있다. 교육현장에서든 고용현장에서든 부동산·재테크 현장에서든 촘촘한 평가방식이 작동하고 그 결과가 사람들의 능력에 대한 압력으로 작용한다. 그 결과로, 근대 이후 중요한 정치적이고 사회적인 이념이자 가치로 작용해온 인권과 능력주의 자체가 더 이상 충분한 역할을 하지 못하고 있다. 더 나아가 그 둘은 서로 보완을 해주기보다는 배타적 정치적 이념으로서 진영싸움을 부추기는 도구로 변질되고 있다. 그 둘이 서로를 보완해주어야 그나마 균형이 이루어질 터인데, 오히려 그것들은 서로를 깎아먹는 이빨이 되고 있다.

넓은 의미의 차별이 폭력을 동반하거나 유발하면서, '피해자'는 점점 중요한 이름이 될 것이다. 과거에 훌륭한 의지나 능력이 사회적 행위자를 두드러지게 만들고 주체를 구성했다면, 이제 폭력의 '피해자'가 점점 중요한 행위자나 주체가 될 것이다. 이 점에서 폭력의 관점은 어떤 다른 관점보다 낮은 곳에서 사회에 접근한다고 할 수 있다. 그런데 좁은 의미의 차별의 피해자와 넓은 의미의 차별의 피해자는 상당히 다르다. 전자는 자유와 평등의 부족에서 생기며 차별금지법에 호소함으로써 자신의 문제를 다루고 해결할 수 있다. 반면에, 후자는 역설적이게도 자유와 평등이 확대된 상황, 곧 민주화가 제법 진전된 사회에서 나오며 얄궂게도 권리가 증진된 상황에서 확산된다. 따라서 넓은 의미의 차별의 피해자는 차별금지법에 호소하기 힘들다. 이들은 실제로 다양한 사회적 경쟁에, 비록 형식적이기는 하지만 자유와 평등을 누리며, 참여하는 행위자들이다. 따라서 이들은 단순히 피해자는 아니다. 그리고 실제로 그 피해자들도 폭력적인 사실들을 다른 사람들에게 적용한다. 성적과 스펙에 따라 능력의 등급을 나누는 사회적 관행에 그들도 참여하기 때문이다. 또 고용의 공정성에 대해 서로 다른 관점에서 이의를 제기하기 때문이다. 그렇지만 논리적으로 해결하기 어려운 아이러니가 여기서 끼어든다. 비록 그들이 단순한 피해자는 아니더라도, 복합적인 형태의 피해자인 것은 사실이다.

이 상황에서 계속 전적으로 공공적인 정치이념에 따라 사회적 갈등을 다루기만 하면 되는가? 이 상황에서 선한 의지와 정치적 올바름만 강조하면 충분한가? 모든 사람의 기본권이 보장되고 누구도 굶지 않고 아프지 않은 세상, 그리고 원하는 만큼 교육 받을 수 있는 세상을 꿈꾸고 그리로 가기만 하면 되는 것일까? 정치적 올바름을 표명하면서 자신의 선함과 착함으로 위안을 삼으면 충분한가? 그렇게 하면, 세상의 갈등과 폭력과 위험이 해결되거나 사라진다고 믿을 수 있는가? 그 말들은 세상에 완강히 존재하는 갈등과 폭력과 위험을 간과하는 일이 아닐까? 그리고 그런 접근은 과도하게 정치적인 해결방식에 의존하는 것이 아닐까?

정치에 대한 분석은 중요하고 나도 이제까지 그 작업을 나름대로 했지만, 정치에 의해 사회를 움직이거나 조종하는 것이 당연하거나 유일한 길이라고 생각할 필요는 없다. 한국 사회는 아직도 과도하게 정치적인 진영논리에 의존하며 따라서 지나치게 정치적이다.

이 책은 착한 의지와 정치적 올바름을 추구하는 것과는 다른 방향으로 가고자 한다. 갈등에 의해 유발되면서 다시 갈등을 구성하는 폭력이 사회에 완강하게 존재한다는 사실을 마주하고자 한다. 괜히 들추어내자는 말은 아니다. 가만히 보면, 그것들은 환하게 드러난다. 그러니 들추고 말고 할 것도 없다. 내가 일차적으로는 차별을 극복하는 진보적 해결을 지지하지만, 차별을 금지하는 법이나 도덕으로 넓은 의미의 차별을 없애기 힘들다는 문제에 초점을 맞추는 이유도 거기에 있다. 그리고 사회 시스템이 어떻게 돌아가는지 냉정하게 관찰할 필요가 있다. 그 시스템의 작동은 착한 의지를 표명하고 그것에 근거하여 정치적인 세력을 추구하는 일과는 다른 차원에서 일어난다.

또 착한 의지 및 정치적인 이념을 통해 사회변화를 추구하는 접근은 착한 커뮤니케이션에 기대는 경향이 있다. 그러나 '커뮤니케이션'을 '소통'이라고 부르고 그 목적이 합의라고 여기는 일은 커뮤니케이션에 대한 오해이자 왜곡이다. 주어진 정보나 해석에 이의를 제기하고 불만을 표시할 수 있는 기회를 더 많이 제공하는 일도 커뮤니케이션의 중요한 기능이다. 직접 얼굴을 대면한 대화가 아닌 비-대면 방식의 신호를 주고받는 상황을 확대시키는 것도 그렇다. 그러니 '소통'이라는 그럴듯한 이름으로 그것을 호명한다고 한들, 갈등이 줄어들지는 않는다. 오히려 '착한 소통'을 과도하게 동원할 경우, '팩트 폭력'이 더 부추겨질 수 있다. '소통'에 대한 순진한 희망이나 기대를 가지는 대신에, 이 책이 '팩트 폭력'이라는 현상에

주의를 기울인 이유이다. 물론 선의를 가지는 것과 상대의 마음을 헤아리는 일은 중요하다. 그러나 그것만을 강조하다보면, 다시 선한 의지의 악순환에 빠진다. 개인적으론 나도 윤리에 무게를 두지만, 사회갈등을 관찰하는 일에서는 그것을 넘어 시스템의 관점에서 관찰할 필요가 있다. 개인이든 집단이든 모든 관찰자는 결국 자신의 관점에서 위험을 관찰할 수밖에 없으니, 자신이 옳거나 착하다는 생각은 문제를 해결해주지 않는다.

이러다보니 어쩔 수 없이 악역을 맡게 되었다. 그 악역의 핵심은 위험하고 폭력적인 팩트가 법이나 도덕으로 해결되지 않을 것이라는 것, 그것을 마주하는 일이 좋은 말과 규범에 호소하는 것보다 어렵다는 데 있다. 법과 도덕과 정치를 통해 폭력을 해결하려는 노력은 앞으로도 이어질 것이지만, 그런 노력이 다른 한편으로 권력을 확장하고 또다른 폭력과 갈등을 유발하고 있다. 선한 의지나 규범에 호소하는 대신에, 이 책은 한동안 21세기 사회에서 폭력적인 팩트와 위험이 확대되리라는 것을 사실로 보고 거기서 출발한다. 그래서 차별과 폭력을 해결할 수 있는 그럴 듯한 대안은 일단 포기하기로 했다. 이래야 하고 저래야 한다는 당위론도 자제하기로 했다. 폭력과 위험을 마주보고 또 마주하는 방향으로만 가고자 했다. 우선 그것만이라도 제대로 해야 한다.

어쨌든 해야 했던 악역을 마치니, 조금은 홀가분하다.

김진석 씀

2020년 8월

1부

차별금지법은 차별을
해결할 수 있는가?

01

두 가지 형태의 차별,
차별금지법으로 다룰 수 있는 것과
그렇지 못한 것

평등과 인권의 잣대로 따질 수 없는 차별

차별은 커다란 문제다. 사회에서 민주주의가 상당한 수준으로 발전했는데도, 그 문제는 줄어들기는커녕 오히려 확대되는 느낌이다. 평등의 이념과 인권이 차별을 줄이는 데 획기적인 기여를 했지만, 아직도 다양한 차별이 여전히 사회적 갈등을 일으키고 있으며, 차별을 줄이는 일은 여전히 중요하다. 그래도 다음 물음은 제대로 제기되어야 할 듯하다. 평등의 이념과 인권에 호소함으로써 우리는 모든 차별의 문제를 다루고 해결할 수 있을까?

이런 물음을 던지는 사람은 아마도 보수로 여겨질 수 있다. 그렇지만 저 물음을 단순히 보수적인 태도에서 나온 물음이라고 보는 선입견은 잘못되었다. 위의 물음에 대답하는 과정에서 보수와 진보의 단순한 진영논리를 부수는 작업도 동시에 진행될 것이다.

한국 사회는 비참한 식민지와 전쟁을 겪은 후 20세기 후반에 개발과 성장에 성공했다. 상당히 성공했다. 그것에 대해선 이의를 제기할 수 없다. 그러나 20세기를 지나면서 그 성공 시대는 유감스럽고 불길한 광경들을 만난다. 앞만 보고 달리느라 무시하거나 내버려두었던 현장들이 이제 사람들 얼굴 앞에서 달려든다. 산업 및 노동 현장 곳곳에서 애꿎은 생명들이 하루에도 몇 명씩 죽음을 당하고 있다. '오늘도 3명이 퇴근하지 못하고 죽었다'는 문장들이 나름대로 열심히 하루를 보내려는 사람들의 마음을 정면으로 타격한다.

그러나 산업 현장의 문제만 21세기 초반 한국 사회를 강타하지는 않았다. 현재 50대와 60대는 자신들이 젊었을 때 겪었던 지옥 같은 입시경쟁이 자신들의 자식 시대에는 나아지리라 여겼다. 웬걸, 교육현장은 오히려 더 지옥 같아졌다. 'SKY'는 아직도 상당수의 학생과 부모들에게는 노력하여 쟁취할 목적이겠지만, 다수 사람에게는 무엇보다 삶을 끔찍한 지옥으로 만드는 이름이 되었다. 한국 사회가 성장하고 성숙하는 데 가장 기여한 요인 가운데 하나인 교육이 역설적이게도 20세기 후반부터 젊은 세대와 그들의 부모를 짓누르게 되었다. 또 그렇게 힘들여 대학에 입학하고 졸업을 해도 괜찮은 일자리를 구하기 어려운 시절이 계속되고 있다. 또 어렵게 취업을 해도 집을 장만하는 일은 또 다른 지옥을 지나는 일이 되었다. 결국 2010년대 들어서며 '헬조선'이란 말은 젊은 세대뿐 아니라 무심했던 사회 전체를 무참하게 폭격했다.

나이든 세대보다 물질적으로 풍요로운 환경에서 자란 젊은 세대가 사회를 지옥으로 여긴다니, 아이러니 아닌가. '헬조선'이라는 저

주는 민주주의에 꽤 성공했다는 자부심을 가진 사회에게 깊은 충격을 주었다. 아시아에서는 일본보다도 한국 사회의 민주주의가 성숙했다고 은근히 자부심을 가지던 한국 사람들 아닌가. 그러나 젊은 세대에게 지옥으로 불리는 사회에서 이제 어떤 자부심도 무구할 수 없게 되었다.

'헬조선'이라는 비난은 사회를 괴롭히는 갈등과 차별을 새롭게 조명해주었다. 한국 사회는 외부의 압력에 의해 급하게 근대화가 진행되면서 근대 이전의 차별이 제대로 극복되지 않은 상태였는데, 여기에 새로운 차별들이 추가되었다. 예를 들자면, 서울과 지방의 차별은 이전부터 있었지만 그 이후에도 계속됐다. 학력이나 학벌에 의한 차별도 고질적인 것이었는데, 확대되었다. 그와 달리, 개발과 경제성장이 어느 정도 진행되고 민주주의도 일정한 수준에 도달하자 새롭게 관심과 비판의 대상이 된 차별들도 있다. 무엇보다 남성과 여성 사이의 젠더차별을 들 수 있다. 이전까지 소홀히 다뤄졌거나 무시되었던 여성의 권리에 대한 자각과 인정은 현대화 및 민주화 과정에서 피할 수 없었다. 물론 이것은 단순히 인권의 확대에서 기인하는 현상은 아니다. 현대화나 산업화 그리고 민주화 과정 자체가 여성들의 참여를 권장하고 또 요구하는 면이 컸기 때문이다.

특이한 점은, 여성 권리의 발전과 확대를 통해 여성들이 점점 더 큰 사회적 만족을 얻지는 않았다는 것이다. 오히려 페미니즘은 더 강해지거나 과격해지면서 불만을 드러냈다. 권리가 남성과 동등하거나 평등하지 않다는 비판이 더 거세졌다. 정치와 경제 영역의 상층부에 여성들이 상대적으로 아직도 남성보다 덜 진출하고 있다는 것은 사실이었다. 문제는 이런 통계적인 사실에만 있지 않았다. 한편으로는 여성의 권리가 이전보다 넓게 확대되는 와중에서도, 페미니즘의 불만은 오히려 커지는 현상이 발생했다. 페미니스트들은 단순히 불평등을 비판하는 데서 더 나아가, 일련의 사건들을 기회로 삼아 '여성혐오'를 고발하는 데로 나아갔다.

거의 비슷한 시기에, 장애인들과 성소수자들도 자신들의 권리가 차별받고 있다며 사회적 고발에 나섰다. 장애인들은 자신들의 몸을 묶은 채 지하철 선로에 눕는 방식으로 항의를 했다. 동성애자를 비롯한 성소수자들도 이제까지 숨어 지내던 그늘에서 벗어나 사회적 커밍아웃을 했다. 그리고 최근엔 해외이주민의 권리가 차별받고 있다는 목소리도 점점 커지고 있다.

중요한 점은 여성·장애인·성소수자, 그리고 해외이주민의 권리가 차별받고 있다는 지적이나 고발은 공통적으로 권리의 평등에 호소하고 있다는 것이다. 전반적으로 위의 사람들은 전통적인 사회적 약자의 지점에서 자신들의 권리가 차별을 받고 있다고 주장한다. 말하자면 차별에 대한 고발은 자연적 권리나 인권이라는 자연적 이념에 근거하고 있다. 이것을 권리의 평등이나 인권에 근거한 차별의 문제라고 부르자.

한 예로 평등과 인권에 호소하며 차별을 비판하는 책이 2019년에 인문·사회 분야 베스트셀러가 되었다. 저자의 말을 들어보자. "평등은 모든 인간의 기본적인 권리이자 민주주의 사회를 움직이는 원칙이며, 누구든지 차별을 받아서는 안 된다는 요구는 현대사회의 근본적인 규범이다."[1] "함께 세상을 살아가는 방법, 공조의 조건으로서 평등의 의미를 생각해보면 좋겠다."[2] 평등이라는 이념적 원칙에 근거하여 차별에 반대하는 것은 당연하게 보일지 모른다. 평등과 인권의 관점에서는 그럴 것이다. 위 저자도 모든 형태의 차별에 반대하면서 그것을 극복하기 위해 평등이라는 이념에 호소한다.

여기서 평등이라는 이념은 어떤 역할을 하는 것일까? 권리의 평등은 여기서 차별이 왜 잘못된 것인지를 알려주는 자연적인 원칙이자, 그것을 향해 나아가는 과정에서 차별이 없어져야 하는 목적이자 이유이기도 하며, 차별을 없앨 수 있는 힘을 부여하는 법적이면서도 신비로운 수단이다. 이 평등의 이념은 근대가 들어서면서 진보를 가능하게 한 이념이었다. 그리고 앞으로도 가능한 한, 계속 작동하면 좋을 어떤 것이다.

그러나 평등의 이념은 모든 형태의 차별을 극복하거나 없앨 수 있을까? 그것만으로 충분할까? 진보의 이름으로 차별을 극복하려는 '선의'를 가진(아니, 스스로 가졌다고 믿는) 사람들은 그렇게 믿는다. 그러나 나는 일단 진보를 가능하게 한 그 이념의 힘을 인정하면서도, 그 이념만으로 모든 형태의 차별이 해결될 것이라는 생각에는 동의하지 않는다. 일단 앞에서 언급했듯이 권리의 평등에 호소함으로써 극복할 수 있는 차별이 있다. 그 차별을 비판하고 극복하는 데는 평등이라는 이념이 필요하고 또 도움이 된다. 그러나 다른 형태의 차별에는 그렇지 않다. 또는 최소한 그것만으로는 충분하지 않다. 이것이 이 책이 다룰 첫째 관점이자 주장이다.

비록 부분적으로는 권리의 평등에서 출발하거나 그것과 부분적으로 겹치기는 하지만, 전적으로 또는 근본적으로 거기에 의존하지는 않는 차별의 문제가 있다. 학력경쟁 과정에서 발생하는 차별, 고용 현장에서 발생하는 차별, 넓게 보면 능력주의에 의존한 평가 시스템에서 발생하는 차별, 부동산가격 폭동에 따른 차별 등.

대표적인 예로 학력과 학벌에 의한 차별의 문제를 들어보자. 물론 의무교육의 도입이라는 정책은 일정하게 기회의 평등이라는 가치와 이념에서 출발했고 그 과정에서 좋은 성과가 있었던 것은 사실이다. 초등학교에서 시작한 의무교육은 중학교까지 확대되었고, 한국 사회가 빠른 속도로 산업화와 민주화에 성공할 수 있었던 원인이나 동력 가운데 하나도 거기에 있었다고 할 수 있다. 그러나 대학들을 입학 성적 순위에 따라 서열화하는 등 학력경쟁에서 생기는 차별은 꼭 기회의 평등이나 인권에 어긋나기 때문에 발생하는 것은 아니었다. 헌법이 보장하는 기회의 균등이나 인권에 어긋난다는 것이 핵심이라면, 사교육은 폐지되었거나 최소한 지금처럼 확대되지는 못했을 것이다. 공교육이 쇠퇴하고 사교육이 팽창하는 현상에 대해 사회적으로 우려와 걱정이 오래전부터 일반적으로 있었던 것은 사실이다. 1980년 쿠데타로 집권한 군사정권은 그 우려와 근심을 자신들의 권력에 정당성을 주기 위한 수단으로 오히려 이용하기도 했다. 나름의 결단력을 발휘하여 군사정권은 바로 그해에 과외교습을 금지하는 법률을 제정했다. 그러나 그 법률을 비웃으며 과외를 비롯한 사교육은 몰래 몰래 번성했다. 돈 있고 힘 있는 사람들이 특히 과외금지 법률을 무시하면서 자식들에게 사교육을 제공했다. 그리고 그런 무력하고 쓸모도 없는 법에 대한 원성과 비웃음이 여러 방향에서 일어난 것도 이상한 일이 아닐 것이다. 결국 2000년에 헌법재판소는 과외금지 법률이 위헌이라고 판결했고, 그 이후 사교육은 거칠 것 없이 번성했으며, 공교육은 무참한 지경에 이르렀다.

나는 의무교육의 수준을 넘어 이루어지는 학력경쟁이 유발하는 차별이 매우 중요하다고 생각한다. 그런데 그것은 이미 오래 전부터 나쁜 사회적 차별이라고 여겨지지 않았는가? 그렇기는 하지만, 여기에 중요한 차이가 있다. 대학입시와 졸업 후 취업경쟁에서 불거지는 차별을 고발하는 사람들은 이 차별이 권리의 평등에 어긋나는 차별과 같은 것으로 여겼다. 그러면서 기회의 균등을 비롯하여 정의라는 공정과 정의 등의 이념에 호소했다.

그러나 학력경쟁 과정에서 생기는 차별을 고발하면서 정말 "기회는 균등한가? 과정은 공정한가? 결과는 정의로운가?"[3]라고 물으면 충분할까? 그런 고발은 진보적인 이념의 관점에서 옳은 것처럼 보이고, 정치적 올바름을 충실하게 따르는 듯이 보인다. 그러나 학력경쟁이 유발하는 차별은 권리의 평등과 인권에 어긋나는 차별과는 근본적으로 다른 성격을 띤다. 무엇보다 교육은 기본적으로 개인과 사회에 유익한 지식획득과 훈육의 과정이다. 개인은 자기실현을 하고 사회는 인재를 얻는다. 다르게 말하면, 교육은 기본적으로 자유와 평등을 실현하는 과정이다. 그런데도 그 과정이 점점 폭력적인 경쟁의 형태를 가지게 되었다. 개인이 자유와 평등을 실현하는 교육과정에서 점점 부모 또는 조부모의 재산이 개입하고 있다. 학력경쟁 과정, 그리고 대학졸업 후의 취업경쟁에서 부모와 조부모의 경제력이 큰 영향을 미친다는 것은 누구도 부인하지 못한다. 무시할 수 없는 팩트이다.

물론 이 팩트는 우리에게 호의적이지 않다. 오히려 악의적이다. 사회를 지옥으로 만드는 주범이라고도 할 수 있다. 공교육을 망가뜨리고 사교육 시장을 팽창하게 만들었을 뿐 아니라, 교육을 지옥으로 만든 요인들을 변호하는 것으로 보인다. 어떤 점에서는 그렇다. 그렇다고 해서 이 팩트를 부인하거나 부정할 수는 없다. 그리고 그 팩트를 직시하는 일이 교육을 지옥으로 만든 주범을 변호하는 일은 아니다. 한 번 그 범인을 냉정하게 보자. 돈과 재산을 가진 사람들은 단순히 탐욕 때문에 그렇게 자녀교육에 돈을 들일까? 그렇게 단순하게 볼 수는 없다. 사람들의 탐욕과 위선도 나름대로 문제는 있지만 그것에만 초점을 맞출 경우, 학력경쟁을 둘러싼 사회 문제가 단순히 그리고 과도하게 일부 개인들의 잘못된 심리 상태 때문에 생긴다고 여겨질 수 있다.

그리고 사람들의 탐욕이나 욕망이 심리적으로 사실이더라도, 그것이 사회에서 왜 그리고 어떻게 생기는지 더 살펴야 한다. 어쨌든 재산과 소득이 많은 사람들이 자녀교육에 더 많은 돈을 투자하는 것은 사실이다. 보수든 진보든 차이가 없다. 여기서 벌써 이 팩트를 직시하는 것이 만만치 않은 일이라는 사실이 드러난다. 왜냐하면 학력을 위해 경쟁하는 그들을 통제하는 규범이나 도덕이 실제로 없기 때문이다. 바로 그 이유로 교육이 유발하는 차별은 더 이상 단순히 기회의 균등이나 권리의 평등이라는 이념에 의해 다루거나 통제하거나 극복하기 힘들다. 그런데도 모든 형태의 차별을 평등의 이

넘에 의해, 그 이념을 위해, 그리고 그 이념의 힘으로 없애고 뿌리 뽑으려는 사람들만 이 팩트를 인식하지 못하거나 보려고 하지 않는다. 그리고 마치 모든 차별이 권리의 평등을 위배하기 때문에 생긴다고 생각한다. 이 문제를 더 추적해보자.

거대담론에 치우치기보다 사실에 스며든 폭력을 직시해야

소수자와 약자의 권리를 보호하려는 시도는 차별을 고발하면서, 권리의 평등에 호소한다. 이때 그 권리는 기본적으로 자연법과 자연권 사상이 선언한 권리이다. '자연'에 근거한 법과 권리는 인간의 본성이 같다는 원칙을 공표한다. 사상적으로는 루소 등이 그런 자연권에 기초하여 사회계약론을 주장했고, 그 사상은 프랑스혁명과 미국 독립선언에서 당당하게 선언되었다.

프랑스혁명 당시 인권선언을 읽어보자. 제1조는 다음과 같다. "인간은 자유롭고 평등한 권리를 가지고 태어났다. 사회적 차별은 공공의 이익을 근거로 해서만 있을 수 있다." 여기서 벌써 예외조항이 있지만, 일단 옆으로 밀어두자. "인간은 자유롭고 평등한 권리를 가지고 태어났다"는 말은 자연에 의해 주어진 평등한 권리를 선언한다. 여기선 법도 이 자연적 권리를 보호하기 위해 존재하며, 그 의미에서 이 선언은 자연법을 설정한다. 제6조는 다음과 같다. "법은 일반의지의 표현이다. 모든 시민은 직접 또는 대표를 통해서 법 제정에 참여할 수 있는 권리를 가진다. 법의 보호, 법에 의한 처벌에 있어서 만민은 평등해야 한다." '일반의지'는 루소가 주장한 것으로 개인들의 사적인 의지를 산술적으로 합산한 전체 의지와 질적으로 다르다고 여겨진다. '전체 의지'가 모든 다양한 개인들의 생각과 욕구를 묶은 것이기에 얼마든지 이질적이며 서로 충돌할 수 있는 것과 달리, '일반의지'는 언제나 옳다고 여겨진다. 이 점에서 '일반의지'는 추상적이며, 어떤 점에서는 전체주의적인 함의를 가진다. 그 함의는 후에 헤겔의 관념론에서는 목적론적 이념으로 연장되고, 마르크스에서는 유물론적 계급론으로 이어진다. 어쨌든 자연에 의해 부여된 법은 만민의 평등을 보장한다는 것이며, 이 점에서 자연법 개념의 추상성과 관념성 또는 이념성이 드러난다.

이 법의 개념은, 관념적이고도 이념적인 방식으로, 실정법이 등장하기 이전에 자연과 하늘로부터 주어진 법의 옳음을 주장한다. 여기서 자연에 의해 주어진 권리와 법, 그리고 평등의 이념은 순환적으로 서로를 조건지우며, 서로를 가능하게 한다. 미국 독립선언도 비슷한 내용을 담고 있다. "우리는 다음과 같은 사실을 자명한 진리로 받아들인다. 모든 사람은 평등하게 창조되었고, 창조주는 몇 개의 양도할 수 없는 권리를 부여했으며, 그 권리 가운데에는 자유와 행복의 추구가 있다." 프랑스혁명의 인권선언이 인간은 자연에 의해 평등하게 태어났다고 선언한 것과 조금 다르게, 여기서는 창조주에 의해 인간이 평등하게 창조되었다고 설정된다.

프랑스혁명의 인권선언과 미국 독립선언이 주장하고 설정한 자연권과 자연법은 근대 이후 정치적이고 사회적인 진보를 가져오는 데 지대한 공헌을 했다. 그 점에 대해서는 의심할 필요가 없다. 그러나 그렇다고 해서, 그 선언이 공표될 당시, 모든 사람들이 그 선언의 내용에 상응하고 또 부합하는 방식으로 행동했다고 믿을 필요는 없다. 프랑스혁명 당시의 주요 행위자는 세금을 내는 중산층이었고, 하층민에게는 인권이 인권선언에 합당한 방식으로 주어지지 않았다. 미국 독립선언 당시 대통령인 조지 워싱턴은 자신의 집에 아프리카에서 팔려온 노예들을 여전히 소유하고 있었다. 노예제가 폐지된 것은 그로부터 100년도 더 지나서 남북전쟁Civil war이 일어난 후였다.

또 그 인권선언과 독립선언이 주장한 권리의 평등(자연에 의해 주어진 것이든 창조주에 의해 창조된 것이든)이 근대 이후 진보와 자유를 가져온 유일한 원인이라고 생각한다면, 과장이거나 잘못이다. 그런 생각은 실제 역사 과정을 추상적이고 이념적으로 오해하는 일이다. 19세기는 산업화의 시대였고, 또 정치적으로는 자유주의의 시대였다. 이 자유주의는 정치의 차원에서만 아니라 경제의 영역에서 개인들이 적극적으로 자신의 이기적 자유를 실현하도록 권장했고 심지어 요청했다. 그런 의미에서 이 자유주의적 자유는 자연권 사상이 주장하는 권리와 많이 다를 뿐 아니라, 어떤 점에서는 대립되는 지점에 있었다. 실제로 권리 개념과 자유 개념은 정치사상적으로 사회주의와 자유주의를 가르는 핵심이다. 더 나아가면 유럽의 19세기는 식민지 개척 시대였다. 산업화의 성공에 힘입어 식민지를 개척하지 않았다면 유럽의 성공은 가능하지 않았을 것이다. 유럽이 진보한 데는 이 모든 이유들이 복합적으로 작용했다. 권리의 평등이라는 이념, 자유주의에 근거한 개인 자유의 보장, 그리고 산업화의 과정에 따른 식민주의적 팽창주의. 그러니 마치 평등이라는 이념이나 인권에만 호소하면 모든 진보가 일어날 것이라고 여기는 생각은 순진하거나 공허하다.

어쨌든 인권과 권리의 평등이라는 주장은 19세기 이후 계속 큰 역할을 했고, 1948년에는 세계인권선언으로 이어졌다. 1조와 2조를 읽어보자.

제1조

모든 사람은 태어날 때부터 자유롭고, 존엄하며, 평등하다. 모든 사람은 이성과 양심을 가지고 있으므로 서로에게 형제애의 정신으로 대해야 한다.

제2조

모든 사람은 인종, 피부색, 성, 언어, 종교 등 어떤 이유로도 차별받지 않으며, 이 선언에 나와 있는 모든 권리와 자유를 누릴 자격이 있다.

이 선언은 인권에 관한 한 인류의 고귀하고 위대한 성취라고 해도 될 것이다. 그러나 그것의 위대함으로 인해 착각을 일으키지는 않도록 하자. 이 인권선언은 인류가 존엄과 평등으로 나아갈 수 있도록 도와주지만, 선험적이고 초월적인 목적은 아니다. 실제 생활에서 개인들이 대학에 진학하거나 직업을 얻거나 자신의 능력을 발휘해야 하는 모든 과정에서 인권선언에 호소할 수는 없다. 사랑하고 사랑을 받는 과정에서도 개인들은 인권선언에 호소하기 어렵다. 그 인권선언은 많건 적건 또는 미묘한 방식으로 선언으로서 존재한다. 물론 단순히 선언으로 끝나는 것은 아니다. 누구든 자신의 권리가 무시될 경우, 침해될 수 없는 권리를 주장할 수 있다.

인권선언을 비웃을 필요는 전혀 없지만, 과장할 필요도 없다. 그러나 만일 누가 그 의미와 효과를 과장한다면, 그것은 비웃음을 살 수도 있다. 예들 들면, 대학수업에서 학생이 인권을 보장받는 것은 필요한 일이고 그것을 무시하는 교수는 비난을 받을 것이다. 그러나 수업에서 받는 학점은 인권에 의해 보장되는 것이 아니다. 대학의 수업 진행 방식에 따라, 그리고 대학과 교수진이 동의한 학점 인정 방식에 따라 차별적으로 학점이 부여될 것이다. 교육현장에서 차등적인 점수를 받는 상황에서 무조건 인권에 호소하는 일은 우스꽝스러울 것이다.

위에서 나는 이 인권 개념과 권리의 평등이라는 이념이 소수자나 약자(성, 인종, 장애인, 해외이주민 등)의 차별을 개선하거나 없애는 데는 기여한다고 인정했다. 그런데 언제나, 모든 면에서 기여할까? 또 많건 적건 추상적인 이념과 실정법 사이에는 간격이 있는데, 실정법이 인권을 보장한다고 어떻게 쉽게 전제할 수 있는가? 사유재산을 비롯해서 많은 사적인 권리를 보장하는 실정법들은 오히려 인권을 보호하는 기능과 충돌하지 않는가? 또 헌법에 인권 개념이 들어가 있지만, 그렇다고 거기에 제한이 없는 것도 아니다. 헌법에 있는 평등 개념은 인권선언에 의존하지만, 하위 법령들은 오히려 헌법의 추상성에서 벗어나는 것을 목표로 한다. 앞에서 우리는 과외 금지 법률이 군사정권 아래서 만들어졌다가 오히려 민주주의가 더 성숙한 시기에 위헌으로 판결이 났음을 보았다. 우리는 3장에서 차별금지법의 의미와 효과, 그리고 도입 과정에서의 문제에 대해 다시 논의할 것이다. 그때 다시 인권의 추상성을 제한하는 구체적인 조건들을 검토할 것이다. 여기서는 일단 인권 개념과 평등의 이념이 소수자나 약자들의 차별을 개선하거나 없애는 데는 상당한 도움이 된다고 말하는 것으로 충분할 것이다.

문제는 그 인권 개념과 평등 개념은, 위에서 언급한 넓은 의미의 차별(학력경쟁에 따른 차별, 상이한 고용 조건에 따른 차별, 계급적 혜택에서 생기는 차별 등)에서는 크게 도움이 되지 않는다는 것이다. 이 사실은 이제 누구나 조금만 생각하면 알 수 있다. 얼마나 교육현장에서 공공성이 훼손되었는지 알려주는, 쉽게 웃을 수 없는 우스개가 있다. 아이가 공부 잘 하고 좋은 대학에 가려면, 조부모의 재력과 아버지의 무관심과 엄마의 치맛바람이 필요하다는 것이다. 씁쓸하고 잔혹하고 허탈하게 만드는 말이다. 그것을 쉽게 부정하고 부인하기 어렵기 때문에 더 그렇다. 그 정도로 교육은 피폐해졌고, 학생들은 몇 점의 점수를 놓치지 않으려고 버둥거리며 학생 시절을 보낸다.

1990년대에는 그래도 전교조를 비롯하여 진보적인 시민단체와 언론을 중심으로 사교육을 '극복'하고 공교육을 살리자는 구호가 살아 있었다. 그러나 그 이후 점점 치열해지는 경쟁 속에서 그 구호조차 무색해지고 무력해지더니 결국 사라져버렸다. 지금 정말 공교육을 살리고자 하는 사람이 있는가? 그런 사람이 있다면 어떤 사람일까? 순수한 사람일까, 순진한 사람일까? 상상하기 어렵고 부끄러운 일이 일어나고 있는 건 맞다. 하지만 부끄러워하기만 할 것인가. 이젠 냉정하게 팩트를 보고 직시해야 할 것이다. 할 수 있는 교육개혁 방안이 있다면 밀어붙여 볼 수도 있을 것이다. 그러나 그 시도에 대한 논의와 별개로, 교육을 둘러싼 여러 사회적 사실들이 폭력성에 물들고 있음을 직시하는 일이 필요하다.

앞서 인용한 책『우리는 차별에 찬성합니다』에서 저자는 대학에 들어온 학생들이 자신들의 입학 성적에 따라 대학교뿐 아니라 학과들을 등급으로 나누는 현상을 비판한다. 예를 들면, 인in 서울 중상위권 대학생들이 지방대를 낮춰 보는 현상은 이미 한국 사회에 이전부터 있어왔던 학력주의보다 더 심각하다고 그는 말한다.

지금의 이십대들이 수행하는 '학력의 위계화된 질서'에 대한 집착은 과거의 학력주의보다 훨씬 더 정교해졌고 자기내면화의 강도도 훨씬 높다. 이들에게 학력에 근거한 비교와 차별은 당연한 것이 되었고, 이를 의문시할 이유를 굳이 찾지 않는다.[4]

학력에 근거해서 비교하고 등급을 매기고 차별하는 이십대들의 태도에 대한 저자의 분석과 판단은 여기까지는 맞다. 대학들의 위계질서는 이전보다 더 엄격해졌기 때문이다. 그리고 이십대들의 그런 태도가 바람직하지 않은 면이 분명히 있다. 다만 문제는, 저자가 이십대들의 그런 태도를 전적으로 또는 과도하게 도덕적 보편성이나 정치적 올바름의 기준으로 평가한다는 데 있다. 저자는 자신이 비판적 지식인의 관점에서 잘못되었다고 생각하는 것을 이십대는 전혀 생각하지 못한다고 질타한다. 이십대에게는 비판적 지식 또는 공정함에 대한 비판적 관점이 결여되어 있다는 인식이 저자의 출발점이다.

이십대 대학생들이 동년배 취업준비생의 딱한 처지를 보고 눈물을 흘리다가도 현실에서의 차별을 당연하게 받아들이는 것은 결국 지방대학생들이 겪는 상황에 감각적인 반응은 하지만 그 상황 자체가 **잘못되었다고 생각하지는 않기 때문이다.**

여기에는 지방대라는 사회적 편견 때문에 더 힘들게 고생해야만 한다**는 상황에 대한 문제의식이 어디에도 없다.**[5] (강조는 인용자)

사회 상황이 전반적으로 잘못되었다는 것을 이십대가 전혀 몰라서, 또 사회문제와 "상황에 대한 문제의식이 전혀 없어서", 이십대는 차별적인 태도를 보이는 것일까? 지금 20대도 사회에 문제가 있다는 것을 모르지 않는다. 다만 위의 저자처럼 80년대 운동권 지식인의 관점으로 '문제의식'을 가지고 있지 않을 뿐이다. 지금 20대가 사회 상황에 대해 문제의식이 전혀 없다고 말하는 저자는 사회문제를 비판적인 지식인의 관점에서 판단해야 한다고 믿으며, 그렇지 못한 태도는 잘못된 태도라고 믿는다. 그러나 이런 지적 우월성이나 도덕적이고 정치적인 올바름에 대한 믿음도 과거의 지식인이 가진 '차별적인' 선입견은 아닐까? 위의 저자는 개인적으로나 세대적으로 현재의 '생각 없는 20대'와는 다른 시대적 상황 속에서 대학을 다녔을 것인데, 그 차이를 간과하고 있다.

1980년대의 사회 또는 크게 잡아 1990년대 중반까지의 사회와 2000년대 이후 사회의 차이는 생각보다 크다. 그리고 위의 저자도 알듯이, 20대들이 직면한 사회 상황은 더 나빠졌다. 과거엔 지식인 모델이 살아 있었고, 젊은 세대도 사회를 바꿀 희망과 의지를 가졌었다. 그러나 흔히 말하듯이, 그리고 위의 저자도 인정하듯이 IMF 구제금융 사태와 신자유주의의 침식이 있었고, 따라서 취업하기는 이전과 비교하기도 힘들 정도로 힘들어졌다. 대졸자들의 관심도 전반적으로 '사회를 바꾸는 일'에서 '취업하는 일'로 바뀐 것도 사실이다. 바람직하지도 않고 유감스런 변화였지만, 실제로 일어난 일이다. 그리고 그 변화 앞에서 단순히 20대는 사회에 대한 '문제의식'이 없다고 말한다면, 지식인의 오만일 것이다. 대학 가기도 이전보다 더 어려워졌고 취업하기는 그보다도 훨씬 더 어려워진 상황에서, 젊은 세대가 이전 세대처럼 사회를 바꾸는 운동권의 꿈을 꾸기보다는 다른 각도로 사회를 보게 되었을 뿐이다. 그런데도 저자는 과거 지식인과 운동권의 관점에서 현재 20대가 사회문제에 관심이 없다는 비판과 비난을 한다.[6]

물론 서울의 '괜찮은' 대학에 다니는 학생들이 지방대 학생들보다 자신들이 일반적으로 더 능력이 있다고 믿는 능력주의에 객관적인 근거가 있지는 않다. 대학에 입학한 성적으로 능력 일반을 평가할 수는 없기 때문이다. 또 좋은 성적 덕택에 좋은 대학에 입학했다는 이유로, 좋지 않은 성적 때문에 좋지 않은 대학에 입학한 사람을 사회적으로 차별하는 행동도 최소한 전통적인 도덕의 기준으로는 정당화되기 어렵고 좋지 않은 행동이다. 그러나 평가가 일반화된 상황에서 조금 좋은 대학에 다니는 학생들이 상대적으로 나쁜 대학에 다니는 학생보다 자신들이 높게 평가되어야 한다고 생각하는 것은 그들 탓으로만 돌릴 수 없고, 그들이 생각이 전혀 없어서 그런다고 말할 수도 없다. 앞 책의 필자가 강조하듯이 이미 사회구조가 잘못되고 있는 상황에서, 개인들이 전적으로 도덕적으로나 정치적으로 올바르게 행동하기를 기대하거나 요구할 수는 없다. 그런데도 그 필자는 이 도덕적이고 정치적인 올바름을 마치 선험적인 가치인 것처럼 절대화시킨다. 그리고 20대들이 그저 생각도 없고 문제의식도 없이 차별적인 행동을 한다고 비판한다.

물론 그 저자도 이십대들이 나름대로 어떤 실존적 위기에서 그런 태도를 취하게 되었음을 전혀 모르는 것은 아니다. "오늘날 한 개인이 경쟁에서 선택되지 않을 가능성이 과거에 비해 커졌다는 것은 누구나 다 아는 사실이다. (…) 그런 측면에서 이십대는 보편적 가해자이자 피해자라는 공통점을 가지고 있다."[7] 저자는 오랫동안 진솔한 이야기를 나눈 이들을 이렇게 규정하는 일이 가슴 아프다고 말한다. 그런데 그렇게 말하면서도 저자는 그들을 냉정하게 평가한다. "그래서 놀랄 정도의 비논리적인, 하지만 확신에 찬 학력차별을 과거에 비해 훨씬 노골적인 수위에서 공격적으로 전개하는 이들이 바로 오늘의 이십대이다."[8]

그러나 20대들의 학력차별이 단순히 '비논리적이라고' 비판하는 저자의 태도는 정말 논리적인가? 저자가 말하는 논리성은 자신도 모르게 정치적 올바름과 도덕적 합리주의에 과도하게 근거하고 있다. 근대 이후 많은 자칭 지식인들이 자랑한 논리성은 '세상은 논리적이고 합리적으로 설명되어야 한다'는 전제 위에 서 있다. 그러나 바로 이 전제 자체가 지나친 합리주의의 산물이다. 세상이 이미 논리적으로나 도덕적으로 설명되지 않는 상황에서 합리주의적인 방식으로 설명하려는 자칭 지식인의 태도가 어떤 점에선 더 비논리적이다.

여기서 과도한 합리주의를 믿는 저자가 이십대들이 왜 그렇게 행동하는지 사실은 제대로 파악하지 못하고 있다는 데 주의를 기울일 필요가 있다. "과거와는 차원이 다른 이십대들에게 '타인 밀어내기'가 불가피한 생존전략이란 것도 엄연한 현실"이라고 인정하면서도, 그는 그들을 일반적으로 비판하고 비난하는 쪽으로 기울어진다. 논리적이지도 않고 도덕적으로 돌아가지 않으며 따라서 그렇게 설명할 수도 없는 세계 속에서, 개인들이 취하는 다양한 생존전략은 사회(학)적 차원에서 사실적으로 서술할 필요가 있는데도, 위의 저자는 정치적 올바름과 지적 합리주의에 계속 매달린다. 그러면서 자칭 진보적 지식인이 흔히 말하듯, 이십대는 사회구조의 문제를 생각하지 못한다고 비난한다.

학력위계주의의 미세한 계단 하나 차이를 놓고도 누가 더 잘 났다 누가 더 못났다 지지고 볶는 와각지쟁은 벌이지만, 그런 싸움을 온존시키는 더 큰 사회구조의 문제에는 이의제기를 하지 않는다.[9]

여기서 위의 저자가 말하는 '더 큰 사회구조의 문제'란 듣기엔 좋은 말이다. 정치적이고 도덕적인 올바름에 따라 인식하고 행동하기를 요구하기 때문이다. 그러나 거기서는 개인과 집단이 세계의 모순을 객관적으로 인식하고 또 그에 따라 보편적이고도 합리적으로 행동한다는 근대적 세계관이 깊게 깔려 있다. 이 가정은 여러 형태로 변주되면서 재생산되지만, 거기엔 합리적인 개인과 집단이 모두 세계와 사회의 보편적인 정의와 진보에 봉사할 것이라는 가정이 깔려 있다. 그리고 정치적 올바름과 도덕적 보편성을 함께 유지하기만 하면 된다는 가정도.

그러나 이 가정들은 가상에 매달리고 있다. 무엇보다 현재 교육 경쟁과 학력차별에서 자칭 진보집단은 보수집단과 별 차이가 없다. 또 재산과 소득을 확보하는 욕구에서도 별 차이가 없다. 우리는 뒤에서 다시 이 문제를 다룰 것이지만, 솔직하게 사회를 관찰하는 사람은 이미 그 사실에 동의할 것이다. 2019년 조국 사태에서 드러난 점이 바로 그것 아닌가. 그리고 능력주의에 관한 태도에서도, 보수든 진보든 특별한 차이가 없다. 그리고 현재 사회에서 개인들은 사회 모순에 대하여 단일하고 일반적인 태도를 취하기 어렵다. 모순이 복합적이고 중층적이기 때문이다. 사회 모순에 대하여 단일한 의식과 태도를 가져야 한다는 믿음은 단일한 계급의식을 전제하는 근대적 사회구조 이론에 근거하고 있으며, 이 점에서 그 믿음은 순환에 빠진다. 현재의 복잡한 사회에서 개인과 집단은 더 이상 그런 단일한 계층의식의 소유자나 주체가 아니다.

더 나아가 위 저자는 자기계발을 부추기는 신자유주의 질서는 전적으로 잘못된 것이라는 이론에 의지한다. 비록 '자기계발'이 신자유주의의 흐름과 함께 밀려들어온 것은 맞지만, 그렇다고 '자기계발'이나 '자기 책임'이라는 개념을 송두리째 조롱하거나 비난하는 것은 우스꽝스런 일이다. 사회가 개인들을 충분히 보호하는 대신에 개인들이 자신의 책임을 지라고 요청하고 요구하는 상황에서, 그리고 더 이상 개인들을 보호해줄 전통적인 공동체가 사라진 마당에서, 개인들은 어느 정도 자기 책임을 짊어질 수밖에 없다. 한국 사회에서 1990년대 말 IMF 구제금융 사태 이후, 그리고 세계적 차원에서는 1980년대 신자유주의의 확장 이후, 경쟁이 심해진 것은 사실이다. 그러나 그렇다고 그 탓을 전적으로 신자유주의 탓으로 돌리는 일도 공허하거나 맹목적인 일이다.[10] 세계 경제 차원에서는 성장이 둔화된 것이 신자유주의적 개입을 초래한 면이 크다. 그리고 성장이 둔화된 원인은 복합적이며, 어떤 특정한 원인에 책임을 돌리기도 어려운 일이 되었다. 무역에 의존하는 비율이 높은 한국 사회는 이미 구조적으로 신자유주의를 피하기가 상대적으로 어렵다고 할 수 있다. 이 복잡한 상황과 상관관계를 가지면서 한국의 입시경쟁과 취업경쟁은 극심해졌다고 판단해야 한다.

학력차별 현상이 정상적인 일이 아님은 확실하다. 그러나 위의 책 저자는 그것을 비판하는 데 몰두하면서 이십대가 왜 그런 정상적이지 않은 행동을 하는지 차분하고도 냉정하게 살피는 대신에, 과도하게 이상적인 이념에 의존한다. 그리고 결국 책의 말미에서 "기회는 균등한가? 과정은 공정한가? 결과는 정의로운가?"라는 물음을 던진다. 여기서 위의 저자의 관점은 분열을 일으킨다는 데 주의할 필요가 있다. 그는 한편으로 현재 교육이 기회의 균등이나 과정의 공정 그리고 결과의 정의라는 원칙에서 거리가 멀다고 사실적으로 판단한다. 더욱이 현재 교육 상황이 과거보다도 더 나빠졌다고 분명히 말한다. 그러나 그는 이 사실 판단에서 머물지 않는다. 그는 기회의 균등과 과정의 공정 그리고 결과의 정의라는 원칙이 교육의 조건과 목적으로 지켜져야 한다는 믿는다. 그 믿음이나 주장은 정치적 올바름에 부응하는 것처럼 보인다. 그러나 현재 그것을 주장하거나 요구할 경우 공허할 수 있다는 데 주의를 기울여야 한다. 일종의 거대담론이기 때문이다. 그런 가치들이 실제로 이루어지기 거의 불가능한데도, 마치 그것이 이루어질 것처럼 이야기된다. 교육경쟁이 과거보다 더 치열해지고 악화되고 있는 상황에서, 그리고 보수 못지않게 진보도 자녀교육에 거의 모든 것을 걸고 있는데, 그런 말만 한다고 옳은 태도일까? 문재인 대통령은 그 구호를 내걸었지만, 조국 사태에서 그 허망함을 드러냈을 뿐이다. 이제는 오히려 솔직하게 그런 이념 자체가 헛된 이념이나 이데올로기라고 말할 필요가 있다. 정치적으로 대중적인 인기에 호소한다는 점에서, 우스운 포퓰리즘으로 빠지기 쉬운 구호다.

이 책은 그런 거대한 구호나 이념을 전제하지 않는다. 오히려 사회에서 기회는 균등하게 주어지지 않고 있다는 사실을 직시하고자 한다. 정말 기회가 균등하려면 초중등학교만 의무교육으로 하는 것으로는 부족하고, 대학도 그래야 할 것이다. 또 부모의 재력이 과도하게 영향을 미치는 사교육도 금지되어야 할 것이다. 그러나 그렇게 되기는 어렵다. 사교육 금지는 자유의 과도한 침해라며 위헌 판정을 받았다. 또 기회의 균등은 엄밀하게 말하면 경제적인 차원에만 국한되지 않는다. 기회의 균등이라는 원칙이 일관되게 지켜지려면, 생물학적으로나 유전적으로 우월한 재능을 가진 사람들에게 일종의 페널티를 부과해야 할 것이다.[11] 그러나 이렇게 엄격한 방식으로 그 원칙을 실행하는 것은 이제는 거의 불가능에 가깝다. 이 상황에서 기회의 균등을 계속 요구하는 일은 사회주의나 자유주의가 과거에 주장했던 이념을 맹목적으로 따르는 공허한 일일 뿐 아니라, 폭력적인 교육현장의 실제 모습을 가리는 일일 것이다. 차라리 기회의 균등이라는 큰 원칙이 점점 지켜지지 않는 경향이 확산된다고 냉정하게 판단하자.

과정도 더 이상 공정의 기준에서 판단하기에는 매우 복잡하다. 그 공정의 개념은 너무 전통적이거나 도덕적이거나 진부하다. 한 예를 들자면, 과거엔 부유한 사람들이 치열하게 학력경쟁에 뛰어들지 않아도 부를 유지할 수 있었다. 그에 비하면, 이제는 그들 가운데서 상당수가 높은 학력을 확보하고 있다. 후기 자본주의 시스템에서 자본가 계급조차도 높은 학력을 쌓으며 최소한 형식과 절차의 차원에서 과정의 공정성을 확보하고 있다는 것이다. 다르게 말하면, 자본가 계급이 형식과 절차에서 무조건 또는 허투루 공정성을 무시한다고 생각하면 커다란 착각이다. 더 나아가면, 사회는 사회 시스템의 차원에서 다양한 형태의 절차적 공정성에 의해 관리되고 통제되고 있다. 다양하고 이질적인 사상과 의견들이 들끓는 현대사회에서 법과 행정 규칙은 최소한 절차적으로 공정성을 요구하며, 조직들도 거기에 발을 맞추고 있다. 정치적으로 어떤 이념을 내세우든, 이 점에서는 큰 차이가 없다. 법과 행정 규칙들은 자신들의 절차적 정당성의 범위 안에서 자신의 절차를 정당화한다. 관료사회든 기업이든 아주 부패한 경우를 제외하면 절차적 공정성을 지키는 과정을 나름대로 다 수행한다. 이 상황에서 과정이 공정해야 한다고 주장하는 일은 정치적 올바름의 기준은 충족시키겠지만, 이론적으로는 공허하고 실제적으로도 효과도 없다.

결과가 정의로워야 한다는 말도 듣기는 좋은 말이지만, 마찬가지로 아니 훨씬 더 공허할 수 있다. 20세기 후반까지는 그래도 탄탄한 중산층이 자유민주주의 질서를 뒷받침하리라는 희망이 유지되었지만, 안정적인 중산층은 점점 위축되고 있다. 상위 계층의 소득과 하위 계층의 소득도 점점 벌어지고 있다는 것도 분명한 사실이 아닌가? 규범을 세우고 법을 정하면, 정의가 올 수 있다는 생각은 이젠 너무 순진하거나 맹목적인 생각이다. 오히려 정의는 드문 것이며, 수많은 방식으로 폭력적인 제도가 '정당한 이유로' 실행되고 있다고 판단하는 일이 필요하다. 그것만이 옳다는 것은 아니다. 다만 최소한 그런 냉정한 사실판단이 필요하다는 것이다. 착한 동기를 가지고 착한 말을 하면, 세상에 정의가 올 것이라는 믿음은 순진하거나 기만적이다. 정의도 감성팔이나 이념팔이의 대상으로 남용되고 있다. 또 사회제도들이나 조직들이 정의를 위해 움직인다고 생각할 수 있는가? 그런 믿음은 오히려 세상에 존재하는 엉터리짓거리와 세상을 사로잡은 비논리를 가리고 은폐하는 역할을 한다. 오히려 부와 권력과 쇼맨십이 정의를 더 많이 차지하는 세상이 아닌가.

기회의 균등이나 과정의 공정이나 결과의 정의, 이 세 개는 실제로는 하나만이라도 어느 정도 이루어지면 다행이라고 할 만큼 어려운 것이다. 기회의 균등과 결과의 정의는 과정의 공정보다 훨씬 어렵다고 할 수 있다. 아마도 거기에서 시험을 통한 공정성이 호소력을 가질 터이지만, 그것도 그것대로 엄청난 모순을 내포하고 있다. 그런데 그 세 개를 모두 이룬다? 사회를 구원하겠다는 약속에 가깝다. 이 책은 그런 구원을 팔지 않을 것이다. 그것들에 기대어 지적이거나 도덕적인 설교를 하지 않을 것이다. 과거에 교회가 면죄부를 팔았듯이, 그것을 파는 사람들이 있다. 하지만 나는 균등과 공정과 정의를 묶은 거대담론을 내세우는 대신에, 있는 사실을 그대로 서술하는 데 초점을 맞추고자 한다. 그렇다고 해서 개혁의 가능성을 송두리째 부정하지는 않겠다. 또 그 세 개 가운데 하나에서 개혁을 이루고자 하는 노력도 긍정한다. 다만 개혁조차 거대담론 수준에서는 일어나기 어렵다. 구체적이고 세부적인 정책을 만들어야 한다. 그러나 부당한 차별을 없애는 일을 적극 실행한다고 하더라도, 부와 권력이 생산하는 차별이나 부당함은 크게 없어지지 않을 것이라는 사실을 마주하고자 한다. 이 책은 사실에 스며든 폭력과 위험을 있는 그대로 말하겠다.

도덕성을 가진(아니, 가졌다고 여겨지는) 지식인의 관점에서 차별적 행동을 비판하는 태도가 차별 논의에 일반적으로 스며들어 있다는 데 주의하자. 그러나 사회적 문제는 더 이상 단순히 전통적이고 우월한 도덕성을 가진 지식인의 기준으로만 판단하거나 다룰 수 없다. 그런 기준 자체가 이론적으로 과도한 합리주의를 반영하거나 거기에 의존한다. 더 나아가면, 그런 도덕적 지식의 기준은 자연권이나 자연법이 설정한 평등의 이념이나 인권에 과도하게 의존한다.

그래도 어쨌든 평등을 포함한 인권의 이념으로 다루거나 치료할 수 있는 차별의 형태가 있다. 정말 사회적 약자이거나 소수자가 차별을 받는 경우이다. 여기도 쉽지 않은 문제가 있지만, 그래도 여기에선 평등의 이념이 도움을 준다고 생각하자. 그러나 그 이념도 자칫하면 공허하게 또는 맹목적으로 확장될 수 있다.

　모든 차별을 평등의 관점에서 비판하며 또 그 기준으로 해결하려는 인권 운동가나 좌파 휴머니스트를 자처하는 사람들은 한국 사회가 인권을 포기한 사회라고 비판하고, 사람을 벌레로 만드는 곳이라고 비난한다. 그런 면도 있을 것이고, 그런 비판도 가능한 면도 있다. 한국 사회에 아직도 차별이 작지 않기 때문이다. 일단 나쁜 차별을 막기 위해 차별금지법을 만드는 데 나는 찬성한다. 그러나 동시에 모든 차별을 인권의 기준으로 다루거나 해결하는 데는 한계가 있다고 생각한다. 이것이 이 책의 첫째 주제이다. 이제 이 문제를 자세히 다뤄보자.

02

'팩트 폭력'과
폭력적인 팩트들

사회구조가 이미 차별적인 현실인데

1장에서 우리는 힘들게 대학에 진학한 이십대들이 자신보다 등급이 낮은 대학에 진학한 같은 세대에게 냉정한 잣대를 들이댄다는 것을 보았다. 도덕성의 관점에서는 그런 차별은 바람직스럽지 않다. 또 그들이라고 인정이 없는 것도 아니어서, 사회적으로 차별받는 사람들에 대해 동정심을 느낀다. 그럼에도 불구하고 그들은 자신들이 경쟁을 거치는 과정과 결과에서 어떤 사회적 차이가 생겼고, 그 차이가 어느 정도는 차별을 정당화한다고 생각한다. 어떻게 이런 일이?

이런 현상은 사실 아주 특이한 현상이 아니다. 나도 수업 중에 비슷한 문제를 다루면서 논의를 진행한 적이 몇 번 있다. 결과는 비슷했다. 내가 재직하는 대학은 인천에 자리를 잡고 있으며 전반적으로 중위권에 속한다고 할 수 있다. 다수의 학생들은 차별받는 사람들에게 동정심을 보이면서도, 대학의 순위를 평가하거나 취업 시장에서 능력을 평가해야 하는 경우, 입학 성적이 자신들보다 낮은 대학에 대해서는 냉정하게 평가한다. 이미 사회에서 공적인 기관들이 냉정하게 등급이 나뉜 순위에 기대어 차별적인 팩트를 만들어내고 있으니, 자신들도 어쩔 수 없이 비슷한 방식으로 그 평가를 연장하는 것이다. 자신들보다 높은 등급에 위치한 대학에 대해서는 낮은 자세를 보이고, 자신들보다 낮은 등급에 속하는 대학에 대해서는 다소 높은 자세를 취하는 행동 방식이다. 그들이 학력 위계질서의 차원에서 이렇게 차별을 수행한다면, 단순히 도덕적이지 않아서일까?

그들이 생각이 없거나, 사회문제에 대해서 '문제의식'이 없다는 비판을 검토해보자. '의식'이란 말은 무심하게 사용될 수도 있겠지만, 실제로는 심각한 전제를 깔고 있다. 인간이 이성을 통해 세계에 대해 객관적이고도 이해관계로 흔들리지 않는 의식을 가진다는 전제. 바로 그것이 고대부터 내려온 이성 중심주의와 근대 이후 특히 확대된 합리주의의 핵심이다. 그러나 그런 전제는 과도한 합리주의의 산물이다. 이런 과도한 합리주의는 다만 관념적인 사상과 철학에만 스며들어 있는 게 아니다. 사회에서 이런저런 변화가 일어나고 역사에서 큰 사건이 일어나는 데도, 이성에 근거한 '의식'이 결정적인 역할을 한다는 믿음이 존재한다.

그런 전제는 개인과 집단이 가진 실질적인 이해관계와 욕망, 그리고 실제적인 행동의 동기와 권력관계를 무시하는 셈이다. 실제로 근대 이후 이들 실제적인 동기와 요인들을 의식보다 더 중요하게 여기는 흐름들이 다양하게 생겨났다. 위에서 짧게 언급했듯이, 19세기 이후의 정치적 자유주의는 근본적이고도 포괄적인 방식으로 개인들이 가지는 이질적인 자유의 동기, 그리고 그 동기를 실행하는 다양한 수단들을 정당화시켜주었다. 정치적 자유주의가 가장 올바른 사상이라고 말할 필요는 없지만, 실제로 19세기 이후 유럽 국가들과 미국이 의지하고 뒷받침한 것이 그것임은 틀림이 없다. 이론적으로 말하면, 객관적인 이성, 곧 인간이 가진 여러 이질적인 의지와 욕구와 이해관계에 휘둘리지 않거나 그것에 초연한 의식은 철학적 이상이거나 가상일 뿐이다.

실제로 의식에 의해 드러나지 않는 무의식적 동기와 욕망, 이중적인 행동전략, 마음과 감정의 양가성이나 이중성 등의 팩트들이 프로이트 이후에 무의식을 중요하게 생각하는 관점에서 강조되었다. 의식 활동이 있고 의식적으로 관찰할 수 있는 심리적 내용들이 얼마든지 있을 수 있지만, 그것들은 알게 모르게 무의식적 동기와 배경에 의해 이끌리거나 암시를 받는다. 말하자면, 이십대들은 그냥 생각이 없이 차별적으로 행동하거나 그렇게 행동하면서 찌질하게 생존하는 게 아니다. 오히려 그들의 차별적인 행동이 일종의 생존전략을 드러낸다면, 거기에는 어떤 중요한 팩트가 숨겨져 있는 셈이다.

어떤 팩트인가? 세상이 깨끗하게 논리와 도덕적 규범에 근거해서 흘러가거나 돌아가지 않을 때, 따라서 세상이 그것에 의해 일관되게 설명되지도 못할 때, 사람들도 더 이상 그에 따라 행동하지 않는다는 것. 명징을 강조하고 논리와 착함을 설파하는 도덕이 다양하고 이질적인 사람들의 실제 행동을 이끌거나 밀어주는 것이 아니라면, 사람들도 그에 따라서만 행동하지는 않을 것이다. 실제로 세계는 단일하고 보편적인 논리와 질서로 정리되고 있지 않다. 다양하고 상이한 이해관계와 평가방식이 세상을 흔들거나 휘젓고 있다면, 사람들의 행동도 그에 따를 것이다. 절대적 평등이나 공공성이 실제로 존재한다면, 차별하는 태도는 옳지 않을 것이다. 그러나 이미 그런 것이 제대로 역할을 하지 못하는 상황이라면, 그래서 사람들이 여러 점에서 이미 사회적 구별과 차별에 의해 흔들리고 있다면, 절대로 차별하지 말하는 규범적 명제는 힘을 잃을 것이다. 도덕을 직업과 명분으로 말하는 사람들의 입에서는 여전히 그런 주장이 나오고 그들에게는 나름대로 의미가 있을 것이다. 물론 보통 사람들도 나름대로 도덕적 질서를 따르며, 사회에서도 그것은 필요하다. 그러나 그럼에도 불구하고 사람들이 살아온 경로는 다르며 재산과 소득도 다르며 지위도 다르다. 그리고 경쟁이 심하고 사회적 지위에 대한 구별짓기가 심한 사회적 환경에서, 여러 차이와 차별은 정당하다고 이미 인정되고 있으니 사람들이 이것들을 다시 가져와 사용하는 건 자연스러운 일일 것이다.

　사회적으로 개인들의 실적과 능력을 구별하고 차별하는 일은 단순히 주관적으로 어떤 정당성도 없는 변덕이나 이해관계에 의해 일어나는 것은 아니다. 사회에서 차별은 이미 여러 방식으로 정당화되고 있다. 따라서 사회는 이미 폭력적인 팩트를 생산하고 있는 셈이며 사람들은 그 팩트를 받아들일 수밖에 없을 것이다. 차별적이고 폭력적인 구별이 사회 시스템에 의해 정당화되고 있는 상황에서, 사람들은 그 팩트를 각자의 사회적 환경에서 나름대로 수용한다.

예를 들어보자. 사람들은 자신이 받은 폭력적 구별과 차별만큼 다시 되돌려주는 경향이 있다. 특이한 점은, 상위권 대학에 다니는 학생은 그로부터 주어지는 혜택과 보장과 상징적 명예 덕택에 중위권 대학과 하위권 대학 사이에 등급을 매기고 따지며 차별하는 일을 상대적으로 덜 한다는 것이다. 말하자면, 'SKY대학'에 다니는 학생들은 상대적으로 학력차별적인 태도를 드러내 보이지 않을 수 있다. 그들은 이미 상징적 지위를 확보하고 있기에, 비교적 여유 있고 관대한 태도를 보일 수 있다는 것이다. 여기서 관대함과 차별적이지 않은 태도는 그 자체로 순수한 도덕성이라기보다는, 사회적으로 인정된 상징적 지위가 그들에게 부여하는 일종의 '선물'이다.*

오히려 중위권 대학에 다니는 학생이 더 중하위 등급 대학들의 위계에 더 신경을 쓰고, 그 간격을 엄격하게 평가하기 쉽다. 학력의 위계질서에서 중간 정도에 있는 대학에 속하는 사람들은 자신도 모르게 양가적이거나 이중적인 태도를 보인다는 것이다. 그들은 위로부터 받는 압력을 아래로 흘려보내며 해소하는 경향을 보인다. 그들은 자신들이 얻은 성적과 등급에 이미 사회가 정당하다고 인정한 팩트의 지위를 부여하며 그것을 아래 방향으로 사용한다. 그리고 그 사용은 나름대로 정당하다고 믿는다. 그 믿음이 그냥 틀린 것일까?

---

* 이런 태도에는 중요한 이유와 맥락이 있다. 부르디외에 따르면, 이러한 정신적이고 심리적인 여유 또는 관대함은 일종의 '상징적 자본'에 속한다.

규범적 도덕성에 입각한 올바름의 논리는 폭력적 구별과 차별을 받았더라도 그것을 되풀이하지 말라고 말할 것이다. 그럴 수 있다면 좋을 것이다. 근대 이전까지 철학사상과 규범적 질서는 대부분 그런 모범적인 모델에 근거했다. 칸트의 도덕철학이 대표적이었다. 그런데 그 모델은 19세기 유럽에서도 이상적으로 작동하지 않았다. 그들은 유럽 내부에서는 그런 도덕적 태도를 유지했을 수 있지만, 식민지를 비롯한 외부 세계에 대해서는 차별을 정당화했다.

지독한 아이러니지만 현실 세계에서 재산과 힘이 많은 사람들이 겉으로는 관대함과 공정함을 드러낼 여지가 크다. 실제로 여유가 없고 힘이 없는 사람들은 그렇게 여유 있고 올바르게 행동하기 힘들 것이다. 이 상황은 폭력적이지만, 사실이다. 세상이 이미 이상적인 방식으로 움직이지 않는데, 어떻게 개인들이 그렇게 행동하리라고 기대하거나 요구할 수 있는가? 군대와 같은 폭력적 공간에서 이미 폭력적인 제도의 시련을 겪은 사람들은 많은 경우 자신도 모르게 또는 어쩔 수 없이 그 시련을 반복한다. 이것은 심리적인 사실이다. 어릴 때 폭력에 시달린 사람이 많은 경우 그것을 극복하지 못한 채 성인이 되어 그것을 반복한다는 것도, 심리학에서 사실로 인정된다. 절대적 진리는 아니고 바람직한 사실도 아니지만, 나름대로 사실이다. 그것은 팩트로 인정되고 정당화된다. 그 인정과 정당화는 바람직하지는 않지만, 그렇다고 그것의 사실성을 부인하거나 부정하는 일은 더 바람직하지 않을 것이다. 우리는 이 이상한 사실의 문제를 이 책에서 여러 각도에서 조명하고 분석하고 평가할 것이다.

물론 실제로 윤리적으로 행동하는 사람은 훌륭하다. 그러나 규범이나 말로 도덕을 내세우며 그것으로 보통의 사람들을 재단하고 판단하는 일은, 그것과 다른 일이다. 근대 이후 지식인이 모범적인 도덕성이나 규범을 내걸었다면, 그것은 그들이 순전히 공정하거나 착해서는 아니다. 지식인의 논리는 그에게 일종의 사회적이고 지적인 권위를 부여하는 근거였다. 쉽게 말하면, 지식인이 도덕적이고 비판적인 기준을 내세우는 일은 그들의 직업윤리에 속하며, 그것은 그에게 물질적으로나 사회적으로나 보상을 준다. 사람들이 지식인에게 기대하고 요구한 것도 그런 사회적인 권위이며 그에 상응하는 행동일 것이다. 하지만 그들이 그 지위에 걸맞게 보편적으로 모든 영역에서 모범적이고 도덕적인 행동을 할 것이라는 기대는 이미 흘러간 시대의 산물이다. 19세기 사회적 환경에서는 그들이 그 일을 수행했다. 그러나 20세기 후반에 이르면, 지식인들은 보편적으로 통하는 지식을 가지고 있지도 않고, 보통 사람보다 모든 면에서 잘 알고 제대로 행동하는 것도 아니다. 모든 사회적 문제에서 보편적인 방식으로 개입하고 또 사람들을 대변하지도 못한다. 20세기엔 이미 보편적인 지식인이 하던 역할을 특수한 영역의 개별적인 지식인들이 떠맡았다고 할 수 있다.* 21세기인 오늘날에는 어떤가? 특별히 지식인이 아니더라도 모든 영역에서 각자가 자신이 폭력적인 방식으로 겪은 고통과 시련에 대해 나름대로 대응할 수 있다. 이것은 보통 사람들도 조금만 생각하면 다 알 수 있는 일이다.

＊　19세기에 '일반적인' 지식인이 하던 사회적 역할을 20세기에는 '특수한' 지식인이 하게 되었다. 이 역사적인 변화를 푸코는 지식과 권력의 관계에서 분석하였다.

사회 시스템이 이미 차별적 구별을 통해 폭력적인 방식으로 작용할 때, 개인들은 그들이 각자 던져진 사회적 상황에서 그 현실을 받아들인다. 다르게 말하면, 옳음과 착함의 기준이 그들에게 일차적이고 보편적인 기준이 되기는 어렵다. 사회 자체가 그 기준을 적용하지 않는데, 어떻게 개인들이 그것을 적용할 수 있는가? 개인들이 그렇게 해야 한다는 주장은 근대적 합리주의나 이성주의의 잔재일 뿐이다. 이것은 비록 폭력적인 성격의 팩트지만, 누구도 쉽게 부인할 수 없는 어떤 것이다. 이 폭력성은 도대체 어떤 것인가?

싫어도 부정하기 힘든 사실, 폭력적이고 추한 그 팩트

이 양가적이거나 이중적인 태도가 학력차별을 겪고 또 그 차별을 반복하는 대학생들에게만 해당할까? 그렇지 않다. 조금 단순화해서 말하면 사람들은 언제나 일반적으로 그런 양가적인 태도에 내맡겨져 있거나 그런 태도를 내면적으로 체화하고 있다.

그렇지만 근대 이후 인간은 그런 양가적이고 이중적인 태도를 이성의 힘으로 극복하려고 하지 않았는가? 한편으로 맞는 말이다. 특히 근대적 사고에 그런 면이 컸다. 보편적인 평등과 자유의 힘을 믿었기 때문이다. 더 나아가, 그 근대적 사고는 낭만적 사랑에 대한 믿음과 연결되면서 특별히 낭만적인 경향을 띠었다. 마치 평등과 자유를 추구하기만 하면 개인과 사회 모두 좋아질 것이라는 믿음이 대표적인 예이다. 그러나 흔히 말하는 자연권이 지배한다던 계몽의 시대와 칸트의 도덕철학의 시대에도 시민들은 자신의 생활환경에서 양가적이고 이중적인 태도를 보였다. 그리고 포스트모던 환경이 확대되면서, 근대적 합리주의는 다시 흔들렸다. 또 20세기 중후반까지 그 합리주의와 자유주의를 떠받쳤던 사회적·경제적 기대, 곧 다수가 중산층이 되는 민주적인 사회에서는 합리주의와 자유주의가 확대·확산되고 불평등은 축소될 것이라는 기대는 점점 크게 흔들리고 있다. 선진국 몇 개 나라를 제외하면, 거의 모든 나라에서 안정적인 중산층은 증가하지 못하고 있다.

그렇지만, 그렇더라도 그런 양가적이고 이중적인 태도를 가능한 한 줄이거나 없애는 것이 좋지 않은가? 실천을 통해 가능한 한 이중적인 행동을 하지 않는 일은 지금도 중요하다. '이중성'이라는 말이 괜히 부정적으로 사용되는 것은 아니다. 그러나 그 말은 다른 한편으로 지나치게 부정적으로 사용되고 있다. 실제로 사람들은 지금도 많은 생활영역에서 이중적으로 행동한다. 유럽인들만 난민이나 해외이주민을 받아들이는 데 난색을 표명하는 것은 아니다. 사람들은 멀리서 일어나는 인류의 고통보다 자신의 가족이나 심지어 반려동물의 안전에 더 신경을 쓴다. 그러니 이중성을 줄이는 일이 사회에서 일반적으로 이루어지고 있다고 생각할 필요는 없다. 오히려 양가적이고 이중적인 태도를 인간이 수행하는 필연적인 복잡성이라고 여기며 관찰하고 관리하는 게 점점 중요해지고 있다.

예를 들어보자. 많은 사람들은 한편으로 불평등에 대해 불만을 가지면서도 다른 한편으로는 그것을 사실로 인정한다. 또는 한편으로는 그것을 비판하고 거부하면서도, 동시에 그것의 여러 면을 받아들이는 행동을 한다. 천민자본주의에 대해 비판하는 사람은, 그럼에도 불구하고, 아니 바로 그 천박한 현실의 힘을 알기 때문에 알게 모르게 자본주의적으로 행동할 수 있다. 묘하고 어떻게 보면 기괴한 일이 일어나고 있는 셈이다. 한편으론 싫어하면서도 다른 한편으로 인정하는 태도, 또는 거꾸로 한편으로는 팩트로 받아들이면서도 가끔 또는 자주 싫어하는 태도를 사람들은 보인다. 그리고 점점 분명해지고 있는 사실이 있는데, 재산과 소득과 지위에 관한 욕망에 관한 한, 또는 불평등을 해결하는 실질적인 행동에 관한 한, 보수와 진보 사이에 큰 차이는 없다는 것이다. 자칭 진보는 상대적으로 분배를 강조하는 정책을 내걸 수 있지만, 실제 재산을 축적하고 소득을 높이는 일에서 보수와 별 차이가 없다. 그 결과로 분배를 촉진한다는 정책은 사회적 불평등과 차별을 해결하는 데서 큰 효과를 내지 못하고 있다. 개인들의 양가적인 또는 이중적인 태도는 사적인 성격을 띠지만, 실제로는 대부분의 사람들이 그렇게 행동하기에 거의 공공적인 의미와 가치를 가진다.

그러나 사람들의 이중적인 태도에 공공적인 의미를 부여할 수 있을까? 당연히 쉽지 않고, 바람직하지 않을 수도 있다. 심지어 이중적인 태도나 잣대는 많은 경우에 부정적으로 평가되고 비난되기도 한다. 그렇지만 다른 한편으로 그 이중적인 태도를 일반적으로 부정하거나 부인하는 일도 공허할 수 있다. 오히려 사람들이 실제로 많은 경우 그렇게 행동한다는 것, 또는 그렇게 행동하도록 내몰린다는 것을 사실로 인정할 필요가 있다. 현재 사회에서도 실제로는 (조)부모의 능력이 개인의 성장과 성공에 큰 영향을 미친다는 것이 사실이지만, 그것을 쓸데없이 또는 적절하지 않은 상황에서 주장한다면 비난을 받을 것이다.

이렇게 말하면 이 모호하고 추한 사실을 변호하는 일이 되지 않을까? 우선, 의도를 말하자면, 나는 그 팩트를 변호하려는 게 아니다. 오히려 그 폭력적인 사실에 대한 인식 없이는, 현재 사회에서 사회 시스템과 제도를 제대로 분석하지도 못하며 평가할 수도 없다고 말하고 싶다. 다음으로 그 팩트를 인정하자고 말하는 것이 사회적으로 나쁜 영향을 줄 수 있지 않느냐는 의심이 있을 수 있다. 영향을 정확하게 파악하기는 어렵겠지만, 어쨌든 그 사실을 인정하는 일과 그것을 인정하지 않는 일이 초래하는 영향 사이에 큰 차이가 있지는 않을 것이다. 그 사실을 인정하지 않은 채, 보수와 진보라는 정치적 이념으로 진영을 나누고 세력싸움을 하는 것이 더 낫다고 말할 근거는 어디에도 없다. 나아가 그 폭력적인 사실은 그냥 현실의 아래 바닥에서 구정물처럼 흘러가는 어떤 것이 아니며, 따라서 그 구정물에 발만 담그지 않으면 되는 것도 아니다. 물론 어떤 사람들은 거기에 발만 적시지 않으면 된다고 생각하며 이중적으로 행동하지만, 그 폭력적인 사실은 실제로 모든 사람들의 행동에 영향을 미친다. 그러니 이 관점에서 사회를 분석하고 관찰하는 일이 필요하다.

그 이상한 사실, 좋아할 수는 없지만 그렇다고 부정하기도 힘든 사실이 사회를 바꾸고 역사를 바꾸는 계기로 작용한다. 최근의 예는 촛불시위를 유발한 정유라의 발언이 그 예이다. "부모를 원망해. 돈도 실력이야"라는 그녀의 말은 대중의 분노를 사고, 촛불시위를 불러왔다. 그 말은 박근혜의 탄핵을 불러오는 데 막대한 역할을 했다. 어떤 점에서는 우병우 전 민정수석 건을 비롯해서 박근혜의 정치적 비리만으로 역사적 변화가 일어나기는 힘들었을 수도 있다.

유감스럽게도 그런 사건들은 명백히 밝혀져서 법정에서 준엄한 판결을 받기가 어렵다. 된다 해도, 오래 걸린다. 고위직에서 비리나 범죄를 저지르는 사람들은 제도의 허점을 잘 알고 그것을 이용하기 때문이다. 그와 달리 정유라의 발언은 한순간에 대중의 분노를 유발할 수 있었다. 아니 저런 싸가지가 없는 인간이 있나! 네가 감히 그런 말을 할 자격이 있어? 부정을 저지른 사람이 감히 공공 차원에서 그런 말을!

그런데 학생들을 포함해 사람들이 들고 일어난 것은 순전히 그 말이 틀렸기 때문일까? 그리고 사람들은 그 틀린 현실을 정말 깨끗이 바꾸려고 한 것일까? 오히려 사람들은 그 폭력적인 말이 어느 정도는 팩트임을 알고 있었다고 여겨야 한다. 다만 부정을 저지른 인간이 그런 말을 외치는 것을 참을 수 없었다. 어느 정도 팩트이기는 하지만, 너처럼 부당하게 그 혜택을 본 인간이 스스로를 변호하기 위해 그 사실을 남용할 수는 없다는 것이었다. 그 폭력적인 팩트를 한편으로는 인정해야 하고 완전히 부정할 수 없다는 것이 사람들의 분노 뒤에 숨어 있는 또 다른 분노였고 무력함이었다. 이중적이거나 양가적 태도를 가질 수밖에 없다는 무력함이 정당한 분노 뒤에서 또 파도치고 있었다. 어쨌든 그 양가적 태도는 분노의 사회적 정당성에 방해가 되지는 않았다.

'적반하장'은 도둑놈이 도리어 매를 드는 일에 대한 질타와 분노를 담고 있다. 그러면 그 일반적인 분노 때문에 실제로 도둑놈은 그런 일을 벌이지 않을까? 그렇게 믿는다면 순진한 것이다. 적반하장이란 말을 모르는 사람이 없어도, 아니 어떤 점에서는 바로 그 때문

우리가 인정하고 싶지 않지만, 인정할 수밖에 없는 팩트들이 있다. "돈도 실력이야"라는 정유라의 말도 그런 것일 것이다. 그러나 그런 팩트를 당연하고 정당한 것인 양 들이밀 때 사람들은 분노한다. 이화여대 학생들의 시위는 그런 배경에서 나왔다.(좌: 이화여대에 게시된 대자보. 우: 서울신문, 2016년 10월 18일)

에, 실제로는 많은 도둑놈이 매를 든다. 이전에도 나쁜 짓을 한 인간이 발뺌을 하는 일은 결코 드물지 않았다. 그런데 인터넷이 발달해서 사회적 비난이 눈 깜짝할 새에 퍼져나가는 상황에서, 대부분의 도둑놈과 악당은 무슨 일이 생기면 자신의 책임을 부인할 뿐 아니라 오히려 공포에 사로잡혀 책임을 묻는 사람에게 다시 책임을 묻겠다는 적반하장의 경향을 보이는 것이 폭력적인 사실일 것이다. 그래서 사회적으로 분노가 제대로 타깃을 맞추고 효과를 보기는 쉽지 않다. 정유라의 헛소리가 저 와중에서 분노를 일으킬 수 있었던 것은 기적에 가까웠다. 그 말 자체의 액면적 의미에 대한 분노에 더해, 그 말을 하는 인간에 대한 '차별적' 분노가 결정적인 역할을 했다. 그렇다, 차별적 분노가 중요했다. '정유라, 너는 그런 말을 할 자격이 없어!' 여기서 '차별'은 적극적으로 필요한 일이었다. 그냥 모호한 이중적 태도를 사람들이 가졌었다면, 역사적 변화는 오지 않았을 것이다. 이중적 태도는 어떤 상황에선 분별하는 좋은 역할을 한다. 나쁜 놈을 나쁜 것으로 '차별'하는 일이 분별이다. 다른 사람이 아닌 정유라가 바로 그 말을 함으로써, 학생들을 포함해 대중은 그 폭력적인 사실에 대해 '제대로 이중적으로' 반응했다.

다시 학력차별로 돌아가 보자. 차별을 하는 것이 도덕적으로 옳지 않다는 것은 대부분의 사람이 안다. '차별을 하는 것은 좋은 태도일까요?'라는 설문에 대답해야 한다면 대부분의 사람들은 아니라고 대답할 것이다. 이것이 차별에 관한 양가적 또는 이중적 태도의 첫째 단계이다. 그러나 이미 국가가 나서서 몇 점 차이의 점수로 대학 입학을 통제하고 정당화하는 상황에서, 그 어려운 경쟁을 통과한 학생들(특히 중상위권 대학에 입학하거나 편입해서 들어간 학생들)은 성적에 따라 대학들의 순위와 등급이 매겨지고 평가받는 것을 당연하다고 받아들일 것이다. 그리고 학생들은 그 사실에 근거해서 졸업 후 취업을 할 때 자신들이 사회에서도 평가받는 것, 곧 점수와 성적에 따라 차별이 일어나는 것을 정당하다고 받아들일 것이다. 이것이 이중적 태도의 둘째 단계이다. 차별은 이 양가적이거나 이중적인 태도의 한 편에서 일어나는 현상이다. 그것 자체로 옳은 것은 아니지만, 이미 순위를 매기고 점수로 사람을 평가하는 시스템에서 그 차별적 태도를 쉽게 부정하거나 비난하기는 어렵다.

사람들이 때때로 이중적이거나 양가적인 모호성 속에서 차별을 하는 일 자체는 무조건 부정적이지는 않다. 그런데도 진보의 이름으로 차별을 고발하는 사람들은 일반적으로 모든 차별을 나쁜 것으로 간주하는 태도를 보인다. 이런 태도가 한국 사회에서 아직도 쉽게 받아들여지는 이유는 여럿 있을 것이다. 이제 그들의 태도를 변호하는 설명을 해보자. 식민지에서 해방되고 근대화와 민주화가 진행된 이후, 그나마 진보세력이 차별을 철폐하는 데 많이 기여한 반면에, 보수는 그 역할을 하지 못했다. 그 분위기 속에서, 그리고 그 흐름을 타고, 지금도 진보적 이념에 근거해서 차별을 없애자는 주장이 많이 받아들여진다. 그러나 2019년의 조국 사태에서 드러났듯이, 진보적 언어는 이제 더 이상 그런 일반적인 정당성을 가지기 힘들다. 1장에서 설명했듯이, 평등이라는 이념에 근거해서 차별을 축소하거나 철폐하는 방식은 아직 유효하며 그 방향으로 더 나아가야 한다. 그러나 평등 이념을 통해서만 차별을 축소하거나 철폐하는 데는 한계가 있다. 이중적 태도에 기반을 두고 있으며 더욱이 새로운 사회적 상황이 부추긴 차별들이 확대되고 정당화되었기 때문이다. 말하자면, 불평등과 사회적 차별에 관한 한, 사람들은 이중적이거나 분열적으로 행동할 수밖에 없는 복합적인 상황이 펼쳐지고 있다. 8장에서 다시 다루겠지만, 능력주의 및 평가 시스템의 확대속에서 평등과 인권에 호소하는 차별금지 시도는 제한된 효과밖에가지지 못할 것이다.

여기서 한 가지 다소 엉뚱하게 보이는 사고실험을 해보자. 불평등이나 차별을 방지하거나 축소하기 위해 모든 개인에 관한 모든 정보를 투명하게 드러낸다면, 공정과 정의를 실현하는 한 가지 방법이 될 수 있지 않을까? 그 정보의 투명성에 근거해서 과도하게 혜택을 받고 있는 사람의 혜택을 줄이거나 깎고 거꾸로 지나치게 불리한 상황에 있는 사람들의 불리함을 조정한다면, 불평등이나 차별을 해결하는 어떤 길이 열리지 않을까? 그러면 최소한, 재산과 소득이 어떻게 형성되었고 어떤 식으로 재테크를 하고 얼마나 자녀 교육에 투자를 하는지 드러나지 않을까? 그러면 사람들의 이중적인 태도와 행동은 크게 줄어들지 않을까? 그런 정보의 투명성이 이루어진다면, 지나치게 편향된 개인들의 능력 차이도 줄일 수 있고, 재산으로 인한 불평등도 크게 개선할 수 있지 않을까?

그러나 그런 정보의 투명성은 크게 기대하기 어렵다. 여러 문제가 끼어들지만, 다만 이전에는 모호하게 프라이버시라고 불렸던 것이 이제는 개인정보 보호라는 이름으로 보호를 받는다는 점만 생각해보자. 실제로 개인들이 얼마나 공정하게 행동하는지 검증하는 것은 어려운 일이 되었다. 장관으로 공직에 나가는 사람들에게만 공익의 관점에서 개인정보를 파헤치는 일이 정당화된다. 그래도 그것은 투명성과는 거리가 멀다. 민감한 개인정보는 여전히 '보호되고' 있기 때문이다. 그러니 모든 사람들의 정보와 데이터는 검증한다는 것은 거의 불가능한 일이다. 따라서 모든 정보의 투명성을 통해 차별이나 불평등을 줄이거나 없앤다는 구상은 실제로는 큰 의미가 없다. 조금 까칠하게 말하면, 사회적 불평등에 반대한다는 주장은 많은 사람들이 공감할 수 있는 주장이지만, 실제로는 그 주장을 하는 사람이 얼마나 객관적으로 그에 상응하는 행동을 하는지 공적으로 정확하게 확인할 방법이 없다. 어떤 사람이 그 주장을 확인시켜준다며 자신과 자기 가족의 행동을 낱낱이 공개하는 일도 무모한 일일 것이다. 성인 가족의 개인정보도 이젠 동의를 얻어야 공유하고 공개할 수 있다. 따라서 철저한 정보의 공개가 어떤 면에서는 바람직하게 보이지만, 실제로는 어려운 일이다. 사람들의 '비밀'을 지켜주기 위해서 정보의 보호가 필요하다고 여겨지는 시대이기 때문이다.

'팩트 제시'+'폭력 가하기'

사교육이 인정되는 상황에서 재산이 있는 부모나 소득이 높은 부모들이 자녀교육에 많은 돈을 투자하는 일은 이미 일반적인 것이며, 도덕의 경계를 넘어선 일이다. 경제력이 있는 사람들은 이미 교육 시장에서 자신들이 생각하는 최선을 실행하고 있으며, 불법이 아닌 한 그것은 도덕적 잣대로 함부로 판단할 일도 아니다. 그 행동 자체로는 선한 일도 악한 일도 아닐 것이다. 교육에 과잉 투자를 하는 사람들의 행동을 비난한다고 해서 크게 달라지는 일도 없을 것이다.

이처럼 도덕적 기준을 넘어서서 벌어지는 일, 그리고 그 과정에서나 그 결과로 이루어지는 차별이나 평가는 폭력적이다. 긍정하기도 부인하기도 쉽지 않다. 그런데도 사람들은 점점 그런 폭력적인 사실을 인정하거나 인용한다. 이미 정부와 사회가 그런 사실을 묵인하거나 정당화하면서 여러 제도를 운영하고 관리하고 있으니, 그 사실을 자신과 관련된 일상적 환경에서 수행하는 것이 이상한 일도 아니다. 폭력적인 사실이나 상황은 흔히 말하듯이 평평한 운동장이나 공론장에서 일어나지 않는다. 각각의 운동장은 기울어져 있거나, 아예 실행되는 장이 다르다. 그리고 한 번 폭력적인 사실이나 상황이 횡행하면, 사실관계는 더 모호해진다. 이 상황에서 사람들은 다시 서로 폭력적인 사실을 끌어들일 수밖에 없다.

여기서 2010년경 인터넷 공간에서 등장한 표현에 주의를 기울일 필요가 있다. 그것은 '팩트 폭력(폭격)'이다. 그것은 어떤 것인가? '넌 뚱뚱해' '넌 못생겼어'처럼 상대가 아파할 만한 사실을 대놓고 말하기이다. 상대가 아프다고 느낄 만한 사실을 말하는 것이기에 그것은 그냥 '말하기'가 아니라 그 말을 들이밀거나 던지는 행위로 여겨진다. 이것은 특히 인터넷 공간에서 발생하고 확대되었지만, 그렇다고 거기에 국한되지는 않았다. 우리가 관찰한 학력차별에 관한 현상들처럼 온라인에서 발생한 현상이 다시 오프라인으로 옮겨가면서 연결되고 연장되면서 확대됐다.

팩트 폭격 또는 팩트 폭력은 어떤 맥락에서 생겼을까? 서로 다른 의견들이 충돌하는 상황이 확대되면서, 전통적인 의미의 '사실'이 사라지는 상황이 커다란 배경일 것이다. 그 즈음에 가짜뉴스라는 것도 이미 세계적인 현상이 되었다. 뉴스는 더 이상 그냥 믿을 수 있는 것이 아니었다. 뉴스를 공급하는 채널이 많아지면서 그런 현상은 더 가속화되었다. 엄격히 따지자면, 이미 20세기 전반부에 예민한 커뮤니케이션 전문가는 '여론'의 사실성이라는 것은 애초에 없으며 그것 자체가 프로파간다의 한 결과라고 관찰했다.[12] 그렇지만 그 후에도 한동안 뉴스와 여론은 마치 사실인 것처럼 여겨졌는데, 21세기가 시작되는 시점에서 이제 뉴스는 얼마든지 가짜일 수 있다는 것이 보통 사람들에게도 드러나고 인정된다. 이렇게 사실이 사라지고 가짜뉴스가 횡행하는 상황에서 인터넷에서는 여러 논쟁들과 갈등이 빈번하게 일어났다. 사실의 객관성이 흔들리는 것과 맞물려 갈등이 심해진 셈이다. 이 상황에서 2010년 즈음 인터넷에서 상대방의 주장이나 허언이나 헛소리를 '폭격'하려는 시도로 팩트 폭격 또는 팩트 폭력이 등장했다고 할 수 있다.

그렇지만, 왜 팩트로 '폭격'한다거나 팩트로 '폭력'을 행사해야 했을까? 이미 사실을 제시한다고 상대방이 쉽게 동의하거나 설득되지 않는 상황이 아주 널리 퍼져 있기 때문이다. 의사소통 이론에서 제시하듯이 의사소통이 이루어지는 일은 아주 드물다.(우리는 9장에서 다시 '커뮤니케이션'은 흔히 말하는 의사소통이 아니며 또 그것을 목적으로 삼지도 않는다는 점을 논의할 것이다). 비록 팩트 폭격이나 팩트 폭력이라는 현상이 정상적이지는 않은 것처럼 보이지만, 그렇다고 그저 주변적인 일이거나 일부 젊은 세대의 치기어린 짓이라고 치부할 수는 없다. 그렇게 여기는 사람은 순진하게 의사소통이라는 허상을 믿고 있는 셈이다. 의사소통에 호소하면서 합리적인 대화와 설득을 강조하는 일이 어느 정도 계몽적이고 지식사회학적인 효과를 가졌겠지만, 이제는 효과가 없거나 또는 오히려 공허할 수 있다. 따라서 팩트 폭력을 중요한 사회 현상으로 인정하고 그것의 사회적 의미와 효과를 주의 깊게 관찰하는 작업이 필요하다.

그렇지만 위에서 우리가 했듯이 폭력적인 사실의 관점에서 분석하기만 하면 충분하지 않을까? 굳이 인터넷에서 젊은이들이 좋지 않은 방식으로 퍼트리는 '팩트 폭력'의 사회적 의미와 효과에 대해 말하고 분석해야 할까? 그렇게 해야 한다고 나는 생각한다. 이미 사회적인 사실들이 폭력적인 성격을 띤다는 것이 관찰되고 인정되는 순간, 그리고 차별하는 행동이 단순히 평등과 인권의 잣대로만 파악하거나 해결할 수 없다는 것이 드러난 순간, 흔히 주변적이거나 엉뚱한 짓으로 보이는 일들에 대해 주의를 기울일 필요가 있다. 위에서 이미 말했듯이 세계는 이미 어떤 고상한 철학이나 의사소통 이론이나 규범적 당위에 의해서 설명되기 어렵고, 그것에 의해서만 정당화되기도 어렵다.

이 책은 당시 인터넷에서 그 표현이 생기고 확산된 과정을 다시 기록하지는 않을 것이며, 그 표현이 발생한 구체적인 상황들과 정황들을 하나하나 들추어내지도 않을 것이다. 그 상황과 정황들은 조금씩 다를 수도 있고 사람들에 의해 서로 다르게 평가될 수도 있을 것이다. 그리고 당시 인터넷에서 들끓었던 여러 시끌시끌한 웅성거림과 논쟁들을 넘어, 그 현상이 어떤 사회적 맥락과 효과를 가지는지만 짧게 평가할 것이다. 더 나아가 그로부터 몇 가지 중요한 이론적이며 역사적인 분석과 평가를 이끌어내고자 한다.

일단 '팩트 폭력'은 언어폭력과 구별된다. 후자는 욕설로 대표되며, 누구나 알 수 있는 것이다. '개xx' '쌍놈' '인간 말종' 'son of a bitch' '검둥이' 등이 여기에 속한다. 현재의 관점에서 보자면, 어떤 것들은 인종차별적이고 어떤 것은 종種차별적이며 어떤 것들은 신분 차별적이다. 욕설은 여러 형태의 차별적 구별을 무차별적인 방식으로 포함하고 있었다. 아직 언어 표현이 명확히 폭력이나 차별이라고 여겨지지 않았던 시대의 산물이라고 할 수 있다. 그러다 어느 순간 모욕과 상처를 주는 언어는 인간성에 대한 언어폭력이라고 여겨지기 시작했고, 그 순간부터 욕설은 이전처럼 쉽게 그리고 함부로 사용되지 못하게 되었다. 욕설은 이제 언어폭력으로 파악되었고, 그 순간부터 그것은 교양과 점잖음의 관점에서 배제되고 금기로 여겨진다.

혐오 표현은 이와 또 다르다. 욕설이 다소 모호하게 교양과 점잖음의 기준에서 배제되고 금기로 여겨진 것이 언어폭력이었다면, 혐오 표현은 그것과 조금 겹치면서도 그와 다르다. 또 혐오 표현은 차별과 함께 10여 년 전부터 많이 다뤄지는 주제이기도 하다. 나는 혐오 표현을 차별의 형태에 따라 크게 두 가지로 구별하고자 한다. 첫째 형태의 혐오 표현은 평등을 포함한 인권에 어긋나며 그것을 무시한다. 평등과 자유의 인권을 해치는 차별적인 언어 표현, 곧 약자와 소수자를 차별하는 혐오 표현들이 여기에 속한다. 여성차별적이거나 동성애차별적이거나 인종차별적인 혐오 발언 또는 해외이주민 혐오 발언이 대표적이다. 둘째 그룹은 이것과 다르다. 우리가 위에서 논의한 것과 같이 단순히 평등의 이념과 인권으로는 다루기 어렵고 해결하기도 어려운 차별들이 여기에 속한다. 물론 이 형태의 혐오 표현도 평등이나 인권을 무시하거나 훼손하는 면이 있다. 다만 거기에 그치지 않고, 또 그 기준으로만 다룰 수는 없다는 것이다. 수도권 대학에 다니는 학생이 지방 대학을 낮춰 지칭하는 '지잡대(지방에 있는 잡스러운 대학)'라는 표현이 그것의 한 예이다. 그것은 혐오 발언이지만 단순히 인권을 무시하는 데 그치지 않고, 이미 사회에서 등급에 따라 평가하면서 차별하는 폭력적 제도나 사실에 기대거나 그것을 인용한다.

　모든 차별을 평등이라는 권리나 인권에 대한 위반이라고 생각하는 사람들은 혐오 표현도 모두 거기에 국한시켜 생각하는 경향을 보인다. 그러나 일단 차별의 형태가 근본적으로 다르다고 관찰한다면, 서로 다른 차별들에 대한 혐오 표현도 서로 다른 맥락을 가진다는 점을 알 수 있다. 거꾸로, 종종 혐오 표현이 팩트 폭격과 뒤섞이거나 같은 것으로 여겨지기도 한다. 그렇게 여겨질 수 있는 면이 있다. 그러나 팩트 폭격은 혐오 표현과 겹치거나 교차하기는 하지만, 그 둘이 그저 같은 것은 아니다.

　이제 위에서 우리가 논의한 폭력적인 사실과 팩트 폭력의 관계를 조금 더 명확하게 서술할 필요가 있다. 팩트 폭력이나 팩트 폭격은 위에서 언급했듯이, 상대가 아프거나 부끄럽다고 느낄 수 있는 사실을 그대로 말하고 던지는 일이다. '너는 가난하잖아' 같은 말이나 '너는 공부를 잘 하지 않았잖아' 같은 말도 거기에 들어간다. 낮은 순위의 대학에 다니는 학생이 사회적 차별을 겪는 건 안 된 일이지만 그래도 성적과 순위의 차이에 의한 차별은 어쩔 수 없다고 정당화하는 발언도 당사자를 앞에 두고 말한다면, 일종의 팩트 폭력으로 파악될 수 있다. 거기서 조금 더 나아가면, 수시 입학 제도로 입학한 학생들에 대해 정시로 입학한 학생들이 차별적인 발언을 직접 던지는 것도 거기에 해당할 것이다. 이처럼 팩트 폭력은 상대방이나 특정인에게 아픔과 부끄러움을 줄 수 있는 말하기이다. 그런데 그런 팩트 폭력의 확대는 이미 일반적으로 사회에서 폭력적인 사실들이 확산되고 있는 과정과 필연적으로 상관관계에 있을 것이다.

자본주의 사회에서 돈의 힘은 어느 정도는 사실이면서도 폭력적으로 작용하고 있으며, 사람들도 그것에 대해 어느 정도는 이중적인 태도를 취하고 있다. 이미 학력경쟁이 치열한 상태에서 시험에 따른 평가와 그 평가의 결과가 사람들의 사회적 수행성을 규정하고 결정하는 것은 사실이면서도 폭력적이다. 그리고 사람들도 시험 준비와 그 결과에 대해 이중적인 태도를 가진다. 일반적으로 사회에서 폭력적인 사실들이 확대되는 과정과 사람들이 상대방에게 팩트 폭격을 가하는 일은 서로 상관관계에 있으며, 순환적으로 서로 영향을 줄 것이다.

심지어 '넌 뚱뚱해' '넌 못생겼어' 같은 팩트 폭력들이 퍼지는 이유도 사회에서 사실들이 점점 폭력적인 성격을 띠는 것과 뗄 수 없는 상관관계를 가진다. 과거에는 그런 사실들이 지금 같은 폭력성을 띠지 않았다고 할 수 있다. 운이 없거나 순탄치 못한 인생 탓으로 돌릴 수 있는 문제였거나, 사회적 신분이나 삶의 행적에 의해 가려질 수 있는 부차적인 문제였다. 지금 그 사실들이 폭력성을 띠는 이유는 사회에서 그 사실들을 둘러싸고 여러 폭력적인 평가 시스템이 작동하고 있기 때문이다. 외모로 사람을 평가하면 안 된다고 말하지만, 외모가 미학적으로나 사회적으로 영향을 미치고 있는 것도 사실이다. 사람들도 그에 대해 이중적인 태도를 가진다.

이 상관관계를 고려하면, 팩트 폭력이 직접 상대방에게 던져지는 것이라고 해서 단순히 주관적이거나 감정적인 데 그치지 않는다는 점을 알 수 있다. '지방대'라는 표현은 특정 상대방에게는 폭력이지만, 이미 시험성적에 따라 사람들의 사회적 수행성과 능력을 줄 세우둣이 평가하는 사회의 폭력성을 반영하고 있다. '너는 수시입학이잖아'라는 말도 팩트 폭력이 될 수 있는데, 한편으론 정시를 대체하고 개선하고자 도입된 수시입학이라는 제도에 대한 부정적이거나 경멸적인 평가가 거기 담겨 있다. 말하자면 정부 정책에 대한 부정적인 평가가 조롱으로 나타나고 있는 것이다. 그런 표현은 분명 혐오를 담고 있지만, 정부 정책에 대한 불만과 불신을 사회적 차원에서 표현하고자 하는 욕구가 거기 있다. 다만 매우 논쟁적이고 감정적인 방식으로 실행된 것이 문제이다. 그러나 그 방식도 이미 사회에서 공공연히 이루어지는 여러 폭력적인 절차와 제도를 어느 정도 반영한다고 할 수 있다.

다르게 말하면, 팩트 폭력은 구체적으로 상대방에게 뼈아픈 지적을 하는 효과를 가지지만 그저 아무 모욕적인 표현을 하는 게 아니라 나름대로 팩트를 제시한다는 점에서 두드러진다. '팩트 제시'와 더불어 '폭격 가하기'라는 두 가지가 같이 작용한다는 것이다. 그것이 흔히 말하는 혐오 표현과 겹치고 교차하면서 나타난 것은 우연이 아니다. '김치녀' '한남충' '틀딱충' 등의 표현들은 혐오 표현에 속하겠지만 일종의 팩트 폭력의 측면을 가지기도 한다. 그 말을 하는 사람들이 그저 터무니없는 흉을 보거나 비방을 한다기보다는 자신들이 나름대로 사실을 담아 주장한다고 생각할 것이다. 팩트 폭력의 두 면, 곧 팩트를 제시한다는 것과 그것에 근거해서 폭력을 가한다는 것은 서로 맞물리면서 서로를 강화한다.

마찬가지로 사회에 널리 퍼진 폭력적인 사실과 사람들이 구체적이고도 직접적으로 팩트 폭력을 가하는 행위도 서로 맞물리며 서로를 부추기고 강화한다. 다르게 말하면, 그 둘은 서로 상관관계에 있는 데 그치지 않고 서로를 강화한다는 것이다. 그리고 그 와중에서 사실은 명백해진다기보다 오히려 모호해지거나 과장되는 면이 커진다. 페미니스트들은 한국 사회에서 여자들이 '여혐'에 의해 시달리고 있다고 몇 년 새 점점 더 크게 외치고 있는 반면에, 젊은 남성 세대는 오히려 페미니스트들의 '남혐'이 '여혐' 못지않거나 더 큰 사실이라고 맞받아치는 형국이다. 무엇이 사실일까? 서로 다른 팩트들이 사실로 소환되고 사실로 인용되고 있다. 또 사실인 면이 크지만, 그 못지않게 사실 아닌 면도 늘어나는 듯하다. 그 와중에서 사람들은 팩트 폭력을 사용하거나 남용하기 쉬울 것이다. 젠더만 싸움의 대상이 된 것이 아니다. '어르신'이라는 존칭이 많이 사용되는 상황에서 그 말이 사실에 부합하지 않는다거나 사실을 담지 못하고 있다는 뜻에서 '틀딱충'이라는 혐오 표현이 등장했는데, 이 말도 팩트 폭력의 성격을 띠고 있다. 복지와 고용 등의 차원에서 노인과 젊은 세대 사이에 긴장이 고조된다는 것은 사실이면서도 다른 한편으로 폭력적인 상황이었다. 그 와중에서 직접 팩트 폭력이 사용되는 경향도 커질 수 있다. 그러나 나이든 세대에게만 이런 일이 일어난 것은 아니다. '애를 안 낳는 애들' '결혼 안 하는 젊은이'라는 표현도 젊은 세대에게 폭력을 가하는 표현으로 등장했다.

　　팩트 폭력은 사회에서 확대되는 폭력적인 사실과 맞물려 있다고 했는데, 대상에 대해 어떤 태도를 가지느냐 따라 이것들의 성격과 형태도 크게 달라질 수 있다. 우선, 폭력적인 사실들 자체가 다른 사람의 기본적인 권리를 부인하거나 무시하는 경우이다. '너는 이주민이야' '너는 동성애자야' 같은 팩트 폭력은 기본적인 권리를 무시하고 있다. 따라서 그 말을 구제적인 상대방에게 사용할 경우, 더 폭력적으로 여겨질 것이다. 그리고 이런 경우들은 나쁜 차별에 속하며, 따라서 차별금지법이 다룰 수 있는 대상일 것이다. 그와 달리, 폭력적인 사실 자체가 인권의 범위를 넘어서며 헌법 차원에서도 명확히 잣대를 제시하기 어려운 경우가 있다. 시험성적에 따라 개인의 사회적 능력을 등급으로 나누고 평가하는 사회적 관행이 여기에 속한다. 또 대학들의 순위를 매기고 등급을 평가하면서 그것에 근거하여 사람들의 실력을 구별하고 차별하는 것도 그렇다. 여기서 보면 '지방 잡스런 대학'이라는 표현뿐 아니라 'SKY'도 마찬가지로 폭력적인 사실에 속한다. 좋은 것을 지칭해도, 나쁜 것을 지칭해도, 팩트는 폭력성을 띤다. 또 정규직을 시험 성적으로 채용하는 사회적 관행도 많건 적건 폭력성을 띤다. 그 결과 시험을 준비하는 취업준비생들은 구체적인 대상(정규직으로 전환되는 비정규직)에 대해 팩트 폭력을 날리는 일이 생기며, 그들은 그것이 정당하다고 여길 것이다.

팩트에 근거해서 비판하고 공격을 한다고 하지만, 적잖은 경우에는 팩트의 사실 여부도 흐릿하고 폭격하는 행위의 정당성에 대해서도 의문이 들 수 있다. 실제로 상대를 공격하는 데 열중할 경우, 객관성이 허물어지기 쉽지 않은가. 이 경우에 폭력적인 사실은 하나의 대상에 대한 서로 다른 평가에서 발생한다. 실제로 하나의 '사실'이 서로 다른 집단에 의해 매우 다르게 이해되고 평가되는 일이 너무 자주 일어난다. '김치녀'와 '여혐의 피해자인 여성'은 둘 다 한국 여자에 대한 폭력적인 팩트 차원에서 사용되었다. 전자는 공격적인 남성 집단에 의해 사용되고, 후자는 공격적인 여성 집단에 의해 사용된다. 이전에 대통령에 대해 '쥐박이'나 '닭근혜'라는 혐오표현이 퍼졌었다면, 이젠 이념적 대립에 이어 정파적인 대립이 겹치면서, 대통령도 폭력적인 사실의 자장에 빠졌다. 그 현상은 이제 소셜미디어를 비롯해서 포털의 뉴스 댓글에서 나타난다. 한쪽에서 '이니'라며 극단적인 좋음을 내세우자, 다른 쪽에선 거꾸로 '(문)재앙'이라며 극단적인 싫음을 외친다. 결국 그 외침은 팩트 폭격의 형태로 표현되었다.[13] '재앙'이라는 표현은 그저 혐오나 조롱으로 여겨질 수 있지만, 팩트 폭격의 일종으로 이해될 수 있다. 그 말은 이제까지 정치지도자의 자격으로 여겨졌던 공공적 사실성에 대해, 그리고 정치라는 공론장의 의미에 대해 강한 이의제기이자 폭력적 코멘트의 역할을 하고 있다. 이전에는 정치적 의견은 다르더라도 최소한 기본적으로 훌륭하고 능력 있는 사람이 정치지도자가 되며 모든 국민을 대변한다는 사실이 받아들여졌는데, 이제 그런 사실이 흔들리고 있다. 뉴스 기사 댓글은 그런 표현의 경연장이다. 정치에 관한 폭력적인 사실들이 무심하게, 때로는 어쩔 수 없다는 태도로 '팩트 폭력'으로 사용되고 있는 것이다. 민주주의를 내세우는 정부도 어떤 뾰족한 수를 쓸 수가 없을 뿐 아니라, 그 정부 자체가 그런 팩트 폭력의 대상이 되고 있는 셈이다. 물론 어떤 사람들은 그 현상을 표현의 자유로 옹호하겠고, 또 그렇게 이해될 수 있는 면도 있지만, 실제로는 그 표현의 자유조차 폭력적인 사실에 의해 침식되거나 모호해지고 있다. 이런 팩트 폭력이 어떤 역사적 과정에서 생겼는지 우리는 2부에서 정확하게 살펴볼 것이다. 그러나 그냥 '사실' 또는 '팩트'라고 지시될 수 있었던 것이 점점 사라지고 사회적 사실들이 폭력성을 띠면서, 팩트 폭력도 확대되고 있다.

인터넷에서 떠도는 이 '팩폭'을 그저 젊은이들이 내던지는 폭력적인 개그라고 치부할 수 있을까? 팩트 폭력이 그저 인터넷에 국한된, 그리고 인터넷에서 떠돌다 사라질 '쓰레기 같은 말'이라고 단정할 수 있을까? 이미 우리는 폭력적인 사실들이 등장한 맥락과 환경을 관찰했으며, 그것은 쉽게 부인하거나 무시할 수 없는 것이다. 기본적으로 사실들이 폭력성을 동반한다는 것은 근대적 공공성과 민주주의가 흔들리는 증상이나 징후라고 파악할 수 있다. 그 폭력적인 사실들의 확대를 단순히 비정상적인 현상이라고 매도하는 대신에, 그것이 왜 생겼고 어떤 효과를 가졌는지 진지하게 고민하고 생각해야 한다.

도덕적 규범이나 정상적 '생활세계' 또는 합리주의적 커뮤니케이션 이론이나 공공성 이론의 관점에서 보면 팩트 폭격이나 폭력적인 팩트는 단순히 부정적인 현상일 것이다. 그러나 당위적 규범이나 정상적 규칙의 관점에서 그것을 비판하고 비난한다고 해서 그런 표현들이 그냥 사라지진 않는다. 그런다고 그 표현들이 생겨나고 확산된 사회적 갈등이나 문제를 해결할 수도 없다. 도덕적 판단이나 규범적 가치는 그 문제가 생겨난 맥락이나 상황을 가릴 수는 있지만, 문제는 계속되고 또 커질 것이다. 일단 제대로 분석하고 관찰해야 한다. 그것이 그저 철 지난 규범이나 의사소통 이론만 내세우는 것보다는 더 낫다.

팩트 폭력은 사회적 사실들이 이미 폭력성에 잠식된 과정의 결과나 증후라고 해석될 수 있다. 사실들이 가진다고 여겨졌던 객관성이나 합리성이나 공정성이 일정 정도 이상으로 의심될 때, 그것들(어떤 수준의 학력, 어떤 수준의 재산, 어떤 능력, 어떤 젠더, 어떤 지위, 어떤 국적 등)은 폭력성에 잠식된다. 이런 사실들은 사회제도 내부에서 묵인되거나 인정되거나 정당화된 것이지만, 사람들은 그것에 대해 이중적인 태도를 보이며 그 이중성은 폭력적인 방식으로 지시되고 인용된다. 시험에 참여해서 받은 어떤 점수와 스펙은 사회적으로 인정되고 정당성을 가지는 사실이지만, 입학과 고용 과정에서 그 점수(등급)와 사람의 능력에 대해 차등적이고 차별적인 효과를 가진다. 이 폭력적인 사실들은 기본권의 침해와 연결될 경우도 있지만, 많은 것들이 넓은 의미의 차별과 상관관계에 있다.

이제 우리는 차별금지법으로 다룰 수 있는 좁은 의미의 차별과, 그것으로 다루기 어려운 넓은 의미의 차별을 구별할 것이다.

03

차별금지법만 만들면
차별은 해결되는 것일까?

차별을 법으로 금지하는 일의 어려움

차별금지법에 관한 논의에서 일반적인 의견은 둘로 나뉜다. 하나는 평등과 인권의 관점에서 차별을 금지하는 법을 만들어 차별을 깨끗하게 해결하자는 희망 섞인 의견이다. 그것이 진보의 의견이다. 다른 하나는 차별금지법에 전반적으로 반대하거나 특히 동성애와 관련하여 여러 이유로 반대하는 의견이다. 이것이 보수의 의견이라고 볼 수 있다. 나는 일단 차별금지법을 제정하는 데 찬성하지만, 그렇다고 그것만 있으면 충분하다는 의견에는 동의하지는 않는다. 진보가 주장하듯 현재 수준에서 아무리 좋은 차별금지법을 제정한다고 해도, 사회가 정당화하는 여러 차별을 깨끗이 없애기는 힘들다고 판단하기 때문이다. 이 관점은 일반적인 진보와 보수의 대립으로는 파악하기 어렵다는 점에서, 조금 복잡한 형태의 논의일 수 있다. 그러나 가만히 보면 그렇게 까다로운 논의도 아니다.

표면적으로만 보면 차별금지법이 차별을 다 해결할 수 있다는 데 회의적인 태도를 보이므로, 보수적 이념이라 생각할 수 있다. 그러나 단순한 정치적 구별은 도움이 되지 않는다. 또 세상의 여러 차별이 단순히 평등의 이념이나 인권에 호소하는 것으로 극복되거나 해결되지 않는다고 생각한다고 해서, 그런 차별을 그냥 인정하자는 것도 아니다. 그런 차별은 잘못된 것이고, 실제로 생산적이지도 않다. 그러나 실제적으로 그런 차별을 축소하거나 최소한 정책적으로 방지할 수 있는 변화를 만들고 준비하지는 못하면서, 평등의 이념이나 인권에 호소하면 차별이 해결된다는 생각에 동의하지 않는 것이다.

일단 한국에서 평등과 인권에 호소하는 정책이 어느 수준에서 실행되고 있는지, 그리고 그 수준의 조치가 이루어졌는데도 왜 실제적인 변화가 오지 않는지에 대해 살펴보자. 한국에서도 인권 차원에서 평등은 보장되고 있을 뿐 아니라 인권을 침해하는 차별을 금지하고 있다. 국가인권위원회법 제2조 제3항은 이미 차별 금지 사유를 충분히 나열하고 있다.

성별, 종교, 장애, 나이, 사회적 신분, 출신 지역(출생지, 등록기준지, 성년이 되기 전의 주된 거주지 등을 말한다), 출신 국가, 출신 민족, 용모 등 신체조건, 기혼·미혼·별거·이혼·사별·재혼·사실혼 등 혼인 여부, 임신 또는 출산, 가족 형태 또는 가족 상황, 인종, 피부색, 사상 또는 정치적 의견, 형의 효력이 실효된 전과前科, 성적性的 지향, 학력, 병력病歷

이 정도면 생각할 수 있는 모든 차별은 인권 차원에서 충분히 금지되었다고 할 수 있다. 그러나 이미 우리가 논의했듯이 인권선언의 내용을 헌법에서 반영하거나 이처럼 국가인권위원회라는 기구를 만들어 그 법으로 만들고 정한다 하더라도, 실제로 형법 차원에서 실효성을 가지는 포괄적인 차별금지법은 만들어지지 못했다. 국가인권위원회는 2001년에 만들어졌으니, 비교적 일찍 만들어진 셈이다. 그러나 20년 가까이 실질적인 차별금지법이 만들어지지는 못했다. 노무현 정부 때 처음으로 차별금지법에 대해 호의적인 분위기가 조성되었고, 그 덕택에 차별금지법에 대해 여러 시민단체가 의견을 냈다. 그러나 2008년에 법무부는 인권위원회법에 이미 나열되어 있는 금지 사유 가운데 적지 않은 항목들을 제외한 형태의 차별금지법안을 발의했다. 제외된 것들은 다음이다.

성적 지향, 병력, 출신 국가, 가족 형태 및 가족 상황, 범죄 전력 및 보호처분, 학력[14]

국가인권위원회법은 차별을 금지하는 사유를 거의 제한 없이 나열했지만, 법무부가 발의한 법안은 논쟁의 여지가 크고 실제로 가장 문제가 되는 차별의 원인 혹은 사유를 '과감하게' 또는 '소심하게' 삭제했다. 법무부는 사실 본래 국회에서 해야 할 일을 대신 한 것이다. 시민단체들이 요청하자 국회를 건너뛰고 정부가 총대를 멘 셈이었다.

어쨌든 이 상황은 시사하는 점이 크다. 국가인권위원회법은 큰 논란 없이 비교적 쉽게 만들어졌는데도, 실제로 형법의 형태로 수행될 차별금지법은 만들어지지 못했다. 다르게 말하면, 국가인권위원회법이 만들어졌지만 실제로 차별을 금지하는 법으로서 역할을 충분히 하지는 못하고 있다. 인권에 관한 선언뿐 아니라 인권 담당 정부기구의 법조차도 다른 법률과 비교하면 제대로 대우를 받지 못하는 '차별'을 받고 있는 셈이다. 유감스런 상황이다.

물론 국내에서 포괄적인 차별금지법은 만들어지지 못했지만, 개별적인 주제에 관해서는 차별을 금지하는 법이 제정되었다. 2007년에 입법된 '장애인 차별금지 및 권리 구제 등에 관한 법률'이 그것이다. 그리고 2005년 포괄적인 차별금지법이 제정될 것이라는 희망 앞에서 다소 성급하게 '남녀차별 금지 및 구제에 관한 법률'이 폐지되었는데, 그 후에 새로 입안된 '성차별 및 성희롱 금지법'이 아직도 국회에서 통과되지 못하고 있다. 성폭력에 대한 감수성은 매우 높아진 상황인데도 불구하고, 또는 어떤 점에서는 바로 그 때문에, 실제로 그 감수성을 어떤 수준과 각도에서 법률의 형태로 담아야 하는지 사회적 동의와 합의가 이루어지지 못하고 있다는 것이다. 아직 성폭력 사건에서도 혼란스러울 정도로 법원의 판결이 다르게 나오는 경우가 많다. 안희정 사건에서도 1심에서는 피고에게 성폭력 혐의에 대해 무죄가 선고되었으나, 2심에서는 유죄가 선고되었다. 성폭력에 대한 판단의 차이가 이 정도라면, 성희롱에 대해서는 말할 나위도 없을 것이다. '여혐'에 대해 상당한 판단의 차이가 존재하는 것도 성차별금지법을 제정하는 데 사회적 장애물로 작용할 것이다.

물론 국내만 이렇게 '한심한' 상황인 것은 아니다. 미국도 1964 년의 민권법Civil Rights Act에서 인종차별과 성차별에 관해서는 기본적인 규정이 마련되었지만, 포괄적인 차별금지법은 아직 완성되지 못한 상태다.[15] 물론 미국은 2015년 연방대법원이 동성결혼은 헌법에서 보장받는 권리라고 판결함으로써 큰 장애물 하나를 넘었다. 그렇지만 위에서 나열된 모든 종류의 차별 사유를 완벽하게 금지하는 법은 없다. 캘리포니아를 비롯한 미국의 많은 주에서는 프랑스 등에서는 인정되는 사실혼이 인정되지 않는다. 또 미국에서도 학력차별은 한국 못지않은 편이다. 한국에서 그것이 더 심하게 느껴진다면, 그것은 좁은 영토와 수도권 집중, 남의 눈치를 많이 보는 환경 등 학력차별에 영향을 미치는 다른 많은 요인 때문일 것이다. 그러니 법률이 제정되지 못했다고 좌절하는 대신에, 우리가 겪는 사회적 갈등이 어떤 것인지 제대로 파악하는 것이 중요하다. 또한 사회적인 갈등을 법률이 앞서서 해결하는 경우는 역사적으로 드물다는 것도 알 필요가 있다.

나는 생활세계의 모든 국면에서 성차별이 줄어들기를 바란다. 그리고 가능하다면, 성차별 및 성희롱 금지법이 사회적 논의를 거쳐 실현되기를 바란다. 아직도 한국 사회에서 여성이 사회적으로 차별을 받고 있다는 의견이 높다. 특히 출산 후에 경력이 단절되는 것과 육아 부담이 큰 것이 사실이다. 또 여성이 국회의원을 비롯한 정치 고위직이나 기업의 고위직에서 남자들만큼 대표되지 못하고 있다. 왜 그런 일이 일어나고 있을까? 먼저 정치적으로 남성중심 사회라는 비판이 가능하다. 위에서 지적된 부분에서 여성은 확실히 사회적 약자일 것이다. 그러나 전반적으로 여성이 사회적 약자일까? 나는 이 물음은 간단하게 대답하기 힘들다고 생각한다. 정확한 통계는 없지만, 사회적으로 한국 여성들은 가정에서 남자보다 더 큰 경제권을 가지고 있다. 실제로 다수의 가정에서 여성이 경제권을 가진다는 점을 관찰할 수 있다. 또 시험을 통한 교직 및 공직 진출에서도 여성은 남성에게 뒤지지 않는다. 이 문제는 단순히 한국에만 해당하지 않는다. 실제로 현대사회에서 약자와 강자라는 구별은 단일한 경계선을 따라 일차원적으로 그어질 수 없기 때문이다. 남성 가운데도 여러 형태의 약자가 있고, 여성 가운데에도 여러 강자가 있다.

적절한 비율로 여성이 국회의원으로 진출하지 못하는 상황에서, 법률로 '국회의원의 50%는 여성으로 한다' 또는 '남녀 성비에 따라 국회의원의 비율을 조정한다'라는 법률을 만들 수 있을까? 또는 대학 입학에서 입학생의 비율을 남성과 여성의 성 비율에 따라 '공평하게' 배분하는 법률을 제정할 수 있을까? 어려울 것이다. 몰지각한 집단의 이기주의 때문에, 그런 법률이 제정되지 못하는 것일까? 물론 반대하는 기득권은 있을 것이다. 그러나 그것만이 이유는 아니다. 진짜 이유는 기회의 균등을 구체적인 상황에서 적용하거나 실행하는 과정 자체가 만만치 않기 때문이다. 권리의 평등이나 인권을 헌법이나 인권선언에서 보장하는 일은 필요하고 가능하지만, 그것을 실제 사회 시스템에서 실행하는 일은 쉽지 않다. 단순히 권리의 보편성이나 평등의 이념을 강조한다고 되는 일이 아니다.

입법은 일반적으로 사회적 문제를 해결하는 방식으로 여겨지지만, 평등과 인권에 호소하는 일이 법률을 만듦으로써 해결된다는 생각은 특별한 배경을 가진다. 우리가 위에서 이미 논의했듯이, 평등과 인권 이념은 근대 초기에 자연법 및 자연권 사상의 맥락에서 설정되고 주장되었다. 그에 따르면, 자연이나 창조주에 의해 주어진 질서에 따라 법은 언제나 옳은 사회의 '일반의지'를 대표하며, 모든 사람은 그 법을 지켜야 한다.

실제로 차별금지법으로 차별을 깨끗이 해결해야 한다는 사람들은, 그들이 의식하고 있든 그렇지 않든, 이 자연법 사상에 의존하고 있다. 자연법 차원에서 법은 이미 선험적으로 또는 가상적으로 사회구성원 전체의 옳은 '일반의지'가 표현된 것이기 때문에, 법으로 사회문제를 해결할 수 있다고 보는 것이다. 부당한 반민주적 차별을 폐지하는 역사적 과정이 입법 과정을 거쳐서 이뤄진 것은 맞다. 우리도 그 역사적 과정을 살펴볼 것이다. 그럼에도 불구하고, 역사적이고 사회적인 변화는 단순히 입법에 의해서만 이루어진 것은 아니다. 법은 정치적 투쟁과 사회적 항의의 결과로, 또는 갈등을 다루는 사회적 과정에서 실현되었다고 할 수 있다. 다르게 말하면, 인권이라는 이념, 그 이념을 구현하는 법률, 그리고 정치적 권력관계는 서로 다른 맥락에서 작동한다. 따라서 차별을 금지하는 법률만 만들면 모든 형태의 차별이 해결되지는 않는다. 바로 이 얽힌 문제를 자르거나 푸는 것이 중요하다.

일단 입법을 통해 차별에 대한 태도가 얼마나 진보했는지 살펴보자. 프랑스혁명과 미국 독립선언이 평등한 인권을 선언함으로써, 역사 발전에 크게 기여했다는 것에 대해선 더 이상 말할 필요가 없을 것이다. 그러나 그 인권선언이 역사적 발전 및 진보 과정을 이끈 선험적이고 초월적인 동력이라고 이해할 필요는 없다. 정치적으로 신분제 사회를 폐지하기 위해서는 일종의 보편적 인권을 선언하는 일이 필요했다는 것이 더 중요한 사실이다. 말하자면, 보편적인 평등과 인권의 선언 자체가 이미 상당한 정도로 정치적인 동기에 의해 뒷받침되었다는 것이다. 그래서 평등과 인권이 선언된 당시 사회에서 실제로는 여러 모습의 차별적인 관습이나 제도가 남아 있었어도, 사람들은 크게 모순을 느끼지 않았다. 독립선언 당시에 미국 사회는 노예제도를 폐지하지 않았다는 사실을 상기하자.

인권선언의 의미를 폄하하려는 것이 아니다. 다만 역사적 이중성을 직시할 필요가 있다는 것이다. 그 선언은 평등과 인권의 이념을 명시함으로써 역사적 진보를 가져왔지만, 그렇다고 그것만으로 역사적 과정을 모두 설명할 수는 없다. 그런 시도는 역사 변화를 평등과 인권이라는 이념으로만 각색하고 윤색하는 일일 것이다. 실제 역사의 모습은 그보다는 복잡했다.

미국의 인종차별을 예로 들어보자. 남북전쟁Civil War으로 노예가 해방된 이후에도, 거의 한 세기가 지나 1964년에 이르러서야 민권법이 제정되었다. 그때까지 미국 사회에서는 대중시설에서 흑인을 차별하고 분리해도 괜찮다는 관행이 지배했다. 법률도 그 당시엔 차별과 인종분리를 정당화하면서 강제하는 역할을 했다. 1870년대 인종분리를 법적으로 강제하는 '짐 크로우 법'이 바로 그 목적으로 만들어졌다. 인권선언에도 불구하고 법률이 차별을 정당화한 것이다. 1867년 필라델피아주 대법원은 인종분리는 자연스러우며, 분리시킨다고 우열을 매기는 것은 아니라는 취지로 판결했다. 사회적 분쟁을 피하고 평화를 지키기 위해 서로 분리해도 된다며 정당화했다. 1896년 '플레시 대 퍼거슨 판결'에서도 연방대법원은 차별 및 분리 정책이 헌법에 어긋나지 않는다고 판결했다. '분리되었지만 평등하다separate but equal'는 판결을 내놓은 것이다. 또 사회적 편견과 불평등이 있다고 해도 법률 제정으로 이를 해결할 수 없다고 판결함으로써, 법률의 역할을 제한적으로 해석했다. 다른 인종들이 서로의 장점에 대해 상호 인정하는 것이 중요하며, 개인들의 자발적 합의에 따라 자연스러운 친밀감을 형성하는 게 필요하다는 것이었다.

뒤돌아보면 미국 연방대법원은 다소 실망스러운 판결을 했다고 여겨진다. 당시 판결 자체는 1954년의 '브라운 대 토피카 교육위원회' 판결을 통해 뒤집혔고 폐기되었다. 그러나 당시 연방대법원은 판결 과정에서 어떤 점에서는 오히려 법의 역할과 한계를 분명하게 파악하고 있었다. 대법원조차도 한 사안의 합당함을 판단하는 기준으로 어떤 절대적 도덕이나 평등의 이념을 내세우지 않았다. 오히려 기존의 사회적 관습과 관행을 따르고 대중의 평화와 질서를 보존하고 증대하는 목적에 맞춰 자유롭게 행동할 수 있다고 결정했다.

합당함에 대한 물음을 결정할 때, 기존의 습관과 관행 그리고 사람들의 전통을 고려하여, 그리고 공중의 편리함을 증진시키고 또 공중의 평화와 좋은 질서를 보존하려는 목적에 맞게 자유롭게 행동할 수 있다.[16]

물론 대중의 관행은 경우에 따라 얼마든지 좋거나 나쁠 수도 있다. 그렇더라도 독립적이거나 초월적인 방법으로 옳고 그름을 정하고 그것을 법으로 선언하기보다, 역사적 관습과 관행에 따르는 것이 합당하다고 대법원이 판결했다는 점은 중요하다. 실정법은 역사적 현실을 앞서서 규정하기보다는 이미 주어진 현실을 반영하는 경향이 크다는 사실이 여기서 분명해진다.

미국 연방대법원은 여기서 더 나아가서 법이 이 점에서 자신의 무력함을 인식해야 한다고 솔직하게 판결했다.

입법 과정은 인종적 본능을 뿌리 뽑거나, 신체적 차이에 근거한 구별들을 폐지하는 데에는 무력하다powerless. 그렇게 하려는 시도는 다만 현재 상황의 어려움을 두드러지게 만드는 결과를 가져올 수 있다.

연방대법원의 이 판결문은 법의 한계와 효과를 고백한다는 점에서 솔직하다. 실제로 실정법으로서의 법률은 역사의 진행 및 변화 과정에서 전반적으로 상당히 보수적인 태도를 보이는 것이 사실이다. 그 사실을 겸손하게 받아들이는 것 자체는 부끄러운 일이 아닐 것이다. 다소 추상적인 개념을 표현하는 헌법과 달리, 실정법은 사회적 변화를 이끈다기보다는 사후에 그 변화를 합법적으로 만들고 정당화하는 역할을 한다. 사회적 편견과 불평등을 법률이 선제적으로 조정하거나 해결하기는 어려우며, 먼저 정치적으로나 사회적으로 변화가 일어난 다음에 법률이 그것에 법적 권위를 부여하는 순서가 일반적이다.

19세기 말에 법률을 먼저 만듦으로써 해결할 수 없다고 했던 차별의 문제는 그 후 흑인들이 사회적 이의를 제기하고 정치적 투쟁을 벌임으로써, 결국에는 법률적 성과를 보았다. 1964년에는 민권법이, 1965년에는 투표권법voting rights Act이 만들어졌다. 이 입법은 최종적으로 법적인 차별을 폐지했다. 그렇게 한순간에 인종차별은 폐지된 것으로 보인다. 그 순간에 사람들은 생각했을 것이다, 법만 제정되면 그렇게 쉽게 해결되는 문제 때문에 그렇게 오래 고통을 받았다고. 그리고 그 법률의 획기적인 사후적 또는 전시적 성과만을 보는 사람은 일종의 착시효과에 사로잡힐 수 있다. 차별금지법만 만들어지면 문제가 간단히 해결된다는 믿음이 이런 식으로 피어난다.

　　차별과 그것을 다루고 해결하는 법의 관계에는 몇 가지 서로 다른 차원의 주장과 사실들이 섞여 있다. 이들을 적절히 구별하고 때로는 분리하는 일이 필요하다.

　　우선, 자연법 차원의 평등과 인권에 대한 선언이 있다. 이 선언은 자연에서 주어진 평등이라는 권리의 차원에서 차별에 반대한다. 자연법은 그 자체로 옳으며 결코 틀릴 수 없기 때문에, 차별은 아예 이상적이거나 가상적인 방식으로 배제되거나 억압된다. 현실에서는 차별이 존재하더라도, 당시 자연법 사상은 평등을 요구했고 마치 그것이 선언을 통해 실현된 것처럼 여겼다. 이 선언은, 비록 전적으로 동일한 내용은 아니더라도, 헌법 차원에서 반영되었다. 그러나 인권선언과 헌법의 내용이 자동으로 생활세계에서 보장되지는 않는 것이 사실이다.

그래도 어쨌든 실정법도 제대로 도입되기만 하면 차별의 문제를 다른 어떤 장치보다 깨끗이 처리하는 성과를 가진다. 이 법률은 굳이 자연법에 근거하지는 않지만, 그렇다고 전혀 관계가 없진 않다. 일단 차별을 폐지하는 입법이 이루어지면, 그 법률은 알게 모르게 자연법의 권위에 의존하는 면이 있다. 사람들도 그 방향으로 해석하곤 한다. 법률의 효과나 한계는 실제로 그 법률의 내용에 대한 해석만으로는 명확하게 드러나지 않는다고 할 수 있다. 법률의 성과나 효과는 실제로 진행된 정치적 투쟁과 사회적 항의 과정과 연결해 파악되어야 한다. 좋은 법률이 등장하려면, 그것들이 필수적이었다.

실제로 사회적으로 의미 있는 법이 만들어지는 과정은 정치적인 투쟁 및 사회적인 항의와 뗄 수 없다. 미국에서 인종차별 문제가 먼저 해결되었고 오래 시간이 지난 다음에 동성결혼이 합법화되었다. 그러나 실제로 인종차별 문제는 종결되거나 완전히 해결된 것이 아니다. 미국에서 백인 경찰에게 흑인이 폭력적인 대우를 받는다는 사실은 잘 알려져 있다. 또 감옥에 가는 흑인의 비율이 백인과 비교하면 월등히 높다. 인종차별이 법률적으로는 해결이 되었지만, 사회적으론 아직 그렇지 못하다는 것이다. 사회적 갈등과 폭력을 우선적으로 또는 선제적으로 법률에 의해 해결하기 어렵다는 사실이 다시 확인된다. 어느 사회에서 동성결혼이 합법화되었는지를 알려면 법률을 참조하면 될 것이다. 그러나 동성애자에 대한 실제 차별이 어느 정도 존재하는지 알려면, 또 거기서 더 나아가 사회가 '정당한 이유로' 차이와 차별을 정당화하는지 알려면, 차별금지법에 대한 찬성과 반대라는 단순한 관점을 넘어 사회제도에 의한 넓은 갈등을 보아야 할 것이다.

예를 들면, 나는 '학력에 의한 차별 금지'가 차별금지법에 들어가는 데 일단 동의한다. 그러나 그 표현이 들어간다고 해서, 학력에 의한 차별이 깨끗이 없어질 것이라 여긴다면, 착각일 것이다. 그 조항은 예를 들면, 9급 공무원처럼 사람들에게 기본적으로 봉사를 하는 직군에서는 도움이 될 것이다. 학력이나 출신대학을 기입하지 않게 하는 등 비교적 공평하게 임용하는 데 기여할 것이다. 그러나 여기에서도 최소한 고졸 정도의 학력은 필요하다고 여겨질 것이다. 더욱이 그밖의 영역에서는 직원을 뽑는 회사나 기관이 자신에게 필요한 사람을 채용하는 기준으로 학력을 두는 것을 금지하기는 힘들 것이다. 그뿐 아니다. 제대로 학력에 의한 차별을 없애려면, 각 대학이 주관하는 입학시험을 없애고 대학입학 자격시험만으로 학생을 평가하는 방향으로 가야 할 것이다. 입시제도의 차원에서는 최소한 그 비슷한 변화가 요구될 것이다. 그런데 그것이 가능할까? 불가능하지는 않지만, 아주 힘들 듯하다. 더욱이 실제적인 변화는 그것만으로도 부족할 수 있다. 입시제도를 수정하는 것만으로 정책이 큰 효과를 내기는 어려울 수 있기 때문이다. 고졸과 대졸 사이에 임금 격차가 크게 존재하는 한, 또 사람들이 학력을 통해 사회적 지위를 결정하려는 다양한 경향이 존재하는 한, 실제적인 변화는 쉽게 오지 않을 것이다. 그러니 '학력차별 금지'라는 조항 하나로 차별을 없앨 수 있다고 생각할 수 없다.

다르게 말하면, 사회는 '능력주의'라는 기준으로 직무와 관련해서 학력을 차별하는 것을 정당화하며, 이 정당화는 '옳거나 그름'이라는 구별로 쉽게 잘라서 판별하기 어렵다. 이미 특수한 직무 수행을 위해서 국가와 사회는 차별적인 학력을 요구하고 있다. 로스쿨, 경찰대학, 사관학교, 교사 등등. 교수 임용에서는 어떤가? 박사학위만 있으면 충분한가? 공식적으로는 내세우지 않지만, 실제로 교수를 신규 임용할 때 각 대학은 박사학위를 받은 대학의 등급을 나누는 리스트를 채용 기준의 하나로 활용한다. 이런 차등 조치들이 차별금지법이 내세우는 '학력차별 금지'의 대상이 되기는 어려울 것이다. 그렇다고 능력주의가 공정하다는 말은 아니다. 오히려 그것 자체가 사회가 정당화하는 차별이자 폭력적인 팩트의 한 형태라는 것이다.

이로써 우리는 평등과 인권에 호소하면 해결할 수 있다고 여겨지는 차별조차 실제로는 그것만으로 수행되지는 않는다는 것을 알 수 있다. 평등의 이념과 인권의 존엄성은 그야말로 고귀하지만, 그것만으로 모든 차별을 해결할 수는 없다. 물론 이 문제는 미묘하고 복잡한 면이 있다. 차별을 금지하는 법률을 만드는 일 자체의 가치나 효과를 무시하거나 경시할 필요는 없다. 다만, 차별에 관한 법이 자연적으로나 도덕적으로 옳기 때문에 차별이 쉽게 폐지되지는 않을 것이라는 말이다. 평등이나 기회의 균등이라는 이념을 내세우는 건 쉬워 보인다. 그것을 부정하는 사람은 거의 없기 때문이다. 그러나 그 이념을 실정법의 형태로 표현하거나 제정하는 일은 결코 쉽지 않다.

약자 우대조치는 또 다른 강자 우대가 될 수도 있다

이제 우리는 실제로 차별을 비판하는 작업에서 바로 우리가 논의한 이 문제가 어떻게 혼란스러운 상태로 머무는지 살펴볼 것이다. 우리는 단순히 포괄적으로 차별을 금지하는 수준에서는 인권선언이 충분히 역할을 하지 못한다는 것을 보았다. 프랑스혁명이나 미국 독립선언 당시 인권선언뿐 아니라 1948년의 세계인권선언도 되돌아보면 상당히 추상적이고 포괄적인 방식으로 평등을 선언했으며, 차별에 대해서 구체적인 형태를 나열하지 않았다. 그러나 국가인권위원회법은 이미 매우 구체적인 방식으로 차별을 금지하는 사유를 적시하고 있다. 그 후에 차별금지법이 형법의 형태로 제정되지 못하는 이유는 무엇보다도 구체적으로 어떤 차별을 금지해야 하느냐는 문제를 해결하지 못했기 때문이다.

그런데 이 문제는 다만 어떤 구체적인 항목이나 사유를 집어넣거나 빼는 수준의 문제인가? 언뜻 보면 그렇게 보인다. 그러나 그렇지 않다. 그렇게 생각할 경우, 그것을 해결하는 기준은 다시 평등이나 인권을 기준으로 하느냐 아니냐의 물음이 되기 때문이다. 평등이나 인권이라는 가치를 목적이나 기준으로 삼아 다른 사람의 성적 지향에 대해 관용을 베풀면 되는 것처럼 보인다. 그러나 이렇게 되면 문제가 헛돌게 된다.

예를 들어, 어떤 사람이 동성애 성향을 가졌다고 말하면, 그 사람은 바로 그 이유로 처벌되어야 할까? 아니면, 그 동성애 성향에서 출발해 동성애 행위를 하는 것이 처벌의 기준이 되어야 할까? 실정법은 도덕과 다르다. 다른 이유는 여럿이지만, 그 가운데 중요한 하나는 어떤 생각이나 욕구를 가졌다고 해서 바로 그 이유로 어떤 사람을 법적으로 처벌할 수는 없다는 것이다. 사람이 무의식의 차원에서나 마음속 생각으로 어떤 욕구를 가질 수 있다는 것은 누구도 부인할 수 없다. 법이 이런 심리적 상태까지 판결하겠다고 나선다면, 우스꽝스러운 일이 일어날 수 있다.

평등의 이념이나 도덕으로서의 인권을 그 자체로 규범으로 인정하거나 법률로 이어지게 만들겠다는 생각은 여기서 문제적이다. 어떤 차별적인 행위가 평등의 이념에 어긋난다고 생각하는 데 그치지 않고, 평등의 이념을 규범과 법의 형태로 완전하게 실현하려고 생각하기 때문이다. 평등은 이제 원칙이나 이념으로서 개입하는 수준에 머물지 않고, 규범과 법의 강제력을 요구하게 된다. 아예 민주적인 질서조차 확립되지 않았을 때에는 그런 주장도 통할 수 있을 것이다. 그러나 민주적인 질서는 묘한 것이다. 권리의 보편성만 인정하거나 보장한다고 문제가 해결되지는 않는다. 권리와 자유의 실행은 개별적인 경우에 매우 이질적인 형태로 실행되기 때문이다. 실제로 민주적인 사회에서 자유와 평등이라는 권리의 실행은 집단적 규범에서 벗어나 개인의 선택과 지향과 취향을 확대하는 쪽으로 나아가고 있다.

그런데 차별을 비판하는 진보적인 필자들은 평등을 이념이나 가치라고만 생각하는 데서 더 나아가 '규범'이라고 생각한다. 앞에서 이미 한 번 인용되었던 구절을 다시 인용해보자. "평등은 모든 인간의 기본적인 권리이자 민주주의 사회를 움직이는 원칙이며, 누구든지 차별을 받아서는 안 된다는 요구는 현대사회의 근본적인 규범이다."[17] 언뜻 보면, 좋은 말이고 무해한 말로 보인다. 그러나 그렇지 않다. 평등이 규범이라는 주장은 모호할 뿐 아니라, 심지어 오해와 왜곡을 유발할 수 있다. 규범이란 모두 선험적인 가치를 가지거나 보편적 도덕성인가? 규범에는 도덕뿐 아니라, 강제적 규칙이나 법률도 속하지 않는가? 저 글의 필자가 규범을 자연법의 맥락에서 이해한다면, "평등이 현대사회의 근본적인 규범"이라는 말은 모순에 빠진다. 현대사회에서 법은 이미 자연법이 아니라 실정법으로 작용하기 때문이다. 시대마다 다른 규범들이 있었고, 되돌아보면 어떤 규범들은 지금 말도 안 되는 것들로 여겨진다. 그러니 '규범'이라는 규정 자체가 평등에 보편적 정당성을 부여하지는 못한다. 따라서 평등이 규범이라는 규정이 당연한 것처럼 말할 순 없다. 평등은 더 실현되면 좋은 것이라는 의미로 사용될 수는 있지만, 평등이 규범이라는 주장은 그래서 모호성과 오해를 야기할 수 있다. 더욱이 평등의 이념을 자연법의 차원에서 주장하는 사람은 법이 그 자체로 옳은 것이라고 주장하는 데서 그치지 않고, 규범은 언제나 좋은 것이라고 주장하는 데로 나아간다. 평등 이념과 법과 규범이 계속 순환적으로 서로를 요구하고 뒷받침한다.

평등이 규범이라 주장하는 사람은, 평등은 무조건 지켜야 하는 가치이니 규범이라고 할 수 있지 않은가라고 생각할 수 있다. 그러나 규범이라는 말을 그런 식으로 느슨하게 사용한다면, 자유도 현대사회의 규범이라고 말할 수 있다. 실제로 정치사상과 이념의 차원에서 평등과 자유는 긴장과 대립 속에 있다. 그러나 민주주의에는 평등과 함께 자유의 가치 모두 중요하다.[18] 그러니 그 둘 가운데 하나만을 택해 규범의 지위를 부여하는 것은 공허할 뿐 아니라 위험할 수 있다. 더 나아가면, 능력주의도 현대사회의 규범이라는 주장도 인정되어야 할 것이다. 그러나 능력주의도 많은 문제를 내포하고 있다.

위의 필자는 평등의 가치를 이념에서 규범의 차원으로 끌어올리면서, 그로부터 일련의 요구들을 계속 끌어낸다. 물론 그 필자도 차별금지법이 단순히 포괄적인 형식으로 제정되는 것으로는 충분하지 않음을 안다. 구체적인 차별의 사유를 모두 나열해야 할 뿐 아니라, 차별받는 집단을 보호하는 적극적인 조치를 취해야 한다고 주장한다. 그래서 일단 차별금지법은 "미완의 법"이라는 점을 인정한다. 그러나 그런 다음에 적극적 조치를 도입하면 문제가 해결될 것이라는 믿음을 피력한다. "실질적인 평등을 실현하기 위해서는 현실의 불평등한 조건과 다양성이 고려되는 적극적 조치Affirmative Action가 있어야 한다."[19] 적극적 조치만 잘 도입하면, 실질적 평등이 쉽게 이루어지고 차별도 해결될 수 있다는 말로 들린다.

위에서 말하는 적극적 조치란, 기회의 차원에서 차별을 받는 소수집단의 경우 그 피해를 최소화하기 위해 그들에게 가산점을 주거나 또는 따로 기회를 부여하는 '적극적 우대조치Affirmative Action'를 말한다. 이 법은 애초에 미국에서 사회적 약자인 흑인을 보호하려는 취지로 도입되었고, 그 점에서는 긍정적인 조치였다. 그러나 그렇게 적극적 우대조치를 도입하기만 하면 되는 것일까? 그것은 수행 과정에서 어떤 이의도 유발하지 않을 정도로 모든 점에서 옳고 좋은 것일까? 그렇지 않다. 처음에 어느 한 케이스를 염두에 두고 적극적 우대조치를 도입하면, 그 케이스는 어느 정도 또는 상당한 정도로 개선되거나 해결될 수 있다. 그러나 구체적인 경우들은 서로 다르다. 처음의 적극적 우대조치가 설정한 방식이나 조건들이 다른 경우에는 최선의 방식으로 적용되기 어렵다. 심지어 부작용도 생긴다. 미국에서도 실제로 이런 일이 일어났다. 최근 텍사스 로스쿨에 대한 역차별 소송에서는 고등학교 '상위 10%' 정책이 백인에게 역차별을 야기한다고 문제를 제기했다. 학교마다 인종 구성이 다른 상황에서, 백인 학생이 흑인과 히스패닉 학생보다 혜택을 덜 받는다는 것이다. 이 이외에도 일률적인 할당량 배분은 상황에 따라 다른 역차별을 유발할 수 있다. 위헌 판정은 나지 않더라도, 개별적인 상황에서 역차별이 있을 수 있다는 것은 어느 정도 사실로 인정된다.[*]

방금 다룬 문제는 집단 사이의 불평등을 다루기 위한 조치가 다른 차원에서 다시 집단 사이의 불평등을 유발할 수 있다는 것이었다. 또 다른 문제는 적극적 우대조치를 '누가' 취할 것이냐의 문제

---

[*] 적극적 우대조치(어퍼머티브 액션)가 역차별이라는 주장은 허구라는 비판에도 불구하고, 미국에서 적극적 우대조치에 대한 비판은 끊이지 않는다. 과거에는 주로 백인들을 중심으로 그 비판이 있었지만, 최근에는 성적이 좋은 아시아계를 중심으로도 그런 비판이 빈번하다. "어퍼머티브 액션 논쟁에서 아시아계는 실제 '뜨거운 감자'다. 2015년 아시아계 학생단체 64개 연합은 하버드대의 인종별 할당제 때문에 아시아계가 불합격하는 경우가 많다며 법무부와 교육부에 고발장을 냈다. 소송도 진행중이다. 2009년 프린스턴대학 연구에 따르면 아시아계가 같은 대학에 들어가려면 SAT에서 백인보다 140점을, 히스패닉과 흑인과 비교하면 각각 270점과 450점을 더 받아야 했다. 이를 두고 '아시아계 세금'이라고 하기도 한다." (「아시아계 이용해 대입 '소수인종 우대정책'도 손보려는 트럼프의 미국」, 『경향신문』, 2017.08.08.)

이다. 결국 정부나 국가가 해야 하는 일이 아닌가? 그런데 국가가 그렇게 적극적 우대조치를 취하기만 하면 된다면, 이제까지 국가가 수행해온 제도는 왜 그렇게 좋지 않은가? 적극적 우대조치는 정부나 국가의 권위에 알게 모르게 의존하는 경향을 보인다. 비례대표에 대한 주장을 보자. "국회의원 비례대표에서 여성의 비율이 50% 이상이 되도록 한 여성할당제를 생각해보자. 비례대표에 한정된 요구이므로 전체 국회의원 중 절반에 한참 못 미치는 비율을 여성에게 할당하는 것임에도 남성을 불리하게 하는 '역차별'이라는 반발이 제기된다."[20] 나는 여성들이 정치적으로 지금보다 더 대표성을 가지는 데 찬성한다. 그러나 위 필자가 말하듯이 법령으로 일단 강제하면 될 것이라는 생각은 성급하거나, 성급함을 넘어 편의주의적이다. "기존의 남성 중심적인 정치권 안에서 여성의 진입 기회는 적고, 여성 국회의원을 상상하지 못하는 유권자들은 남성에게 표를 준다." 여기까지는 맞다고 할 수 있다. 그러나 "그리하여 자연스럽게 여성 국회의원이 일정 수준 확보될 때까지 국가가 적극적으로 개입하여 여성 국회의원을 만들어"내면 된다는 발언은, 그 과정에서 생기는 문제를 간과하고 있다. '국가가 적극적으로 개입하여 법령을 만들면 된다'는 것이 '자연적인' 과정일까?

그 생각은 너무 순진하게 국가의 강제력을 맹신하고 있다. 국가가 적극 개입하기만 하면 좋은 일이 이루어지는가? 지금 있는 제도들도 모두 국가가 적극 개입한 결과가 아닌가? 그리고 '국가'는 여전히 모호하다. 정부인가? 국회인가? 정부는 또 어딘가? 행정부라면, 행정부가 입법부의 구성에 대한 법령을 만들기는 어렵다. 그럼 국회가 그 법령을 만들게 하면 되는가? 다름 아닌 남성이 다수인 그 국회에서? 당위의 순환이 일어난다. 이처럼 대표성이나 동등성이 확보되지 않으면 부족한 부분을 쉽게 국가의 적극적 우대조치를 통해 할당하면 된다는 발상은 과도하게 '정부'나 국가의 법령을 통한 해결에 의존한다.

더 나아가서, 이것은 단순히 비례대표의 문제에 그치지 않는다. 평등이라는 권리를 규범의 기준에서 엄격하게 적용하자면, 비례대표뿐 아니라 전체 국회의원의 여성 비율을 반으로 할당하라고 요구해야 하지 않을까? 그리고 그 요구를 법령의 형태로 부과해야 하지 않을까? 여기서 볼 수 있듯이, 도덕이나 인권은 쉽게 규범이나 법과 동일하게 여겨지기 힘들고, 단순히 행정적 조치로 실현되기도 어렵다. 행정부의 적극적 우대조치를 과도하게 강조할 경우, 오히려 입법을 통한 민주주의적 절차가 심각하게 훼손될 수 있다. 행정부가 시행령의 형태로 법률을 우회하여 강제적인 명령을 내릴 수 있기 때문이다. 대통령과 관료들은 자신들의 개입을 정부와 국가의 적극적인 개입이라고 정당화하면서, 시민의 이의나 항의를 무력하게 만들 수 있다. 그러나 시민의 논의와 이의를 살리는 복잡한 과정이 오히려 민주주의에서 중요하다.

방금 다룬 문제는 소수나 약자가 가지지 못하는 기회를 특별한 방식으로 부여하려고 할 때, 알게 모르게 정부나 국가의 능력에 과도하게 의존한다는 것이었다. 그것과 연결된 또 다른 문제도 있다. 기존의 다수 때문에 피해를 보는 소수에게 특별하고 긴급한 방식으로 기회를 주는 의도는 좋은 것이라고 인정하자. 그러나 선의에서 출발했다고 해서 그것이 저절로 좋은 결과나 효과로 이어지지는 않는다. 그 과정에서 복잡한 방식으로 우발성이 끼어들 뿐 아니라, 소수에게 더 기회를 준다고 할 때 어떻게 그 소수에게 그 기회를 '공평하게' 배분하느냐는, 결코 사소하지 않은 물음이 또 기다리고 있기 때문이다. 이제까지 균등하게 기회를 가지지 못했던 소수나 약자 그룹 전체가 적극적 우대조치를 통해 동등하게 기회를 가지게 될까? 위의 필자가 제안한 비례대표 여성 50%의 예를 들어보자. 그러면 어떤 여성들이 그 비례대표가 될 수 있을까? 그냥 '자연적인' 방식은 존재하지 않는다. 우선, 아래로부터 민주적으로 선발하는 방식이 있다. 그런데 실제로 이런 방식은 일어나기 힘들다. 현재의 제도 속에서는 아마도 여성단체 중에서 이미 정치적 대표자가 되어 있거나 권력을 가진 사람들이 그 기회를 '자연적으로' 잡을 가능성이 크다. 이 문제는 언뜻 보는 것 이상으로 심각하다.

이것이 단순히 정치적인 차원에서만 일어나는 일은 아니다. 농어촌학생이 대학 입학에서 받는 차별을 방지하기 위한 적극적 우대조치를 생각해보자. 이 경우, 어떤 농어촌을 대상으로 해야 하는가? 인구가 어느 정도이며 경제적으로 어떤 불리한 상태에 있는 농어촌이 대상이 되어야 할까? 실제로 농어촌에도 여러 단계와 수준이 있다. 또 그 단계를 그런대로 규정했다고 하자. 해당 지역에서 어떤 학생에게 어떤 기회를 주어야 할까? 성적만 보고 결정할 수 있는가? 별 문제가 없을 수 있다고 여겨질 수 있지만, 사실은 그렇지 않다. 시험 성적에 의한 기존 제도의 폐해를 조정하기 위한 조치를 실행하려고 하는데, 다시 농어촌지역에서도 성적 우수 학생에게만 기회를 준다? 성적에 의한 차별을 개선하기 위한 조치에서 다시 단순히 성적만으로 결정한다? 또 단순히 성적으로 결정하기 어려운 경우에는, 교장의 추천에 모든 것을 그냥 맡기면 될까? 그 과정에서 얼마든지 '비정상적인' 결정이 내려질 수 있지 않은가?

여기서 흔히 말하는 '긍정적이고 적극적인 조치'가 그저 자연적으로 소수자나 약자에게 그동안 박탈되었던 기회를 부여하는 방향으로 가지 않는 '구조적인' 이유가 드러난다. 기존 제도에서 차별받는 소수자를 우대하는 정책은 언제든지 그 소수자나 약자 그룹에서 다시 능력자를 우대하는 일종의 능력주의를 따르기 쉽다. 그 능력주의는 성적 등의 능력에 의존하거나 해당 시스템의 결정권자에게 다시 의존할 것이다.

이 점은 훌륭한 페미니즘 이론가인 주디스 버틀러도 지적하고 있다. 교육현장에서의 차별을 폐지한다고 할 때, 흔히 그런 제도적 차별을 "영웅적으로 극복하고 이겨낸 개인들의 서사"*가 발굴되거나 만들어진다. 1995년 8월 20일 캘리포니아대 이사회는 "인종, 종교, 성, 피부색, 민족 혹은 국적을 대학의 고용이나 대학 입학이나 연구 프로그램 입학 기준으로 사용하는 것을 금지"하는 규정이 담긴 결의안을 통과시켰다. 그런데 이 결의안의 제4장에서는 "경제적으로

---

* 주디스 버틀러, 『혐오 발언』, 알렙, 2016, 256~257쪽. 우리가 위에서 본 국가인권위원회법 제2조 3항에도 비슷한 유보조건이 나온다. "다만 현존하는 차별을 없애기 위하여 특정한 사람(특정한 사람들의 집단을 포함한다)을 잠정적으로 우대하는 행위와 이를 내용으로 하는 법령의 제정 개정 및 정책의 수립 집행은 평등권 침해의 차별행위로 보지 아니한다." 여기서 잠정적으로 우대한다는 완곡한 또는 모호한 말은 바로 약자 보호가 약자 안의 강자를 우대하는 쪽으로 간다는 사정을 가리고 있다.

혹은 그들의 사회적 환경의 측면에서 불리함을 겪었음에도 장애를 극복하는 데 있어 신뢰를 보장하는 충분한 자질과 투지를 증명한 자들에 대해서는 고려가 주어질 것이다"라는 예외적 조항이 있다. 여기서 "역경을 영웅적으로 극복한 개인들에 대해서는 기꺼이 예외를 두는 것"을 약자 우대 정책의 '자연적인' 과정으로 인정해야 하는가? 약자와 소수에게 기회를 부여하는 일이 다시 그 가운데서 능력 있는 사람과 강자를 우대하는 일이 되는 것은 분명히 문제다.

2020년 4월의 21대 총선을 보자. 여러 정당들의 비례대표 자리는 대부분 흔히 말하는 시민단체의 대표자들이나 대중매체를 통해 이름이 알려진 사람들에게 돌아갔다. 이번에만 그런 일이 생겼느냐 하면 그것도 아니다. 거의 모든 선거에서 그 일이 반복되었다. 이처럼 약자를 위한다는 적극적 우대조치는 오히려 적지 않은 경우 매체를 통해 알려진 사람이나 정치적인 인간들에게 혜택이 될 가능성이 크다. 약자와 소수에게 긴급하고 적극적인 조치의 형식으로 좋은 기회를 부여하는 일은 유감스럽게도 이처럼 기존의 차별을 적극 폐지하는 쪽으로 쉽게 가지 않는다.

적극적 우대조치라는 좋은 해결방식에 공연히 사소한 꼬투리를 잡자고 하는 말이 아니다. 적극적 우대조치를 도입한 것은 나름대로 진보적인 성과였다고 인정할 수 있다. 특정한 케이스에는 특정한 적극적 우대조치가 개선을 가져올 수 있다. 그러나 디테일에서 섬세하지 못한 적극적 우대조치는 오히려 역차별을 유발할 수 있을 뿐 아니라, 잘못된 능력주의를 개선한다면서 다시 또 다른 능력주의에 의존하는 일이 된다.* 우리는 능력주의에 대해 나중에 다시 다룰 것이다. 지금은 기회의 균등이라는 이념이나 원칙은 실제로 구체적인 경우에 적용할 때 상당한 논란의 여지가 있거나 단순히 부차적이지 않은 '부작용'을 유발한다는 데 주의를 기울이자. 시험으로 공무원이나 초등학교 교사를 임용한다는 제도 덕택에 여성들이 임용될 기회는 매우 높아졌고, 초등학교 교사 가운데 여성의 비율이 너무 높아진 상황이 됐다. 그런데 여교사의 비율이 87% 정도로 압도적으로 높다고 해서, 남성들을 위한 적극적 우대조치가 도입되어야 할까? 아마도 여성들이 반대할 것이다.

한 가지 예를 더 들어보자. 상위 계층의 학생들이 'SKY대학'에 많이 입학하기 때문에, 사회적 불평등이 심해지고 있다는 보도는 이제 너무 흔한 사실이 되었다. 이 경우 적극적 우대조치가 가능할까? 한국에서 교육이 심각하게 계급을 재생산하는 역할을 하므로, 획기적인 개혁이 필요하다. 하지만 지금 상황에서 불리한 계층의 입학을 돕는 방식으로 적극적 우대조치를 도입하는 것이 가능할까? 그 경우 다시 지방이나 농어촌에서 성적이 좋은 학생만 우대하는 결과가 될 것이고, 따라서 학력경쟁이 유발하는 차별에는 기본적으로 큰 차이나 변화가 일어나기 어렵다. 따라서 그 대신 근본적

---

* 『선량한 차별주의자』의 저자도 실제로 능력주의를 비판한다. "그런데 능력주의는 정말 공정한 규칙일까? (…) 능력주의를 표방하는 사람은 자신이 객관적이고 공정하게 행동한다고 생각한다. (…) 자신이 편향되지 않다고 여기는 착각 때문이었다."(128~134쪽). 그러나 중요한 물음은 능력주의가 자연법이나 진리의 기준에서 공정하냐 아니냐가 아닐 것이다. 그것은 다양한 사회 시스템에 의해 '정당한 이유로' 정당화되고 있으며, '정당한 이유'는 시스템의 차원에서 또는 권력관계의 관점에서 정당화된다.

이고 개혁적인 정책의 변화가 이어져야 한다. 그런데 이것이 일어나지 않고 있다. 그렇기 때문에, 다시 일종의 임시 조치인 적극적 우대조치에 호소하는 일이 편의적으로 생겨난다. 일종의 악순환이다.

최소한 시행령이나 규정을 통해 적극적 우대조치를 도입하는 것은 쉽지 않을 뿐 아니라, 그 효과에도 여러 의문이 생긴다. 흔히 생각하듯이 차별을 크게 폐지하지도 못할 수 있다. 여러 구체적인 케이스마다 서로 다른 맥락과 배경이 있기 때문이다. 무엇보다 적극적 우대조치라는 법령을 통해 차별을 없애려고 할 때, 많은 경우 다시 능력주의에 의존하기 쉽다.

기본적으로 나는 사회적인 갈등을 시행령 등을 통해 해결하는 방식보다 사회적인 논의를 거쳐 해결하는 방식이 바람직하다고 생각한다. 물론 개별적인 경우에 따라 시행령이나 적극적 우대조치가 좋은 효과를 낼 수도 있다. 그러나 그것이 일반적인 해결책이 되기는 힘들다는 것이다. 또 비례대표에서 여성의 비율을 정하는 것처럼 그 자체로 정치적인 이슈는 무엇보다 정치적인 방식으로 해결하는 것이 나을 것이다. 정치적인 문제를 정치적으로 해결하지 않고 사법적인 해결에 호소할 때, 정치 시스템이 무력해질 뿐 아니라 민주주의 시스템 자체를 훼손하는 위험도 생긴다. 여성 의원의 비율을 정하는 정치적인 문제는 어쨌든 기본적으로 국회에서 다루고 해결해야 할 일일 것이다.

다시 말하지만, 평등과 인권에 호소해서 효과를 낼 수 있는 차별이 있다. 차별금지법은 그런 부분에서 효과가 있을 것이다. 그러나 그것보다 넓은 범위의 차별의 경우에는 그렇게 단순히 접근할 수 없다. 그리고 평등과 인권에 호소해서 효과를 낼 수 있는 차별의 경우에도, 다름 아닌 적극적 우대조치라는 제도가 보여주듯, 실제로 그 평등과 인권만으로 차별을 없애기는 힘들다. 다시 말하지만, 이 책은 보수와 진보의 단순한 대립을 가로질러 가고자 한다. 서구에서 시작한 진보의 이념을 그냥 뒤따라가는 일은 지금 더 이상 충분하지 않다.

04

혐오 표현을 법으로
금지하면 충분한가?

평등이 절대적 규범은 아니다

혐오 표현이 늘어나고 있다. 여성혐오에 대한 말이 많아지자, 그 못지않게 남성혐오에 대한 말도 많아졌다. 그뿐인가? 입시경쟁이 치열해지다 못해, 어느 순간부터 정시와 수시 사이의 갈등은 혐오를 생산하기에 이르렀다. 정시 출신이 수시 출신에 대해 '수시충'이라는 혐오 표현을 던지기 시작했다. 또 대중교통에서 일부 노인들이 바람직스럽지 않은 행동을 하는 일이 많아지는 가운데, 혐오를 담은 표현인 '틀딱충'이라는 말이 횡행한다. 또 사이버 공간에서 대통령을 향한 혐오스런 표현과 욕설이 많이 사용되고 있는 것도 새로운 일도 아니다. 이전에도 이명박과 박근혜에 대해서도 사람들은 혐오를 유발하는 표현들을 사용했으니, 그 현상은 갑자기 생긴 것이 아니다. 아울러 동성혼을 허용할 것이냐는 문제가 사회적 이슈가 되자, 그에 대한 혐오 표현들도 부쩍 늘어났다. 제주도에 예멘 난민들이 난민 신청을 하자, 일부 인터넷 사이트를 중심으로 이슬람 남성에 대한 반대 표현들이 돌출했다.

이런 폭력적인 혐오 표현들이 증가하자, 그것에 대한 반응도 격렬해지고 있다. 가장 즉각적이고 강력한 반응은 그것들을 금지하는 법을 만들자는 것이다. 그러나 비정상적이고 추악한 짓이니 법으로 금지하거나 처벌하면 해결이 될까? 우리는 3장에서 차별 문제를 단순하고도 조급하게 법으로 해결하려는 시도가 내포하는 문제들을 살펴보았다. 일단 비슷한 방향으로, 혐오 및 증오 표현에 대해서도 그런 관찰이 적용된다. 성폭력 및 성희롱 금지법이 사회적 논의를 충분히 거쳐서 법률로 만들어지길 바란다. 그러나 혐오 표현을 법령을 통해 해결하려는 시도에는 신중할 필요가 있다. 극단적인 혐오와 증오 현상은 경계해야 할 일이지만, 그렇다고 법령만 만들면 될 일은 아니다. 사회적 논의를 충분히 거치지도 않은 상태에서 그 일이 잘 될 리도 없다. 혐오와 증오 표현에 대해 우선 사회적으로 논의가 충분히 되어야 한다.

혐오와 증오를 드러내는 표현은 비록 사회적으로나 도덕적으로 비난받을 일이지만, 그렇다고 자동적으로 법적 처벌의 대상은 아니다. 헌법에도 표현의 자유는 보장되어 있다. 범죄행위로 다뤄지려면, 그 자체로 범죄행위이거나 최소한 범죄행위를 저지를 의도가 있다고 증명되어야 한다. 보통의 혐오 및 증오 표현들은 도덕적으로 혐오스럽지만, 범죄 의도를 보여주는 증거는 거기에 없다. 그러므로 일반적인 혐오 및 증오 표현들은 기본적으로 헌법에 보장된 표현의 자유를 누리며, 쉽게 법으로 처벌할 수도 없다. 표현의 자유는 집회 및 시위의 자유와 마찬가지로 민주적인 사회에서는 점점 폭넓게 인정되는 경향이 있다.

일단 중요한 점은, 헌법이 평등만 보장하는 게 아니라는 것이다. 가장 강력한 기본적 권리인 표현의 자유도 보장한다. 더 나아가 개인정보를 포함한 프라이버시도 보장한다. 따라서 헌법 차원에서도 평등과 인권만이 절대적 발언권을 가지지는 못한다. 실제로 평등과 자유라는 이념과 가치는 한편으로는 서로 협력하고 서로를 뒷받침할 수도 있지만, 다른 한편으로 서로 충돌할 수도 있다. 혐오 표현이 평등을 해친다며 손쉽게 금지하거나 처벌하려는 시도에 대해, 풍자와 조롱도 표현의 자유에 속한다며 반대하는 예도 여기에 속한다.

혐오 및 증오 표현에 대해 법적 대응이 필요하다는 의견은 독일 사회에서 남달리 높았다. 나치가 저지른 역사적 범죄인 홀로코스트의 영향이 큰 사회에서, 유대인을 비롯해 이슬람 사람들에 대한 혐오 및 증오 표현이 사회적으로 예민하게 받아들여졌기 때문이다. 최근 몇 년 사이 독일에서도 외국인 혐오 범죄가 급격히 늘었다. 독일 내무부가 2019년 5월 발표한 자료에 따르면, 2018년 정치적 동기에 의한 범죄는 3만 6062건으로 전년보다 8.7% 늘어났다. 이 가운데 외국인 혐오 범죄는 7701건으로 전년보다 19.7% 늘었다. 이 와중에서 무시할 수 없는 정치적 세력으로 등장한 극우 성향 정당 '독일을 위한 대안AFD, Alternative für Deutschland'도 해외이주민이나 이슬람에 대한 증오행위를 대변하거나 옹호하는 경향을 보였다. 그 결과 그들은 사회적 비판을 받는 데서 그치지 않고 위법적인 활동을 한다는 의심을 받을 정도이니, 사회적이고 정치적인 갈등의 파도가 이전보다 높아지고 있다 할 수 있다.

그러나 독일에서도 표현 및 사상의 자유는 폭넓게 인정된다. 그것이 행위로 이어지는 경우에만, 법적인 처벌의 대상이 된다. 말하고 글을 쓰면서 혐오를 표현하는 행위는 표현의 자유에 해당하지만, 그 표현을 사회적으로 유통하는 경우에는 법이 개입한다. "독일의 경우에도 반유대주의 내용을 담는 소책자를 쓰는 것 자체를 범죄로 규정하려는 시도는 없다. 이러한 자료가 유포되지 못하게 막는 것으로 충분하기 때문이다."[21] 반유대주의 자료를 개별적으로 생산하는 수준은 표현의 자유에 속하지만, 그것을 사회적으로 재생산하는 행위는 거기서 분리되는 것이다. 또 개인적인 감정에 기초해서 개별적으로 혐오를 표현할 수는 있지만, 사회적 조직이나 정당을 만드는 행위는 불법으로 간주된다.

여기서 볼 수 있듯이, 혐오를 표현할 수 있는 권리는 기본권인 표현의 자유 관점에서 옹호된다. 미국에서 수정헌법 1조는 언론·출판의 자유, 평화적으로 집회할 수 있는 권리 등 '표현의 자유'를 보장하며, 그에 근거하여 성조기를 태우는 행위도 '표현의 자유'로 인정된다. 1984년 텍사스에서 시위 도중 성조기를 불태운 행위 때문에 한 청년이 체포되었지만, 그는 수정헌법 1조에 근거하여 무죄를 선고받았다. 이후에 검찰이 상고했고 수 년 동안 법적 공방이 계속되었지만, 연방대법원은 결국 성조기 훼손 행위도 표현의 자유에 속한다고 판결하면서 무죄를 확정했다.

서로 다른 문화적·역사적 배경을 가지고 있음에도 불구하고 많은 나라에서 사람들이 국기 훼손을 도덕적으로나 심리적으로 부정적으로 보는 것은 공통적일 것이다. 하지만 실질적인 형법 조항에 따라 그 행위를 처벌하느냐는 다른 문제다. 강력한 표현의 자유는 미국뿐 아니라 호주, 캐나다, 덴마크 등에서도 옹호된다. 이들 국가에서도 국기 훼손을 처벌하는 법률은 없다. 영국과 일본의 경우 자국 국기는 괜찮지만, 외국 국기를 훼손하면 처벌을 받을 수 있다. 실제 영국에서는 1998년 전쟁포로 시위 도중 한 참가자가 엘리자베스 여왕과 당시 영국을 방문했던 아키히토 일왕 앞에서 욱일기를 불태웠다가 체포당한 바 있다. 프랑스, 독일, 스위스, 핀란드 등 서구권 선진국들은 국기 훼손에 대한 처벌 조항을 가지고 있다. 한국에서는 국기 훼손이 아직 표현의 자유라는 인정을 받지 못하고 있다. 형법 105조는 "대한민국을 모욕할 목적으로 국기 또는 국장을 손상, 제거 또는 모욕한 자는 5년 이하의 징역이나 금고, 10년 이하의 자격정지 또는 700만원 이하의 벌금에 처한다"는 내용이 담겨 있다. 이 법률에 따라, 지난 2015년 4월 광화문광장에서 열린 세월호 1주기 집회에 참석한 김아무개 씨는 종이 태극기를 불태운 혐의 등으로 기소됐었다.[22] 그 이전까지 유명한 '국기모독' 논란은 2011년 한명숙 전 국무총리가 노무현 전 대통령 분향소에서 태극기를 밟은 일을 두고 보수단체가 고발한 정도였다. 그마저도 법원으로 넘어가진 않았다. "국가를 모욕할 목적으로"라는 기준은 그 자체로 모호할 뿐 아니라, 표현의 자유를 위축시키는 다소 국가주의적 기준이라고 나는 생각한다.[23]

국기를 모욕하거나 모독하는 행위를 표현의 자유로 볼 것이냐는 문제에서, 국가에 대한 개인의 표현의 자유를 인정하는 수준이 드러난다고 할 수 있다. 프랑스와 독일 같은 나라에서 국기 훼손에 대한 형법 조항이 있다는 것은 다소 뜻밖이기는 하다. 하지만 독일의 경우에 연방 독일 국기를 훼손하는 행위를 처벌하는 형법 조항이 있기는 하지만, 실제 그 형법에 따라 판결할 경우 독일 헌법재판소가 이미 다수의 경우에서 판결했듯이 기본권인 표현의 자유에 대하여 균형을 맞추어야 한다. 한때 국내에서는 국가모독죄라는 형법조항이 있었다. 1975년부터 형법 104조의 2항으로 존재했던 그 법률은 1988년에 폐지되었고, 2015년에는 헌법재판소에서 전원 일치로 위헌 판정을 받았다.[24] "국가기관을 모욕 또는 비방하거나 그에 관한 사실을 왜곡 또는 허위사실을 유포하거나 기타 방법으로 대한민국의 안전·이익 또는 위신을 해하거나, 해할 우려가 있게 한 때"라는 문구는 강압적인 국가주의가 존재할 때의 잔재였다. 매우 모호하며, 임의로 악용될 수 있는 표현들이 국가를 모독하는 행위들을 처벌하기 위해 동원되었다. 당시는 그 법률을 남용하여, 국가원수를 비판하거나 비난하는 일련의 행위를 국가원수 모독이라는 죄명으로 처벌하던 때였다.

이처럼 표현의 자유는 개인이 국가나 정부에 대해서 강하게 반대나 혐오의 감정을 표현할 수 있는 길을 열어놓고 있다. 국가 권력을 견제하기 위해 표현의 자유를 개인의 권리로 인정하는 것은 개인이 과격한 방식으로 그 의사를 표현할 수 있다는 권리까지 포함한다. 국가뿐 아니라 국가를 상징하는 모든 것에 대해서도 그런 반대의견을 표명할 길이 열린다. 국내에서도 국가모독죄가 폐지되면서, 대통령에 대한 조롱이나 혐오 표현은 표현의 자유로 인정되고 있다.

그래서 그 법이 폐지된 이후, 모든 대통령들에 대해 이런 저런 혐오 표현들이 유포되고 횡행했지만, 그 정도는 더 이상 법정으로 갈 사건으로 여겨지지 않는다. 그럼에도 불구하고 2018년 더불어민주당 추미애 대표는 '문재앙' '문슬람' 등의 혐오 표현이 "명백한 범죄행위"라며, 강력하게 대응하겠다고 나섰다. 판사 출신임에도 불구하고, 그리고 이전 대통령들에게도 비슷한 수준의 과격한 혐오 표현들이 사용되었다는 것을 모를 리 없는데도, 여당 대표가 과잉 대응을 한 셈이다.

일단 대통령에 대한 조롱이나 혐오 표현은 형법의 명예훼손 조항에는 해당하지 않는다. 그 조항은 사실을 적시하여 명예를 훼손하거나 또는 허위 사실을 유포하는 경우를 처벌의 대상으로 삼는다. 혐오 표현을 풍자나 조롱을 담은 표현이라고 본다면, 그것은 사실이나 허위 사실을 통한 명예훼손에 속하지 않는다.[25] 그런데 국내에서는 명예훼손죄 말고도 모욕죄가 있다. 형법 제311조의 모욕죄는 '공연히 사람을 모욕한 자는 1년 이하의 징역이나 금고 또는 200만 원 이하의 벌금에 처한다'고 명시하고 있다. 그런데 모욕죄는 친고죄라서, 모욕을 당한 사람이 직접 고소를 해야 한다. 그러면 대통령이 자신을 조롱하거나 혐오하는 말을 한 국민을 고소할 수 있을까? 없을 것이다. 이미 국가모독죄 폐지 이후, 모든 대통령들은 자신을 싫어하는 국민들의 말을 들어야 했다.

실제로 대통령이 거친 표현을 듣는 건 당연한 일로 여겨진다. 2017년 2월에 문재인 대선 예비후보는 JTBC 예능프로그램 〈썰전〉에 출연했다. 패널인 전원책 변호사가 문재인 후보에게 "만약 대통령이 된다면 납득할 수 없는 비판, 비난도 참을 수 있나"라고 물었고 문 후보는 대답했다. "참아야죠 뭐. 국민들은 얼마든지 권력자를 비판할 자유가 있죠"라고 대답했다. 그렇다, 그 말이 맞다. 국민은 얼마든지 권력자를 비판할 자유가 있다. 비록 그 자유가 과격한 혐오를 담고 있더라도 말이다. 그러니 당시 민주당 대표가 대통령을 보호한다며 혐오 표현을 "명백한 범죄행위"라고 비난한 것은 어리석은 일이었다. 그런데 이런 일이 2019년에 또 일어났다. 나경원 자유한국당 원내대표가 "더 이상 대한민국 대통령이 김정은의 수석대변인이라는 낯뜨거운 이야기를 듣지 않도록 해달라"라고 정부의 대북정책을 비판하자, 이해찬 더불어민주당 대표는 "국가원수 모독죄"라고 또 말했다. 개인적으로 대통령에 대한 혐오 표현이 확산되는 것이 불편할 수는 있다. 그러나 여당 대표가 그것을 국가원수에 대한 명백한 범죄행위라고 비난한 일은 대한민국의 여당, 그것도 촛불정신을 이어받았다고 자부한 정부의 여당이 얼마나 한심한 수준인지 보여주는 실망스러운 일이었다. 그들은 이전에 권위주의 정부가 하던 짓을 똑같이 함으로써 정치의 수준을 떨어뜨려 놓았다.

어쨌든 정치지도자인 대통령은 이전부터 혐오 표현 가운데 핵심적인 타깃이었다. 이명박은 쥐같이 생겼다고 해서 '쥐박이' '쥐새끼'로 불렸으며, 뇌 용량이 많이 부족하다는 뜻에서 '2MB'로, 권위주의 시대의 대통령과 비슷하다는 점에서 '가카'로 불렸다. 박근혜의 경우 사람들은 '수첩공주' '다카키 그네코' '닭그네' 등의 표현을 사용했다. 권력자에 대한 풍자나 조롱 또는 심지어 혐오적인 표현은 가능할 뿐 아니라, 어느 정도는 보장되어야 한다. 그것이 민주주의의 바탕이자 힘이다. 이처럼 국가에 대한 모독뿐 아니라 대통령에 대한 혐오 표현도 민주화된 사회에서는 표현의 자유라는 커다란 틀에서 보장받고 있다. 국가 자체나 특정 집단을 대표하여 집권하는 권력자에 대해서 시민들이 이렇게 과격한 풍자나 조롱의 자유를 누리니, 그 아래에 있는 여러 공공기관에 대해서는 말할 것도 없다.

그런데 특이한 점은, 권력자에 대한 풍자나 혐오 표현은 민주주의가 발전하면서 점점 해결되거나 극복되고 있는 것과 달리, 일반 시민들은 서로에 대해 이전보다 더 과격한 혐오를 담은 표현들을 사용하고 있다는 것이다. 우선, 서로 다른 이념을 믿는 정치세력 사이에 분열과 혐오가 상대적으로 더 과격해지거나 커지는 경향을 보인다. 2019년 조국 사태를 통해 이 분열과 혐오는 폭발할 수준으로 커지고 강해졌다. 또 대통령이 그 이념적이고 정파적인 분열을 줄이거나 통합하려는 노력 대신 특정 정파의 대표자 역할을 한다는 의혹이 커짐으로써 대통령에 대한 반감이나 혐오도 확산되었다.[26] 자신의 적극적인 지지자만 바라보고 정치를 한다는 지적이 이전부터 있었음에도 불구하고, 대통령은 '문빠'로 지칭되는 그 집단의 과격성을 줄이거나 제어하려는 시도를 전혀 하지 않았다. 한마디로, 그들을 말리지 않았다.

표현의 자유는 다른 시민들에게는 같은 수준에서 보장되지 않을 수 있다. 다른 사람의 명예를 훼손하거나 다른 이들을 모욕하는 발언은 형법 조항에 따라 처벌 대상이다. 혐오 발언은 공적인 차원에서는 표현의 자유로 보호받을 수 있지만, 다른 시민들에 대한 표현은 같은 수준으로 보호받지 못할 수 있다. 성차별이나 동성애차별에 속한다고 여겨지는 혐오 발언을 다루는 방법에 주의를 기울일 지점이 여기다. 특히 성차별이나 동성애차별은, 그것들이 형법에 의해 명확하게 처벌의 대상이 되지 않더라도, 평등의 이념과 인권에 어긋난다고 여겨질 수 있다. 그리고 실제로 3장에서 보았듯이 평등이라는 기준에서 차별적 표현이나 태도로 여겨지는 여러 가지가 아직도 형법에 의해 금지되어 있지는 않다. 이 상황에서 평등이나 인권을 규범적 가치로 생각하는 사람들은 혐오 표현을 금지하거나 처벌하자고 주장할 수 있다. 평등은 중요한 가치이고 이념이기는 하지만 그렇다고 절대적인 규범은 아니기에, 표현의 자유에 대하여 균형을 맞추며 실행되어야 한다. 그래서 평등을 규범이라고 말하는 것은 바로 이 점에서 오해를 가져올 수 있음을 우리는 위에서 논의했다. 따라서 이 자유를 무시하고 일방적으로 금지하자는 주장은 통하기 어렵다.

표현의 자유라는 가치를 보호한다는 틀에서 혐오 표현을 쉽게 금지하거나 규제할 수 없다는 논리는 정당하므로, 더 이상 논의하지 않아도 될 것이다. 이제 다룰 것은 그 논리와 연관성은 있지만 상당히 다른 논리이다.

평등과 자유라는 기본권 너머의 혐오표현

표현과 사상의 자유가 헌법 차원에서 기본권으로 인정되고 또 국가와 공적 기관에 대해서는 특히 더 인정되지만, 그렇다고 하더라도 그것이 절대적이지는 않다. 그 자유가 개인들끼리의 관계에도 적용되며 그럴 경우 문제는 어려워지기 때문이다. 사회적 관계에서 싫음을 표현하고 드러내는 일은 이제 단순히 헌법 차원에서 표현의 자유에만 속하는 문제는 아니고, 그보다 아래의 차원에서 법률과 시행령으로 다뤄져야 하는 문제이기도 하다.

이 문제가 중요한 이유는 무엇일까? 일단, 모든 사람에게 표현의 자유가 있다는 것은 다른 사람도 '나'와 동등하게 표현의 자유를 누린다는 뜻이다. 이것은 언뜻 보면 헌법이 모든 사람에게 그 자유를 부여하므로 생기는 부차적인 문제로 보일 수 있다. 그런데 그렇게만 이해하면, 싫음과 혐오를 말하고 퍼트리는 것은 여전히 헌법 차원에 국한되거나 헌법의 기준으로 충분히 판단될 수 있는 것처럼 보인다. 그러나 그것만으로 판단하기 어려운 면들이 있다. 다소 이론적이고 사상의 뿌리에 관한 문제이기는 하지만, 그래도 무시될 수 없는 물음들이 여기에 개입되어 있다.

우선, 사람들이 표현의 자유를 누리는 이유는 루소나 그 이후에 변형되고 확장된 사회계약론의 형태로 여러 사람이 주장하듯이 기본권을 가지기 때문일까? 물론 그 말은 맞다. 헌법 차원에서는 국민이 그런 권리를 누린다. 그렇지만 헌법적 권력이 모든 순간에, 그리고 직접적으로, 국민으로부터 나오지는 않고 그럴 필요도 없다. 또 헌법은 사람들 사이에 실제로 존재하는 권력관계나 권한의 차이 또는 이미 차등적으로 배치된 기회를 제대로 고려하지 않는다. 헌법은 국가의 권력이 국민으로부터 나온다고 말하면서, 기본권을 보장할 뿐이다. 그러나 실제로 현실 정치의 차원에서도 보통 사람들에게 항상 권력이 있는 것은 아니다. 일단 선거를 통하여 대표자들에게 권한을 위임하는 순간, 그들은 국민의 대변자이지만 다른 한편으로 실질적인 권력자가 된다. 비록 형식적으로는 위임을 받은 사람이지만, 실질적으로 권력과 권한이 그들에게 집중되는 일이 일어난다. 민주주의 내부에서 권력과 권한이 슬쩍 또는 '몰래' 옮겨가는 것이다. 민주주의의 모호성 또는 이중성이다.

헌법은 또 하위 법률이나 행정 명령에 일일이 그리고 매 순간 개입하지 않는다. 3장에서 다뤘듯이, 어떤 차별을 줄이거나 폐지하자는 취지에서 특수한 영역에서 조치를 취할 때, 이 조치는 법률이나 시행령의 형태로 실행될 것이다. 하위 법령은 사람들을 기본권의 주체로만 다루지 않으며, 성별·지역·학력·직업·인종 등 여러 가지 차별적 요인들을 참조하고 또 서로 비교해야 한다. 과거엔 엄격하게 다뤄지지 않았던 성희롱의 문제도 평등과 인권의 기준보다 아래에 있는 작은 기준들을 고려함으로써 도입될 수 있을 것이다. 이 관점에서 보면, 이 작은 규정과 조치들도 헌법이나 인권선언 못지않게 차별을 방지하는 데 큰 역할을 한다. 그런데, 앞서 '적극적 우대조치'의 예에서 보았듯이, 점점 세밀해지는 규정들은 역사적 과정에서 다른 한편으로 차별을 더 미묘하고 세분화된 문제로 만든다. 규정이 세밀해진다고 차별이 해결되지는 않는다. 구별이 미세해질 경우, 문제의 복잡성이 드러나기 때문이다. 트랜스젠더에 대한 문제는 과거엔 없던 문제지만, 차별을 막는 관점이 엄격해지면서 등장했다. 성전환 수술을 받아 남성에서 여성이 된 군인이 계속 복무할 수 있느냐는 문제가 있었고, 또 트랜스젠더 학생이 여자대학에 입학할 수 있느냐는 문제가 있었다. 전자의 경우, 해당 군인은 계속 복무하고 싶다고 했지만, 남성들뿐 아니라 여성들도 많은 반대를 했다. 후자의 경우에는 여성들이 더 많이 반대를 했다. 뒤에 다시 다루겠지만, 여성성이 무엇이냐에 대한 규정이 점점 복잡성을 띠는 셈이다.

또 사람들은 기본적으로 표현의 자유를 누리지만, 그래도 다소 공적인 방식으로 비판과 비난을 하는 것과 개인에게 직접 그런 비난이나 험담을 하는 일은 책임의 무게가 서로 다르다고 여겨지며, 따라서 구별된다. 젠더 차이와 차별에 관해서 어떤 20대 남성이 오히려 20대 내에서는 일반적으로 남성이 차별을 받는다는 의견을 얼마든지 표현할 수 있다. 그러나 그 의견을 개별적으로 어떤 여성에 대해 적용할 수는 없을 것이다. 또 동성애 문제에서 매우 보수적으로 접근하면서 동성애를 일종의 '병'으로 생각한다고 의견을 말하는 일과 실제로 어떤 동성애자를 앞에 두고 그런 말을 하는 것은 전혀 다른 일이다. 대표적으로 기독교는 아직도 동성애를 병이나 죄악으로 여기는 경향이 크고, 자신들 내부에서는 그런 발언을 서슴지 않고 하며 거리낌이 없다. 개인을 앞에 두고 그런 말을 하지는 않겠지만, 앞으로도 계속 자신들의 말이 옳다고 주장할 것이다. 이렇게 생각의 차이가 점점 커지고 있으며, 사람들의 발언과 표현은 이질적인 경로와 환경에서 발생해 유통되고 있다. 싫음이나 혐오를 일반적인 방식이나 공적인 방식으로 표현할 기회나 공간은 많아지고 또 표현의 자유로 인정되지만, 특정한 사람에 대해서는 제한되거나 금지되기 때문이다.

이렇게 보아도 벌써 반대와 혐오를 표현하는 문제가 평등과 자유라는 기본권의 영역을 넘어간다는 것을 알 수 있다. 이제 여기서 혐오 발언을 금지해야 하거나 처벌의 대상으로 삼아야 한다는 관점을 검토해보자. 다소 이론적인 문제를 내포하고 있기는 하지만, 그 못지않게 실천적인 문제와 법제화 가능성에 관한 문제를 내포하고 있기에 중요하며, 앞으로도 계속 논쟁의 여지가 있을 것이다. 대표적인 예는 동성애와 포르노그래피가 될 것이다.

동성애 성향을 드러내는 발언 곧 커밍아웃은 어떤 사람들에게는 (특히 남성성을 대변하고자 하는 사람들에게) 그 자체로 혐오스러운 표현이자, 동시에 처벌 받아야 할 대상으로 여겨진다. 미군은 초기에 어떤 사람이 동성애 성향에 대해 진술하기만 해도 처벌했다. 굳이 동성애 행위를 하려는 의도가 아니더라도 그 언어적 진술만으로도 처벌의 대상이 될 수 있다고 여긴 것이다. 그 후 단순히 자신의 성적 취향에 대해 진술하는 것만으로 형법의 대상이 될 수 있느냐는 논란이 일어나자, 초기의 엄격함에 조금 변화가 생겼다. 그 문제와 비슷한 방향에서 포르노그래피는 일종의 표현이지만 어떤 사람들에게(특히 여성성을 보호해야 한다고 주장하는 사람들에게) 혐오 표현으로 여겨진다. 행위를 하려는 의도가 없어도 그 표현 자체가 이미 처벌을 받을 만한 행위라고 말이다. 이 두 예에서 해당 사안을 혐오스럽게 느끼고 처벌해야 한다는 사람들은 서로 반대되는 집단이지만, 공통되는 문제들을 내보이고 있다.

자세히 보면 물음은 두 가지일 테다. 하나는 언어적 표현이나 이미지 표현이 그 자체로 형법상 처벌해야 하는 행위이냐는 것이다.

표현의 자유는 표현의 범위를 상당히 넓게 인정하기 때문에, 처벌을 주장하는 사람들은 여기서 어떤 표현들은 그 자체로 행위라고 여길 것이다. 정말 그럴까? 표현들이 그 자체로 행위인가? 또 다른 물음은 여기서 처벌해야 하는 행위의 이유와 내용이 무엇이냐는 것이다. 물론 이 물음들은 서로 분리된 것은 아니다. 그러나 어떤 경우에는 전자의 측면이 강조되고, 어떤 경우에는 후자의 측면이 부각된다. 혐오 표현을 이미 행위로 여기며 처벌의 대상으로 삼는 사람들은 어떤 이유를 댈까?

주디스 버틀러는 혐오 발언들이 야기하는 이 물음을 세밀하게 다뤘다. 그녀는 포르노그래피를 혐오 발언의 관점에서 규제해야 한다고 주장한 매키넌과 마츠다의 예를 분석한다. "매키넌에 따르면, 포르노그래피는 여성의 종속된 지위를 선언하며 야기하기 때문에 일종의 '상처'로 해석되어야 한다. 따라서 매키넌은 헌법의 평등 원칙(특히 수정헌법 제14조)을 적용하여 포르노그래피는 일종의 불평등 대우라고 주장한다."[27] 포르노그래피는 단순히 어떤 표현이 아니라 차별적 행동을 야기하는 불평등한 대우라는 것이다. '불평등한 대우'라면 고용에 관련된 여러 문제에서 차별을 시정하는 조치로 이어질 수 있기 때문에, 매우 강력한 효과를 가진다. 여기서 벌써 위에서 언급한 두 물음이 섞여 있음이 드러난다. 이미지 표현 자체가 처벌될 수 있는 행위로 여겨지며, 그 행위는 평등 및 자유의 원칙을 훼손하거나 침해했다는 것이다.

버틀러에 따르면, 매키넌뿐 아니라 마츠다는 특정한 희롱의 표현들이 이미 차별 행동의 성격을 가진다고 주장하는데, 그 이유는 그 표현들이 인종차별적이고 성차별적인 성격의 혐오 발언이며 그래서 그 말을 수신한 사람들의 기본 권리인 평등과 자유의 원칙을 훼손한다는 것이다. 여기서 헌법적 조항인 평등이 규제의 기준으로 등장한다는 것은 흥미롭다. 혐오 발언을 법으로 규제해야 한다는 사람들에 따르면, 그 발언은 "그것을 건네받은 자의 일할 수 있고, 공부할 수 있는 권리와 자유, 즉 공적 영역에서 그 혹은 그녀가 헌법상 보장받은 권리와 자유를 행사할 수 있는 능력을 약화시킨다."[28] "모욕적인 발언은 헌법상 보호를 받는 권리와 자유에 대한 완전하고 동등한 접근을 보장하는 평등 보호 조항을 위반했거나 위반을 촉발시켰다고 말할 수 있다는 것이다."[29] "권리와 자유에 대한 동등한 접근을 보장하는 평등의 원칙을 위반한다"는 말은 미국적 의미로 상당히 진보적인progressive 또는 도덕적인 이상을 대변한다. 혐오와 모욕이 차별을 유발하니 규제하자는 취지가 매우 이상적이고도 엄격하게 나타나고 있다. 우리는 1장에서 평등의 원칙을 규범으로 생각하는 관점을 주로 보았는데, 지금 우리가 보는 이 관점은 자유와 권리에 대한 평등까지 주장한다. 그러나 권리뿐 아니라 자유에 정말 모든 사람이 평등하게 접근할 수 있을까? 어떤 점에서는 사회주의적 이상과도 겹치는 엄격한 평등주의가 규범으로 주장되고 있다. 이미 재산과 소득과 권력이 평등하지 않게 배분되고 있는데, 모욕적인 발언만 없애면 권리와 자유에 평등하게 접근할 수 있을까?

조금 더 구체적인 주장은 이렇다. "모욕적인 방식으로 말을 건네받는 것은 그 사람의 사회적 종속을 확고히 하며, 게다가 수신사에게서 구체적인 맥락(교육 또는 고용) 속에서 혹은 국가적 공적 영역의 좀 더 일반화된 맥락 속에서 수용된 권리와 자유를 행사할 수 있는 능력을 박탈하는 결과를 가진다는 것이다."[30] 그것은 어느 정도 사실일 것이다. 차별하고 모욕하는 표현이 그것을 수신한 사람이 능력을 제대로 발휘하지 못하게 만들 것이다. 그렇지만 이 규정도 지나치게 모호한 면이 있지 않은가? 모욕적인 표현도 사회적 종속을 확고히 할 수는 있지만, 그 이전에 이미 여러 차별적이고 불평등한 사회적 관계가 여러 종속적 관계를 유발하고 사람들로 하여금 마음껏 능력을 발휘하지 못하게 하고 있지 않은가? 또 어떤 발언과 표현들이 그렇게 종속시키는 기능을 한다면, 그것 자체를 원인으로 지목하기보다는 이미 사회에서 자리잡고 지속되어온 권력기구와 권력관계를 원인으로 지목해야 하지 않을까?

모욕적인 표현을 규제할 수 있는 방법이 모색되어야 하는 것은 당연하지만, 이렇게 너무 근본주의적인 방식으로 평등에 어긋나는 발언과 표현을 겨냥하는 방식은 문제가 있다. 모욕적인 발언이나 표현이 문제가 아니라는 게 아니다. 사회제도를 통해 구성되는 권력관계와 불평등을 유발하는 다양한 문제들 대신에, 발언과 표현에 너무 과도한 책임이 돌려진다는 것이다. 제도적 문제들이 발언과 표현의 문제로 축소되어버리는 것이다. 버틀러는 그래서 다음과 같이 지적한다. "인종차별주의뿐 아니라 성차별주의의 정교한 제도적 구조들은 갑자기 발언의 장면으로 축소"[31]된다. 이런 이론적 움직임은 사회제도나 권력관계 대신에 발언의 장면에 과도한 결정력을 부여하는 일일 것이다.

발언이 과거의 제도와 사용의 축적으로 여겨지는 대신에 그 자체로 종속의 원인으로 여겨지면서, 발언의 화자는 특별한 형태의 권력을 부여받는다.

> 혐오 발언의 화자가 그 혹은 그녀가 전달하는 종속적인 메시지를 야기하는 것으로 인식되는 한, 그 화자는 그 혹은 그녀가 말하고 있는 것을 행할 수 있는 주권 권력을 행사하고 있는 것으로, 즉 말하는 것을 즉시 행하는 것으로 비유된다.[32]

여기서 한 개념이 등장하는데 설명이 필요하다. '주권 권력'이란 개념은 푸코가 역사적 단계와 상황에서 권력이 작동하는 방식을 분석하고 설명하면서 사용한 것이다. 그것은 법적legal 또는 사법적인juridical 조항, 곧 허용된 것과 금지된 것의 구별을 통해, 그리고 그 구별과 결합된, 금지된 것과 처벌되는 것의 구별을 통해 작동하는 권력이다. 그것은 잘 알려진 훈육적인 메커니즘 이전에 작동했던 권력의 작동방식이자 형태이다. 훈육적인 메커니즘의 핵심은 사람을 감시하면서 격리하고 처벌하는 데 있다. 여기서 감시와 처벌의 메커니즘은 단순히 범죄자를 고문하고 죽이는 메커니즘과는 작동방식으로나 시대적으로나 구별된다. 그렇다고 그 의미와 효력이 역사 과정 속에서 단순히 줄어들었거나 대체되었다는 것은 아니다. 오히려 그 이후에 발생한 메커니즘들과 섞이고 결합하면서 더 복잡한 형태와 방식으로 변화했다고 할 수 있다.* 감시하면서 처벌하는

---

* 물론 그렇다고 해서 훈육적 메커니즘에 의해서 법적 또는 사법적 메커니즘이 대체되었다는 것은 아니다. 권력이 작동하는 방식을 구별하는 일이 필요하며, 따라

메커니즘이 1700년대 중반 무렵에 시작됐으니, 주권적 권력으로 명명된 법률적·사법적 권력은 그 이전 단계에 속한다.

중요한 점은 법률과 사법적 코드, 곧 허용되는 것과 금지되는 것의 구별에 근거하여 행위들과 발언들을 판단하는 일은 기본적으로 근대의 새로운 기구와 기술들이 생기기 이전에 오래전부터 작동했다는 것이다. 그 와중에서 일어난 새로운 변화 가운데 중요한 것이 있다. 과거엔 금지된 것으로 판결이 내려지면 죽이거나 사회 밖으로 추방했다. 사회와 생명의 바깥으로 던져버리고는 끝냈다. 그러나 그 이후에는 더 이상 그렇게 바깥으로 던져버리거나 사라지게 만듦으로써 해결되지 않는다. 금지의 형태로 어떤 행위를 처벌한다고 해서, 그것이 사회 바깥으로 사라지거나 없어지지는 않는다. 오히려 그 존재는 사회 내부에서 감시되고 격리된다. 그리고 그 방식은 사람들이 다 알듯이 비용도 많이 들어가고, 다른 문제를 유발한다.

말하자면, 혐오 발언을 법적 금지의 대상으로 낙인을 찍는다고 그 문제가 해결되지는 않는다. 물론 처음에는 해결된 것처럼 보인다. 법률과 사법 시스템이 그것을 금지된 것으로 낙인을 찍었으니까. 그렇지만 과거처럼 금기의 대상이 되고 처벌된다고 해서 사람들이 사라지거나 입을 다물지도 않는다. 우리는 위에서 국가와 대

서 법적-사법적인 메커니즘과 다른 훈육적 메커니즘의 특징이 작동하기 시작했다는 것이다. 법적-사법적인 메커니즘은 단순히 역사적으로 대체되면서 줄어들거나 사라진 것은 아니다. 실제 상황에서는 법적-사법적 메커니즘은 훈육적인 메커니즘과 결합하면서 권력의 작동 방식을 복잡하게 만들고 또 그러면서 확대시켰다. 이것이 역사적 서술이 직면해야 하는 복잡성이다. 단순한 대체가 일어난 것은 아니다.

통령에 대해서도, 그리고 다른 공적인 기관과 대표하는 자들에 대해서도, 상당히 과격한 방식으로 우리의 싫음과 불만을 표출할 수 있음을 보았다. 설혹 혐오스런 행위를 금지하고 불법의 낙인을 찍고 감옥에 보낼 수 있다고 하더라도, 그렇게 처벌받은 사람들은 활동을 멈추지 않는다. 어떤 점에서는 더 '쎈' 놈이 되는 위험도 존재한다.

차별금지법이나 혐오발언금지법이 효과가 없다는 것인가? 결코, 아니다. 가능한 한 효과적인 법안을 만들어야 한다. 다만 사회적으로 합의가 되는 수준에서 법안을 만들 필요도 있다. 사회적 동의와 합의에 기반한 법률이라면, 좋은 효과를 낼 수 있다.* 물론 이건 너무 쉬운 말이긴 하다. 그런 법률을 만드는 게 쉽다면 벌써 만들어졌을 것이다. 사회적 동의와 합의를 이끌어내는 일은 그 자체로 법률적인 일이라기보다는 정치적인 일에 속한다. 그러나 단순히 정치적으로 결정될 일도 아니다. 정치적 차원에서 정부가 결정을 내리더라도, 실제로 사회적 논의 과정은 좁은 의미로 정치적이라기보다는 사회적인 과정이다. 서로 다른 사회 시스템들이 개입하고 갈등을 조절하고 또 타협도 해야 하는 과정이다.

---

* 너스바움은 혐오발언금지법에 대해 법학자들이 일반적으로 기대하듯 긍정적인 기대를 한다. "증오범죄를 중대하게 처벌하는 것은 억제 효과를 지닐 가능성이 크다. 게이와 레즈비언을 희생양으로 삼는 범죄자들은 대체로 자신의 신념에 따라 '게이 어젠다'에 반대하기 위해 이들을 죽이려고 하는 헌신적인 무법자들이 아니다." "그래서 사회가 이러한 행위를 정말로 심각하게 받아들인다는 신호를 받으면, 적어도 그들 중 다수는 아마 다른 일을 하려고 할 것이다."(『혐오와 수치심. 인간다움을 파괴하는 감정들』, 535쪽.) 이런 효과도 있겠지만, 그 관점은 사회가 정당화하는 차별과 폭력의 존재, 곧 차별금지법이 해결하지는 못할 차별과 폭력에는 제대로 주의를 기울이지 못한다.

국가권력이 법률을 제정해서 어떤 행위를 금지의 목록에 넣는다고 그 문제를 해결할 수 있다고 생각한다면, 좁은 생각이거나 착각일 수 있다. 정부는 개인들의 '시끄러운' 자유도 권장하고 더 나아가 부추겨야 한다. 산업을 발전시키고 시장을 확대하는 일도 정부의 일에 해당하기 때문이다. 한 예로, 폭력적인 장면이 넘치는 영화들은 얼마든지 만들어지고 있지 않은가? 그 이유로, 영화 산업을 금지할 수 있는가? 세계무대에서 상을 받은 영화 〈기생충〉도 얼마나 폭력적인가? 조금 이상한 범죄행위를 한 사람이 나타나면 언론과 미디어는 게임의 나쁜 영향을 부풀리느라 바쁘지만, 그렇다고 쉽게 게임산업을 규제하거나 금지할 수 있는가? 영화산업과 게임산업만 그런 것은 아니다. 보통의 산업과 기업 활동도 법인이라는 틀 안에서 법과 제도에 의해 보호를 받고 있다. 기업 활동이 사회에 큰 해를 끼치고 실제로 손해를 입혔어도, 기업을 운영한 사람들은 별로 책임을 지지 않아도 된다. 법인이 사람을 대신하여, 권한과 책임을 수행하고 있기 때문이다. 기업 활동은 관리와 통제라는 한 축과, 보호와 권장이라는 다른 축이 교차하는 그 위에 있다.

　　국가와 정부의 권력을 단순히 금지하고 허용하는 '주권적인' 방식으로만 이해하는 일은 단견이고 잘못이다. 국가와 정부는 사람들을 주체로 훈육하고 사회의 안전도 지켜야 하며, 더 나아가 시장도 보호하고 발전시켜야 한다. 그 내용은 매우 복합적이고 이질적이다. 내용만 그런 게 아니다. 사람들을 훈육시키고 사회의 안전을 지키고 더욱이 시장까지 지킨다는 말은 다소 오해의 여지가 있다. 국가와 정부의 권력이 온전하고 독립적인 실체로 존재하면서 그 일을 수행하기만 하면 되는 일이 아니기 때문이다. 그 일을 수행하는 과정에서 국가와 정부의 권력은 주권적 권력의 관점에서 보면 '허접하고 잡다하게' 여겨지는 기구들에 위임되고 또 부분적으로 대체된다. 교육 시스템과 사법 시스템은 그 기능의 관점에서 많건 적건 정부에서 독립된 사회 시스템으로 작동한다.

처벌의 메커니즘을 예를 들어보자. 왕과 군주들의 주권권력이 지배할 때는 그냥 금지하고 처벌하는(죽이는) 권력으로 충분했다. 그러나 단순히 금지하는 데 그치지 않고 사람들을 훈육하면서 감금하는 권력의 메커니즘은 그것과 다르며 복잡하다. 더 나아가 단순히 처벌하는 데 그치지 않고 사람들을 감금하면서 그들의 정신 이상까지 평가하는 의학적이며 의료적인 근대적 기구들은 주권권력과는 더 다르고 복잡하다. 비록 이 기구들이 나름대로 기존의 법률 제도와 협조하기는 하지만, 그것들은 이전의 금지와 허용에 기반한 주권권력의 법과는 상당히 다른 방식으로 작동한다. 어떻게 보면 그것은 기존의 권력의 연장으로 보이지만, 다른 한편으로는 그것과 상당히 다른 일종의 독립적인 기능 시스템으로 작동한다. 근대 이후 등장한 다양한 정신병리학적 메커니즘들은 한편으로 기존의 사법 제도 주위에서 생겨나서 그것과 협력하면서도, 동시에 독립적인 영역과 차원에서 작동하는 셈이다. 시장은 말할 것도 없다. 시장도 독립적인 기능 시스템으로서 개별 국가의 주권적 경계를 넘어서 흘러가고 움직인다. 그런데 차별과 혐오 발언을 국가의 법으로 규제하고 금지하자는 생각에는 이 '주권적' 권력의 이념이 똬리를 틀고 있다.

그런데 금지와 허용의 이분법에 따라 작동하는 '주권적' 권력은 단순히 국가와 정부에만 국한되지 않는다. 여기서 차별과 혐오 발언의 논의에서 중요한 지점이 등장한다. 국가의 '주권적' 권력으로 규제하자는 사람은 혐오 발언으로 차별을 받은 사람만 '주권적' 권력을 가진 것으로 여기지 않는다. 혐오 발언을 하는 사람도 그 권력을 가진 것으로 여겨진다.[33] 혐오 발언을 하는 사람이 그 발언이 수행하는 힘으로, 자유와 평등의 권리를 가진 다른 사람의 능력을 훼손한다고 여겨지는 것이다. 언어를 통한 발화 자체가 다른 사람의 기본적인 권리를 박탈하는 주권적 힘을 가지는 셈이다. 국가와 마찬가지로, 사람도 여기서 주권적 존재로 설정되고 있다. 왕이나 군주의 권력이 절대적이고 자주적인 성격을 가진다고 여겨지듯이, 개인의 권리(자유와 평등 등)도 결코 타인에 의해 훼손될 수 없을 정도로 절대적이며 자주적인 것으로 설정된다. 사실 이것이 자연법 사상의 핵심이다. 그 사상은 인간의 권리를 '소외되지 않을' 것으로 상정한다.[34]

물론 인간에게는 주권적인 부분이 있다. 인권은 아무것도 아닌 것이 아니다. 차별받고 부당한 대우를 받을 때는 누구나 그것에 호소할 수 있다. 개인의 권리가 어떤 사회 제도나 정치 권력에 의해서도 함부로 침해될 수 없다는 점에서, 개인은 주권적 성격을 띤다. 그러나 그렇다고 주권적인 부분이 인간의 사회적 활동을 지배하는 유일한 중심인가? 그건 아니다. 바로 이것이 문제다. 단적인 예를 들자면, 사람들은 사회에서 능력주의와 다양한 평가 시스템에 따라 '차별적으로' 대우를 받지만, 많은 것들이 정당하다고 여겨진다. 이상하지 않은가? 이것이 이론적으로나 실천적으로 중요한 점이다. 그런데 차별과 혐오를 법으로 규제하자는 제안 가운데 상당수는 인간을 전적으로 이런 주권적 존재로 설정한다. 그것은 착각이다. 인간은 단순히 그리고 전적으로 주권적 존재가 아니다.

차별금지법이나 혐오발언금지법을 만든다면, 그 내용이 헌법이나 인권선언이 보장하는 것과 동일한 것일까? 아니다. 그렇다면 따로 그런 법령을 만들 필요가 없을 것이다. 헌법과 인권선언은 기본적으로 인간을 주권적인 존재로 설정한다. 그와 달리 규제하는 법령은 거기서 더 나아가야 한다. 더 나아가야 한다는 것은, 헌법의 높이에서 많건 적건 내려와야 한다는 의미다. 그리고 주권적인 형태로 보장되거나 포착될 수 없는 행위의 배경과 맥락을 포착하고 경우에 따라 보장해야 한다. 인간은 자유를 실현할 권리를 가진다. 그것이 헌법과 인권선언이 보장하는 영역이다. 그러나 실제 상황 속에서 개별적인 인간들은 이미 서로 다른 사회적·생명적 환경 속에서 행위하고 있으며, 따라서 서로 다른 수준과 내용을 가진 자유의 땅에 던져져 있다. 주권적 존엄성이 이 자유의 땅에서 갈등과 불평등을 줄이는 데 기여할 수는 있고, 그럴 방도를 찾아야 한다. 그러나 주권적 권리를 주장하고 그것을 목적으로 내세운다고 실제로 존재하는 차별과 불평등의 문제가 저절로 해결되지는 않는다. 주권적 권리의 목적론에는 상당한 공허함이나 함정이 있다.

혐오 발언을 규제하자는 주장의 모든 관점에서 많건 적건 언어 자체가 행위로 격상되거나 확대되는 일이 일어난다. 말함으로써 즉시 행위를 일으키는 능력은 언어철학자 존 오스틴이 '발언 내부 행위illocutionary'라고 부른 수행적 문장의 특징이다.[35] 거기에서 핵심적이고 근간을 이루는 형태의 발언이 다름 아닌 법적이고 사법적인 수행문이다. 그것이 주권적인 권력이 사용하는 수행문이기 때문이다. 법관이 법의 이름으로 선언하는 말들. "이로써 나는 판결한다" "이 말로 나는 명령한다" 같은 것들. 말하자면, 국가가 전통적인 방식으로 만드는 결정을 표현하는 말들. 물론 법률언어 이외에도, 일반적으로 수행적performative 역할을 하거나 일으키는 문장들이 있다. 혼인이 이루어졌음을 알리는 문장이 전통적인 결혼식을 실행하고 마무리한다. 여러 형태의 계약에도 그런 수행적인 역할을 하는 문장이 있다. 이것들이 하는 사회적 역할은 중요하다. 그렇지만, 모든 발언이 그런 수행적 힘과 권력을 가졌다고 생각할 필요는 없다. 그 발언이 수행적 역할을 하려면 사회제도가 실제적인 권위와 안정성을 확보해야 한다. 그 기반 위에서 그런 수행적 발언들이 반복됨으로써 발언의 수행성이 실행되고 또 보장되는 셈이다.

그런데 사실, 한 번 결혼했다고 해서 그것의 효과가 뒤집히지 않는 것도 아니다. 결혼을 실행하는 수행적 문장이 있고, 다시 그것을 취소하는 수행적 문장도 있다. 여기서 수행적 문장은 전적으로 '주권적인' 권한을 가지는 것일까? 그렇지 않다. 언어의 수행성이 꼭 주권적 능력에 근거한다고 볼 필요는 없다. 물론 법정에서는 거짓 서약을 하면 처벌 받는다. 그러나 그 수행문이 정상적으로 작동하려면 법정에 대한 신뢰가 존재해야 하며, 그와 더불어 법정의 권위를 강제력으로 뒷받침할 권력기구가 필요하다. "이 말로 본 법정은 명령한다" 같은 수행문은 위의 조건이 충족된 정상적인 상황에서는 효과를 가지지만, 그 조건 자체가 이미 언어 바깥에 있는 여러 기구와 장치들의 도움에 의존한다. 관련된 사회제도들이 역사적으로 수행한 역할이나 역사 속에서 구축한 권력관계 덕택에, 언어들은 일정한 수행적 역할을 하는 셈이다. 악법도 법이라는 말을 쉽게 할 필요는 없겠지만, 어떤 법이든 개정되고 취소될 수 있다. 심지어 헌법도 마찬가지다. 수행적 문장이 실행하는 수행성이 있기는 하지만, 그 수행성은 불변성이나 무오류성을 누리진 않는다. 따라서 일상적인 상황에서는, 얼마든지 거짓 약속이 일어난다. 더 나아가면, 문장이 가지는 수행적 역할이 언제나 충실하고 충만한 형태로 기능하지도 않는다.[36] 예외 없는 규칙은 없다. 예외를 많이 허용하는 규칙이나 문장은 이미 그 자체로 구멍이 숭숭 뚫린 벽이라고 할 수 있다. 결혼을 서약하는 문장은 엄숙하지만, 조금만 뒤집어보면 매우 우스꽝스럽고 과장된 언어임을 알 수 있다. 꽉 차 있기는커녕 텅 비어 있는 언어이다.

그런데 차별 행위와 혐오 발언을 법으로 규제하고 금지하자는 사람들은 언어의 수행성을 과도하게 법률적이고 사법적인 코드에 근거시키거나 그것과 동일하게 여기는 경향이 있다. 그리고 그 법을 만드는 국가에 주권적 권력이 부여될 뿐 아니라, 차별적인 혐오 발언으로 평등과 자유의 기본권이 침해된 사람, 그리고 더 나아가 그 발언 자체와 발언을 한 사람에게도 비슷하게 주권적인 힘과 권한이 부여되고 있다.[37] 이것이 문제다. 유감이지만, 이런 방식으로 차별적인 혐오 발언을 해결하는 데는 한계가 있으며, 다른 문제를 만들어낸다.

이 장에서 우리가 논의하는 문제는 상당히 까다로운 것이다. 헌법과 인권선언의 유효성을 유지하면서도, 그것과 차이가 있는 어떤 규제, 더욱이 그것의 유효성을 어떤 점에서는 깎아먹거나 줄일 수 있거나 또는 그것이 통제하기 어려운 규제의 가능성을 생각하고 논의하는 일이기 때문이다. 구체적으로는 모욕죄라는 조항이 이미 있는 상태에서, 혐오 발언을 규제하고 금지하는 법을 새로 제정해야 할 필요성이 있는지, 그리고 그런 필요성이 무엇인지 확인돼야 할 것이다.

우리는 이 장에서 법과 헌법의 기준에서 차별과 혐오 발언을 규제하면 될 것이라는 생각을 검토하고, 그 생각의 전제가 무엇이며 한계는 무엇인지 살펴보았다. 혐오 발언을 규제하는 법안을 만들더라도 과도하게 그리고 쉽게 주권적 권위와 권력에 호소하는 일은 그 문제를 해결한다면서 또 다른 문제를 만들어내는 일일 뿐이다. 수행적 발언들은 사회에서 수행적 기능을 가지기는 하지만, 그렇다고 그것이 그 자체의 힘으로 법률과 사법의 권위와 같은 수행적 권력을 행한다고 믿을 필요는 없다. 발언이 그런 수행적 역할과 기능을 가지는 것은 관련된 사회제도들(대표적으로 법률)이 오랜 기간 역사적 과정 속에서 수행한 역할 권위, 그리고 그들 자신이 생산한 사실을 정당화하는 기능과 힘, 그리고 그 제도들이 근거하는 권력관계 덕택이다.

이 사회제도들이 수행한 역할과 그 과정에서 생긴 정당화 기능, 그리고 권력관계는 차별금지법에 의해 다뤄지거나 해결되기 어렵다. 그런데 그것들이 다름 아니라 넓은 의미의 차별을 유발한다. 사유재산의 취득과 증식에 관련된 정보를 보호하거나 그 증식 자체를 보호하는 법(아직도 주식 투자 이익에 대한 양도세는 예외적으로만 부과되고 있다), 학력을 비롯한 다양한 능력에 따라 차등적인 소득이 부여되는 것을 정당화하는 사회제도들, 교육과정에 자본이 투입되는 것을 정당화한 교육제도, 교육경쟁과 학력 능력주의를 정당화하는 다양한 제도와 법령들, 무력한 공교육을 건너뛰고 사교육 기구들에게 합법성을 부여하는 헌법, 일정 수준 이상의 성적을 조건으로 입학이 가능하거나 응시가 가능한 정부기관과 제도(로스쿨·경찰대학·사법시험), 고용 과정에서 회사를 비롯한 조직들이 각자 필요한 인적 자본을 자율적으로 채용할 수 있도록 권한을 위임하는 제도들, 젠더 구별과 결혼을 포함한 통계적 정보를 관리하고 통제하는 정부기구들, 정규직과 비정규직이라는 구별을 다양한 법령으로 정당화하거나 인정한 사회제도들, 주권을 구성하는 국민에게 권력을 부여하는 헌법과 법률, 그리고 각자 자신의 경로를 따라 나아가면서 주권적 권력을 행사하는 국가 시스템들.

이것들은 그래도 비교적 '딱딱한' 제도의 관점에서 언급할 수 있는 문제들이다. 그처럼 딱딱하지 않은 부드러운 형태로 작동하는 정당화 기능이 있다. 개인들의 능력을 인정하고 평가하는 다양한 시스템은 현재의 사회(자유주의적 자본주의 사회이든 사회주의 사회이든)가 굴러가게 만드는 핵심적인 축이자 기반일 것이다. 다양한 조직들의 내부에서, 그리고 그 조직들을 넘나들며 사람들의 능력과 평판을 관리하고 평가하는 다양한 시스템들은 스스로를 정당화한다. 말하자면, 근대 이후 공식적이든 비공식적이든 능력주의가 작동하고 있는데, 그것은 나름대로 스스로를 정당화한다. 그러나 정말 사람들의 능력이 제대로 평가되고 있다는 보장은 어디에도 없다. 평가 시스템(공식적인 기준을 갖춘 것이든 그렇지 않은 것이든)이 스스로를 정당하다고 여기며 그렇게 주장할 뿐이다. 다만 공식적인 평가 시스템은 공식적으로, 비공식적인 시스템은 비공식적으로 정당화 과정을 수행한다는 차이가 있을 뿐이다. 조직들은 자신이 구성한 권위와 권력에 의해 자신의 수행적인 발언뿐 아니라 그것을 생산하는 과정을, 사회 시스템의 자율성과 절차적 공정성이라는 기준에 맞춰 일정하게 정당화한다. 잘 알려져 있듯이, 과거의 신분제 사회는 신분에 과도한 특권을 부여했고 거기 근거해 차별을 정당화했다. 그와 달리, 기회의 균등과 과정의 공정성 그리고 결과의 정의를 형식적으로 강조하는 근대 이후의 사회에서도 능력주의는 실제로는 시스템 내부에서 정당화되고 있다. 여기서 넓은 의미의 차별이 발생하지만, 사회는 이 문제를 제대로 다루지 못하고 있다. 더욱이 문제가 있다는 걸 사회, 그리고 정부도 솔직하게 인정하지 않고 있다.

2부

폭력에 의한,
폭력적인 주체의 탄생

05

팩트는 어떻게
폭력성을 띠게 되었나?

사실이 모호해지고 사라지는 세 가지 이유

우리는 2장에서 이미 팩트가 어떻게 그리고 왜 폭력성을 띠는지 대략 살펴보았다. 이제 그 문제를 조금 더 깊이, 그리고 다소 이론적인 맥락에서 살펴보자.

근대사회는 이중적이거나 심지어 다중적인 성격을 띠었다. 기본적으로는 보편성에 기초한 평등과 자유의 이념이 확장되는 시대였지만, 거꾸로 산업화와 식민지 지배는 그와 매우 다르게 개별 국가들의 패권을 뒷받침하고 강화했다. 이 둘은 종종 긴장관계에 있었는데, 그 사실은 제대로 인정되지 않았다. 흔히 근대를 서술하거나 설명할 때, 이 이중적인 면 가운데 하나만이 부각되곤 한다. 그러나 사회에서 권력이 구성되고 확장되는 형태를 분석할 경우, 저 두 관점으로도 설명되지 않는 면이 또 있다. 한편으로 훈육적인 메커니즘이나 통제의 기술이 근대 이전보다 매우 발달했는데, 이것을 고려하지 않고 추상적인 이념이나 휴머니즘적 가치만을 이야기하는 것은 공허한 일처럼 보인다. 또 다른 관점에서, 근대 이전에 신분이나 가족을 중심으로 구성되고 위계화되었던 사회는 여러 기능 시스템으로 분화되면서만 발전했다고 할 수 있다. 근대는 감성의 차원에서는 낭만적 경향에 의해 이끌렸다고 할 수 있는데, 그 경향의 중심에는 낭만적 사랑이라는 이념 또는 신화가 있을 것이다. 합리성이라는 상당히 계산적인 태도가 어떻게 그것과 상당히 다른 낭만적 태도와 연결되었는지를 따져보는 일은 흥미로울 것이다. 그 둘의 기묘한 결합이 사실의 사실성에 대한 인간의 태도에도 큰 영향을 미쳤을 것이란 점이 중요하다. 근대 이후 사람들은 사실을 합리적이면서도 상당히 낭만적으로 파악하는 경향을 가졌기 때문이다.

다중적인 근대사회의 모습 가운데 어느 것을 중심으로 생각하거나 핵심으로 여기느냐에 따라, 근대 이후의 모습이나 탈근대의 방향은 상당히 달라진다. 어쨌든 중요한 점은 어느 하나의 질서나 이념만으로 사회를 설명하려는 시도는 옳지도 않고 바람직하지도 않다는 것이다. 평등이나 자유라는 이념은 나름대로 보편성을 가진다고 여겨지지만, 서로 다른 시대의 개별적인 사회 시스템에서 그것이 어떤 방식으로 실행되느냐를 묻는다면, 실행 방식과 실행을 기술적으로 뒷받침하는 메커니즘에 따라 차별화된 대답이 가능하며 또 필요할 것이다. 평등과 자유라는 보편적 이념만 강조하면 근대는 무엇보다 보편성과 합리성을 촉진하고 확대한 시대로 여겨진다. 그러나 다른 한편으로 보편성과 합리성은 일면에 시나지 않는다.

현재 21세기 사회를 뒤흔드는 갈등들은 다양하고 복합적이다.

그리고 그 갈등의 사실성은 상당히 분명하다. 예를 들면, 기후 재난이나 인공지능의 등장에 의해 위협받는 인간의 지위를 둘러싼 위험들은 매우 사실적이다. 그렇다면 그것들에 대한 사실을 파악하기만 하면, 그 갈등이나 위험은 이해되고 더 나아가 해결되는가? 그렇지 않다. 그것들은 이전 시대와 비교해 매우 특이한 복잡성과 폭력성을 띠고 있다. 갈등이나 위험에 대해 그것의 사실성이나 진실을 파악하기만 하면 해결되거나 또는 최소한 진정된다고 여겨졌던 시대와는 매우 다른 상황이 펼쳐지고 있다.

과거엔 진실이나 진리 또는 사실은 어떤 실체에 사실적으로 상응한다고 여겼다. 그것에 가까이 가기만 하면 그것이 드러나며, 그것이 드러나기만 하면 진실과 사실이 우리에게 온다고 여겨졌다. 또는 그것을 어둠에서 끄집어내 빛을 비추기만 하면, 사실과 진리는 환히 드러난다고 여겼다. 그리고 인간은 그 갈등이나 위험으로부터 자유로워지고 사회는 안정을 찾는다고 여겼다. 그런 관점에서는 갈등이나 폭력성이 사물들의 사실성에서 아예 생략되거나 점점 잘 해결되고 있다고 여겼다.

그와 달리 현재 사회에서는 갈등이나 위험에 접근하는 방식과 그것들을 다루는 과정이 상당히 과학적인데도 불구하고, 오히려 사실은 점점 모호해지거나 심지어 사라지고 있다. 바로 그렇기 때문에, 사실들은 많건 적건 폭력성에 내맡겨져 있다. 우선, 모호해지거나 사라지는 사실 앞에서 사람들은 한편으로 점점 더 믿을 만하고 상대방을 설득해서 합의에 도달할 만한 사실을 찾고자 하지만, 그 일은 점점 어려워지고 있다. 여기서 사실이 모호해지거나 사라지는 것은 그냥 우연히 생긴 일이 아니다. 거기엔 여러 역사적이고 철학적이며 사회적인 이유가 있다. 때때로 어떤 사실을 찾아서 제시했다고 해도, 상대방은 그 사실에 의해 설득되기보다는 오히려 그것을 일종의 폭력으로 여기는 기괴한 상황이 일어난다. 그리고 다시 이 폭력성의 자장 속에서 사실들은 다툼을 진정시키는 힘을 가지기보다는 오히려 폭력적인 경향을 띤다. 이것이 문제다.

특이하지 않은가? 갈등이나 위험에 대한 사실이나 진실을 사람들이 드러낸다고 해도, 갈등이나 위험을 다루는 데 별로 도움이 되지 않는다는 것이! 더욱이 그 제시된 사실이나 진실 자체가 이런 저런 이유로 폭력성을 띤다는 것이! 현재 사회는 바로 이 이상하고 기괴한 특이성에 의해 시달리고 있다. 20세기도 물론 여러 형태의 폭력에 내맡겨졌고 그것들에 시달렸다. 그러나 그것들은 기본적으로 물리적이고 현실적인 성격을 띠었다고 할 수 있다. 전쟁 및 경제 위기 등이 대표적인 예이다.[1] 그와 비교하면 21세기의 폭력은 훨씬 복잡하고 미묘하다. 많은 경우 심리적인 문제들이 개입되어 있는 것으로 보이는데, 그 이유는 무엇보다 사실이 모호해지거나 사라지는 과정에서 사실과 연결된 위험과 폭력의 여러 효과들이 두드러지고 있기 때문이다. 그런데도 그것은 아직 제대로 문제로 여겨지지도 않고 분석되지도 않고 있다. 이 문제가 충분히 검토되지 않는다면, 20세기와 다른 이 21세기의 갈등과 위험에 대해 제대로 접근할 수 없을 것이다. 현재 사회에서 들끓는 위험과 폭력에 대한 논의가 제대로 될 수도 없을 것이며, 아무리 그에 대해 이런 저런 정책들을 내놓는다 하더라도 그것들은 요란한 소리만 내며 헛돌 것이다.

이처럼 사실이 모호해지고 사라지는 데는 역사적이고 철학적이며 사회적인 이유가 있을 것이다. 역사적 이유에 대해 말해보자. 2장에서도 언급했듯이 이미 1930년대에도 여론이 쉽게 조작 가능한 것이라는 비판적 견해가 등장했었는데, 그래도 그 동안 언론은 공적인 기능을 한다고 여겨졌다. 그러나 지금 가짜뉴스가 뉴스를 압도하는 상황이 벌어지고 있는데, 이것은 단순히 나쁜 사람들이 나쁜 의도를 가졌기 때문에 일어나는 일은 아니다. 또 나쁜 의도를 가진 나쁜 사람들이 늘어났기 때문도 아니다. 근대의 중요한 역사적 산물과 효과들이 여러 면에서 의심과 회의의 대상이 되었기 때문이다. 뉴스는 더 이상 모든 사람에 의미가 있는 공적인 사실이 아니라, 관점에 따라 얼마든지 다르게 보도될 수 있는 사실이 되었다. 포스트모던, 포스트휴먼 등의 상황조차 단순히 이런 일들을 불러온 원인이라기보다 그런 일들의 결과이거나 그것들을 분석하고 설명하려는 시도로 보아야 한다. 지금 시점에서 그것이 틀렸다는 등 그 이론들을 부인하려는 태도는 도움이 되지 않을 것이다.

다음으로는 철학적이거나 인식론적 이유가 있다. 과거엔 사실이 주어져 있다고 여겨졌고, 다만 그것에 접근하는 방법이 무엇이며 또는 그것을 어떻든 해결해야 하는가라는 당위적 기준이 문제였다. 그것이 기본적으로 철학적인 관점이었다. 근대 초기에 특히 팩트가 보편적으로 도달 가능하며 확보 가능한 것으로 여겨졌다. 그러나 19세기 말에 이미 가상이 진리보다 더 넓고 깊다는 인식이 전통적인 철학을 강타했다.(철학적으로 이 가상의 문을 활짝 연 사람은 니체였다.) 그럼으로써 존재론적으로 진리와 가상 사이의 구별은 의미를 잃었다. 사실이 역사적으로 모호해지고 사라진다는 점은 여러 사람에 의해 여러 각도에서 부각되었다. 사실 자체가 증가했다는 일반적인 의견에 맞서면서, 보드리야르는 오히려 가상이 확대되었다는 면을 강조했다. 그 결과 모든 것이 가상의 물결에 휩싸이고 떠내려가고 있다고 주장했다.(이 점을 장 보드리야르의 『시뮬라시옹』은 잘 분석했다.) 그런 면도 있을 것이다. 또 이제까지 폭력에 대한 이야기들도 여러 사람에 의해 여러 각도에서 이야기되었다. 어떤 사람은 폭력이 줄었느냐 아니면 늘었는가라는 물음을 제기하며, 줄었다고 대답하려고 했다. 이전 시대와 비교하면 전쟁 같은 물리적 폭력이 줄어들었다는 것이다.[2] 그와 달리, 20세기 이후에 늘어난 다른 폭력에 대해 주의를 기울이는 사람들도 있다. 그러니 사실이 모호해지거나 사라진다는 이야기나 새로운 폭력들이 두드러지고 있다는 이야기는 그 자체만으로는 새로운 발견도 아닐 것이다.

사실이 모호해지고 사라지는 역사적 과정과 폭력이 새로운 모습으로 등장한 역사적 과정이 서로 결합되며 교차한다는 문제는 중요하다. 그리고 사실도 그저 단순히 모호해지거나 사라지지는 않았다. 물론 그런 상황들이 확대된 것은 맞다. 가상과 시뮬라크르가 확산된 것은 부인할 수 없다. 다만 그 와중에서 사람들은 다시 어떤 사실에 호소하거나 도움을 요청했다. 그리고 그렇게 어렵게 회복된 사실을 통해 위험과 갈등을 해결하려 했다. 그런데 문제는 그렇게 되찾은 사실들이 정말 누구에게나 진리로 여겨지거나 또는 문제를 해결하는 대답으로 생각되지는 않는다는 데 있다. 오히려 모호해지고 사라지는 와중에 사실로 구별되고 평가된 것은 상대방에게 폭력으로 여겨지곤 한다. 이상하지 않은가?

　마지막으로, 사회적인 이유로, 무엇보다 커뮤니케이션의 다양한 효과와 사회 시스템의 확대가 야기한 변화를 들 수 있다. 의사소통 또는 '소통'으로 번역되는 커뮤니케이션은 사실 단순히 말하는 사람의 의사를 소통시키는 일이 아니다. 3부에서 자세히 살펴보겠지만, 커뮤니케이션은 실제로는 '진리'나 마음을 소통하는 일과는 다른 사회적 과정이다. 오히려 진리나 마음이라고 여겨졌던 것을 흐트러뜨리거나 거기서 멀어지는 과정들을 생산하는 사회적 과정이다. 인공적으로 사실들이 만들어짐으로써 팩트와 쇼는 별 차이가 없어졌다. 사실이라고 주장되는 것들 또는 인공적인 정보가 너무 많아지면서, 사람들도 사실을 알고 싶어 하지 않거나 그런 것이 있다고 믿지 않는다.[3] SNS에서도 사람들은 자신이 관심이 있는 사건에 대해서, 또는 자신과 연결되어 있는 사람들이 관심이 있는 사건에 대해서만 알고 싶어 한다. 또는 어떤 방식으로든 복잡성을 줄여서 간편하게 만들어진 팩트가 인기를 얻는다. 그리고 사건들에 대한 기록이나 관찰은 더 이상 팩트냐 아니냐의 구별에 따라 판단되는 대신에, 좋거나 나쁜 것으로 평가된다. 사실이 사실로 확인되지 않아도 되는 일이 버젓이 일어나고 있으며, 사실이 사실로서 경험되지 않는 일도 확대되고 있는 셈이다.

　정보와 데이터가 늘어나는 와중에서도, 사실의 위상은 흔들리거나 불안전성에 내맡겨졌다고 할 수 있다. 이미 확률적 통계의 확장은 개별적 사실들의 독립성을 약화시켰는데, 이제 빅데이터와 인공지능에 의해 급격하게 더 약화되고 있다. 개인들의 자유가 최대로 확장되는 듯하지만, 역설적이게도 빅데이터의 확장은 개인들을 데이터의 집합으로 바꾸고 있다. 인공지능의 머신러닝 기법은 특히 확률에 의한 패턴 인식에 근거한다. 사실은 데이터에 의해 대체되고 있고, 데이터는 확률적 패턴일 뿐이다. 관찰자에 따라 얼마든지 다르게 관찰될 수 있는 패턴. 최근엔 인지 차원에서도 획기적인 변화가 일어났다. 팩트와 페이크를 구별하기 어려워졌는데, 머신러닝을 이용한 인공지능은 이제 사람이 인간적인 노력만으로는 식별해내기 어려운 사실까지 만들어낸다. 사실과 구별되지 않는 딥페이크_{deep fake}를 인공지능이 만들어내고 있다.

이렇게 다양한 이유들이 쌓이면서 사실의 사실성은 매우 모호해지거나 사라졌다. 진리의 근거로서의 사실이 사라지는 것은 윤리와 도덕에게도 심각한 영향을 미쳤다. 흔히 어떤 사실의 사실성은 의문의 여지가 없다고 여겨졌으나, 이미 근대 초기에 인식론의 차원에서는 그 당연함이 흔들리고 깨졌다. 흄은 사실 판단도 기본적으로 습관의 문제라는 주장에서 더 나아가, 사실 판단에서 당위 판단으로의 이행이나 점프도 불가능하다고 주장했다. 어떤 사람들은 착하지만, 그렇다고 해서 사람이 착해야 한다는 당위가 거기서 끌어내지는 것은 아니라는 말이다.[4] 그러나 지금 21세기 초반에는 팩트 자체도 모호해졌다. 이것이 문제다.

이 상황에서 사실이 폭력으로 받아들여지고 있다. '팩트 폭격'이나 '팩트 폭력'은 온라인 또는 사이버공간에서 먼저 사람들 입에 오르내린 문제였다. 어떤 점에서는 오프라인에서는 널 알려진 면도 있고, 제대로 이해되지 않은 면도 있었다. 팩트 폭력이 확대된 데는 물론 한국 사회가 경쟁이 치열하다는 특수한 이유가 있다. 치열한 경쟁이 벌어지는 사회 공간에서 시험과 평가는 수행성의 우열을 객관적으로 구별하는 일이라기보다는 떨어뜨려야 할 사람을 합리적인 방식으로 떨어뜨리는 일로 굳어진다. 1부에서 논의했듯이, 폭력적인 팩트는 그저 언어폭력의 일종으로 이해되면서 방치된 면이 있다. 그러나 팩트가 폭격이나 폭력으로 작용하는 상황은 단순히 사이버공간에서만이 아니라 이미 일상의 구석구석에 스며들어 있다. 사실인데도 너무 폭력적이거나 차별적이어서 말하기 어려운 사실, 또는 사실을 말하면 너무 폭력으로 다가오기에 제대로 사실로 말하기 어렵거나 말해지지 않는 사실들도 팩트 폭력이다. 정상적인 사실에 대해 말하기만 해도 폭력적이라고 여겨질 수 있고, '뉴노멀'이라고 불리는 것은 이미 그 자체로 폭력성을 포함한다.

가상과 가짜가 판을 치고 사실이 사라진 상황에서, 그리고 여론 자체가 팬덤의 팬덤을 위한 팬덤에 의한 홍보행위로 여겨지는 상황에서, 이제 사람들은 팩트를 단순히 전달하기보다 그것으로 충격을 준다. 팩트 폭격(또는 폭력)이 특이한 이유는, 사실이 사라지거나 정보가 너무 많은 상황에서 사람들은 인지적 피곤함을 느끼며 팩트의 형태로 공격성을 드러내기 때문이다. 한편에는 팩트로 폭격하고 공격함으로써 사태를 해결하려는 사람들이 있는 반면에, 다른 편에는 그런 팩트 자체를 폭력으로 받아들이는 사람들이 있다. 이 비대칭적 관계는 수많은 방식으로 반사되고 확대된다. 이제 팩트가 많건 적건 사실을 반영하더라도, 그 팩트를 받아들여야 하는 사람들은 그것을 폭력으로 여긴다. 현재 한국 사회에서는 세계 어느 곳에서보다도 팩트가 공격적 능동성을 보이는 동시에 받아들여야 하는 폭력으로 여겨진다.

또 근대 이후 역사적 과정에서 그럴 듯한 가치를 대변한다는 사실들도 이제는 팩트 폭력이나 폭력적인 팩트로 작용한다. 대표적인 예로 평등과 능력주의를 들 수 있다. 이것들은 그 자체로 사실로 간주되지만, 동시에 사실들을 구성하고 구축하는 시스템이다. 물론 일련의 개념이나 이념과 연결되고 뒷받침되면서 그렇게 한다. 평등은 인권에 대한 요구와 진보라는 이념과 연결되고, 휴머니즘으로서의 이상 및 보편성에 근거한 도덕적 규칙 등의 이념으로 이어진다. 능력주의는 개인의 노력 및 그에 대한 정당한 보상이라는 이념과 연결된다. 그리고 전자는 좌파 또는 사회주의가 선호하는 이념이고, 후자는 우파 또는 자유주의가 강조하는 이념이다. 그런데 정치적 갈등이 심해지면서, 이제 정치적 이념은 공동체적 보편성을 확보하는 데 도움이 되기보다는 정치적 정파성이나 당파성을 강화하는 수단으로 작용하고 있다. 그래서 그 이념들은 폭격과 폭력을 가하는 근거로 작용하고 있다. 평등의 이념에 근거할 경우, 어떤 형태의 차별이나 불평등도 폭력으로 여겨진다. 거꾸로 보수 진영에 속하는 사람들은 자유라는 이념으로 평등의 이념을 공격한다.

불평등이라는 무겁고 진지한 주제 또는 문제도 이 팩트 폭력에서 벗어나기 힘들다. 전통적인 진보나 좌파의 관점에서는 불평등 문제는 제대로 파악하고 드러내기만 하면, 해결되고 사라질 것이라고 여겨졌다. 그러나 오늘날 그 문제는 오히려 거꾸로, 아무리 그것에 대한 분석이 치밀해진다고 해도 쉽게 사라질 수도 없고 해결하기도 힘든 폭력이 되고 있다. 20세기 중반 이후 더해가는 복지와 성장의 어려움, 그리고 늘어나는 해외이주민들의 이동은 불평등 문제를 점점 해결하기 어려운 것으로 만들고 있다. 더욱이 과거 방식의 재분배를 통해 불평등을 해결하기 어렵게 만드는 다른 문제가 있다. 바로 교육 및 인적 자본의 문제이다. 아래에서 다시 자세히 살펴보겠지만, 학력경쟁이 심해지고 교육에 대한 투자가 인적 자본을 형성함으로써, 교육은 오히려 불평등 문제를 해결하거나 줄이기는커녕 악화시키는 역할을 하고 있다.

민주주의에서 정치적 결정도 폭력적인 팩트에서 벗어나지 못한다. 과거엔 그래도 개인의 능력과 정치적 책임의 기준에 의해 정치적 엘리트가 선별되고 선출된다는 공공적 믿음이 어느 정도 있었고, 일정한 몫의 실체도 가지고 있었다. 그러나 그들의 권위는 점점 약해지고 희미해져, 가상이 된다. 정치인이 여론의 행방에 촉각을 곤두세운다는 것은 그 자체로 나쁜 일은 아니지만, 사람들이 사회연결망을 통해 정치적 관심을 드러내고 적극 댓글을 다는 현상황에서 정치인들의 결정권은 더욱 약해진다. 댓글에서 드러나듯 사람들은 즉각적인 방식으로 그리고 서슴지 않고 욕설을 퍼붓는다. 사회적 네트워크 속에서 소란스럽고 요란한 목소리들은 침묵하는 다수의 목소리를 잠식한다.

기후변화의 위험이나 미세먼지의 위험들도 사람들이 일상적으로 만나는 폭력적 사실의 예이다. 그것들의 위험은 개인이나 집단차원에서 제대로 대응하기 어려운 사실이다. 사람들은 무엇을 어떻게 해야 하는지, 혼란을 느낀다. 인간이 환경을 파괴한 것은 사실이지만, 그렇다고 그 사실이 어떤 해결책이나 평화를 주지는 않는다. 인류는 그 사실에 일관되게 대응하지 못한다. 도덕적으로 착한 인간이거나 생태학적으로 의식이 있는 인간이라면 마땅히, 심지어 과격한 방식으로라도 막아야 하는 위험인가? 아니면 국가들마다 서로 다른 사정과 상황 때문에 일관되게 대응하기 힘든 위험인가?

휴머니즘, 또는 인간이 제일 중요하다는 명제, 또는 인간에 대한 존엄성조차 폭력적 사실의 블랙홀로 빠지고 있다. 인권의 가치는 선언과 이념의 차원에서는 존엄하지만, 실제 상황에서는 잉여가 되고 있다. 불평등은 사라지기는커녕 늘어나고, 공공성도 희미해지고, 좋은 일자리를 둘러싼 경쟁은 점점 심해지고 있다. 이미 유럽에서조차 난민들은 환영받지 못하는 존재가 되었는데, 인권과 존엄성이 정말 지켜지고 있는가? 무조건 지켜야 한다고 말만 하면 충분한가? 북유럽 국가들도 난민은 최소한만 받아들이고 있다는 사실은 보편적 이념으로서 휴머니즘에 대해 의심을 가지게 만든다. 또 사회 시스템이나 네트워크가 인간적인 것보다 더 중요한 사회적 요인으로 작동하고 있는데도, 말로만 휴머니즘과 인간의 존엄성을 말하면 되는가? 휴머니즘은 허구적이거나 실행되지 않는다는 것이 팩트 아닌가? 그리고 그것을 말로만 외치는 일은 허구이거나 기만일 수 있다는 것도 팩트 아닌가? 그것을 말로만 하는 일은 희망고문일 수 있고, 사람들을 심리적으로 좌절하게 만들 수도 있다. 인간의 존엄성은 주어지지 않은 채, 그것을 지시하거나 상징하는 사람들만 있다는 것은 폭력을 가하는 팩트이냐.

미학적 관점에서도 팩트 폭력은 중요해진다. 근대의 미학이론은 이해관계 없음을 내세우거나 최소한 지적이고 미학적인 경험과 권위를 내세웠는데, 그것은 급격히 약화되었다. 숭고함이나 존재의 비극성은 더 이상 결정적인 미학적 기준이 아니다. 팬덤의 영향이 커지고, 오락의 요소가 확대된 것은 무조건 나쁜 일은 아닐 것이다. 그러나 오락과 재미와 연예산업에 의한 정당화가 과도하게 확산되면서, 점잖게 말하고 인격적 균형을 중시하는 인문적 태도는 무참하게 무력해지거나 부서지고 있다. 여기서 미학적 관점에 고유한 다른 문제가 떠오른다. 세상의 폭력을 표현하고 드러내는 일이 미학적 활동에 고유한 일이며 피할 수 없는 일이라면, 예술적 또는 미학적 활동은 팩트에 폭력성을 담지 않을 수 없다. 세상에서 팩트 자체가 폭력성을 띠고 있다는 사실은 빤히 보이는 사실이기 때문이다. 더 이상 말로 설명되지 않은 일이 버젓이 일어나고 있다.

팩트에서 느껴지는 폭력의 맛

사실의 객관적 사실성에 대한 믿음이 줄어든다는 관찰은 그 자체로 무조건 나쁘거나 암울하기만 한 건 아니다. 다만, 팩트를 말하는 것이 점점 폭력성을 띠는 것은 문제이다. 세상을 보고, 자신과 주변 사람이 행동하는 모습을 보라. 팩트가 무조건 폭력성을 피해야 한다는 요구나 요청은 공허할 수 있다. 그 요구는 정치적으로 올바른 태도이기는 하지만, 언제나 옳은 건 아니다. 실제 사회적 제도와 법령들이 많은 경우 차별적인 평가를 내포하고 수행하며 폭력성을 직간접으로 확산시키고 있기 때문이다.

사실에 충실하자는 구호나 이념은 좋아 보인다. 그러나 그런 시도는 대부분 사실의 형이상학적 가치를 전제하고, 정상적인 규범의 가치를 우러러본다. 또는 거꾸로, 사람들이 제대로 사실을 인식하지 못하는 이유들을 열거한 후에, 사실의 진리를 알자는 당위적인 주장을 하곤 한다.[5] 우리는 이 중요한 문제를 아래에서 평가 시스템과 관련하여 다시 다룰 것이다. 여기서는 일단, 사실을 객관적으로 인식해야 한다는 당위성을 쉽게 전제하거나 요구하는 것은 겉보기보다 설득력이 있지는 않다는 점을 언급하도록 하자. 사람들이 실제 상황에서 모든 점에서 어떤 편향에도 치우치지 않고 중립적인 균형을 지킬 수 있을까? 많은 심리학적 연구들은 사람들이 실제 상황에서 완벽한 중립성을 지키지 못한다는 것을 밝히고 있다. 카너먼과 트버스키가 연구한 '손실회피 편향loss aversion bias'은 이미 잘 알려져 있을 뿐 아니라 널리 인정되는 내용이다. 사람들은 손실의 가능성과 이익의 가능성 가운데 전자에 더 민감하게 반응하는 경향이 있다는 것이다. 그들은 이외에도 사람들에게서 여러 심리학적 편향들을 발견했는데, 그것들은 '사실에 충실한 태도'와는 거리가 먼 태도들이었다.[6]

그런데도 차별을 비판하면서 차별을 금지하는 법을 만들자는 좋아 보이는 주장들은 이 실제적인 심리를 제대로 다루고 있지 않다. 앞에서 논의한 『선량한 차별주의자』의 필자를 다시 인용해보자. 그 필자는 그 한 예로 미국에서는 인종차별이 과거에 비해 얼마나 개선되었는가에 대한 설문에, 백인은 "많이 개선되었다"고 하고 흑인은 "별로 개선되지 않았다"고 응답하는 경향이 꾸준히 나타난다고 말한다.[7] 이런 심리학적 편향은 올바르지는 않지만, 무시할 수 없는 팩트이다. 이 사실을 놓고 필자는 어떤 식으로 논리를 이어가는가? "평등을 총량이 정해진 권리에 대한 경쟁이라고 여긴다면, 누군가의 평등이 나의 불평등인 것처럼 느끼게 된다. 사실은 상대가 평등해지면 곧 나도 평등해지는 것이 더 논리적인 추론인데도 말이다."[8] 이 구절은 몇 가지 점에서 오류가 있다. 우선, 차별적인 태도는 단순히 '총량이 정해진 권리'에 대한 경쟁으로 환원되지는 않는다. 좋은 일자리나 사회적 지위에 대한 경쟁은 물론 그것들의 총량이 정해져 있거나 드물기 때문이기도 하지만, 제로섬 요인은 여러 요인 가운데 한 가지일 뿐이다. 사람들은 자신과 비슷하다고 여기는 사람이나 비슷한 처지에 있는 사람들을 곁눈질하고 모방하는 경향이 강하다. 이 점으로 인해 평등이 확대된 현대사회에서 오히려 경쟁이 더 확대되는 면이 크다. 민주주의 사회에서 오히려 모방적 경쟁이나 질투가 더 강한 면이 있다는 점은 이미 알려져 있다.[9]

그리고 "상대가 평등해지면 곧 나도 평등해지는 것이 더 논리적인 추론"이라는 문장은 평등의 이념을 과도하게 믿는 저자의 심리적 편향을 드러내고 있다. 물론 그럴 수도 있다. 북유럽 사회나 독일과 프랑스처럼 평등에 대한 정책이 일정한 정도로 유지되면, 그것의 효과는 좋은 쪽으로 나타난다. 그러나 그 경우에도 평등만이 유일한 가치는 아니다. 이미 위에서 말했듯이 난민의 유입은 그 나라에서 상당한 충격과 공포를 야기하고 있고, 따라서 그 국가들도 난민을 제한적으로만 받아들이고 있다. 하지만 위의 저자는 바로 손실회피 편향이라는 위의 심리학적 사실을 인용하고도, 사람들이 아주 공정하고 공평하게 행동하기는 어렵다는 사실을 무시한다. 더욱이 저자는 그 이유를 단순히 "기존에 특권을 가진 사람들에게는 사회가 평등해지는 것이 손실로 느껴진다"고 해석한다. 물론 기존에 특권을 가진 사람들은 그렇게 여기는 경향은 있다. 그러나 심리학적 손실회피 편향 같은 일은 단순히 그런 사람들 때문에만 일어나지는 않는다. 확률적으로 모든 사람들에게 일어나는 일이다.

기존에 특권을 가진 사람들이 나쁜 행동을 한다면, 얼마든지 비판하자. 그러나 문제는 바로 그렇게 기득권을 가진 사람을 비판하는 말만으로 차별이 없어지지는 않는다는 데 있다. 누구든 자신의 기득권을 버리기 어렵다. 조금 버릴 수는 있지만, 모두 버리기는 어렵고 거의 불가능하다. 1장과 2장에서 관찰한, 학력 위계에 따라서 나름대로 구별하고 차별을 하는 학생들이 모두 나쁜 기득권자들은 아니다. 현재 제도에서 성적으로 좋은 대학에 가는 학생들이 기득권을 누리고 있다 해서 단순히 그들을 기득권자라고 비판하는 것도 공허할 수 있다. 교육현장이 이미 평가 시스템 속에서 돌아가고 있는 상황에서, 고학력이나 높은 평가에 따르는 기득권을 버리는 일은 아주 어려운 일에 속할 것이다. 이렇게 기득권자와 피해자의 경계선은 결코 단순하지 않다. 무엇보다 능력주의에 근거한 다양한 평가 시스템이 그 문제를 어렵게 만들고 있다.

기본적으로 규범이나 정상성에 호소하거나 그것을 목적으로 내세우는 이론이나 사상이 있다. 그 기준에서 보면, 사회적 갈등은 부정적인 것이며 빨리 조절하거나 해결해서 규범성이나 정상성에 통합시켜야 할 어떤 것일 터이다. 그 이론과 관점에 따르면, 규범이나 정상성을 따르는 사회는 폭력에서 자유롭다. 그 사회가 가진 권력도 오로지 사회의 공공성을 유지하기 위해 사용되는 옳은 것이라고 여겨진다. 당연히 그 사회에서는 의사소통이 객관적이고도 이성적인 방식으로 이루어질 것이다. 법이 강제성을 띠더라도, 그것은 그 사회의 공공적인 '일반의지'를 반영하고 또 대표하는 것이므로 모두 정당화된다. 이런 이론은, 비록 세부적인 면에서 조금씩 개별적인 차이는 있지만, 루소에서 시작하여 아렌트와 하버마스 등에 이른다. 이 이론에서는 사회적 갈등도 그 사회가 가진 법과 이성에 의해 처리되어야 하고 또 깨끗이 처리될 수 있는 문제로 여겨진다. 개인들은 모두 이성을 가지며 그에 따라 사회계약을 맺었기에 사회는 무조건 옳다는 전제, 법도 그 이성과 자연을 따르기에 언제나 옳다는 전제, 그 사회에서 실행되는 권력도 당연히 선의와 이성의 실현에 봉사한다는 전제, 이성적 의사소통이 언제나 이성의 힘으로 차이와 갈등을 해결할 수 있다는 전제, 따라서 개인이나 집단이 차이나 차등에 의해 어떤 심각한 갈등을 겪을 필요도 없다는 전제는 서로 밀어주고 끌어준다.

이런 이론과 사상과 달리, 사회에서 권력과 질서가 단순히 도덕성이나 정상성을 따르지 않는다는 데서 출발할 수도 있다. 사회는 더 이상 단순히 이성을 가진 개인들이 자발적으로 모여서 계약을 체결한 공동체로도 여겨지지 않는다. 법도 더 이상 자연법 사상에 따라 언제나 옳은 질서를 대변하는 것이라 여겨지는 대신에, 실정법이 가지는 여러 한계와 제한을 가진다. 사회는 서로 다른 의견과 욕망과 이해관계를 가진 다양한 사람들이 모인 복합체이다. 언어도 단순히 의사소통의 질서에 따라 합의와 소통으로 모아지거나 수렴

된다고 여겨지지 않는다. 그리고 권력의 문제는 더 복잡해진다. 그것은 더 이상 단순히 공동체나 사회에 의해 사회계약론의 방식으로 정당화되지 않는다. 모두가 각자의 권력의지를 가진다는 데서 출발하면, 벌써 사회는 매우 복잡한 모습을 한다. 개인들뿐 아니라 사회와 국가도 각자의 권력을 자신의 생존과 이익에 따라 실행하고 확장한다는 사실은 홉스만 주장한 게 아니다. 철학적으로 그 사실은 19세기 이후 니체에서 시작하여 푸코와 들뢰즈와 료타르를 거치면서 흘러가고 있다. 그리고 보통 사람들도 많건 적건 인정하는 사실이다.

여기서는 다만 푸코의 권력분석을 예로 들어, 왜 팩트가 폭력성을 띠게 되었는지 살펴보기로 하자. 푸코는 권력이 담론을 생산하는 방식을 권력이 작동하는 중요한 방식이라고 설명했는데, 그것과 비교하면서 어떻게 팩트가 폭력으로 작용하게 되었는지 밝히는 작업이 가능하다. 나는 이미 이전에 이 관점을 어느 정도 설명한 적이 있는데,[10] 여기서 더 명확하게 설명하고자 한다.

니체가 시작해서 푸코가 이어간 권력 분석의 핵심은 무엇인가. 권력은 그냥 물리적인 강제력이 아니라 그 자체로 지식과 내러티브를 생산하는, 곧 나름대로 합리적인 작업을 수행하는 과정이자 메커니즘이라는 것이다. 아렌트나 하버마스 같은 사람은 권력에 정상적 규범성을 부여하며, 그런 정상적 규범성이나 이성적 도덕성을 가지는 권력은 정당하다고 여긴다. 그러나 니체와 푸코의 권력 분석은 더 이상 권력을 그런 기준에 따라 구별하지 않는다. 조금 단순하게 말하면, 어떤 권력이든 자신을 정당화하려는 목표를 가지며,

그 목표에 따라 가능한 수단을 투입하고 사용할 것이다. 니체는 그 과정에서 그래도 다소 존재론적인 구별을 했다. 강자와 약자라는 구별이 그것인데, 약자는 도덕이라는 권력기구를 통하여 자신을 정당화하면서 자신에게 힘을 부여한다. 그 강자와 약자의 구별은 단순히 자연적인 힘이나 정치적인 위계질서를 따르지는 않지만, 그럼에도 불구하고 다소 자연주의적이고 '귀족적' 가치 시스템을 공유하는 면이 있었다.[11] 푸코는 더 이상 이런 니체의 존재론적인 구별에도 의존하지 않는다. 서로 다른 시대와 다른 사회에서 어떤 지식과 담론을 생산하고, 어떤 물리적인 실행 메커니즘을 도입하느냐에 따라 권력의 성격은 달라진다.

그래도 시대마다 고유하게 설정된 목표를 따라, 그리고 담론이 생산되는 축을 따라 실행되는 한 권력은 상당히 합리적인 방식으로 실행되었다고 볼 수 있다. 그래서 푸코는 최소한 권력관계가 나름대로 합리적인 방식으로 수행된다고 보았다. 주권적 권력이냐, 훈육적 권력이냐, 또는 안전을 목표로 삼은 권력이냐에 따라 권력이 실행되는 방식만 달라질 뿐이다. 푸코가 『감시와 처벌』에서 훈육적 권력의 실행방식을 분석했다는 것은 꽤 알려져 있다. 그러나 근대의 시작을 전후하여 크게 나누면 세 종류의 서로 다른 권력의 전략과 실행방식이 구별되어야 한다. 주권적 권력과 훈육적 권력과 안전을 목표로 삼은 권력은 서로 차이가 나는 방식으로 실행되었고, 서로 다른 전략을 수행했다.

어쨌든 중요한 점은 푸코의 분석에 따르면, 서로 다른 시대에서 사람들이 주체로 형성되고 구성되는 방식도 서로 다르지만, 그래도 상당한 정도로 권력은 사회에서 합리적인 지식과 담론을 생산했다. 다른 말로 하면, 권력도 나름대로 합리적으로 구성되었다는 것이다. 물론 권력이 합리적인 지식과 담론을 생산하는 방식을 분석하는 방식이 잘못된 것은 아니다. 다만 푸코는 그렇게 분석하는 과정에서 폭력의 문제는 거의 배제하고 있다. 폭력이 기본적으로 물리적인 강제력으로 이해되었기 때문이다.

푸코와 달리, 나는 이제 그런 권력에 대한 합리적인 분석만으로는 충분하지 않다고 생각한다. 물론 지식과 담론을 생산하는 권력을 분석하는 것은 권력을 사회라는 공동체가 실행하는 정당하고 합법적인 수단이라고 이해하는 것보다 훨씬 나은 방식이었다. 그 분석을 통해 최소한 사회에서 실제로 권력이 생산되고 작동하는 방식을 복합적으로 설명할 수 있게 된 것도 중요하다. 그러나 이제 담론의 생산을 통한 권력 분석으로는 충분하지 않다. 무엇보다 폭력은 더 이상 단순히 물리적인 강제력으로 이해될 수 없다. 현재 사회에서 폭력은 많은 점에서 이미 사회적 팩트들을 구성하고 형성하고 있기 때문이다. 정치권력도 일종의 폭력으로 여겨지고, 학력경쟁의 결과로 생기는 사실들도 폭력적이다. 불안과 불확실성이 잠식하는 사회에서는 재테크의 방식과 결과들도 비이성적이고 폭력적이다.

이 점을 다시 푸코의 권력 분석에 되돌려서 적용할 수도 있다. 오늘의 관점에서 보면, 시대마다 상이한 목표에 따른 권력의 실행은 그것이 낳는 피할 수 없는 반작용 및 부작용에 의해 뒤집힌다. 주권적 권력은 전체주의적 권위의 형태로 돌아오고, 훈육적 메커니즘은 갑질과 감시시스템의 형태로 돌아오며, 안전을 목표로 삼은 권력은 사회가 끊임없이 평가하는 비용과 리스크를 따라 구성되는 안전의 이데올로기로 돌아온다.

물론 푸코는 권력이 단순히 합리적이고 정상적인 방식으로 실행된다고 여기지는 않았다. 특히 『성의 역사 1: 지식에의 의지』에서 그는 권력이 성에 대한 담론을 생산하는 방식이 얼마든지 도착적이고 변태적일 수 있다는 걸 분석했다.[12] 19세기 이후 권력은 실제로 끊임없이 비정상적이고 도착적인 성 담론을 생산하면서 통제하고 있다. 성도착자에 대한 담론을 생산하는 일에서부터 동성애자에 대한 성 담론을 생산하는 일까지 권력은 곳곳에 도착적인 방식으로 손을 뻗치고 있다. 그뿐 아니라, 바로 그것들을 관리하고 통제하면서 법적인 기구와 행정적인 장치들을 투입하거나 이것들과 협력하고 있다. 다르게 말하면, 권력은 정상적인 영역에서만 작동하는 것이 아니라 비정상적인 영역에까지 손을 뻗친다. 어떤 점에서 비정상적이고 도착적인 현상들에 대한 관리와 통제는 현대적 권력이 작동하는 데 필수적이고도 고유한 대상이라고 할 수 있다. 왜냐하면 그것을 생산하고 관리하며 통제하지 않고서는 현대적인 의미의 권력은 존재의미를 잃을 것이기 때문이다.

그럼에도 불구하고, 권력이 비정상적인 현상들에 대한 담론까지도 생산한다는 분석만으로는 충분하지 못하다. 거기에서도 아직 폭력은 물리적인 수단이나 강제력으로만 이해되면서, 분석과 검토의 대상에서 빠지고 있기 때문이다. 폭력은 오늘날 사회의 많은 팩트들이 생산되고 확산되는 과정 자체에 내재하며 필수적이라고 할 수 있다. 몇 점의 시험점수 차이로 어떤 대학에는 들어가고 어떤 대학에는 못 들어가며 또 그 결과가 나머지 생애 동안 이어진다면, 그 점수는 개인의 수행성에 대한 팩트이면서도 상당한 정도로 폭력적이다. 또 부모나 조부모의 재산과 소득에 따라 학생의 성적이 크게 영향을 받는다는 보도가 반복되는데도 기회의 균등과 과정의 공정성이라는 가치가 유동된다면, 그 가치들도 이미 폭력에 침식되어 있는 셈이다. 또 급등한 부동산가격이 크게 영향을 미치는 가운데, 젊은이들이 결혼을 포기하거나 아주 멀리 미뤄둬야 한다면, 집이 있거나 없다는 팩트는 이미 폭력성에 의해 그늘진 것이다.

이미 불평등에 의해 기울어진 세상에서, 어떤 사실도 사실로서 점잖게 또는 차분하게 또는 조용하게 그냥 존재하기 힘들다. 감당하기 어려울 정도로 팩트가 폭력성에 사로잡혀 있다는 것, 이게 팩트가 아닐까. 부자는 건강할 확률이 높고, 가난한 자는 그 반대라는 팩트를 보라. 그 팩트에서 폭력의 맛이 느껴지지 않는가. 그 팩트는 불평등을 명확하게 가리키지만, 불평등을 없애지는 못한다. 없애기는커녕 오히려 거꾸로 작용한다. 불안과 불확실성을 확산시키고, 불평등을 고착시킨다. 부자들을 졸부라고 경멸할 때가 좋았다고 여겨질 정도다. 이제 슈퍼 리치들은 좋은 학력까지 갖췄고, 젠틀하기까지 하다. 그래서 부자가 똑똑하고 착할 확률이 높다는 팩트가 만들어지면, 그것의 폭력성은 배가된다.

자신이 스스로에 대해 인정하는 많은 사실도 타자가 자신에게 던지면 폭력성을 띠게 된다. 다르게 말하면 모든 사실 판단은 자신에 의해 말해지느냐 아니면 타자에 의해 말해지느냐에 따라, 폭력인지 아닌지 여부가 달라진다. 자신이 하면 '정신 승리'이고, 타자가 하면 '팩트 폭력'인 셈이다. 거기에 그치지 않는다. '너는 여자야'라는 말은 사실 판단이어서 사실은 그 자체로 전혀 폭력과 상관이 없어 보인다. 그러나 젠더 불평등이 높거나 심지어 여성혐오가 있다고 여겨지는 사회에서는 그 말도 얼마든지 폭력으로 여겨질 수 있다. '그냥' 사실을 말하는 팩트도 언제든지 폭력성을 띨 수 있다.

과거에 폭력은 물리적인 강제력이나 비정상적인 권력에 국한되는 어떤 것이었다. 그런 한에서 팩트는 폭력에 크게 영향을 받지 않은 채, 사실로 통용될 수 있었다. 그러나 오늘날 폭력의 생산이 비정상적이고 물리적인 면에만 국한된다고 여긴다면, 순진한 생각이다. 폭력은 이제 사회에서 정상이라고 여겨지는 팩트나 관습에도 스며들어 있을 뿐 아니라, 정상적인 팩트로 통하면서 폭력성도 띠고 있다. 구시대적인 폭력은 축소되고 사라지지만, 새로운 폭력은 사회적 팩트를 물들이거나 집어삼키고 있다. 그 과정에서 넓은 의미의 차별이 거리낌없이 만들어지고 있다. 말하자면, 정상적인 사회와 팩트의 바깥에 있다고 여겨진 폭력은 이제 다름 아닌 정상적인 사회와 팩트의 내부에 들어와 있다. 사회에서 지시되는 팩트들은 얼마나 도착적인가. 너무나 도착적인 팩트들이다.

06

자유와 평등이 부족해 생기는 차별, 그것들이 확대됨에도 생기는 차별

꼬리 문 여혐·남혐 논쟁의 정상성·비정상성

혐오 표현은 단순히 언어폭력은 아니다. 우리는 앞에서 두 가지 형태로 나눈 차별에 상응하여 혐오 표현을 분석하고 관찰할 수 있다. 혐오 표현 가운데 평등과 인권을 직접 공격하는 것들이 있고, 그와 달리 그것과는 좀 떨어져서 폭력적인 성격의 팩트를 구성하고 거기에 의존하는 것이 있다. 첫째 경우는 기본권의 수준에서 차별이 일어나는 경우이다. 젠더차별이나 인종차별이나 혐오 표현은 일반적으로 비난의 대상이다. 상식적인 차원에서 그에 대한 감수성은 높아졌다. '정상적이지 않은' 혐오 표현들은 사회가 민주적인 방식으로 운영될수록 적절하게 다뤄지고 관리될 것이다. 최소한 전통적인 공론장에서나 오프라인에서는 적절한 대응과 비판이 이루어졌다.

그런데 민주화와 정치적 올바름의 발전에도 불구하고, 혐오 표현은 오히려 늘어나는 경향이 커졌다. 이 현상이 한국 사회에 고유한 인터넷 문화에 영향을 받았을 수는 있다. 또 오프라인과 달리 온라인에서 논의와 논쟁은 쉽게 달궈지거나 자기 편이냐 아니냐는 배타적 구별에 따라 과격한 방식으로 집단 갈등과 대립의 양상을 띠는 것도 사실이다. 메갈리아와 워마드가 인터넷에서 유발하고 또 확산시킨 '여혐'이 그런 예일 것이다. 일단 지금 중요한 점은, 혐오 발언이 인터넷 공간의 영향을 받아 확산됐고, 따라서 그것의 문화적·기술적 특성을 무시할 수는 없지만, 그렇다고 그 문제를 거기에만 국한시킬 수는 없다는 것이다.

중요한 점은 인터넷 공간의 특이성을 인정하더라도, 온라인이든 오프라인이든 더 이상 합리적인 지식과 담론이 생산되지 않는 공간으로 변화하고 있다는 것이다. 이성적인 의사소통이나 근대적 공론장에만 호소하는 일은 공허한 일이 되어버렸다. 합리적 정상성이나 도덕적인 정의만으로 이 복잡한 문제를 해결하거나 통제할 수 있다고 기대하기 어렵다. 이 와중에서 인문학뿐 아니라 사회과학도 문제를 해결해주지 못한다. 이 복합적인 구조와 상황을 배경과 맥락으로 인정하는 일이 필요하다.

또 그냥 혐오가 일상이 되었다고 한탄하거나 비판하는 것으로는 충분하지 않다. 왜 혐오 같은 부정적 현상이 이렇게 확산되고 일상이 되었을까? 다양하고 복잡한 사회적 원인이나 구조적 원인이 존재한다. 그리고 그 결과로 불만과 혐오가 확산된 것이 사실이다. 물론 왜 그렇게 되었는지 정확히 인과관계를 따지기는 어렵다. 그러나 여러 상관관계를 추적할 수는 있다. 사회적 차원에서 부정할 수

여성은 "여전히 무섭다" 남성은 "왜 그리 예민하나"

강남역 살인사건 1년, 사회는 얼마나 달라졌나

2016년 강남역 살인사건은 여혐을 둘러싼 논쟁을 본격적으로 촉발시킨 계기가 되었다.(한국일보, 2017년 5월 17일)

없는 불안과 불확실성이 확대되는 것도 그 원인 가운데 하나다. 다시 말하지만, 정상적인 의사소통이나 공론장이 작동하지 않는다는 것도 원인의 하나다. 거대담론이 무시되는 것은 별 문제가 아니다. 그러나 정상적이거나 차분한 이론적인 논의도 충분히 관심을 받지 못할 뿐 아니라 네티즌들에 의해 조롱을 받는 일이 흔하다. 학자들과 지식인들도 합리적이고 정상적인 논의를 통해 공통된 결론이나 합의에 이르기 힘들다. 불평등 문제는 이른바 지식인들이 거듭 지적하기는 하지만, 그 문제가 제대로 해결되지 않는다는 것은 누구나 다 안다. 그것이 개선되지는 못한 채 오히려 더 나빠지기만 하는 상황은 불평등이라는 주제를 식상하게 만들 정도이다. 이 심각한 상황을 혐오 발언의 배경과 원인으로 인정해야 한다.

평등과 인권이라는 이념과 관련된 성차별 문제를 다룰 때도 마찬가지다. '여혐'은 상당히 논쟁적인 주제이자 문제다. 특히 2016년 강남역 살인 사건 당시 중요한 문제로 떠올랐다. 그러나 그 문제를 자세히 살펴보면, 단순하지 않다는 것이 드러난다. 여혐이 정말 실체가 있는 문제일까라는 물음을 던질 수도 있고, 언론이나 미디어가 그런 대립을 과장하거나 부추기는 경향이 있는 것도 사실이다. 그러나 어쨌든 최소한 사회에서 '여혐'을 둘러싼 갈등과 대립이 커지는 경향과 현상이 있는 것은 사실이다. 다만 그것 못지않게 '남혐'도 존재한다고 여겨진다는 점에 주의를 기울이자. 특히 20대 남성은 '남혐'이 '여혐' 못지않다고 느끼는 비율이 높다.

메갈리아나 워마드로 대표되는 과격한 페미니스트들이 정말 남성들의 '여성혐오'에 대항하여 싸웠느냐는 물음도 중요하다. 이 문제를 꼼꼼하게 다룬 저자인 박가분은 메갈리아/워마드가 정말 '여성혐오'를 두고 싸운 집단은 아니라고 주장한다. "메갈리아/워마드의 혐오 발언은 단순히 남성혐오로 그치는 것이 아니다. 이들의 혐오 발언은 남성혐오에서 출발하지만 거기에만 그치는 것이 아니다. (…) 혐오 발언의 강도가 더해짐에 따라 범죄를 모의하거나 범죄를 모방하자는 선동이 메갈리아 초창기부터 있었고, 지금까지 지속되었다. 특히 자신의 프레임에 동조하지 않는 같은 여성에 대한 멸시적인 언행(흉내자지, 명예자지)도 이루어졌다."[13]

저 분석을 마치면서 박가분은 좋은 소식이 있다고 말한다. 일반적인 2:8의 법칙이 여기에도 통용된다면서 과격한 집단은 극히 일부분에 지나지 않는다는 것이다. "한 가지 희소식은 여혐 집단이든 남혐 집단이든 혐오 발언을 가장 적극적으로 게시하는 악플러들은 전체 혐오 발언 동조자들 중 극히 일부에 불과하다는 것이다."[14] 그러나 '극히 일부'라는 말은 오해를 줄 수 있다. 그도 인정하듯이 20%라면 일부이기는 하지만, 극히 일부는 아니다. 20%는 작은 숫자가 아니다. 2019년 12월 기준 더불어민주당의 권리당원 숫자는 102만 명 정도 된다고 한다. 그럼 문재인의 적극 지지자를 일컫는 '문빠'가 민주당을 휘젓는 상황에서 그들의 비율은 얼마나 될까? 분석에 따라 다르지만, 그 숫자는 5만에서 8만 정도로 추산되고 있다. 기껏해야 민주당 권리당원 가운데 5~8%를 차지하는 셈인데도, 민주당은 그들에 휘둘리고 있다.

'여혐' 논의를 분석한 위의 저자는 왜 20%의 숫자를 극히 일부에 지나지 않는다고 판단하는 것일까? 아마도 소수의 과격한 집단들이 악의적인 미러링을 주도했다고 평가하고 싶은 듯하다. 그는 메갈리아/워마드가 올바른 미러링을 한 것이 아니라 잘못된 미러링을 했다고 말하면서, "올바른 형태의 미러링은 냉소주의자들이 아닌(점점 희소해지고 있는) 정상적인 상식을 공유한 일반인들에게 더더욱 필요하다"[15]고 말한다. 나는 이 구절에서 느껴지는 묘한 긴장에 관심이 간다. 냉소주의자가 되고 싶지 않은 희망은 이해할 수 있다. 그러나 현재처럼 갈등이 심해지는 와중에서 "정상적인 상식을 가진 사람들"의 숫자가 얼마나 될 것이라고 그는 기대하는 것일까? 그 자신도 그 숫자가 "점점 희소해지고 있다"고 인정하고 있지 않은가?

나도 개인적으로 다수의 상식을 믿고 싶고, 때때로 그것을 믿는다고 말하기도 한다. 그러나 갈등과 위험이 심해지는 사회에서, '상식을 가진 다수'가 언제나 존재한다고 전제하는 것은 이젠 순진하거나 무모한 일일 터다. 그것은 희망일 뿐이다. 물론 개별적인 문제에서 어떤 때는 상식이 통하기도 한다. 박근혜가 탄핵되는 데는 다수의 상식이 기여했다. 그러나 다름 아니라 그 촛불시위 덕택에 집권한 정부는 조국 사태를 겪으면서, 다수의 상식을 무시하거나 경시하는 태도를 보였다. 어쨌든 여기서 상식을 가진 사람이 얼마나 되느냐는 문제를 가지고 다툴 필요는 없을 것이다. 중요한 것은, '여혐'과 '남혐'의 갈등과 대립이 상당한 정도로 확산되어 있다는 점이며, 단순히 상식과 비상식의 대결이라는 구도는 이제 과거처럼 쉽게 믿을 만하지 않다는 것이다. '상식을 가진 다수'라는 전제는 근대적 이상인 공론장의 존재를 알게 모르게 상정한다. 물론 상식을 많이 공유하는 사회가 바람직할 것이다. 그렇지만 이젠 더 이상 그런 상식이나 이성적인 대화가 주도하는 공론장을 편안히 전제하기 힘들다. 많은 갈등이나 대립이 사회를 뒤흔드는 현재의 모습을 직시하자. 불만과 혐오는 그것들의 증상이나 징후이다.

이 문제는 정상적인 사회 질서와 그것을 보장하는 권력을 설정하는 이론이나 관점과 연결되어 있다. 건전한 이성이 좋은 권력을 구성하며, 이성적이지 않은 말과 담론은 나쁜 폭력으로 이어진다는 주장은 너무 단순하다. 이 상황에서 어떤 사람들은 포스트모던 이론을 이 상황의 원인으로 지목하고 거기에 책임을 돌리곤 한다. 그러나 포스트모던 이론이 분석하는 현상과 증상도 많은 경우 이미 정상적인 논리와 진리라는 사실성을 믿기 어려운 사회 상황의 결과이자 징후이다. 정상성과 이성적 합리성이 확고한 중심으로 존재하는 사회란 그야말로 이상적인 이념에 지나지 않는다. 그런 것이 전혀 없다는 말이 아니다. 그런 것이 있더라도 더 이상 확고하게 중심으로 작용하지는 못한다는 뜻이다. 무엇보다 그것들이 주장하는 질서와 권력이 더 이상 정상적이지 않기 때문이다. 그 결과로, 어떤 사회적 갈등에서든 과격한 집단이 5%에서 10%만 되고 그들에 동조하는 집단이 몇십 퍼센트만 되면, 그들은 사회를 뒤흔들고 휘저을 수 있다. 한 번 그들이 폭력적인 동인으로 작용하기만 하면, 다수의 상식이나 정상적인 공론장은 깨진다. 이것이 중요하다. '여혐' 논쟁에서는 메갈리아와 워마드라는 집단뿐 아니라 '일베' 집단이 과격한 행동을 부추기면서 폭력적인 움직임을 재생산했다.

'여혐' 때문에 문제가 발생했다고 주장하는 여성 집단은 '일베'가 원인 역할을 했다고 말할 것이다. 그런 점도 있다. 기본적으로 한국 사회에 개선되지 않는 남성우월주의자들이 남아 있을 것이다. 그런 자들의 거칠고 폭력적인 태도와 행위 때문에 미러링이 일어난 면도 있을 것이다. 그 점을 부정하기는 어렵다. 그래서 다시 메갈리아와 워마드가 미러링을 난반사하면서 확산시켰다고 할 수 있을 것이다. 순환적인 맞물림이 나쁜 방향으로 일어나면, 어느 한쪽만 탓하기 어렵다. 어쨌든 이들이 일부라고 해도 폭력적인 흐름이나 움직임을 주도했고, 상당수의 사람들이 많건 적건 거기에 동조하는 일이 일어났다고 볼 수 있다.

실제로 폭력적인 상황에서는 미러링이라는 것이 이미 정상적이거나 상식적인 방식으로 일어나기 어렵다. 메갈리아와 워마드가 극단적인 남혐을 부추기면서 여혐에 대한 미러링이라고 강변하는 상황에서, 그 미러링을 분석하는 좋은 글이 서울대 '대나무숲'에 올라왔다.

> 미러링이 실제로 상식적으로 의미가 있으려면, 여성혐오를 저지른 곳에 가서 해야 한다. 곧, 일베 사이트에 가서, 거기서만, 그들을 상대하면서 해야 한다. 그렇지 않고 자기들끼리 모여서 남성혐오를 재생산하거나 자기들 움직임을 따르지 않는 다른 여성들을 남성들과 공범이라고 비난하거나, 또는 아무 상관없는 사람들이 보는 뉴스의 댓글에 가서 무차별 테러를 하면서 그것을 미러링이라고 할 수 없다. 정상적인 거울이라면, 정반사를 하지 아무 곳으로나 난반사를 하지는 않을 것이다.[16]

이런 논리는 정상적인 상황에서는 맞다. 정상적인 거울과 정상적인 상식을 가진 사람들이라면 아예 처음부터 극단적인 혐오에 물들지도 않았을 것이고, 그것을 맞받아친다면서 비슷하거나 심지어 더 강한 방식으로 행동하지도 않을 것이다. 그리고 일반인들을 상대로 무차별적으로 '너희들도 책임이 있다'고 하지는 않을 것이다. 일단 갈등이 사회에 크게 스며들고 과격한 목소리가 사회 공간을 장악하면, 침묵하는 다수를 위한 자리는 급격히 줄어들 것이다.

이 상황에서 정상적인 미러링과 비정상적인 미러링을 구별하기는 힘들다. 메갈리아가 이미 일베와 같은 비정상적이고 극단적인 집단을 미러링했고 그래서 여혐에 대한 논의가 불타올랐으니, 정상적인 미러링은 이미 애초에 가능하지 않았다. 정상적인 미러링이 이루어지려면 일베와 다르게 말하는 남성들의 관점을 바라봐야 했을 것이다. 그런데 메갈리아는 이미 극단적인 일베의 혐오를 상대로 삼아, 그 혐오보다 더 센 혐오로 폭격을 하려고 한 것이다. 그리고 아마 일베도 할 말이 없지는 않을 것이다. 자신들은 좌파 운동권의 혐오를 반사했다고 말할 것이다. 좌파 운동권 안에서도 고집스럽게 자신들의 이념만 반복하는 사람들이 있었기 때문이다. 이렇게 혐오는 한 번 비정상적인 반사를 하기 시작하면, 연속으로 그리고 점점 기괴하게 반사를 할 것이다. 비정상적인 사람들도 관련된 집단 내부에서는 정상적이라고 여겨질 것이다. 자신들은 이미 그 전에 있던 혐오와 적대감을 되갚아주는 것뿐이라고 생각한다.[17] 단순하고 과격한 집단들의 목소리가 차분하고 복합적인 논의를 잡아 먹어버린 상황이다.

인권에 반하는 나쁜 차별과 사회에 의해 정당화된 차별

성차별이나 동성애차별 같은 문제는 기본적으로 평등이나 인권에 호소함으로써 충분히 해결될 수 있으며, 정상적인 민주주의 사회에서 상식적인 논의를 거치면서 진전될 것이라고 여겨졌다. 최소한 평등이나 인권이라는 이념은 이전보다 훨씬 강하게 인정되고 있기 때문이다.

그러나 '여혐'과 '남혐'의 경우를 논의하면서, 그 구별조차 무력하게 만드는 일이 일어나고 있음을 관찰하게 된다. 민주화 과정이 비교적 잘 진행된 한국 사회에서 더 이상 상식적이고 차분한 논의의 틀 안에서 말할 수 없고 또 그 틀에 기대어 문제를 다룰 수 없는 일이 일어나고 있다. 일베라는 극단적인 집단과 메갈리아와 워마드라는 과격한 집단이 그 예이다. 그렇다면, 여기서 단순히 극단적 경향이 정상성을 잠식한 것일까? 아니다. 오히려 그때까지 사회에서 평등과 인권이라는 이념에 호소하면서 또는 일반적인 공론장에 기대면서 차별 폐지를 주장한(다고 여겨진) 사람들도 메갈리아와 워마드의 주장에 동의하는 일이 일어났다는 데 주의를 기울여야 한다. 물론 그들 사이에도 차이가 있을 것이지만, 어쨌든 극단적인 집단이 등장하기 전에는 그래도 그들은 일반적인 공론장 안에서 움직였다고 할 수 있다. 그런데 과격한 집단이 생기고 과격성이 커다란 영향을 미치면서, 이제 그 경계도 흐려졌다. 다르게 말하면 정상성과 비정상성, 상식과 비상식의 구별과 차이가 허물어지고 섞였다는 것이다.

『여성신문』은 다소 강한 페미니즘 경향을 보인다고 말할 수 있겠지만, 어쨌든 그때까지는 그래도 일반적인 공론장의 틀에서 움직였다고 할 수 있다. 그렇지만 메갈리아가 움직이는 방식도 이젠 공론장이라고 여겨지고 인정되는 경향이 드러난다. "메갈리아가 가부장적인 사회의 변화를 주장하는 매우 뛰어난 공론장이자 여성주의적 연대의 장"이라는 것이다.[18] 일부 과격한 페미니스트에게만 국한된 이야기는 아닐 것이다. 같은 기사가 인용하는 다음과 같은 인터뷰 내용은 아주 특이하다고 말할 필요 없는 보통 여성들의 의견이라고 보아도 될 것이다.

> 대학생 강서연(가명·24)씨는 "메갈리아를 접하고 그동안 인식하지 못했던 일상의 여성혐오가 얼마나 심각한지, 내가 얼마나 사회가 만든 '코르셋'에 갇혀 있었는지 알게 됐다"고 말했다. 직장인 이현희(가명·33)씨는 "그동안 불쾌하고 불편하더라도 괜히 분란을 만들기 싫어서, 드센 여자로 보일까봐 입을 다물었다. 하지만 메갈리아를 알고 나서 '설치고 말하고 생각하는' 것이야말로 그동안 당연하게 여기고 지나갔을 여성혐오 문제를 논란으로 만들고 변화시킬 수 있는 힘이라는 것을 깨달았다"고 했다.

같은 신문에 그 며칠 전에 실린 이나영 중앙대 교수의 말은 이 문제를 더 명확하게 드러내준다.

> 저는 지금 강남역 여성 살해 사건 이후 거리에 나오고, 자신의 경험을 말하는 여성들도 '새로운 정치적 주체'의 탄생이라고 봅니다. 물론 오랜 여성운동의 토양이 있었기에 가능한 것이죠. 여성들이 집을 벗어나 대학에 진학해 불평등과 차별을 처음 실감하고 충격을 받아서 페미니스트가 되기도 하고요. '메갈리아'를 보세요. 여성들 스스로 온라인 공간에서 다층적인 문제들을 매일 나누면서 일상의 시식 토대를 마련헤

왔어요. '나만의 문제가 아니라 사회적 문제구나, 날 지지해주는 이들이 있구나' 하면서 '개인적인 것은 정치적인 것이다'라는 말을 실감하는 거죠.[19]

과격한 혐오 발언을 하는 여성들이 '새로운 정치적 주체'의 탄생으로 긍정되고 찬양되고 있다. 메갈리아 같은 집단의 움직임이 특별히 이상한 것도 아니며, 더욱이 "오랜 여성운동의 토양이 있었기에 가능한 것"이라고 여겨진다. '한남충' 등 온갖 혐오 표현을 동원하는 과격한 페미니스트들의 움직임도 여성운동의 큰 성과이자 성공으로 인식된다. 그들이, 단순히 '여성에 대한 혐오'를 되돌려 치는 데 그치지 않고 자신들에게 동조하지 않는 여성에 대해서도 혐오 발언을 퍼붓는 극단적이고 비정상적인 집단이라는 비판과 비교할 때 얼마나 큰 차이인가?

나는 메갈리아나 그들을 여성운동의 성공으로 보는 페미니스트들의 관점에도 동의하지 않지만, 그렇다고 메갈리아와 워마드를 중심으로 일어난 과격한 움직임이 단순히 그들과 일베가 활동할 수 있었던 인터넷 환경 탓이라는 관점에도 동의하지 않는다.[20] 온라인 환경이 비록 오프라인 환경과 다른 특이한 '아키텍처'와 활동 환경을 가지고 있기는 하지만, 그렇다고 온라인 환경만의 문제는 아니다. 어쨌든 지금 중요한 것은 그들의 의견이 맞느냐 아니냐를 따지기보다는 그런 과격하고 폭력적인 현상이 일어나는 과정을 인식하고 서술하는 것이다.

이 점에서 다음과 같은 사실이 관찰된다. 여성운동과 성차별 문제에서 폭력적인 흐름이 점점 커졌고, 급기야 메갈리아와 워마드 같은 집단의 과격한 활동조차 여성운동의 성과이자 성공이라고 인정하는 움직임이 확대되었다. 그리고 이 인정은 다시 기존의 덜 과격하거나 온건한 성격의 사람들에게도 영향을 미쳤다. 물론 온라인 환경에서의 과격하고 극단적인 움직임도 오프라인 환경을 잠식하고 기존의 방식에 영향을 미쳤다. 어떤 점에서는 온라인의 특성이 오프라인의 기존 활동방식을 수정하고 또 이끄는 효과가 있었을 것이다. 중요한 점은, 과격하고 폭력적인 흐름이나 움직임은 기존 공론장에서 많건 적건 유지되었던 정상성의 벽을 뒤흔들고 심지어 부수기까지 했다는 것이다. 미러링하는 쪽에서는 이전보다 더 강력하고 독한 방식이나 더 '쎈' 행동방식을 하는 데 거리낌이 없었다.

말하자면, 이제까지 평등을 비롯한 인권의 가치에 호소하면서 많이 효과와 성과를 본 성차별이나 동성애 문제에서도 점점 또는 급격히 과격하고 폭력적인 흐름과 움직임이 커지고, 심지어 주도하기까지 시작했다는 것이다. 그 문제들도 단순히 평등이라는 이념이나 인권에 호소하기만 하면 해결되는 문제가 아닌 것으로 바뀌었다는 말이다. 이젠 젠더와 동성애를 둘러싼 갈등도 평등이나 인권 이념을 넘어서, 더 크고 복잡한 폭력적인 갈등의 배경에서 파악되어야 할 것이다.

1부에서 우리는 차별을 축소하거나 폐지하는 운동을 예로 삼아, 일단 그런 운동은 평등과 인권 이념에 호소하면 그래도 상당한 효과와 성과를 낼 수 있다고 인정했다. 대표적인 예가 성차별, 인종차별, 그리고 동성애차별에 대한 반대 운동일 것이다. 그렇지만 그런 방식으로는 효과가 거의 없거나 별로 없는 차별의 형태들이 얼마든지 존재하며, 그 대표적인 예로 학력차별, 지방 차별, 건강 및 복지 차별, 해외이주민 차별 등을 언급했다. 이 문제들은 많건 적건 사회 시스템에 의해 생산되고 또 재생산되기 때문이다.

차별과 혐오를 둘러싼 논의에서 이런 변화는 실제로 많건 적건 이미 일어나는 중이라고 할 수 있다. 왜냐하면 평등과 인권 개념에 호소하는 사람들도 논의의 어느 순간에 강압적인 수단이나 처방에 호소하곤 하기 때문이다. 위에서 우리가 논의했듯이, 혐오 발언의 예에서 평등이나 인권이라는 자연적인 권리에 매달리는 사람들일수록 금지하는 법을 도입하자고 쉽게 주장하는 것도 그 한 예이다. 자연적 권리나 보편적 규범이라는 이념이 근대 역사에서 진보적인 효과와 성과를 가져오기는 했지만, 그 자체로 이미 선험적이거나 초월적인 이념에 의존하고 있기 때문이다. 역사적으로 관찰하면 그것들은 18세기 무렵에 주장되었고, 자연적으로 주어진 권리와 법에 의존하기에 비-시대적이거나 반-시대적인 면도 있다. 그리고 그 이념들이 시대적 가변성이나 우연성을 초월한 절대적 권리와 올바름을 주장한다는 점에서, 그 이념들을 따르는 사람들은 얼마든지 과격하고 급진적인 행동을 하기 쉽다. 성차별 문제가 민주화 과정의 성과에도 불구하고 줄어들지 않는다는 것, 아니 어떤 점에서는 민주화 과정의 성과를 무시하고 조롱하며 과격해지는 것도 그 때문일 것이다. 인권의 이념이나 규범을 강하게 주장하는 사람들일수록 현실적 성과에 만족하지 않는 것이다.

우리는 5장에서 권력의 관점과는 다른 폭력의 관점이 왜 필요한

지 논의했다. 거기서 중요한 점은 무엇보다 권력이나 권력관계가 더 이상 합리성이나 공공성을 적절하게 실행하지 못한다는 데 있었다. 또 사회제도나 시스템이 비록 사회적으로는 정당화되었더라도(예를 들자면, 교육현장에서), 그 과정이나 결과는 상당히 폭력성을 띨 수 있다는 것이다. 지금 이 장에서의 논의는 조금 다른 방식으로 진행된다. 이제까지 우리는 좁은 의미의 차별(나쁜 차별)과는 다른, 넓은 의미의 차별이라 할 수 있는 폭력적인 팩트가 어떤 형태를 띠는지 몇 가지 방식으로 설명했는데, 이제 거기에 또 한 가지 관점이 추가된다. 물론 이 관점은 1부의 논의에서도 어느 정도 암시되고 있다. 사회적 팩트가 폭력성을 띠는 또 다른 이유는 어떤 사회적 팩트를 적용하는 사람과 그것을 받아들이는 사람 사이의 차이와 구별에 있다. 그렇다고 그 간격이 무조건 커야, 폭력이 잘 느껴지거나 인지된다는 것은 아니다. 오히려 사회적 차이나 격차가 줄어들수록, 사회적 팩트는 폭력으로 인지되기 쉽다. 위에서 우리는 민주화 과정에서 여성의 권리가 확대되었는데도 불구하고, 이전보다 젠더 갈등이 더 폭력적인 방식으로 드러나고 있다는 데 주의를 기울였다. 마찬가지로 성희롱과 성폭력도 자유와 평등이 과거보다 확대된 요즈음 더 활발하게 논의되고 고발된다. 신분이나 지위의 격차를 인정한 과거 봉건사회에서는 지금 관점에서 성희롱이나 성폭력이라고 인지될 것들이 아예 인지되지도 않았다. 명백하게 나쁜 성희롱이나 성폭력을 허용한 사회제도나 관습은 지금 관점에서 당연히 한심하다고 지적할 수 있다. 그러나 단순히 한심하다고만 비난하기 어려운 인류학적 관습들은 조금 다른 면에서 관찰해야 할 것이다. 예를 들면, 봉건사회에서 왕이나 귀족은 자신의 벗은 몸을 아래 사람이나 하인들에게 드러내고 그들이 보살피게 했다. 그 과정에서 부끄러움을 느끼지도 않았고 그 태도가 성적인 모욕감을 불러온다고 생각하지도 않았다. 사회적인 지위나 신분의 차이는 그 정도로 감정을 둔화시키는 효과가 있었다. 그런 신분적 차이가 폐지되고 서로가 동등하고 평등하다고 느끼는 사회에서, 이전에는 그냥 넘어갔던 많은 태도들은 부끄러움뿐 아니라 모욕감을 야기한다. 평등하다고 느낄수록 사람들끼리 경쟁이 더 심해지는 면이 있는 것도 이와 비슷한 맥락이다.

대학입시 과정에서 발생하는 점수로 차등적으로 대학에 입학하고 또 그 결과에 상응하여 취업하는 사회제도. 이것을 '갈등 속에 있는 사회적 제도'라고 부를 수 있을 것이다. 그러나 우리는 이제 그것을, 그 갈등 속에서 '폭력적인' 사회적 흐름과 움직임이 발생한다고 말할 수 있을 것이다. 그것은 흔히 말하는 객관적인 권력관계와는 다른 것이다. 사람들은 사회적으로 인정된 제도 내부에서 생긴 팩트를 사용하고 적용하며 그것이 사회적으로 정당화되었다고 생각하지만, 그럼에도 불구하고 그것을 상당히 폭력성을 띤 팩트로 받아들인다. 객관적인 사실이라고 생각하면서도, 그 객관성이 만들어진 것임을 인식하며, 거꾸로 그 팩트가 폭력적이라고 생각하면서도 마치 그것이 객관적인 사실인 것처럼 받아들이는 것이다. 자신의 능력과 실력을 보여주는 팩트. 학생들은 그 팩트의 만들어진 사실성에 의존해서 자기와 타자를 구별하고 차별한다.

말하자면, 과거의 나쁜 차별과 다른 형태의 차별이 폭력성을 띠는 이유는 단순히 권력관계, 특히 지배 때문은 아니다. 후자에서는 지배하는 자와 지배되는 자 사이의 간격이 클수록, 권력은 명확하게 드러날 것이다. 그와 달리, 최근의 젠더 갈등이나 학력차별이 폭력적인 까닭은 오히려 지배의 권력관계와 반대 방향에서 일어난다고 할 수 있다. 그러므로 이 폭력적인 현상들은 권력관계의 관점으로는 잘 관찰되지 않는다. 조금 단순하게 말하면, 서로 많은 자유를 가지거나 서로 비슷하게 평등해질수록 학력차별이나 젠더차별 또는 트랜스젠더차별이 더 확산되는 경향이 있다. 부동산가격 폭등이나 재테크를 둘러싼 차별적 갈등, 서울과 지방의 차등적 관계를 둘러싼 차별적 갈등도 경제성장이 진전되고 물질적 수준이 확대될수록, 더 날카로워진다고 볼 수 있다.

지배의 권력관계와의 차이는 또 있다. 지배되는 사람은 지배하는 사람에게 예속되며, 비록 저항을 할 수 있다고 하더라도 저항하기는 쉽지 않다. 권력관계의 격차가 클수록 저항은 쉽지 않다. 그와 달리 사람들은 폭력성을 띤 팩트를 생산하는 시스템에 형식적으로는 같은 자유와 평등을 누리며 참여한다. 실제로 기회는 균등하지 않고 과정도 공정하지 않더라도, 형식적으로는 마치 그렇다고 여겨진다. 따지고 보면, 사람들이 누리는 자유와 평등도 형식적인 면이 크다. 형식적으로 누구나 자유와 평등을 누린다는 것이지, 누구나 같은 실질적이고 물질적인 자유와 평등을 누리는 것은 아니다. 아이러니가 아닐 수 없다. 인권을 무시하는 나쁜 차별이 민주화가 제대로 진행되지 않은 사회에서 나타난다면, '정당한' 방식으로 사회가 생산하는 차별적인 폭력은 많건 적건 민주화된 사회의 현상이라고 할 수 있다. 또 인권을 무시하는 차별에는 피해자가 이의를 제기하기 어려웠지만, 민주화가 상당히 진행된 사회에서 나타나는 차별적 갈등에는 피해자들이 이의와 불만을 제기하기가 어렵지 않다. 즉 많은 사람들이 자유와 평등을 최소한 형식적으로는 많이 누리는 상태에서의 차별적 갈등에서는 피해자가 점점 중요한 행위자로 등장한다.

자유와 평등의 부족에서 생기는 차별은 나쁜 차별이다. 따라서 그 차별은 차별금지법에 의해 다뤄질 수 있으며, 피해자도 이 법에 호소할 수 있다. 그와 달리 자유와 평등의 확대에도 불구하고 생기는 차별적 갈등(학력경쟁에서 생기는 차별 등)은 단순히 '나쁜' 것은 아니다. 그것들은 정당하다고 인정된 사회 시스템에 의해 생산되고 있기 때문이다. 그리고 그 피해자들도 단순히 차별금지법에 호소하기는 힘들다. 그들은 사회가 정당하다고 인정한 제도 또는 최소한 합법의 테두리에서 일어나는 차별적 갈등의 피해자이기 때문이다. 또 나쁜 차별에서 가해자가 인권을 무시하는 저열한 수준에서 행동하고 있으며 따라서 도덕적 비난의 대상이라면, 사회에 의해 정당화되거나 합법적인 테두리에서 일어나는 차별의 '가해자'(그를 그렇게 부를 수 있다면)는 단순히 저열하지도 않으며 도덕적 비난의 대상에서도 벗어난다. 오히려 그들은 더 부유하고 더 영리하다.

무엇보다 특이한 점은 나쁜 차별의 피해자와 달리, 사회에 의해 정당화되는 제도 내부의 차별의 피해자는 단순히 또는 순전히 피해자는 아니라는 것이다. 그들은 일단 사회적 경쟁에 같이 참여한다. 거기서 형식적으로는 기회가 균등하고 과정도 공정하며, 형식적으로는 똑같이 자유와 평등을 누린다. 다만 그 경쟁의 방식과 결과 때문에 차별이 발생하며, 피해자도 발생한다. 1부에서 봤듯 학력경쟁에서 중위권 학생들은 하위권 학생들에게 '낮은' 등급이라는 폭력적인 팩트를 적용한다. 고생한다는 점에서는 공감하지만, 그들은 능력의 등급이라는 엄격한 기준을 적용한다. 능력의 등급의 사다리에서 제일 위쪽 계단에 있지 못하고 아래쪽 계단에 매달려 있다는 점에서 그들은 피해자라는 정서를 공유하지만, 그래도 이들은 자신의 성적과 실력에 따라 각각 상이한 형태의 피해자가 된다. 그들의 상황은 서로 다르다. 중간 정도의 계단에 매달려 있는 사람과 아래쪽에 매달에 있는 사람이 다른 상황에 있을 뿐 아니라, 때로는 계단 하나하나의 차이에 따라 또 다른 사회적 구별과 차별이 이어지기에, 이 피해자들은 등급 하나하나의 차이에 따라 또 갈라진다.

기회는 공정할 수 없고, 과정도 공정할 수 없다

잠깐, 쉬어보자. 사회가 정당하다고 인정하는 제도 내부의 폭력, 그리고 형식적으로는 모든 사람이 같이 자유와 평등을 누리면서 참여하는 제도 내부의 폭력. 그것의 모습은 어느 정도, 드러난다. 그러나 그래도 그것이 지금 여기 있다는 것은 잘 인정되지 않는다. 왜 그럴까? 그렇게 인정하면, 갑자기 현실이나 세상이 난장판이 되거나 피투성이가 되는 게 아닐까, 생각할 수 있다. 그렇게 여겨지는 순간이 있을 수 있다. 그러나 개념을 제대로 사용하는 것이 필요하다고 여기는 사람은 여기서 그냥 뒤로 돌아갈 수가 없다.

물론 폭력이란 개념은 권력이나 권력관계의 이론적인 필요성과 효과에 일단 눈을 뜬 사람에게만 필요할 수도 있다. 이 점도 개념적으로는 중요하다. 아예 권력관계의 효과를 인정하지도 않고 말하지도 않는 사람은 그것보다 더 예민한 개념이 필요하다는 점을 인식하지도 못할 것이다. 여전히 듣기 좋은 말이나 이념으로 사람과 사회를 설명할 것이다. 그는 도덕과 정치와 법의 효과에 대해서만 말할 것이고, 평등과 자유의 가치에 대해서만 말할 것이다. 그러나 자신이 도덕성을 가지고 있음을 드러내고 또 정의에 신경을 많이 쓰는 사람이라는 것을 과시하는 일 자체가 이미 상징적인 형태의 폭력 아닌가? 그는 정치적 올바름을 강조하는 자신의 태도가 자신의 권력관계에 기여한다는 걸 인정하지 않는다. 정상적 질서를 강조하면서 자신의 도덕성을 자랑하는 태도는 그것 자체로 권력 욕구의 한 형태이며, 그 태도를 마주해야 하는 사람에게는 일종의 폭력일 수 있다.

'폭력적인 것'에는 여러 가지가 있다. 나쁘거나 악의적이거나 저열하거나 '무식한' 것도 있다. 그러나 사회가 정당하다고 인정하는 제도 내부에서 생기는 차별의 폭력성은 그것과 다르다. 폭력은 사회가 정당하다고 인정하는 팩트에 '거의 내재한다'. '열심히 노력해서 좋은 성적을 받았다'는 것은 팩트다. 사회적으로 정당하다고 인정되는 제도 내부에서 성취한 결과로서 팩트다. '열심히 회사를 운영하고 부동산 투자를 하고 재테크를 해서 재산을 쌓았다'는 것도 사회적으로 인정되는 팩트다. 그렇지만 그것은 온전히 깨끗하지는 않다. 사람들이 자신의 성적과 성취를 공식적으로 자랑하지는 않는다는 점에서 그 점이 방증된다. '부담스럽다'고 여겨지기 때문이다. 또는 공연히 관심과 주의를 끌 수 있으며, 그것은 좋지 않다고 여겨지기 때문이다. 사람들이 얻은 능력과 지위와 부는 사회적으로 인정되고 정당화되기는 하지만, 그 정당성은 허약하다. 또는 기껏해야 형식적이다. 모든 사람들이 누리는 자유와 평등이 실질적이라기보다는 형식적인 것처럼. 여기서 미묘한 감정의 눌림과 비틀림이 생긴다.

심리적 관점에서 보면 그런 감정들의 눌림과 비틀림을 '폭력적'이라고 부를 수 있을 것이다. 감정은 상처 받기 쉬운 부드러운 맨살 같다. 각자 차이는 있지만, 사람들의 심리는 대부분 부서지기 쉽고 깨지기 쉽고 금이 가기 쉬울 정도로 연약하고 불안정하다. 이 상황에서 과거에 객관적인 팩트라고 여겨진 것도 쉽게 폭력성에 물든다. 아마도 형편없이 약해지고 푸석푸석해진 이 감정이나 멘탈에 주의를 기울이게 된 일 자체가 다시 폭력에 호소하게 되는 악순환을 낳을 것이다. 멘탈이 섬세해지고 연약해지는 이 과정, 그리고 피해자가 점점 중요해지는 상황은 개인화 과정과 맞물린다. 모든 개인들은 자신의 길을 짊어지고 간다. 아무리 사회가 개인들을 위해 신경을 써주더라도, 거기엔 한계가 있다. 친구 사이에서도, 부모자식 사이에서도, 부부 사이에서도, 서로 의존하면서도 각자는 자신이 가는 길에서 때때로 홀로 가고 있음을 깨닫는다. 그런 와중에서 세상은 과격하고 단순하고 거친 인간들이 목소리를 높인다.

그렇지만 사회적인 팩트가 폭력성을 띠는 이유를 단순히 심리적인 관점에서만 설명할 수는 없다. 또는 사람들의 심리가 금방 부서질 것처럼 연약하고 변덕스러운 것은 그냥 심리적인 허약함에서 기인하지 않는다. 또 그런 허약하고 연약한 심리가 단순히 불안과 불확실성이 많은 사회적 환경의 결과라고 말하는 것도 틀린 말은 아니지만, 충분하지는 않다. 그 경우 그러면 불안과 불확실성은 어떻게 생겼느냐는 다른 물음이 또 생기기 때문이다.

팩트가 폭력성을 띠게 만드는 사회적이고 역사적인 요인들이 있다. 첫째는 권력관계다. 국제관계의 차원이든, 사회 시스템들의 차원이든, 또는 개인과 집단의 능력의 차원이든 그것은 작용한다. 이것들은 평등과 인권의 기준으로 재단하거나 해결할 수 없다. 둘째는 기업가 시스템의 확장이다. 시장 시스템이 점점 확장하고 기업들의 역할이 커지고 있다는 것은 누구나 관찰할 수 있다. 문제는, 개인들이 자신의 경력이나 능력을 펼칠 기회나 방식도 이미 흔히 말하는 기업가 마인드에 의해 영향을 받고 있으며, 그 경향도 점점 커지고 있다는 것이다. 시장의 확대를 유발한 신자유주의는 이 경향도 초래했다. 그렇지만 그 탓을 단순히 '신자유주의'라는 악마에 돌리기보다는, 자유주의적 개인들의 경쟁이 확대되고 가속화되었다고 보는 것이 바람직할 것이다. 셋째는 전반적으로 조직을 비롯한 사회 시스템들이 확장되면서 그것들의 자장이 확대되고 있는 것이다. 이 경향은 소셜 미디어를 비롯한 커뮤니케이션의 발전에 의해 뒷받침되고 있다. 그에 따라, 개인들의 자율성과 자발성은 점점 파편적인 성격을 띠고 있다. 넷째는, 개인화 과정이다. 개인들은 물론이 모든 요인들이 결합하면서 생기는 폭력적인 성격의 팩트의 영향에 내맡겨졌다는 점에서 가장 약한 고리이자 피해자라고 할 수 있다. 그러나 동시에 그들은 앞의 요인들 모두에 참여하는 고리들이다. 그러니 단순히 피해자는 또 아니다. 권력관계든, 기업들이든, 사회 시스템이든 각각의 방식으로 개인들을 주체로 구성시켜주는 인터페이스가 복합적으로 확대되고 있다. 아마존에서 시작하여 넷플릭스로 확대되어온 개인 계정의 발달은 지금도 누구나 관찰할 수 있는 그 개인화 과정이다. 물론 이 네 요인만 존재하지는 않는다. 그리고 그들도 또 서로 교차하고 겹치면서, 복합적인 영향을 야기할 수도 있다.

이 장에서 내가 설명하려고 하는 내용은 흔히 객관적이고 정상적이라는 여겨진 사실이 객관성과 정상성과 공공성을 잃어가고 있다는 것이다. 그리고 그 결과로 그 팩트들은 폭력성에 침식되거나 심지어 전염이 되고 있다. 물론 이것이 갑자기 일어난 일은 아니다. 진보적인 좌파를 자처하는 리처드 세넷Richard Sennet은 '공적인 인간의 몰락'이라는 관점에서 이 과정을 씁쓸하게 관찰한 바 있다. 과거에 공적인 인간이 사회적으로 인정된 사실에 근거하여 행동했다면, 현대인은 이미 그런 공적인 인간이 몰락한 결과이다. 공적인 사실은 힘을 잃고 심리적인 사실들이 득세한다. 그래서 현대인은 '친밀한 관계'나 '친밀성'이라는 이데올로기에 매달린다. '친밀성의 이데올로기'는 무엇일까? "모든 종류의 사회적 관계는, 그것이 각 개인의 심리적 관심사에 더 접근할수록, 실제적이고 믿을 만하고 진정성을 가진다는 것이다."[21] 그렇다고 무조건 모든 팩트들이 흐물흐물해지는 것은 아니다. 최소한 자유와 평등이라는 인권의 기준에서 판단하고 다룰 수 있는 차별이 있다. 구시대적인 인종차별이나 성차별 같은 것이다. 그러나 그것을 넘어서면, 사회가 정당하다고 인정하는 제도도 차별을 생산한다. 거기서 발생한 팩트들은 한편으로 사회적으로 인정되고 정당화되지만, 다른 한편으로는 그 정당성은 당당하지 못하다. 왜 그런가?

자유와 평등이라는 가치로 돌아가보자. 이것들을 현재 사회는 당연한 사실이라고 여긴다. 그러면서 그 좋은 목적을 행해 나아가기만 하면 된다고 여긴다. 보수는 자유를 더 강조하고, 진보는 평등을 더 강조한다는 차이를 제외하면, 그 경향은 비슷하다. 그러나 정말 그 가치가 실질적인가? 실제로 모든 사람이 누리는 자유와 평등은 차등적이고 제한되어 있다. 그런데도 사회는 마치 모든 사람이 동등하게 자유와 평등이라는 가치를 누린다고 말하고 또 말한다. 그러면서 열심히 학력을 높이려는 노력을 하고 재산을 늘리려는 노력도 하라고 한다. 그러나 실제로 사람들은 서로 다른 자유와 평등을 가지고 있고, 그 제한 안에서만 누릴 수 있다.

물론 이 형식적인 자유와 평등이 그래도 근대적 민주주의의 기반이자 조건이라는 건 분명하다. 덕분에 최소한 외부적이거나 강압적인 차별은 더 이상 용납되지 않는다. 그래서 나쁜 의미의 차별은 금지의 대상이 되었다. 그러나 그것만으로는 해결되지 않는 차별의 문제가 남아 있다. 이것은 어떤 점에서는 누구나 아는 사실일 터이다. 생물학적이고 사회적이며 지리정치적이고 국제정치적인 환경 속에서 사람은 각자 다른 조건 속에 던져져 있으며, 그들 가운데 많은 것은 개인이 아무리 노력해도 넘어가기 어렵다. 다르게 말하면, 기회는 결코 균등할 수 없고 과정도 결코 공정할 수 없다. 각자 가족의 혜택을 다르게 누리지 않는가. 말하자면, 자유와 평등은 실질적으로는 동일하지도 않고 개인이 노력한다고 하더라도 똑같이 누릴 수 있는 것도 아니다. 그런데 사회는 이 형식적으로만 동등한 자유와 평등을 누리라고 권장하고 심지어 요구한다.

다른 말로 하면 우리 근대인 또는 현대인이 믿는 당연하고 명백한 사실들은 실제로는 매우 추상적이다. 형식적으로는 누구나 균등하고 평등한 기회를 누리지만, 그 형식은 추상적이고 관념적이다. 그 추상성이 우리를 다시 자유와 평등을 위해 뛰고 달리게 하는 힘이자 에너지이기는 하지만, 실제로 그것을 수행하는 사회제도는 다양한 권력관계에 의존한다. 그리고 사람들이 그 제도에 참여하여 생산한 팩트들은 다시 팩트라는 이름으로 그들을 구속한다. 기회의 균등이라는 조건에서 일단 학력경쟁에 참여하면, 거기서 나온 결과인 팩트는 그들의 능력을 보여주는 증거가 된다. 성공한 사람들은 기회가 균등했다고 말할 수 있을 것이다. 그러나 피해자 쪽에 서게 된 사람들은 경쟁 과정을 뒤돌아보면서 그렇게 쉽게 말하지는 못할 것이다. 또 중간 정도에 있는 사람들은 자신이 얻은 성취를 이중적이거나 복합적인 태도 속에서 자신의 것으로 내면화해야 할 것이다. 한편으로는 아주 만족스럽지 않지만, 다른 한편으로는 지켜야 할 어떤 것으로.

물론 이 사실은 아는 사람은 다 아는 사실이라고 할 수 있다. 그러나 실제로 우리의 상식이나 지식은 이 팩트의 폭력성을 직시하지 못하거나 직시하기 힘들어한다. 사회적으로 인정되고 정당화되는 제도 내부에서 생산된 팩트, 모두가 선택의 자유와 평등 속에서 참여한 과정에서 각자 얻은 팩트가 결국은 폭력적이라고 말하는 일은 우스꽝스럽기 때문이다.

아마도 이 폭력성은 위에서 언급한 '공적인 인간' 또는 '공공성'의 몰락이나 쇠퇴의 결과일 것이다. 공적으로 인정되는 듯 언급되고 인용되는 사실이 있지만, 그 사실은 실제로 공적으로는 그렇게 자랑스럽지도 않고 떳떳하지도 않다. 학력, 재산, 재테크의 능력, 또는 일반적으로 훌륭한 능력들이 다 그렇다.

07

폭력적 사실로서의 성 정체성
—젠더, 트랜스젠더, 그리고 인간성

차별금지법 제정에도 반대하는 급진적 페미니스트

여성주의 운동은 처음에 남성과 다른 여성의 차이를 여성에게 고유한 정체성으로 확립하려는 경향이 있었다. 그 차이는 생물학적 차이나 자연적으로 주어진 성 정체성에 근거하기만 해도 충분한 듯했다. 그러나 모든 여성주의 운동이 자연적으로 주어진 생물학적 정체성에 근거하거나 의존하지는 않았다. 성 정체성이라는 것은 사회적으로 구성된 것이며, 따라서 남자냐 여자냐는 구별도 단순히 생물학적 기준으로만 구별하고 판별할 수는 없다는 관점도 꾸준히 유지되어왔다. 따라서 여성주의 운동에도 젠더 정체성은 사회적으로 주어진 것이라는 관점이 중요하다. 그럼에도 불구하고 사회적이고 정치적인 운동으로서의 여성주의는 생물학적 정체성에 의존하거나 근거하는 경향이 큰 것이 사실이다.

문제는 생물학적 성 정체성이라는 것이 여성주의자들이 기대하듯 단순하지는 않다는 점이다. 생물학적으로 같은 성에 속한다고 모든 남성이나 여성이 사회에서 같은 방식으로 생각하고 행동하는 것도 아니며, 같은 사회적 자유와 지위를 누리는 것도 아니었다. 중산층 이상의 여성과 하층계급의 여성이 언제나 같은 생각을 하고 같은 방식으로 행동하는 것은 아니기 때문이다. 또 여성들이 정치적으로나 사회적으로 남성과 동등한 권리를 가지게 됐다고 해서, 모든 여성이 그 권리와 혜택을 동등하게 누리는 것도 아니었다. 또 많은 남성들이 역사적으로 여성에게 거부되었던 권리를 헌법과 인권 차원에서 인정한다고 해서, 그들 각자가 실제 상황에서 평등이라는 가치에 충실하게 행동하는 것도 아니었다. 또 여성의 권리가 확대되고 일부 여성주의자들이 과격한 방식으로 전투를 벌이는 과정에서, 일부 남성들이 반발하여 공격적인 태도를 취하는 일이 드물지 않게 일어났다. 그 경우에, 다시 과격한 여성주의자들은 여전히 가부장적 사회구조가 지배하고 있으며 남성은 여성을 혐오한다고 비판하고 비난하는 목소리를 높이곤 했다.

그 결과 메갈리아와 워마드 같은 과격한 여성주의 운동에서 드러나듯이, 성 정체성의 문제는 처음에 주장되었던 생물학적이거나 자연적인 성 정체성의 문제로 그치지 않았다. 그것에서 출발하더라도 결국은 사회에서 통용되거나 일어나는 다양한 구별과 차별의 문제로 이어지기 때문이다. 그들은 남성이 여성을 차별하고 혐오한다고 비난하면서, 자신들의 주장에 동조하지 않은 다른 여성들을 남성들과 한편이라며 구별하고 차별하는 경향을 보인다. 다르게 말하면, 여성에 대한 남성의 적대적인 혐오를 그들처럼 강하게 비판

"트랜스젠더 입학 반대" 숙명여대 재학생 찬반 논쟁

"취향 존중과 같이 생활하는 건 달라"
일부 총동문회에 이메일 등 집단행동
찬성 측은 "차별·혐오 말라" 성명서

남성에서 여성으로 성전환 수술을 받은 트랜스젠더가 숙명여자대학교에 합격한 것을 두고 재학생들 사이에 격렬한 찬반 논쟁이 벌어졌다. 반대 측은 여성성은 인위적으로 얻을 수 있는 것이 아니라며 학교가 트랜스젠더의 입학을 허용하지 말아야 한다고 주장했다. 반면 성전환 여성의 합격을 환영하는 학생들은 '생물학적 여성만이 진정한 여성'이라는 주장은 차별이자 혐오라고 맞섰다.

2월 숙명여대에 따르면 지난해 태국에서 성전환 수술을 받고, 대학수학능력시험을 치르고 전 법원에서 남성에서 여성으로 성별 정정을 허가받은 A(22)씨는 올해 숙명여대 법과대학에 합격했다. 성전환자가 여대에 합격한 사례는 처음으로 알려졌다. 학교 측은 A씨의 입시전형 절차에 문제가 없었으며 트랜스젠더라고 해서 입학을 불허할 근거는 없다는 입장이다.

A씨의 합격 소식을 접한 일부 학생은 입학에 항의전화를 하고 총동문회에 항의 이메일을 보내는 등 집단행동에 나섰다. 숙명여대 커뮤니티인 '스노로즈' 게시판에는 트랜스젠더의 입학을 반대한다는 글이 다수 게시됐다. 한 재학생은 "수술로 성을 바꾼다는 것은 불가능하다. 그들은 본인이 상상하는 여자를 동경해 모습을 바꾼 남성일 뿐"이라며 "그의 취향을 존중하는 것과 여자 화장실, 여대, 여탕까지 그들과 함께

이용하는 것은 다른 문제"라고 선을 그었다.

염색체와 성기의 형태로 여성과 남성을 가르고 트랜스젠더 여성을 배척하는 사고가 편협하다는 목소리도 나온다. 숙명여대 공익인권학술 동아리 '가치'는 지난달 31일 성명서를 통해 "성기를 기준으로 여성을 구별하는 생각은 여성을 성적 대상으로 여기는 기존의 여성 혐오적 시각을 답습한다"며 "누군가의 인권 신장은 당신의 인권 침해로 이어지지 않는다. 인권은 총량이 정해진 파이 싸움이 아니다"라고 밝혔다.

이 단체는 이어 "트랜스젠더 군인 변희수 하사처럼 숙명여대에 합격한 트랜스젠더 여성 역시 수많은 트랜스젠더의 용기가 돼 대학이 누군가를 배제하지 않는 배움의 장이 되기를 바란다"고 덧붙였다.

오달란 기자 dallan@seoul.co.kr

▲ (서울신문, 2020년 2월 3일)

◀ (세계일보, 2020년 1월 23일)

성전환 현역 부사관, 군복 벗는다

육군 "계속 복무 불가" 전역 결정
변희수 하사, 실명 공개하며 반발
"훌륭한 군인 될 수 있어" 강조

박수찬 기자 psc@segye.com

남성으로 입대해 성전환 수술을 받은 부사관이 강제 전역하게 됐다. 해당 부사관은 최전방 복무를 이어가고 싶다며 자신의 실명을 공개하고 군의 전역 조치에 반발했다. 육군은 22일 전역심사위원회를 열고 변희수 하사에 대해 "군 인사법 등 관계 법령상의 기준에 따라 계속 복무할 수 없는 사유에 해당

심신 장애 3급 판정을 내렸다.

육군은 이에 이날 전역심사위 심의를 거쳐 변 하사의 전역을 결정했다. 군 인사법에는 심신장애 판정을 받은 사람은 전역심사위의 심의를 거쳐 전역시킬 수 있다고 규정돼 있다. 국가인권위원회는 전날 변 하사의 전역심사위 개최 연기를 요청하는 긴급구제를 육군에 권고했지만 육군은 예정대로 전역심사위를 열었다.

육군 관계자는 "이번 전역 결정은 성별 정정과 무관하게 의무조사 결과를 바탕으로 관련 법령에 근거해 적법한 절차에 따라 이뤄진 것"이라고 강조했다.

변 하사는 육군의 전역 결정 직후 시

군인이었던 트랜스젠더는 강제 전역을 당했고, 여대에 입학한 트랜스젠더는 학생들의 입학 반대 움직임에 부딪혀야 했다. 비슷한 시기에 일어난 두 사건은 트랜스젠더의 '진정한' 정체성이 무엇인지에 대한 논쟁이 간단치 않음을 보여준다.

하거나 공격하지 않는 여성들은 남성과 연대하기에, 진정한 여성이 아니라는 것이다. 이들은 '진정한 여성' 또는 '진짜 여성' 또는 '강한 여성'이라는 이념을 만들며 그것을 추종한다. 남성과 반대되는 여성의 정체성과 동일성을 설정하고 추구하는 것이다.

상대방에 대한 혐오와 비난을 통해 과격한 극단주의자들은 자신의 정체성과 자신의 선함을 내세운다. 그것이 혐오의 발생 과정이며, 혐오가 극단화되는 과정이다. 상대방 집단을 전체적으로 '악한 놈'이라고 구별하면서, 그들은 자신의 정당성을 주장하고 강화한다. 일부 남성주의자들이 폭력적인 방식으로 여성을 대한다면 그들의 행위를 비판하고 비난하면 될 일일 텐데 말이다.

과격한 여성주의 운동의 극단성은 트랜스젠더와의 관계에서 두드러진다. 최근에 한 트랜스젠더 부사관이 성전환 수술을 한 후에 계속 근무하고 싶다고 했지만, 그 신청은 거부되었다. 군대라는 특수성이 작용했기 때문일 터이다. 그와 달리 한 트랜스젠더 학생이 숙명여대에 입학을 신청하면서, 여성주의자들이 강하게 반대하는 일이 일어났다. 성전환 수술을 통하여 여성이 된 사람은 진정한 여성이 아니며, 따라서 여성으로 인정될 수 없다는 것이다.

트랜스젠더의 고용과 입학을 둘러싼 갈등은 차별의 문제를 새로운 각도에서 부각시킨다. 어떤 사람들은 트랜스젠더의 숫자가 얼마 되지도 않는다는 이유로 그 문제를 극히 일부에게만 해당하는 대수롭지 않은 일로 치부할 수 있을 것이다. 또 과격한 여성주의자들이 트랜스젠더와 다투고 싸우는 문제로 치닫기에, 극단적인 일부 집단들 사이의 갈등으로 여겨질 수도 있을 것이다. 그러나 이 문제는 단순히 페미니스트들이 여성으로 성전환한 이들을 '진정한' 여성으로 인정하지 않는 갈등에 국한되지 않는다. 여성에 대한 사회적 차별을 비판하고 비난한 여성주의자들이 자신들의 진정한 여성성을 빌미 삼아 정작 또 다른 사회적 차별을 실행하는 문제이기 때문이다. 차별을 규제하거나 금지하는 일은 이 문제를 그냥 건너뛸 수 없다. 차별이라는 문제가 더 이상 평등이라는 고전적인 이념에만 의존해서 해결하기 어려운 문제로 확대되고 있기 때문이다.

트랜스젠더를 여성에서 배제하는 극단적인 여성주의자를 터프 TERF, Trans-Exclusionary Radical Femisist (트랜스젠더 배제 급진적 페미니스트)라고 부른다. '여성끼리의 연대'에서 더 나아가 '여성만의 공간'을 주장하는 급진적인 여성주의자들은 트랜스젠더를 "여성 안전을 위협하고 공정성을 해치는 남성"으로 여긴다.[22] 이들은 숙명여대에서 입학 반대 여론을 주도했는데, 한 성명에서는 여성을 '비둘기'로 남성을 '인간'으로 규정했다. 그리고 성별 이분법에 속하지 않는 존재를 비둘기도 인간도 아닌 존재로서 아예 지워버렸다. 여기서 시스젠더Cisgender라는 개념이 나온다. 그것은 자신이 타고난 '지정 성별'과 본인이 느끼는 성 정체성gender identity이 '동일하다'고 느끼는 사람을 뜻한다. 시스cis-라는 표현은 라틴어이며, '같은 편에 있는' '가까운 쪽의'라는 뜻을 가진다. '시스젠더' 여성만을 진정한 여성으로 보면서, 트랜스젠더 여성은 차별하는 흐름이 나타났다. 차별받는다는 사람이 다시 차별을 하는 복합적인 국면이 생긴 셈이다.

어떻게 이런 일이 생겼을까? 여성주의 운동은 기존의 남성중심 사회에서 여성문제가 제대로 다뤄지지 않았을 때 생겨났다. 그래서 여성주의 운동은 점점 과격한 방식으로 움직이게 되었을 것이다. 여성주의 운동 내부에서 기존의 온건한 방식으로는 적절하거나 충분히 반응을 이끌어낼 수 없기 때문에 과격한 방식으로 나가야 한다는 목소리가 점점 커졌을 것이다. 거기까지는 충분히 이해할 수 있다. 그러나 지금 트랜스젠더를 둘러싼 갈등에서 과격한 여성주의가 자신들만이 진정한 여성이라고 말하는 것은 문제가 있다. 최소한 여성 일반이 과거처럼 단순히 제 목소리를 낼 수 없는 '약자'는 아니다. 영역에 따라 또 개인들에 따라 여성 내부에서도 무수히 다른 상황과 처지에 있는 개인들이 존재한다.

트랜스젠더를 배제하면서 차별하는 터프 같은 과격한 집단이 여성주의 운동과 섞이는 일은 우려스러운 일이다. '진짜 여성'을 설정하면서 트랜스젠더를 모두 가짜 여성으로 배제하고 차별하는 일은 혐오를 생산하는 일이기 때문이다. 더 나아가면, 그런 급진적인 여성주의가 배제하는 집단은 트랜스젠더에 국한되지 않기 때문이다. 심지어 기혼여성과 아들을 낳은 여성도 순수하지 못한 여성으로 치부된다. 그렇지만 "기혼여성, 아들 낳은 여성, 트랜스젠더 여성을 하나씩 배제하면서 '순수한' 여성을 만들겠다는 건 환상에 불과하다".[23] 이들 급진적 여성주의자들 또는 트랜스젠더를 배제하는 여성주의자들은 순수한 정체성을 내세우며 다시 혐오를 부추기고 있다.

그러나 그들이 단순히 혐오만을 부추기는 '괴짜들'일까? 전통적으로 완고한 남성주의자들이 평등의 이념에 근거한 차별금지법 제정에 반대했는데, 이상하게도 이들 급진적인 여성주의자들도 비슷하거나 더 과격한 방식으로 차별금지법에 반대하고 나선다. 터프 집단은 트랜스젠더에 대한 법원의 성별 정정 결정에 반대하는 서명운동을 하고, 헌법소원을 제기하려 했다. 최근 법원은 성별 정정을 위해서는 성전환 수술을 해야 한다는 조건을 폐지하는 쪽으로 결정을 했다. 그 수술이 필수조건에서 참고사항으로 바뀐 셈이다. 아마

터프 집단은 앞으로 더 극렬하게 반대를 할 가능성이 크다. 차별금지 범주에 '성 정체성'이 들어가선 안 된다며 차별금지법에도 반대했기 때문이다. 성 정체성 때문에 차별할 수 없다는 차별금지법이 만들어질 경우, 터프 집단은 더 이상 트랜스젠더를 배제하고 차별할 근거가 없을 뿐 아니라 그렇게 행동할 경우 법적인 처벌을 받을 수 있기 때문이다.

놀라울 뿐 아니라 기괴한 상황으로 보인다. 순수한 정체성이라는 명목으로 구별을 짓는 일이 극단에 다다른 상황이다. 터프 집단은 과거처럼 좁은 의미로 자연적인 정체성에만 근거하거나 그것을 요구하지 않는다. 개인이 현재 사회에서 느끼는 정체성을 그것과 일치시키면서, '개인적인 것이 정치적이다'라는 구호를 급진적으로 만들고 있는 점도 있다. 그래서 단순히 기괴스럽거나 괴짜스러운 행동으로만 볼 일도 아니다. 정체성이라는 구별을 고집스럽게 밀고 나갈 경우, 결과적으로 어떤 사회적 행동이 나오는지를 보여주는 예라고 볼 수 있다. 그들이 별나고 극단적인 행동을 한다고 볼 수 있지만, 차별의 기준과 차별을 금지하는 규정도 그 자체로 이미 정체성이나 지향성에 따라 구별을 짓는 한, 그들 탓만 할 수 있는 문제가 아니다.

그들이 성 정체성이라는 조항을 차별금지법에 넣는 것을 반대한다면, 단지 그들이 혐오스러운 집단이기 때문일까? 아니면, 그들이 어떤 정체성이나 지향성을 구별하고 있는 한, 차별금지법 자체에도 어떤 문제가 있다는 점이 드러난 것이 아닐까? 그렇다. 여기서 문제는 차별금지법이 도입하려고 하는 기준인 성적 지향이나 성 정체성이라는 것도 일종의 정체성을 규정하고 확립하는 일이라는 데 있다. 이제까지는 그것을 인정하는 일이 차별을 폐지하는 데 도움이 될 것이라고 다소 쉽게 여겨졌는데, 터프는 그것에 반대하고 나선 것이다.

또 다른 문제가 있다. 터프 집단은 다른 한편으로 평등과 인권의 이념에 근거해서 차별을 금지하려는 시도도 무력하게 만들고 있는 면이 있다. 정체성에 과도하게 집착하면서 구별을 짓는 행위가 극단적인 쪽으로 나아가면서 차별적인 행동으로 이어질 수 있다는 것은 조금만 생각하면 알 수 있는 일이다. 진보적이라고 스스로 생각하는 사람들은 이제까지 대부분 성적 지향과 성 정체성의 인정이 차별금지법을 만드는 데 크게 또는 결정적으로 기여할 것으로 생각했는데, 이제 와 보면 그 생각은 다소 순진했던 것 같다. 터프 집단의 배제적이고 차별적인 행동 때문에 이 문제가 드러나기는 했지만, 단순히 그들만의 문제는 아니다.

이 문제는 평등의 이념에만 국한되지는 않을 것이다. 성적 지향이나 성 정체성을 차별금지의 기준으로 삼는 데 반대한다는 것은 무슨 말인가? 보편적인 의미의 자유를 자연적 권리라고 여길 필요가 없다는 말이 된다. 평등과 자유의 이념을 전제하기만 하면, 차별이 없어질 것이라는 다소 순진한 기대는 이로써 심하게 흔들린다. 섹슈얼리티를 개인의 선택이나 취향의 문제로 인정하는 데 반대하는 주장이 여성 인권 운동에서 나오는 것이다.

이 놀라운 상황을 집약하는 주장이 있다. '페미니즘은 휴머니즘이 아니다'라는 주장이 그것이다. 터프가 다른 여성 집단을 배제하고 차별한다는 점에서, 이 주장은 엉뚱하고 어처구니없어 보인다. 그러나 다른 한편으로, 그 주장은 휴머니즘이라는 다소 관념적인 이념의 의미와 효과에 대한 이론적인 이의제기라고 파악할 수도 있다. 실제로 휴머니즘이라는 이름 또는 이념이 많건 적건 이데올로기로 이용되어온 것은 사실이다.[24] 급진적 여성주의는 다만 자신들이 다른 여성들을 배제하면서 이 휴머니즘 이념을 버리려고 한다는 점에서 특별히 꼬여 있는 예일 뿐이다. 이 점에서 '페미니즘은 휴머니즘이 아니다'라는 주장은 특별한 관심과 주의를 받을 만하다. 자연적인 성 정체성에서 출발했지만 거기에서 더 나아가 일종의 개인의 정체성에 대한 요구까지 결합시킨 여성주의, 그리고 이제까지 일반적으로 바람직하다고 여겨진 차별금지법의 제정에도 반대하는 여성주의가 과감하고도 극단적인 형태로 휴머니즘에 대해서도 태클을 건 셈이다.

이 급진적 여성주의가 다른 여성이나 남성들을 배제하고 혐오하는 방식에는 문제가 있다. 특히 극단적인 배제적 태도에는 동의하기 어렵다. 그럼에도 불구하고 그들이 제기한 몇몇 문제는 쉽게 무시하기 어렵다. 특히 다소 순진한 태도로 또는 낙관적인 기대감 속에서 차별금지법을 만들기만 하면 된다고 생각해온 사람들은 이제까지의 자신들의 태도를 다시 생각해야 할 듯하다. 성적인 지향과 성 정체성을 이유로 다른 사람을 차별하면 안 된다는 말은 좋은 말이기는 하지만, 아직 모호한 어떤 점이 거기 있기 때문이다. 물론 앞으로의 논의 과정에서 그 조항이 차별금지법에 들어갈 수도 있다. 그렇다고 하더라도, 여러 형태의 성적 지향과 성 정체성을 관용하기만 하면 된다는 생각은 충분하지 않을 것이다. 이 점에 대해서는 뒤에 다시 다루자. 지금은 성적인 지향이나 성 정체성이 차별금지 조항에 들어가지 못하거나 또는 들어가더라도 사회적 갈등의 불씨로 남아 있다는 것, 그리고 평등과 인권의 이념에 기대서 차별금지를 일반적으로 해결하는 일은 쉽지 않을 수 있다는 점을 기억하도록 하자.

성적 구별로부터의 해방이 일어나야

트랜스젠더를 배제하고 차별하는 태도와 행동에는 또 다른 문제가 개입되어 있다. 차별받는다면서 시작한 여성주의 운동이 다른 여성이나 남성을 차별하는 폭력적인 행동으로 이어지게 된 것, 그러면서도 아주 극단적인 일부에게만 해당하는 문제에 그치지 않고 상당한 숫자의 여성들에게도 해당하는 문제가 된 데는 '안전'이라는 주제가 개입되어 있다.

여대에서 트랜스젠더를 배제하는 움직임이 언제 어떻게 생겨났는지 살펴보면 이 문제 및 그것의 발생과정이 내포한 문제를 관찰할 수 있다. 그냥 공기 속에 떠돌던 트랜스젠더 혐오가 2~3년 전부터 '여성 안전' 문제와 맞물리며 커졌다. 2017년 4월 동국대 남학생이 숙명여대에 들어와 성추행 혐의로 체포된 사건이 발생했다. 그리고 동덕여대에서는 외부 남성이 강의실에서 나체로 음란행위를 한 사건이 터졌다. 그 이후인 2018년 10월 동덕여대는 외부인 출입 금지를 선언했다. 같은 해 이화여대에서는 직장인 남성이 학교 건물에 들어와 잠을 자던 여학생의 신체를 만져 입건되는 사건도 발생했다. 그 후 이화여대는 CCTV와 건물 입구의 카드리더기 설치를 확대했다. 그 비슷한 사건이 벌어질 때마다 여대들은 문을 걸어 잠그는 길을 택했다.

그런데 이들 일련의 사건들은 "'어떻게 하면 안전한 공간을 만들수 있을까'라는 논의로 이어지지 못한 채 엉뚱한 방향으로 튀었다. 터프는 '남자를 쫓아내자'에 이어 '트랜스젠더를 쫓아내자'를 해법으로 내세웠다. 여대마다 급진적 여성주의를 표방하는 소모임이 하나둘 생겼다." 트랜스젠더에게는 '토끼(여성)'의 탈을 쓴 '늑대(남성)'라는 이미지가 씌워졌다.

터프의 주장은 그냥 말이나 풍자나 주장에만 그치지 않는다. "'안전'을 내세우며 공포를 조장한다. 전문가들은 일부 터프 집단이 '가짜뉴스'를 배포하는 방식으로 혐오를 선동한다고 분석한다. '트랜스젠더는 여성에게 위험하다'는 메시지를 꾸준히 전달한다는 것이다."[25] 숙명여대 한 재학생의 의견에 따르면, 학내에서 터프 비율이 10% 정도로 추정되지만 트랜스젠더의 입학 반대 여론이 적지 않았던 것은 터프가 중도층을 포섭했기 때문이다. 말하자면, "안전 문제를 내세워 터프에 관심 없던 사람도 '위험하다'는 생각을 하게끔 만들었다."[26]

'위험'과 '안전'이라는 주제가 갑자기 튀어나온 것일까? 아니다. '여성혐오'가 사회적 문제로 등장하고 확대될 때, 그 주제도 거기같이 있었다. 터프가 다른 여성이나 남성을 배제하고 차별하는 데는 급진적인 여성주의 이론만 기여한 것이 아니다. 그 이론 자체는 다소 급진적인 성격을 띠고 있었지만, 트랜스젠더를 배제하는 움직임이 커진 것은 상당수의 여성들이 '안전'과 '위험'이라는 이름으로 거기에 동의했기 때문이다. 그 과정에서 비로소 '여성혐오'라는 주제나 구호가 일부 급진적인 여성주의자의 테두리를 넘어 보통 여성들에게도 꽤 호소력을 가지게 된 셈이다.

물론 많은 여성들이 느끼는 '위험'과 '안전'도 당연한 사실인 것은 아니다. 상당수의 남성들은 소수의 성도착적인 인간들 때문에 남성 일반이 위험하고 위협적인 존재로 일반화된다는 불만을 가지고 있다. 그들만 처벌하면 될 일인데 왜 여성주의자들은 남성 일반을 적으로 삼고 그들이 모두 위험하다고 낙인을 찍느냐는 불만인 셈이다. 이 불만이 잘못되거나 속좁은 의견일까? 아니다. 오히려 개관적인 사실을 따지자면, 맞는 이야기라고 할 수 있다. 그럼에도 불구하고, 일반적으로 남성이 위험하다는 폭력적인 견해가 확대되고 있는 셈이다.

여기서 우리는 다시 폭력적인 성격의 팩트를 만난다. 객관적으로 보자면 일반화의 오류에 빠져 있어서 옳지 않은, 따라서 보통 남성들과 트랜스젠더에게는 폭력적이라고도 할 수 있는 입장이 그 편향성 또는 과장에도 불구하고 상당수의 여성들에 의해 팩트로 받아들여지고 있다.

왜 이런 일이 벌어지는가? 여기서 이 '안전'과 '위협'이 어떤 성격을 가지는지 살펴볼 필요가 있다. 상당수 남성은 그것이 과장되었거나 일반화되었다고 생각할 것이다. 과거에도 남성이 여성에 대해 비슷한 폭력적인 행위를 했었지만, 당시에는 여성이 지금의 수준에서 여성의 안전이 위협받고 있다고 여기진 않았다. 지금은 왜 그런가? '안전'이 심리적으로 예민한 문제가 돼서, 말하자면 여성의 심리가 예민해져서 그런가? 그런 생각은 '안전'이라는 주제를 단순히 심리학적 예민함 탓으로 돌리는 일일 터이며, 옳지 않을 것이다. 실제로 '안전'은 19세기 이후 정부가 관심과 주의를 기울여야 할 정책 순위 가운데 제일 높은 곳에 있는 것이며, 이 사실은 여러 연구자에 의해 이미 확인되고 강조되었다.[27] 다르게 말하면 '안전'은 공공정책에서 매우 중요한 것이며, 공적인 권력이 그것을 목표로 삼아 다양하고 세부적인 프로그램을 수행해야 하는 의제였다.

그렇다면 20세기 후반부터 여성주의자가 남성에 대해 제기하는 안전에 대한 위협은 어디서 오는가? 아마도 남녀관계에서 여러 권력관계가 개입했을 것이다. 고용에서 시작해 사회적 지위와 실제적인 권력을 배분하는 데서 과거와 달리 여성의 권한과 권리 주장이 강화되었다. 그것은 정당한 일이었을 테지만, 그 갈등 과정이 평화롭게만 진행되지는 않았다. 여성의 동등한 기본권을 인정하는 데는 많은 남성들이 동의했겠지만, 일상에서 남녀관계가 물처럼 흘러가지는 않았을 것이다. 또는 물처럼 흘러가는 듯이 보였더라도, 그 흐름은 아무 마찰 없이 매끄럽지만은 않았을 것이다. 여기서 심리적인 형태의 불만과 폭력의 관점이 개입하고 확대되었을 것이다. 그 과정에서 남성주의자와 일베와 같은 집단들이 했던 역할과 그에 대응하여 다시 더 '쎈' 반격을 했던 메갈리아와 워마드 같은 집단의 역할이 컸을 것이다. 그렇더라도 이제 남성에 의해 안전이 위협받고 있다는 폭력적인 해석이 일부 집단에게만 받아들여지는 수준을 넘어선 것도 사실일 것이다.

젠더 갈등과 젠더차별의 문제를 다룰 때 처음에는 평등과 자유라는 가치가 중요했다. 그러나 이념이나 가치로만 그것을 내세우거나 주장하는 일은 제한된 효과밖에 가지지 못할 것이다. 실제로 젠더 갈등은 이제 단순히 평등이나 불평등 때문에만 일어나지는 않는다. 정체성을 구별하고 생산하면서 차별하는 일이 반복되고, 그것은 다시 사회생활에서 권력관계와 폭력적인 관계로 전이된다. 그 상황에서 '안전'이 위협받고 있다는 주제와 담론이 일부 과격한 집단에 의해 생산된 후, 그것이 다시 보통의 여성들에게도 확산되는 경향을 보인다. 여성들은 폭력적으로 해석된 팩트를 받아들이고 또 전달한다. 그 결과로 '여성혐오'를 둘러싸고 여성들을 괴롭히고 폭력을 가하는 존재로 남성의 이미지가 굳어진다. 이것은 단순히 극단적인 심리 현상에 그치지 않고, 정상적인 사회 공간에서 확대된다.

여성이 남성을 위협으로 여기는 태도가 어떤 폭력적인 형태를 띠고 있는지 구체적으로 살펴보자. 첫째 예는 여성들이 평등과 인권이라는 보편적인 가치보다 자신들에게 가해지는 위협을 더 중요하게 여긴다는 사실이다. 바로 예멘 난민의 사례다. 2018년 예멘 난민이 제주도에 입국했을 때 여성이 반대한 비율은 남자보다 훨씬 높은 60.1%였다. 남성보다 여성이 더 민감하게 아프리카 무슬림 남성을 안전에 대한 위협으로 여긴 것이다. 그들은 왜 그랬을까? 이 현상 자체도 특이한 점이지만, 그들의 태도를 평가하는 사람들에게서도 특이한 점을 관찰할 수 있다. 평등과 인권의 이념을 강조하면서 차별금지를 주장하는 사람은 "한국인 여성은 소수자 집단인 여성으로서가 아니라 주류 집단인 국민으로서 권력을 행사했다"고 말한다.[28] 정말 그럴까? 그런 면도 있지만, 여성들의 반대를 단지 '주류 집단인 국민의 권력'으로 돌리는 일은 논의를 단순화할 뿐 아니라, 표적을 단순하게 국민으로 돌림으로써 여성주의 운동이 생산하는 역차별 문제를 은폐한다. 무슬림 남성을 위협으로 여기는 여성들은 한편으로는 남성에 의해 차별받는다고 주장하는 여성이지만, 동시에 다시 다른 순수하지 못한 여성들을 배제하는 여성들이자, 남성들을 위협으로 여기는 여성들이다. 그런데 평등과 인권의 이념에 과도하게 호소하면서 차별금지 논의를 이끌려는 사람들은 여성주의 운동이 생산하는 이 이중성 또는 다중성을 간과하거나 자신도 모르게 은폐하는 경향이 있다.*

다른 예로, 한국 대학의 기숙사에서 공간이 어떻게 구획되고 있는지 살펴보자. 남학생과 여학생을 위한 공간이 분리되어 있다. 층으로 분리하거나 구획으로 격리한다. 이 현상은 꽤 오래된 일이라서 대부분은 당연하거나 자연스런 일이라고 여기며 넘어간다. 이 제도는 아마도 한국에서의 특이한 젠더차별의 결과이자, 다시 젠더 분리를 재생산하는 원인일 것이다. 일반적으로 남녀의 성 차이를

---

* 평등과 인권의 이념에만 호소하면서 차별금지를 논의하는 『선량한 차별주의자』의 필자는 '권력' 문제를 언급하기는 한다. 그 필자는 서로 다른 '권력관계를 간과하면 안 된다'고 말한다.(116쪽). 다만 그 권력을 '국민'이라는 다소 비판하기 쉬운 표적으로 돌리고 있다. 여기서 작용하는 '권력관계'는 여성주의의 권력과 남성주의의 권력 사이에서 일어나며, 여성주의의 권력도 이중성을 띠고 나타난다. 어쨌든 '권력' 문제를 언급함으로써 실제 현실에서 차별금지가 단순히 권리라는 추상성에 기대기 어렵다는 사실을 인정한 셈이다. 여러 경로로 뾰족하게 만들어진 권력 관계를 고려하지 않으면 제대로 평등의 복잡성에 접근하기 어렵다는 것을 필자는 한편으로는 인정하면서도, 전반적으로는 평등과 인권의 이념과 법을 통한 해결만 강조한다.

강조하는 가부장적 사회질서를 허물고 흔들려면, 이른바 성적 구별로부터 '해방'이 일어나야 한다. 구별을 조장하고 굳어지게 만드는 벽과 경계선을 없애는 일부터 시작해야 할 것이다. 일반적으로 서구에서는 이런 해방의 흐름과 움직임이 통했고, 효과를 봤다. 내가 1980년대 초 독일에 공부하러 갔을 때, 기숙사들에는 이미 남녀 구별이 없었다. 같은 층에서 공동으로 생활하고, 화장실뿐 아니라 샤워실도 공용으로 사용했다. 한국 상황에 익숙했던 '동양의 촌놈'에게는 신선하고 신기한 충격이었다. 가부장적 질서가 만들고 재생산한 분리와 격리의 벽을 허물고 공공적이고 공통적인 공간을 만드는 것이 계몽적 해방의 작품이라는 것을 느낄 수 있었다. 구별이 차별을 만들고 재생산한다는 인식 아래 그것에 대항한 움직임은 사회적 공간에서 '해방'을 낳았다.

그런데 국내에서는 이런 구별하고 차별하는 공간적 질서로부터의 '해방'이 일어나지 않고 있을 뿐 아니라, 오히려 부분적으로 더 굳어지는 경향도 있다. 수업시간에 학생들에게 독일의 예를 들려주면 적잖은 학생이 신기해하고 멋있다고 생각한다. 그러면 왜 우리 사회는 그런 변화를 만들지 못할까? 이 물음을 던지고 토론해보았다. 나는 처음에 다들 구별하고 격리하는 공간의 벽을 없애고 허무는 데 찬성할 줄 알았다. 그런데 여학생들의 반응을 듣고, 나는 놀랐다. 여학생들이 남자에 의한 위험과 위협을 언급했기 때문이었다. 이 점은 어떤 점에서는 이해할 만했다. 정말 그런 시스템이 잘 될 수 있을까라는 막연한 두려움을 여성이 가질 수 있다는 점은 이해할 수 있다. 그러나 그런 막연한 두려움과는 다른 위협을 여학생들이 언급하고 있었다. 바로 위에서 우리가 논의한 '안전' 담론이 생산한 효과일 것이다. 정확하게 조사를 한 내용은 아니지만, 어쨌든 '남성은 여성에게 위협'이라는 관점이 여성을 잠식하고 있다. 한국 사회는 남녀 구별과 차별이 생산한 갈등에 시달리는 와중에서, 사회적 관계뿐 아니라 공간의 구획에서 '해방'으로 나아가지 못했다.

이 현상은 급진적인 여성주의가 목소리를 높인 결과일까? 아니면, 그 여성주의 이외에도 다른 요인이 작용한 것일까? 막연한 두려움과 점잖은 분리를 부추긴 유교적 정서가 작용했는데, 그 과정에서 급진적 여성주의가 개입한 것일까? 어쨌든 유럽에서처럼 남녀 관계가 공간의 이용에서도 '해방'으로 이어지지 못한 것은 유감이며, 그 결함은 급진적인 여성주의가 개입할 틈을 벌려놓았을 것이다. 그리고 남녀가 서로에게 폭력적인 팩트를 생산하는 관계로 악화되는 데 기여했을 것이다.

여기서 관심을 가져야 할 점은 다음이다. 첫째, 성 정체성을 구별하고 그것을 생산하는 사회관계와 권력관계는 여성에게 동등한 권리를 부여하는 데 크게 기여했지만, 다른 한편으로 역사적 과정에서 다른 성이나 같은 성이라도 순수하지 못한 집단을 배제하는 폭력성을 생산하는 쪽으로도 흘러가고 있다는 것이다. 둘째, 기숙사를 비롯한 사회적 공간에서 성 정체성에 따라 공간을 분리하고 격리하는 구태와 구습이 존재하는 한, 그 '비시대적인' 문제를 사회적으로 해결하고 극복하는 노력을 해야 할 것이다. 그런 현상을 방치하거나 무시하면서, 평등과 인권의 이념을 빌려 차별금지법을 만들려는 시도는 공허한 일이 될 수 있다. 또는 일부 집단이 자신의 사회적 발언권을 높이는 수단으로 남용할 수도 있다. 그만큼 사회적 공간을 분리하고 격리하는 관행은 위험하다. 그것은 혐오뿐 아니라 넓은 의미의 차별을 생산하고 재생산하는 데 기여한다.

진술과 행위 사이, 허용과 규제 사이

그런데 사회적 공간을 성 정체성에 따라 분리하고 격리하게 하는 요인은 안전에 대한 위협뿐일까? '안전'은 위에서 언급했듯이 일차적으로 권력이 작용하는 경로이자 동시에 정치적으로 정책을 실행하기 위한 명분이다. 그 권력의 전략과 전술에서 폭력성을 띤 팩트가 나왔다. 그런데 그것만이 사회적 공간을 분리하고 격리하면서 폭력적 사실을 생산하는 것일까?(유교적 정서는 비시대적인 면이 있으니, 일단 옆으로 밀어놓자.)

여기서 다시 내가 수업 시간에 학생들과 대화하면서 관찰한 내용으로 돌아가자. 그 과정에서 여학생들은 공간의 분리가 필요하지 않겠느냐는 이유로 '안전'만을 내세우지 않았다. 두번째 이유는 어쩌면 우습게 보일 수도 있는 것이지만, 사실은 '안전' 못지않게 중요한 것이다. 여학생들도 그것에 대해 중얼거리듯이 말하는 경우가 있을 정도로, 그들에게도 '이상한' 이유였다. 그것은 이렇다. "같이 있으면 매번 화장을 해야 하고…". 여학생들은 민낯으로 남학생들을 만나는 일에 부담을 느끼고 있다. 이게 대체 무슨 일일까? 화장을 해야 하기 때문에, 사회적 공간을 분리하고 격리해야 한다니. 우스운 이유 같지만, 여학생들은 진지하게 그 사실을 내세우고 있었다.

시선의 구속 벗고　脫코르셋　여자답게 → 나답게

탈코르셋 운동은 남성주의적 사회로부터 해방되려는 여성들의 움직임을 보여주지만, 모든 여성들이 이런 '해방'에 찬성하는 것은 아니다.(국민일보, 2018년 6월 23일)

화장을 해야 하는 불편함은 여성들이 자초한 일일까? 아니면 남성과 여성이 같이 만들고 참여한 우스꽝스러움일까? 그냥 웃고 지나가면 될까? 그렇지 않다. '안전'과는 다른 성격과 형태를 가진 사회적 요인이 작동하고 있다. 화장을 해야 한다는 여성의 필요는 넓게 보면 여성이 자신의 성 정체성을 이해하고 구성하는 방식과 관련되어 있다. 여성의 외모를 평가하는 남성주의적인 사회에서 여성이 화장을 하도록 사회적으로나 심리적으로 강요되는 면이 분명히 있었다. 그러나 여성해방은 서구에서 사회적인 공간의 벽을 부쉈을 뿐 아니라, 화장과 코르셋을 강요하는 구속에서도 해방되는 일이었다. 그리고 서구에서는 그것이 비교적 성공적으로 이루어졌으며, 최소한 대학에서는 일반 사회보다 더 성공적이었다. 그런데 국내에서는 여성들이 사회 공간의 벽을 부수는 데 적극 나서지도 않았을 뿐 아니라 화장을 비롯한 복장에서도 해방을 '원하지 않았다.' 물론, 여성이 해방을 원하지 않았다고 일반적으로 말할 수 없다. 국내에서도 브래지어를 비롯한 여성적 복장을 거부하는 여성들이 있으니까. 정확히 말하자면, 화장을 비롯한 복장의 차원에서 보통 여성은 해방을 원하면서도 원하지 않았다고 해야 할 것이다. 남성의 시선을 의식하지 않을 수 없는 상황에서 여성들은 그들끼리 외모를 구별하고 차별해야 할 필요를 느꼈을 것이다. 이 이중성은 여성이 나름대로 채택한 복합적인 전략일 것이다.

어쨌든 중요한 점은 성 정체성에 따른 이 미학적 취향, 여성들이 반#자발적으로 실행하는 미학적 취향이 남성들에 대한 폭력적 사실을 사회적으로 생산하는 데 기여하고 있다는 것이다. 이 미학적 취향이 어느 정도는 여성들이 이중적으로 선택한 전략인데도, 여성들은 남성에 의해 강요당하는 것이라 생각하는 면이 크기 때문이다. 대학에서는 여학생들이 과감하게 '해방'을 외치고 실행할 만한데도, 그런 일은 일어나지 못하고 있다. 아마 여성들은 그 이유로 남성중심주의의 압박이나 억압을 들 수 있다. 전적으로 틀린 말은 아니겠지만, 그렇다고 완전히 옳은 말도 아니다. 여기서 태도와 행위의 이중성은 현상으로서 일정 정도 인정되어야 한다. 그런데 그 대신에 극단적 편 가르기로 쏠리는 경향이 있다. 여성혐오를 비롯하여 성 정체성에 따른 혐오와 차별을 극복하기 위해서는, 과도하게 미학적인 형태를 띠는 성 정체성도 허물고 부숴야 한다. 외부의 시선 때문에 그만두지 못하는 면이 있다고 하더라도, 그 경우 외부에만 책임을 돌릴 수 없다.

여기서 조금 더 성적인 지향과 관련된 젠더의 문제를 다룰 필요가 있다. 여성주의는 그들이 반대하는 입장 못지않게 생물학적 정체성이나 동일성으로 젠더 문제를 다루고 해결하려는 경향이 크다. 4장에서 우리는 동성애를 고백하는 커밍아웃이 단순히 성적인 지향이나 취향에 그치지 않고 고용이나 입학 과정에서 영향을 미친다는 점을 관찰했다. 혐오 발언을 법으로 규제해야 한다는 사람들은 언어로 표현된 성적인 지향이나 취향을 일종의 사회적으로 수행된 행위로 여긴다.

버틀러는 젠더의 구별이 어떤 트러블을 만드는지 꾸준히 설명해 왔다. 지금 우리가 다루는 문제와 관련하여 말하자면, 동성애 성향이나 취향을 말로 표현하는 일이 그 자체로 행위를 수행하지는 않는다는 것이다. 따라서 어떤 성적인 성향의 표현이 그 자체로 어떤 혐오스런 행위를 수행한 것으로 여겨져서 취업과 고용에서 차별받을 필요는 없다. 그 둘은 서로 다른 것이다. 버틀러는 이 문제를 다루기 위해 미군이 동성애 정책을 입안하고 실행한 예를 든다. 조금 길지만 내용이 중요하므로, 다음 인용문을 읽어보자.

미 국방부는 1993년 7월 19일 "군대 내에서의 동성애에 대한 신정책 가이드라인"을 발표했는데, 여기에는 다음의 '해고' 정책이 포함되어 있다. "동성애 행동을 드러내지 않는 한 성적인 지향은 복무하는 데 방해가 되지는 않는다. 군대는 동성애 행동conduct에 관여된 장병들을 해고할 것이다. 동성애 행동은 동성애적인 행위act, 곧 장병이 동성애자이거나 양성애자라는 진술, 그리고 같은 성별의 누군가와의 결혼 또는 결혼하려는 시도로 정의된다." 이 정책에 대한 의회에서의 논의 이후, 1993년 12월 22일 국방부는 정책의 실행에 관련된 문제들을 명확하게 하고자 일련의 새로운 규정들을 공표했다. 명확하게 되어야 할 핵심 쟁점들 가운데 하나는, 누군가가 동성애자라고 하는 취지의 '진술'이 '행동'일 뿐 아니라 군대에서의 해고에 대한 충분조건이 될 수 있는가였다. 국방부가 제공한 명시는 "해고를 위한 근거가 될 수 있는 진술은 행위에 관여하려는 성향이나 의도를 드러내는 것들"임을 명확하게 했다. 개인들의 욕망이나 의도에 대한 진술은 행동과 같지 않다고 주장하는 사람들에 대해, 그리고 그들에 반대하여, 국방부는 그들이 현재 가지고 있는 것은 "행동에 기반한conduct-based 정책"으로, 그것은 "그 사람이 행위할 수 있다는 가능성"에 기반한 것이라고 주장했다.[29]

여기서 벌써 드러나는 점은 "행위에 관여하려는 성향이나 의도"라는 규정은 매우 모호하다는 것이다. 처음에 동성애 행위라고 정의된 것 자체가 서로 다른 차원에 있는 행동과 진술을 포함하고 있다. 어떤 사람이 "동성애자이거나 양성애자라는 진술"과 "같은 성별의 누군가와의 결혼 또는 결혼하려는 시도"는 서로 다른 차원에 있는 것들이다. 결혼이나 결혼하려는 시도는 행위에 속한다. 그러나 어떤 심리적 성향에 대한 진술이 그 자체로 행위인 것은 아니다. 어떤 사람이 자신이 동성애 성향을 가졌다고 말할 때, 그 사람의 말에서 어느 정도는 어떤 동성애적 행위를 할 가능성이 보이기는 하지만, 그렇다고 그것이 그 자체로 행위인 것은 아니다. 따라서 동성애 성향을 가졌다는 말이나 진술을 이미 동성애 행위라고 판단하고 평가하는 일이 "행동에 기반한 정책"에 적절히 부합하지는 않는다. 어떤 사람이 "나는 착한 사람이라고 생각한다"라거나 "나는 착한 사람이 되고 싶다"라고 말한다고 해서, 그것이 착한 행위라고 정의할 수는 없다.

국방부도 결국 자신들의 정의가 명확하지 않거나 애매하다는 점을 느꼈다. 그래서 그들은 진술을 한 사람이 그것을 반박할 기회를 가진다는 말을 첨가한다. "장병은 진술을 반박할 기회를 가진다." 그러나 장병이 동성애 성향에 대한 진술을 반박할 기회를 가진다는 진술은 그 후 국방부 대변인에 의해 부인되고 있다.

게이 퍼레이드에 참여하거나 잡지를 읽는 것과 같은 연관된 행위들이 그 자체로 그리고 저절로 (문제되는 개인의 처신에 관련된) 믿을 만한 정보는 아니다. 다만 만일 **그 행동이 진술을 하려고 의도되었다고, 곧 그 사람이 동성애자라고 다른 사람들에게 말하려고 의도되었다고** 합리적인 사람이 믿을 만한 그 정도라면, 그 행위들은 정말 믿을 만하다.[30] (강조는 버틀러에 의한 것임.)

이런 추가적인 해명이나 진술은 다시 그것이 의도한 해명에 이르지 못한 채 꼬인다. 다른 사람들에게 동성애 성향에 대해 말하려고 의도되었다고, 그 말이 동성애 행위를 한 것일까? 물론 그런 말은 그 성향에 대해 어떤 인상을 불러일으키고 오해를 야기할 수도 있다. 그러나 의도되었다는 기준은 매우 모호하다. 또 그것 자체로 처벌을 받을 만한 행위도 아직 아니다. 이제 문제는 어떤 진술을 통해 그 사람의 행위 여부를 알 수 있다는 것이 반박할 수 있는 추정이냐 아니냐에 머물지 않는다. 해고의 근거가 진술이냐 행위냐는 물음이 계속 남기 때문이다.

이 일련의 물음이 사회적 갈등을 낳자, 의회는 스스로 법을 만드는 데 뛰어들었다. 1994년 회기년도의 국방수권법Natuinal Defense Authorization이 그것인데, 구속력을 가진 이 법은 이제 동성애에 대한 진술보다는 동성애 성향에 초점을 맞춘다.

구속력을 가진 법은 동성애 '성향'을 강조하며, 동성애적으로 행위하려는 성향을 드러내는 사람은 군 복무와 양립할 수 없다고 판단된다고 진술한다. 그 법은 또한 어떤 기회에 그런 행위를 저질렀지만, 그 후 후회하거나 그것이 그저 우연이었다고 주장하는 사람들에게는 관용을 보여준다. 그 법은 또한 군인들의 성적인 지향에 대해 '물어볼' 장교들의 의무를 다시 도입한다. 그 법은 어떤 사람의 자신의 동성애에 관한 진술이 동성애 행위와 마찬가지라고 받아들이지는 않는 반면에, 그 진술이 동성애에 대한 반박할 수 있는 추정을 제기하는 성향의 증거라고 여겼다. 새 정책에 대한 최근의 판결은 수정헌법 제1조의 권리가 그 정책에 의해 부인되느냐에 대한 물음을 둘러싸고 갈라졌다.(그 '낡은' 정책에 관한 소송도 또한 제기되었고, 결과는 엇갈린다.)[31]

이 법은 동성애에 관한 진술이 곧 행위와 같다는 국방부의 주장을 수정하면서 그 진술이 "성향의 증거"라는 쪽에 무게를 두었지만, 그렇다고 모든 문제를 해결하지는 못한다. 그 "성향의 증거"라는 것은 '기껏해야' "동성애에 대해 반박할 수 있는 추정을 하는" 수준이기 때문이다. 이 애매한 정책에 대해 제기된 소송들이 엇갈리는 결과를 가진다는 것은 충분히 예측할 수 있다.

그럼 동성애에 대한 진술과 성향을 둘러싼 이 일련의 문제들과 갈등은 미 연방대법원이 2015년에 동성결혼은 합헌이라는 판결을 내림으로써 모두 해결되었는가? 그렇지 않다. 연방대법원이 내린 합헌 결정은 결혼이라는 행위에 대해 적용되지만, 동성애에 대한 개인의 진술이나 성향을 어떻게 받아들여야 하느냐는 물음, 말하자면 고용과 입학 등의 문제에서 그것을 어떻게 판단하느냐는 중요한 물음에 대해서는 적용되지 않는다. 역설적으로 말하면, 대법원 판결은 허용과 금지에 기반한 법률의 차원에서 최소한 결혼 금지가 틀렸다고 판결했을 뿐이다. 곧 법률의 '오래된' 기능에 충실하면서 시대의 변화를 고려한 결정인 것이다. 따라서 그때그때 구체적인 상황에서 성적인 지향과 취향을 어떻게 받아들이느냐에 대한 물음에서는 아직도 얼마든지 엇갈린 판단이 나올 수 있는 셈이다.

자신의 성적인 욕망과 성향에 따라 어떤 사람은 어떤 진술이든 할 수 있지만, 그렇다고 그 진술이 굳이 형법이 규제하는 대상이 되어야 하는 것은 아니다. 성향과 취향과 욕망은 형법 이전에, 그리고 그 이후에도 자신이 '윤리적으로' 제어하고 또 다듬어야 할 태도라고 보아야 한다. 따라서 한 번 자신의 성향과 욕망에 대해 진술했더라도 사람은, 그것이 미치는 예상하지 못했던 영향과 결과와 직면해서, 얼마든지 실천의 차원에서 자신의 진술을 거둬들이거나 수정할 수 있는 틈을 가진다. 예를 들자면, 누군가는 이제 "나는 동성애자이며 나는 내 욕망에 따라 행위하지 않을 것이다"라고 말할 수 있으며, 그럴 경우 "나는 동성애자이다"라는 첫번째 말은 자신의 수행적인 권력을 상실한다.[32] 물론 이미 동성결혼이 합헌이라는 판결이 나온 상황에서, 자신의 진술을 수정하거나 유보하는 태도는 동성애 성향을 '억압'하지 않느냐는 물음이나 이의가 가능할 것이다. 그러나 결혼에 관한 한 동성애자는 최소한 그렇게 소극적으로 행동하지 않아도 될 것이다.

중요한 점은, 여기서 자신의 성적 지향과 욕망에 관한 진술이나 표현이 단순히 개인적인 성향에 관한 문제나 그것이 고용과 해고에 미치는 문제에 그치지 않는다는 것이다. 미 국방부는 동성애나 양성애가 전통적인 남성성이나 여성성의 본성이나 본질을 위배한다고 봤으며, 의회의 법안도 이성애와 동성애의 본질이나 본성에 대한 가정 위에서 만들어졌다. 그렇게 어떤 존재의 본성과 본질에 대한 가정 아래 구별을 내리는 일, 그리고 그에 대한 자신의 성향과 지향을 결정하는 일은 언제든지 사회 안에서 사람들 사이에서 갈등을 낳을 수 있다. 따라서 그 성향과 지향을 법에 따라 확정하거나 규제하고 금지하는 일은 무리가 있기 마련이다.

성적인 지향과 욕망이 한편으로는 규범의 대상이면서도, 다른 한편으로 법으로 규제하기 어려운 어떤 것이 된 과정에는 역사적 맥락과 배경이 있다. 규범의 관점에서 규제하는 일은 기본적으로 말과 행위에 초점을 맞추며, 그것은 나름대로 정당성을 가진다. 조금 단순하게 말하면, 근대 이전까지는 규범이 목표로 삼은 대상이 말과 행위임이 사람들에게 잘 알려져 있었다. 그래서 말과 행위가 크게 어긋나지 않도록 행동하는 일이 중요했다. 또 사회적이고 정치적인 활동뿐 아니라 경제 활동도 사회적 신분이나 가족 중심으로 이루어졌다는 점이 매우 중요하다. 생물학적 정체성이나 차이조차도 한편으로는 신분제의 질서에, 다른 한편으로는 가족이라는 틀에 의존했으며, 그것들과 결합하여 그에 따라 방향성을 지녔다. 이들 요인들 때문에 규범에 의한 규제는 안정성과 지속성을 가질 수 있었고 또 역사적 과정에서 이것을 전제했다.

그런데 근대 무렵부터 여기에 중요한 요인이 하나 더 추가되었으며, 그 추가는 기존 질서의 안정성과 지속성을 크게 위협했다. 다름 아니라 '욕망'이 중요한 동기로 등장한 것이다. 이제까지 사회적이고 정치적이며 또 경제적인 활동에 안정성과 질서를 부여했던 신분 제도와 가족이라는 틀이 부서지거나 많이 느슨해지는 과정도 개인 욕망의 비중이 커지고 또 확대되는 과정과 맞물렸다. 개인의 욕망은 사회적으로 관리되고 통제된 규범 이전에, 그리고 그것과 독립하여 존재하는 것처럼 점점 여겨지고 있다. 그 결과 성적인 취향을 비롯한 욕망은 극단적인 이중성 또는 애매성에 사로잡히게 된다. 사람들은 한편으로는 그 취향이나 욕망이 사회적 규범에 의해 관리되어야 한다고 생각하면서도, 자신의 고유한 취향이나 욕망에 관해서는 그것이 그 규범 이전에 있으며 또 그것과 독립하여 존재한다고 생각하기 때문이다.

6장까지 우리가 조금씩 논의했던 문제들이 이 장에서 증폭되면서 충돌하고 있다. 평등과 인권의 이념에 근거한 차별금지법이 충분하지 않다는 것을 우리는 살펴보았는데, 다시 한 번 그 논의를 점검해보자. 평등과 인권의 이념에서 출발하는 사람들은 흔히 인권선언과 동일한 내용을 가진 차별금지법을 형법으로 만들기만 된다고 생각한다. 그러나 인권의 이념을 지지하는 헌법과, 형법의 지시 대상과 맥락은 다르다. 또 인권선언조차 다른 모든 문제 위에 초월적인 방식으로 인권이 존재하며 지배한다고 주장하지도 않는다. 또 진리와 허위, 허용될 수 있는 것과 금지된 것을 주권적인 방식으로 구별하는 법이 현재 모든 법을 대변하지도 않는다. 18~19세기 이후 자유주의 정부의 권력이 작동하는 데 핵심적인 역할을 한 '안전'도 더 이상 허용된 것과 금지된 것의 구별에 따라서만 작동하지 않는다. 주권적인 법이 죽음과 죽임을 통해 권력을 수행하고 보장했다면, 안전을 목표로 삼은 권력은 인구의 생명을 보장하고 관리하는 것을 핵심 목표로 삼고 있다. 출생부터 죽음의 순간까지 안전을 관리하고 생산하는 정책들이 관여하지 않는 곳이 없으며, 세세한 부분까지 생명력을 확대하고 확산시키는 것이 정부와 권력의 주된 목표였다. 말하자면 '생명'을 촉진하고 확대하고 관리하는 일이 권력의 핵심 관심으로 등장한 셈이다.[33] 또 법률의 차원에서도, 진리와 허위, 허용과 금지 등의 내용과 상관없이 행정적이고 형식적인 절차만을 규정하는 법들이 많아졌을 뿐 아니라 이것들을 고려하지 않고서는 근대 이후 법률의 새로운 효과를 파악할 수 없다.

그렇다면 성적인 지향과 취향을 규범으로 규제하고 금지하려는 시도들만 이 문제를 간과하는 것일까? 그렇지 않다. 성적인 지향과 취향을 확정된 사실로 인정하면서, 그렇게 자유주의적으로 관용하기만 하면 문제가 해결될 것이라는 시도들도 비슷하게 간과한다.

왜냐하면 후자의 경우에서도 어떤 본성이나 본질을 구별할 수 있다는 가정이 깔려 있기 때문이다. 급진적 여성주의가 트랜스젠더에 대해 반대하는 것도 그렇게 정체성을 인정하는 일이 자신들의 진정한 여성성을 침해한다고 생각하기 때문이다. 결국 성적인 지향과 취향에 대한 표현을 규제하고 처벌하자는 태도도 문제지만, 모든 성적인 지향과 취향을 인정하면서 차별을 금지하는 법을 만들기만 하면 된다는 태도도 문제다. 모든 개인적인 지향과 취향을 자유주의적으로 인정한다고 해서 갈등이 사라지지는 않는다.

미국에서 동성결혼은 합헌으로 인정되었지만, 그렇다고 그 판결이 동성애에 대한 진술이 어떤 경우에도 차별을 받지 않는다는 점을 보장해주지는 않을 것이다. 유럽과 미국을 비롯한 선진국이 동성결혼을 합법화했듯이, 우리 사회도 얼마든지 동성결혼을 감당할 수 있는 단계에 와 있다고 나는 생각한다. 동성애자임을 커밍아웃하는 개인들이 최소한 공적으로 차별받지 않기를 바라지만, 기본권을 보장하는 관점이 고용과 승진 및 해고의 문제에서 사회적 차별을 깨끗하게 해결해주지는 않을 것이다. 마찬가지로 '트랜스젠더 되기'도 최소한 국내에서 법적 금지의 대상은 아니지만 고용과 해고와 입학 등의 문제에서 그들에 대한 사회적 차별을 둘러싼 갈등은 한동안 계속될 가능성이 크다. 어떤 사람의 성적 지향이나 성 정체성을 하나의 결정으로 인정하기만 하면, 사회적 갈등이 사라진다고 믿기는 힘들다.

여기서 갈등은 최소한 세 측면을 따라 일어난다. 우선, 모든 성적인 지향이나 욕망의 표현을 수행되었거나 수행될 사실로 전제하는 가정 자체가 새로운 문제들을 만든다. 성적인 지향이나 욕망을 실현하는 것이 자아실현의 한 과정으로 여겨지는 시대적 분위기 속에서, 모든 욕망을 그 자체로 수행되어야 할 행위로 이해하는 것은 과도하거나 맹목적인 면이 있다. 욕망에 대한 언어적 표현과 실천적 행위 사이에는 차이가 있다.

다음 문제는, 법적인 금지의 목록에서 제외된다고 해서, 사회적 갈등이 사라지는 것은 아니라는 것이다. 뒤에서 더 보겠지만, 좋음과 싫음의 구별이 점점 새롭고 강력한 행동의 요인으로 등장하면서, 싫어하는 사람들은 자신들의 싫음이 단순히 심리적인 지향이나 취향에 그치는 일이 아니라고 생각한다. 자신들의 자유와 권리가 침해된다고 여기는 경향이 커진다. 성적인 지향과 취향을 인정하는 일이 그냥 또는 저절로 관용이나 선택의 자유로 이어지지 않는 상황이 확대되고 있다는 것이다. 그런 심리적 욕망의 표현 자체를 행위로 간주하고서 규제하고 처벌하자는 시도들의 예를 우리는 앞에서 이미 보았다.

마지막으로 세번째 문제는, 구별을 짓는 일이 그 자체로 차별을 동반하거나 유발한다는 것이다. 사물과 존재의 본성이나 정체성을 강하게 구별하고 설정하는 모든 시도는 많건 적건 배제적인 태도나 위계질서를 낳을 것이다. 인간들끼리만 정체성을 두고 다투고 싸우는 게 아니다. 인간과 동물 사이에도 갈등이 일어난다. 과거 유럽의 귀족들에게는 그들의 애완견이 신분이 낮은 다른 사람들보다 중요했다. 지금은 어떤가? 많은 민주사회의 시민들은 평등을 중요하게 생각하고 인권을 숭배하지만, 다른 한편으로 반려견을 키우는 사람들에게는 멀리 떨어진 인류는 말할 것도 없고 이웃보다도 자신의 반려견이 더 소중하며 거기에 시간과 돈을 들인다. 앞으로는 로봇이나 인공지능 사이보그와의 관계에서도 이런 일이 일어날 것이다. 그들이 사회적인 맥락 속으로 점점 깊이 그리고 부드럽게 들어오는 것과 맞물려, 사람들은 다른 인류보다 자신 가까이에 있는 로봇과 사이보그에 더 관심을 기울이고 신경을 쓸 것이다. 이처럼 문명화 과정에서 각각의 시스템들은 세분화되는 경향이 크다. 이 세분화 과정 속에서 각각의 시스템은 사회적 기능과 역할의 차원에서 정당화된다. 이 상황에서 보편성과 일반성에 근거한 규범이나 법으로 규제하고 금지하는 일은 한계를 지닌다.

문명화 과정 속에서 계속 분화되는 사회 조직과 시스템은 서로를 구별하면서 나름대로 차별을 유발하고 생산하고 있다.[34] 그렇게 자신만의 본성과 본질을 주장하는 일은 많건 적건 차별적 구별을 생산한다. 이 경향은 단순히 추정에 그치지 않는다. 자신의 정체성을 구별함으로써 주장하려는 움직임은 각자 자신을 조직하려 하고, 또 시스템으로서 자신을 정당화하려고 한다. 여성주의와 트랜스젠더 모두 그렇게 자신을 조직하면서 자신을 정당화하는 시스템이다. 이 조직들은 단순히 옳고 그름의 기준이나 좋고 나쁨의 기준에서 판단하기 어렵다. 그들이 사회 시스템의 차원에서 각자 나름대로 정당성을 가지겠지만, 사회적 갈등은 확대되거나 확산된다. 바로 이 점이 중요하다.

'진정한 성애'가 무엇이냐는 기준도 앞으로 갈등을 생산할 수 있다. 성적인 욕망과 생명력이 강한 젊은 남성과 여성은 그 경계선을 따라 나이가 든 남성과 여성을 배제하고 차별할 수 있다. 더 나아가, 성애를 즐기지 않거나 무시하는 무성애 인간은 '일반적인 성애'에 대한 팩트를 믿는 다수의 성애적 인간에 의해 구별되고 차별될 수 있다. 진짜와 가짜, 진리와 허위, 허용되는 것과 금지되는 것의 구별에 근거하는 법은 이 사회적 갈등과 넓은 의미의 차별을 다루지 못한다.

이 성찰로부터 얻어지는 중요한 결론이 있다. 모든 차별을 단순히 그리고 오로지 평등과 인권의 이념에 근거해서 해결하기는 어렵다는 것이다. n번방 사건 같은 성착취 문제도 비슷하다. 성폭력과 성착취를 처벌하는 법을 만들고 그에 따라 처벌하는 일이 우선 중요하다. 그리고 기본적으로 평등과 인권의 가치를 키우는 것도 중요하다. 그러나 그렇다고 거기에 호소하기만 해선 문제가 충분히 해결되지는 않을 것이다. 평등과 인권에 대한 선언에도 불구하고, 차별적인 권력관계와 넓은 의미의 차별은 여전히 존재한다는 사실을 마주해야 한다.

08

학력 앞에서
보수와 진보는 차이가 있는가

경쟁사회에서 핵심 자산이 된 고학력

우리는 이제까지 주로 평등과 인권의 이념과 가치를 중시하는 관점들이 어떻게 차별 문제에 접근하는지, 그리고 그 접근의 성과와 동시에 한계는 무엇인지 알아보았다. 언뜻 보면, 주로 진보적이거나 좌파적 관점이 비판적 분석의 대상으로 보일 것이다. 그러나 이는 차별의 문제에 대해 좌파나 진보적인 관점이 더 많이 관심과 주의를 기울이기 때문에, 그 관점의 성과와 효과를 꼼꼼히 따져볼 필요가 있었기 때문이다. 그와 달리 특히 한국의 보수 쪽에서는 차별의 문제에 관심과 주의를 덜 기울이기 때문에 그만큼 진지하게 다룰 필요가 없었던 셈이다.

앞에서 우리는 평등의 이념을 섣불리 그리고 조급하게 규범으로 여기는 관점이나 태도를 비판적으로 분석했다. 평등의 개념과 이념을 너무 규범의 형태로 확대하거나 과장하지 말자는 말은 그 개념과 이념을 과도하게 제한하는 듯 보일 수 있다. 그렇지 않다. 평등과 인권의 이념만 폭력적인 사실을 다루는 데 적절하지 않거나 효과가 없는 것일까? 그렇게 생각한다면, 보수적이거나 자유주의적 이념을 신봉하는 사람일 것이다. 이제까지 우리가 평등과 인권의 이념에 대해 논의했다면, 여기서는 시선을 돌려본다. 자유의 이념에 대해서도, 비록 동일한 방식은 아니더라도 비슷한 제한을 말할 수 있다. 자유의 성과도 나름 크지만, 그렇다고 그것을 그저 규범으로 여기거나 할 필요는 없다. 평등의 이념 못지않게 자유의 이념도 폭력적인 사실들을 다루는 데 적절하기 않거나 효과가 없다는 점을 이제 살펴볼 것이다. 그리고 바로 그 때문에, 곧 평등과 인권의 이념뿐 아니라 자유 및 그것에 근거한 인권의 이념도 폭력적 사실을 제대로 다루기 힘들기 때문에, 이것은 다른 방식으로 제대로 다뤄져야 할 문제이다.

성적인 지향이나 취향을 둘러싼 갈등만 보면, 그것이 상당수 사람들에게는 충분히 피할 수 있는 갈등으로 보일 것이다. 급진적인 여성주의 집단에 속하지만 않으면, 또는 동성애나 트랜스젠더 성향을 가졌기 때문에 그것을 커밍아웃할 사람이 아니면, 그것과 관련된 차별 문제는 자신에게 해당되지 않는다고 여길 수 있다. 따라서 폭력적인 팩트의 형태로 우리가 논의하는 문제가 일부 과격한 사람들과 일부 '주변적인' 사람들 사이에서만 일어나는 일로 치부될 수 있다. 그러나, 그렇지 않다. 폭력적인 사실로 확산되는 갈등과 문제는 일부 주변적인 집단 사이에서만 일어나지 않는다. 사회 한가운데서 일상적으로 폭넓게 일어나는 문제다. 다수의 보통 사람들조차도 거기서 자유롭지 못하다. 무엇보다 교육 현장에서 일어나는 학력차별, 그리고 정치적인 이슈들을 둘러싸고 일어나고 확산되는 갈등들에서 이 사실이 분명히 드러난다.

입시경쟁과 학력차별을 둘러싼 갈등은 누구나 다 아는 사실이다. 그 사실은 흔히 점점 계급으로 작용하는 계층적 불평등의 관점에서 파악되며, 대부분은 맞는 이야기일 것이다. 교육현장과 교육 투자는 새로운 방식으로, 그리고 결과적으로 계급갈등을 야기하고 있다. 그 문제를 빼놓고 학력경쟁을 논의하기는 힘들다. 특히 정치적 차원에서 자녀교육 투자는 그 문제를 강화시킨다. 그러나 다른 한편으로, 계층 및 계급 갈등을 조장하는 학력경쟁을 비판한다며 상투적인 방식으로만 계급 문제를 언급한다면, 문제는 충분히 다뤄지지 않았다고 할 수 있다. 그런 접근은 오히려 계층에 따른 행동방식을 합리화해주거나 정당화해주는 면도 있다. 왜냐하면, 중상층이 자녀교육에 일반적으로 훨씬 더 많은 투자를 한다는 것이 거의 기정사실인 바에야, 그에 대해 실질적으로 할 수 있는 일은 많지 않기 때문이다. 그리고 많은 사람들이 계층 및 계급 상승을 원한다면, 그 욕망과 의지에 대항할 수 있는 길도 제한되어 있을 것이기 때문이다. 이 상황에서, 학력차별이 계층과 계급 갈등에 어떻게 폭력적인 사실로 작용하는지 살펴볼 필요가 있다.

교육에서의 경쟁과 투자가 결국 계층과 계급 갈등으로 굳어지게 되는 원인은 무엇일까? 사람들이 계층과 계급에 따른 이익이나 힘을 추구하는 것도 하나의 요인이기는 하지만, 다른 여러 요인들도 작용했을 것이다. 또 시대적으로 각각 다른 형태와 맥락에서도 작용했을 것이다. 산업혁명 초기, 사회는 전반적으로 떠돌이와 부랑자들의 숫자를 줄이고 사람들을 착실하게 노동하는 인간으로 변형시키려는 프로젝트를 가동했다. 그것이 국가의 생산력에 절대적으로 필요했기 때문이다. 또 권력의 발생 및 작동 과정을 분석하자면, 개인들을 사회적으로 길들이면서 국가에 봉사하게 할 고급 인적자본으로 만드는 데도 교육이라는 훈육의 메커니즘은 절대적으로 필요했다. 그래도 어쨌든 20세기 중반까지는 교육을 통한 자기계발이 전반적으로 긍정적인 작용을 한다고 여겨졌다. 성장하는 사회는 고등교육을 받은 인재들을 계속 필요로 했고, 그들을 위한 일자리도 충분히 있었다. 그러나 20세기 후반에 접어들면서 상황은 바뀌었다.

1980년대 무렵부터 성장 동력에 대한 의심과 불안이 커졌다. 저성장에 대비해야 한다는 말이 나오더니, '제로 성장'과 심지어 '마이너스 성장'이라는 말까지 등장하면서, 불안과 불확실성이 확대되었다. 그 무렵에 신자유주의가 발생한 것은 우연이 아니다. 세계적으로 자본의 수익률이 떨어지고 있다는 징후와 통계가 빈번해지면서, 글로벌 자본도 그에 맞춰 바삐 움직인 셈이다. 제2차 세계대전 이후 성장과 민주화가 동시에 확장하면서 자본과 노동자 모두에게 여유 있던 시대가 본격적으로 저물기 시작한 셈이다. 국내에서는 1997~1998년 IMF 구제금융 사태가 첫번째 타격과 충격이었지만, 다른 나라에서도 비슷한 상황이 번지기 시작했다.

교육경쟁이 심해지고 확대된 원인에는 또 신자유주의가 시장을 강조하고 개인들의 경쟁을 부추겼다는 점도 있다. 신자유주의가 개인의 경쟁을 부추긴 면이 큰 것은 사실이고, 그것의 확산 과정에서 자기계발이 과도하게 부각된 면도 있다. 그러나 그렇다고 자기계발이 순전히 신자유주의의 이데올로기라고 비판하는 것도 공허한 면이 있다. 1980년 무렵부터 크게 확대되는 불안과 불확실성 앞에서, 개인들은 자기를 계발하고 개발해야 한다는 필요로부터 자유롭기가 힘들었다고 보아야 한다. 말하자면, 자기계발이라는 목표는 단순히 이데올로기적 원인이라기보다는 사회적 변화에 따른 증상이나 징후에 가깝다. 세계적으로 점점 대학진학률이 높아진 배경도 그 맥락에서 이해되어야 한다.

물론 그 과정이 일률적으로 진행된 것도 아니다. 학력경쟁이 확대되는 과정에서 그것에 저항하는 방식도 한동안은 여러 가지로 논의되었고 그런 저항도 가능한 것처럼 보였다. 개인적으로 나도 2000년대 초반까지만 해도, 대학진학률이 매우 높은 경향에 반대하며 고등학교만 졸업하고도 경력을 쌓는 경로가 인정되어야 한다고 말했다. 그러나 그것은 말처럼 쉽지 않았다. 괜찮은 일자리의 압박이 점점 커졌기 때문이다. 또 국내에서는 선진국처럼 괜찮은 파트타임 일자리가 많이 생기지도 못했고, 고졸과 대졸 사이의 임금 격차도 줄어들지 않았기 때문이다. 결국 냉정하게 보면, 국내에서 고졸자가 경력을 쌓는 길은 열리지 않았고 학력경쟁은 치열해지면서 폭력적인 경향도 커지고 있었다.

자기계발이라는 목표 말고도 대학입학생과 취업자 모두에게 부과된 것이 또 있다. 그것은 능력에 따른 평가 또는 능력주의를 받아들이라는 압력이었다. 한국에서는 이런 저런 이유로 능력주의에 대한 믿음이 크다. 그 원인도 여럿일 것이다. 우선 한국 사회는 해방 이후 북유럽 식의 사회민주주의적 공공성을 확보하지 못했다. 그러니 평등보다는 자유주의적 이념인 능력주의가 자리를 잡았으며, 그 능력주의가 IMF 구제금융 사태 이후 더 강화되었다고 할 수 있다. 이 능력주의의 문제는 조금 뒤에 다시 논의하기로 하자.

1장에서도 잠깐 논의했지만, 교육현장이 점점 이 사회의 불안과 불확실성에 침식되기 시작했다. 많은 사람이 고등교육을 받으면 개인에게나 사회에게나 도움이 될 것이라는 낙관적 분위기는 사회적 불안과 불확실성에 걸려 부서졌다. 대학을 나와도 괜찮은 일자리를 찾기 힘든 상황이 그 이후 지속되고 있고, 그에 맞물려서 다른 문제들도 쌓였다. 이 와중에서 매우 중요하면서도 사회가 일관되게 소화하거나 관리하지 못하는 교육경쟁과 학력차별의 문제는 점점 꼬였다. 한편으로 고등교육은 여전히 개인에게도 사회에게도 필요한 기회이자 가치라는 기대와 믿음이 있다. 그러나 다른 한편으로 고등교육은 개인과 사회 모두에게 매우 피곤하고 골치 아픈 문제가 되었다. 부유한 계층에게든 가난한 계층에게든 양상은 다르지만, 학력경쟁은 모두에게 다 힘들고 짜증나는 일이 됐다. 가난한 계층이 더 힘든 거야 분명하지만, 중산층 이상에게도 교육경쟁은 피곤하고 긴박했다. 높은 비용을 들여 대학을 졸업해도 좋은 일자리를 얻기가 어려워지면서, 경쟁이 더 치열해졌기 때문이다.

사회와 정부에게도 교육은 점점 복잡하고 버거운 문제가 되었다. 정부 부처 가운데 아마도 제일 문제가 많고 장관들도 실력을 보여주지 못하는 부처가 교육부일 것이다. 대학입시에 끊임없이 새 제도를 도입하지만 만족스러운 경우는 없었다. 불만과 비웃음이 들끓고, 어설픈 땜질이 뒤따랐다. 민주화가 어느 정도 된 이후에도 그 상황은 마찬가지였다. 김대중 정부와 노무현 정부를 거쳐 문재인 정부에 이르기까지, 교육 및 입시 문제는 매번 만족과는 거리가 멀었다. 출산율이 떨어져서 고졸자의 수가 줄어드는 상황에서 고등교육의 미래를 새로 짜는 일이 제대로 되지 않고 있고, 교육부는 대학입시 제도에서 정시입학과 수시입학의 비율을 이리저리 땜질하느라 허둥댄다. 이렇게 교육을 둘러싼 갈등은 사회에서 가장 복잡하고 혼란스러운 문제 가운데 하나가 됐다.

여기에서 관심을 끄는 점은, 진보를 자처한 노무현 정부가 교육정책에서 허둥거렸듯, 임기 후반기에 들어선 문재인 정부도 비슷하다는 것이다. 보수정당과 보수적인 정부야 교육에서 무엇보다 수월성을 강조하니, 학력차별과 교육경쟁이 유발하는 문제에는 크게 관심을 가지지 않는다고 볼 수 있다. 오히려 경쟁이 필요하다고 여기는 쪽이니까. 그런데 자칭 진보 정부도 학력차별과 교육경쟁을 둘러싼 문제에서 별다른 특징을 보이지 못했다. 물론 군이 비교하자면, 그래도 노무현 정부 때는 대학입시에서 수능의 등급을 조정하는 등 그래도 몇 가지 개혁적인 시도가 있었는데, 문재인 정부에서는 그마저도 없다. 그 와중에서 2019년 '조국 사태'가 터지면서, 자칭 진보라는 사람들이 자녀교육에서 보수적인 상류층과 비교해 전혀 차이가 없다는 점이 드러났다. 그런데 사실 이것은 그에게만 국한된 문제는 아니었다. 자칭 진보는 2000년대 초반까지는 교육문제에서 공교육을 정상화해야 한다고 주장하고 사교육을 비판했지만, 그 후에는 그것도 더 이상 의미를 잃었다. 그들도 정작 자신들 자녀교육에서는 보수와 다르지 않았기 때문이다. 이것이 진보만의 문제는 아니겠지만, 평소 교육개혁을 큰 목소리로 외쳤기 때문에 그들의 이중성이 더 두드러져 보일 수밖에 없다.

그런데 자칭 진보들이 말로는 공교육을 외치거나 교육개혁을 말 하면서 자신의 자녀교육에서는 보수와 큰 차이를 보이지 못하는 이유는 무엇일까? 그들이 부모로서 자녀교육 문제에서 어쩔 수 없 기 때문일까? 실제로 현재 상황에서 어떤 부모에게든지 자녀가 공 부를 열심히 하는 것은 기특한 일이고 일종의 선물일 수 있다. 그러 나 사회구조를 바꿔야 한다는 목표를 높이 내세우는 사람들에게 말 과 행동이 벌어지는 이중성은 구조적인 위험이 된다. 교육에서 말 과 행위의 균열은 보수보다 자칭 진보에게 훨씬 더 위험해진다. 그 균열이 그들의 정체성을 갉아먹기 때문이다. 자녀 문제와 관련해서 있을 수 있는 또는 어쩔 수 없는 이중성이 그들에게는 기만적인 이 중성으로 바뀔 수 있다. 아마도 부동산과 재산축적 방식과 함께, 교 육과 관련된 이중성과 혼란이 그들의 의식뿐 아니라 물적 토대까지 뒤죽박죽으로 만드는 가장 큰 요인일 것이다. 그리고 이것은 자녀 교육의 문제를 넘어, 매우 중요한 정치적 문제를 건드린다.

근대 이후 전통적으로 정치적인 이념과 정당은 재산에 따라 계 층적으로 구별되었다. 한국에서는 분단을 둘러싼 이념 갈등 때문에 서구에서 진행된 이 구별이 그대로 진행되지는 않았지만, 그래도 기본적으로는 유효한 구별이었다. 부자는 보수 쪽으로 모이고, 그 렇지 않은 사람은 좌파나 진보 쪽으로 모였다. 그러다 앞서 언급했듯이 20세기 후반 사회적 변화가 일어나면서, 이 정치적 세력 배분에도 큰 변화가 생기기 시작했다. 기존의 부자들은 여전히 보수에 표를 주고 있지만, 학력이 높은 사람들, 그리고 그 학력 혜택에 힘입어 고소득이 된 사람들이 점점 자칭 진보 쪽에 많아졌다는 것이다. 결과적으로 전통적인 계급에 따라 정치적 이념을 나누는 경계선이 크게 바뀌거나 심지어 뒤집어졌다. 서구 선진국에서도 전통적으로 중하층이 진보 또는 좌파 정당을 지지하는 경향이 컸는데, 그 경향이 뒤바뀌고 있다. 이 점은 20세기 후반 이후 자본 수익에 따른 불평등의 증가를 관찰해온 토마 피케티의 연구에서도 드러난다. 특히 프랑스와 미국, 그리고 영국에서 고학력이 고소득 상류층으로 연결되고 있으며, 저학력 사람들은 보수를 지지하는 쪽으로 변화가 일어나고 있다.

1970년대와 1980년 이후로 좌익의 투표는 점점 고학력 투표자들과 연관이 되었고, 이것은 내가 '복합적-엘리트' 정당이라고 지칭하자고 제안하는 것이 생기게 만들었다. 2000년대와 2010년대인 지금 고학력 엘리트들은 '좌파'를 위해 투표하고 있으며, 고소득/고재산 엘리트들은 여전히 '우파'를 위해 투표한다(그렇지만 점점 덜 그렇게 한다).
그래서 '좌파'는 지적인 엘리트의 당(브라만 좌파)이 된 반면에, '우파'는 비즈니스 엘리트의 당(상인 우파)으로 파악될 수 있다.[35]

그런데 피케티가 관찰한 이 현상은 한국에서도 비슷하게 나타나고 있다. 따지고 보면, 조국 사태에서 드러난 자칭 진보들의 이중성은 바로 이 세계적으로 일어나고 있는 교육경쟁 결과의 한 증상이자 징후라고 보아야 한다. 이 세계적인 변화가 확대되고 있는데도, 이제까지 외국에서나 국내에서나 제대로 강조되지 않았다.

그런데 이렇게 큰 정치적 변화가 일어난 배경에는 고학력자들의 정치적 선택과 경향이 크게 바뀌었다는 사실이 있다. 그것은 '교육에 따른 정치 성향의 분열이 완전히 뒤바뀌었다'는 사실이다.

시대의 초기인 1950년대와 1960년대에 학력이 더 높은 투표자들은 체계적으로 더 우파를 위해 투표했다: 학력 수준이 높을수록, 우파 투표도 높아진다. 시대의 끝, 곧 2000년대와 2010년대에, 나는 완전히 반대의 패턴을 관찰한다: 학력 수준이 더 높을수록, 좌파적 투표도 더 높아진다. 이 완전한 뒤바뀜은 반세기 이상 동안 점진적인 방식으로 일어났고, 극단적으로 완강하게 보인다.[36]

『21세기 자본』에서 불평등이 확대되는 현상에 초점을 맞추었던 피케티는 그 불평등이 단순히 전통적인 관점으로는 더 이상 다루기 어려운 정치적인 성격을 띠고 있음을 인정할 수밖에 없었다. 20세기 중반에는 좌파에 표를 던지는 사람 가운데 대졸자 아닌 사람의 비율이 대졸자의 비율보다 높았다면, 21세기 초에는 완전히 뒤바뀌었다.

1950~1960년대와 2000~2010년대 사이의 무게이동은 대략 30퍼센트에 이른다. 이것은 교육과 투표 행위 사이의 관계에서 일어난 완전하고

도 거대한 변화에 상응한다.[*37]

그렇다면 여기서 어떤 결론을 이끌어내야 할까? 피케티는 위의 연구에서 이 복합 엘리트(곧 고학력 엘리트와 고소득 엘리트)에 기반한 정당 시스템이 지속될 위험도 있고, 또는 수그러들면서 다시 전통적인 계급에 기반한 정당 시스템으로 되돌아갈 가능성도 있다고 보았다. 물론 하층계급이 진보나 좌파 정당을 지지하는 흐름이 사라지지는 않을 것이다. 그러나 내가 보기에, 고학력이 진보와 좌파 정당의 다수를 차지하는 현상은 수그러들기 힘들고 오히려 확대될 것이다. 다르게 말하면, 고학력 엘리트들이 고소득 엘리트가 되는 비율이 늘어날 것이다. 비록 고학력 엘리트가 고자산 상인 엘리트로 바뀌지는 않겠지만, 그들 상당수는 고소득 엘리트가 될 것이다. 또는 최소한 안전하고 지위가 높은 직업을 얻는 데는 절대적으로 유리할 것이다. 교육경쟁은 줄어들 기미가 전혀 없는 상황이며, 고학력이라는 스펙은 그 자체로 강력한 무기이자 동시에 사회적 커넥션을 확대하는 데도 크게 도움이 되는 수단이다.

피케티도 고학력 엘리트가 고소득 엘리트가 되는 데 매우 유리하며 따라서 점점 그 둘이 겹친다는 점을 지적하기는 했다. 그리고 고

---

[*] 미국의 예를 들어 피케티는 다음과 같은 결과를 관찰한다. 과거 1940~1960년대 미국의 정당 시스템은 계급에 근거한 시스템이라고 규정될 수 있다. 말하자면, 저학력과 저소득 계층이 같은 정당, 곧 민주당을 지지한 반면에, 고학력과 고소득은 다른 당인 공화당을 지지했다. 그 미국이 점차적으로 복합 엘리트 정당 시스템으로 이동했다. 고학력 엘리트들은 민주당에 투표했고, 고소득 엘리트들은 공화당에 투표했다.(p. 36.)

학력 엘리트들, 곧 자칭 진보의 상당수가 실제로 불평등을 없애는 데는 제대로 성과를 내지 못한다는 점도 언급했다. 그는 자신이 분석한 이 사실들이 "불평등이 늘어나고 있다는 점, 그리고 그에 대한 민주당 쪽의 대응의 부족, 그뿐 아니라 '포퓰리즘'의 확대를 설명하는 데 기여할 것"[38]이라고 주장했다. 그러나 내가 보기에, 피케티는 자칭 진보가 불평등 문제를 다루기 점점 힘들어질 것이라는 점을 충분히 강조하지는 않았다. 미국의 민주당을 비롯한 좌파나 진보가 불평등에 대응하는 데 부족함이 있다는 정도로 결론을 냈다. 다르게 말하면, 고학력 엘리트와 고소득 엘리트가 겹치는 과정이 더 확대되고, 따라서 근대적인 정치적 지형에도 더 큰 변화가 올 것이라는 점을 그는 충분히 강조하지는 않았다. 아마도 그 자신이 영국 노동당을 비롯한 전통적 중도 좌파의 정책에 깊이 개입한 경로 때문일 것이다.

그와 달리 나는 불안과 불확실성이 확대되는 사회에서 고학력이 계속 그리고 점점 더 소득과 안전을 확보하는 데 필수적인 도구와 자산으로 여겨질 것이라고 생각한다. 현재의 사회제도가 그 과정을 지탱하고 있을 뿐 아니라, 전통적인 가치와 태도가 그것을 뒷받침해주고 있기 때문이다.

우리는 이 결론의 의미를 제대로 인식해야 한다. 아직도 사회에서는 고등교육 과정이 전반적이고도 일반적으로 평등과 자유의 가치를 높일 것이라는 순진하고 아름다운 생각이 유지되고 있다. 보수 쪽에서는 어차피 교육은 일종의 경쟁이므로 그 경쟁을 통해 인재를 육성하는 것이 공동체에 좋다는 생각을 한다. 그들은 좋은 인재를 육성하는 일이 중요한 만큼, 교육을 통한 경쟁이 다소 과열되더라도 큰 문제는 아니라고 여긴다. 진보 쪽에서도 교육이 개인에게나 사회에 두루 좋다는 근대적 관점이 유지되고 있다. 더욱이 스스로를 진보 쪽이라 여길수록 사람들은 교육을 통해 평등과 자유의 가치를 생산해야 한다는 생각이 강하다. 그러나 중상층일수록 자녀 교육에 투자하는 비용이 점점 커지고 좋은 일자리를 구하기는 점점 어려워지는 상황에서, 교육이 근대적 계몽의 관점에서 맡았던 역할을 계속 할 수 있을까?

나는 거기에 회의적이다. 그래서 1장에서도 이미 교육에서 일어날 뿐 아니라 그것이 부추기는 경쟁 앞에서 "기회는 균등한가? 과정은 공정한가? 결과는 정의로운가?"라고 묻는 태도는, 정치적으로는 올바르게 보일 수 있지만 공허할 수 있다고 말한 것이다. 유감이지만 현재 사회에서 교육의 메커니즘은 더 이상 전적으로 또는 오로지 기회의 균등과 절차의 공정과 결과의 정의에 봉사하지 않으며, 따라서 그것에 의해서만 평가될 수 없다. 물론 교육 과정을 통해 어느 정도 기회를 얻고, 공정한 절차를 확보하며 또 부분적으로 사회적 정의를 실현할 수 있다는 것을 부정할 필요는 없다. 다만 그것이 유일한 목적도 아니고, 전체적인 목적도 아니며, 최대의 목적도 되기 힘들다는 것이다. 그런 가치에만 호소하는 일은 너무 순진하고 너무 이념적인 태도이다. 과거보다 오히려 교육경쟁이 심해지고 확대되고 있는데, 어떻게 그런 목적이 실현될 수 있을까? 미국과 프랑스와 한국에서 고학력이 고소득과 결합하고 그 과정에서 정치적 지형이 뒤바뀌고 있는 경향이 쉽게 수그러들거나 사라진다고 믿을 수 있을까? 오히려 그 경향이 점점 커지고 있는 것이 팩트 아닌가? 독일처럼 지방 분권화된 상태에서 대학도 자격시험만 보고 입학하는 시스템, 그래서 경쟁도 덜한 시스템은 현실에서 드물다. 게다가 교역전쟁과 고용경쟁이 심해지는 와중에서 독일에서도 이제까지 유지된 교육시스템에 대해 여러 각도에서 불안과 불만이 커지고 있다.

교육은 사회에서 필요한 긍정적인 역할도 하지만, 그 과정에서 폭력적인 사실로 작용하며 그것을 생산한다. 교육경쟁 과정에서 작용하는 평가 시스템은 얼마나 엄격한가. 그리고 사회와 문명이 진화할수록 개인들의 자율성을 강조하는 개인화 과정은 점점 확대되는 경향이 있기 때문에, 개인들은 능력이나 업무에 따른 평가에서 자유롭지 못하다. 그렇기 때문에 경쟁이 치열해진다. 경쟁은 단순히 이기적인 동인 때문에 생기지 않는다. 평가는 또 다른 평가를 낳고, 그것은 또 다른 평가를 수반한다. 그 메커니즘에서 이뤄지는 능력과 업무에 대한 평가는 폭력적인 사실로 작용한다. 보수는 뛰어난 인재를 육성하며 개인의 자유를 높인다는 핑계로 이 폭력성을 간과한다. 반대로 진보는 평등과 인권에 기여할 것이라는 명목으로 이 폭력성을 무시한다.

교육이 유발하거나 직접 생산하는 사실의 폭력성, 무엇보다 능력을 평가하고 평가받는 과정에서 생산된 사실들의 폭력성은 줄어들거나 사라지기 힘들다. 아마 많은 사람들도 내심 이렇게 생각할 것이다. 그렇지만 공식적이고 공공적인 차원에서는 그 사실이 잘 인정되지 않는다. 기껏해야 잘 해나가자는 구호만 반복되고 있다. 그러나 실제로는 많은 사람들이 학력경쟁이 지속될 것이며, 평가를 통해 차등적으로 대우를 받는 일이 쉽게 줄어들지 않을 것이라는 점을 환히 드러내고 있다.

능력주의 평가 시스템이라는 문제

이제 우리는 왜 이런 일이 생겼는지 조금 더 파고들어야 한다. 여기서 핵심은, 개인들이 각자 평등과 자유를 실현하는 과정에서 경쟁이 확대되었고 그 과정에서 능력에 대한 평가 시스템이 확장되었다는 데 있다. 교육경쟁은 다양한 평가 시스템 가운데 가장 전통적이고 인간적인 형태를 띤 것이며, 동시에 독립적이고 자율적인 사회 시스템으로 작용하고 있다.

사실 평가 시스템은 현재 사회가 작동하는 데 가장 중추적인 역할을 하는 절차이자 과정이다. 커다란 건설 프로젝트가 실행되기 전에는 환경영향 평가가 이루어져야 하며, 사회정책이 실행되기 전엔 성별에 따른 영향과 효과가 평가되어야 한다. 자동차 생산을 비롯한 산업공학적 활동에서도 미세먼지나 기후 등에 미치는 영향이 평가되어야 한다. 근대 초기만 해도 산업현장에서 그저 생산성만 높이면 됐지만, 점점 모든 영역에서 평가하는 시스템이 확대되어왔다. 안전이라는 전략 아래 정부가 사회를 관리하고 통제할 때도, 그리고 시장에서 기업들이 일정한 규칙과 가이드라인을 지키면서 생산적으로 경쟁할 때도, 리스크와 위험에 대해 평가하는 일은 공공 영역에서나, 시장의 영역에서나, 개인들이 자신의 삶을 계획하는 일에서나 모두 필수적인 과정이자 작업이다.

교육현장에서도 마찬가지이다. 아니 더 촘촘하고, 더 인간적이면서도 동시에 더 완강한 사회 시스템의 형태를 띤다. 다른 영역에서는 주로 환경에 미치는 영향이 평가 대상이 되는 것과 달리, 교육현장에서는 직접 사람의 능력에 대한 평가가 이루어지기 때문이다. 근대 초기부터 20세기 중반까지는 그래도 학생의 능력을 증대시키면서 성적을 통해 그 효과를 측정하는 일이 그 평가 시스템의 핵심이자 전반적인 목표였을 것이다. 푸코는 그 교육의 효과를 권력이 작동하는 훈육 메커니즘과의 관계에서 분석했다. 주권적 권력에서는 허용된 것과 금지된 것 사이의 대립이 법률적인 형태로 강조되고 확정된다. 그 주권적 권력 이후에 발생한 권력의 작동방식, 특히 훈육적 권력의 작동방식에는, 많건 적건 또 작동방식의 차이에도 불구하고 기록하고 등급과 순위를 매김으로써 질서를 생산하는 평가 시스템이 작용했다. 학교에서 학생들을 훈육의 대상으로 삼아 그들의 신체를 통제하고 그들의 성적과 등급을 기록한 것이 대표적인 예이다.

그러나 그 이후에 새롭고 커다란 변화가 또 일어났다. 이제 학생만 평가 시스템의 대상이 아니었다. 가르치는 사람의 수업 방식과 효과도 점점 촘촘한 평가의 대상이 되었다. 과거엔 '스승'의 이름으로 선생에 대한 거의 전적인 존중이 강조되었다면, 이제 그것은 쑥 들어갔다. 대학에서는 교수의 수업에 대해 학생들도 직접 평가한다. 이것은 작은 변화로 보일 수 있지만, 실제로는 엄청난 변화를 야기한다. 과거 '스승'은 학생이 평가할 수 없는 커다란 존재였지만, 이제 교수의 수업을 학생이 평가하게 됨으로써 선생은 일방적인 존중과 지혜의 담지자 자리에서 내려오게 되었고, 쌍방향의 평가로 확장되었다.

평가 시스템의 확장에는 당연히 긍정적인 면뿐만 아니라 부정적인 면도 있다. 최근에 와서 이런 평가 시스템, 특히 등급과 순위를 매기는 방식의 시스템이 사람들을 피곤하게 만들 뿐 아니라 애초에 기대했던 것만큼 효율적으로 작동하지 않는다는 인식과 비판도 커졌다. 이 관점에서 평가 시스템을 부정적으로만 본다면, 그것은 공동체나 연대의식 등으로 극복해야 할 대상이 될 것이다. 또는 최소한 평가 기준을 느슨하게만 만들면, 괜찮을 것으로 보인다. 그러나 정말 그럴까? 그럴 수 있을까? 이것이 문제다. 위에서 차별을 논의할 때처럼, 평등과 인권의 관점에서만 보면 평가 시스템은 전적으로 비판의 대상이 될 것이다. 그러나 그런 관점은 평가 시스템의 확장이 왜 이루어졌는지 제대로 살펴보지 않는 실수를 저지른다. 모든 사람이 각자 자신의 평등과 자유를 실현하는 과정 자체가 사회에 의해 권장되었고, 그 과정에서 알게 모르게 객관적으로 사람들의 능력과 성실함을 평가할 필요가 확장되었다는 사실을 간과하는 것이다.

근대 이후 정치적으로나 철학적으로 가장 중요한 원칙은 평등한 권리와 능력에 따른 기회의 부여였다. 전자를 정치적이고도 철학적으로 뒷받침한 것은 사회민주주의라고 할 수 있고, 후자를 뒷받침한 것은 자유주의라고 할 수 있을 것이다. 평등과 기회의 균등은 물론 정치적 맥락에서는 다소 다른 수준과 방식에서 강조될 수 있다. 역사적 발생 과정 속에서 사회주의는 평등을 강조했고 도덕적 원칙을 추구하는 자유주의는 기회의 균등을 강조했다고 구별할 수 있지만, 실제 실행되는 정책의 차원에서 그 차이는 점점 줄어들었거나 서로 섞였다. 유럽의 경우, 최소한 독일·영국·프랑스의 경우, 2차 대전 이후 극우나 극좌가 집권하는 일은 거의 없었거나 드물었다. 해외이주민 때문에 새로운 불안과 불안정성이 생기기 이전에는 주로 중도우파나 중도좌파 정당이 집권했으며, 독일에서는 그들 사이에 대연정도 종종 있을 정도였다. 선거 국면에서는 정책의 차이가 부각될 수도 있었지만, 교대로 정부를 구성하거나 연합정부를 구성하는 과정에서 정책의 차이는 절대적인 것은 아니었다. 그 결과 인권 차원의 평등과 기회균등은 중도우파나 중도좌파에 의해 비록 차이는 있더라도 그 차이를 무시할 수 있을 정도로 공유도 되었다고 할 수 있다.

그러나 다른 한편으로, 평등이나 능력에 따른 기회의 균등 같은 이념들은 원칙일 뿐이다. 그것을 실제 사회에서 정책의 차원에서 실행하고, 개인들의 몸과 마음을 사회 기구와 제도의 실제 목표에 맞게 동원하고 통합시키려면 일련의 실행 전략과 기술이 있어야 했다. 개인의 능력에 따라 기회가 균등하게 부여되고 있으며 인권 차원에서 권리가 평등하게 부여되고 있는지를 알고 확인하기 위해서는, 서로 다른 능력과 권리들을 비교 측정하며 그 비교치를 산정하는 평가 시스템이 필요했다. 그러므로 좌파적 관점과 우파적 관점의 차이가 무엇이든, 또는 정치사상적으로 사회(민주)주의적 접근과 자유주의적 접근의 차이가 어떤 것이든, 평가 시스템이라는 문제는 어디에서나 점점 중요해졌다.

먼저 자유주의적 관점이 중요하게 여기는 능력주의의 원칙을 보자. 신분사회를 폐지하는 과정에서 능력주의의 명예와 힘은 점점 확대되었다. 신분이나 집단의 권위를 인정하는 것보다, 개인들 각자의 능력을 인정하고 평가하는 일이 훨씬 공정하고 현대적 기준에 적절하기 때문이다. 그러나 중요한 점은 능력을 어떻게 평가하는가의 문제일 것이다. 실제로 사람들의 능력이나 사회적 적응력을 평가하는 일은 시대마다 달랐고, 시대에 따라 목적과 수단도 달랐기 때문이다. 말하자면, 능력주의는 쉽게 구현되거나 실행되기 어려운 목표임에 틀림없다.

　　능력주의에 대해 말할 때, 자유주의라는 기본적 바탕에서 출발하면서도 사람들은 서로 다른 목표와 전략을 주장하고 강조했다. 어떤 사람들은 인간의 능력은 휴머니즘적 인간성이나 이성이라는 이름으로 지칭된 보편적 능력이라고 여겼다. 그런 의미에서 정치적 자유주의의 사상적 원조로 칸트가 호명된다는 것은 의미심장하다. 또는 조금이라도 아이러니를 중요하게 여기는 사람은 인간에게 그런 휴머니즘이나 이성에 따른 본성도 있겠지만, 그것 못지않게 허영심이나 질투 같은 태도가 중요하다고 지적하기도 했다. 루소가 이런 사람이었다. 그는 사회계약론이라는 이상적 모델을 내세우며 자연적으로 주어진 인간성을 주장하기도 했지만, 인간이 행위하는 데 허영심이 결코 빠지지 않는 동인으로 작용한다고 지적했다. 또 어떤 사람들은 개인들이 능력에 따라 대우받아야 한다면서도 '적재적소'라는 기준이나 구호를 주장하곤 하는데, 그 기준은 너무 추상적이며 모호했다. 이런 모호함 때문에 20세기 후반에 접어들면서 점점 능력에 대한 촘촘한 평가 시스템이 도입되었다. 이처럼 능력주의라는 정치적이고 철학적인 원칙을 사회 안에서 실행하는 데는 일련의 전략적 목표와 실행 메커니즘, 그리고 기술적 도구들이 필요했다. 그것들이 일종의 평가 시스템을 이루며 작동했다.

그러나 근대 이후 자유주의와 다르면서도 그것 못지않게 중요하며 또 평가에 의한 팩트를 구성하는 데 기여한 원칙이 있다. 그것은 평등과 인권의 기준이다. 인권을 강조하는 근본적인 관점은 적잖은 경우 표면적으로는 평가 시스템을 비판하거나 거부한다. 그러나 실제로 정책을 통해 인권을 추구하는 과정에서는 객관적인 차이들을 비교하고 구별하는 평가 시스템이 필요하다. 기회의 균등과 절차의 공정과 결과의 정의가 강조되더라도, 실제 현장에서는 학생이나 교사/교수의 성과를 평가하는 시스템에 의해 뒷받침되어야 한다. 평등이나 인권을 추구하는 정책이나 법률들도 실행 과정에서 적절한 평가 시스템에 의해 관리되고 통제되지 않으면 수행하기가 어렵다.

인권은 또 일반적으로 법에 의해 뒷받침되고 규정되고 명문화되어야 하는 것처럼 여겨진다. 그러나 여기서도 분열과 기능적 세분화가 일어난다. 명백하고도 확실하게 인권을 보편적으로 언명하고 뒷받침하는 법은 헌법이라고 할 수 있다. 그러나 기능적으로 세분화된 법령이나 규정들은 전적으로 인권만을 뒷받침하지는 않는다. 적극적 우대조치Affirmative Action의 적용에서 보았듯이, 차별받는 약한 고리들에 적극적인 방식으로 기회를 부여하는 법령이나 조치는 그 기회를 어떻게 세분화하고 할당하느냐의 문제에 직면한다. 세분화된 규정이나 법령은 다양한 기회의 가치들을 산술적으로 평가하고 비교해야 한다. 그 규정들이 실행되면서 헌법에 위배되지는 않는지 심판받을 수 있기에 최종적으로 인권 친화적인 헌법이 승리하는 것처럼 보일지 몰라도, 헌법적 규정과 다양한 기능에 따른 세부적인 이슈에서 실제로 기회의 균등을 실행하거나 보완하는 실행 시스템 사이에서는 차이와 분열이 일어날 수밖에 없다.

더 나아가면, 헌법에 의해 뒷받침되는 인권뿐 아니라 각종 법령에 의해 지지되는 기회와 권리의 균등이라는 기본적 권리도 실제로는 교육현장이나 노동 현장에서 실행되는 주체화 및 객체화 과정 없이는 확보되기 어렵다. 이 주체화 및 객체화 과정은 물론 정치사상의 관점에서는 때론 자유주의의 관점이, 때론 사회민주주의적 관점이 강조된 상황에서 실행되었을 수 있다. 그리고 세부적인 목표나 이념을 비교하면 그 차이는 클 수도 있다. 그러나 그 차이에도 불구하고, 각각의 주체화 과정은 개인들의 작업과 노력을 평가하고 심사하는 일련의 과정, 곧 평가 시스템을 요구한다. 다르게 말하면, 권리의 평등이라는 기본적 기준은 실제로 현장에서 요구되는 개인들의 실적과 능력의 평가를 수행하는 데 유일하거나 충분한 기준이 되지는 않는다. 물론 모든 영역과 모든 과정에서 수행 능력을 상대적으로 평가하거나 등급에 따라 평가해야 하는 것은 아니지만, 그것이 인정되거나 요구되는 영역들은 점점 많아지고 있다. 결국 자유주의에 의해 뒷받침된 능력주의든 사회민주주의에 의해 뒷받침된 인권의 관점이든 나름대로 평가 시스템에 의해 뒷받침될 수밖에 없다.

물론 평등과 능력주의의 틀 안에서의 평가 시스템이 공정하게 또는 충분히 객관적으로 진행되었다는 말은 아니다. 또 능력주의가 옳다는 말도 아니다. 능력주의는 인권의 관점에서는 정당화되기 어렵다. 그것은 사회 시스템에 의해 또는 '능력'을 정치적으로 배분하는 기준에서 정당화될 뿐이다. 따라서 인권과 능력주의라는 평가기준이 서로 충돌하거나 갈등을 빚는다고 판단하는 게 적절할 것이다. 극단적으로 대립하지 않더라도, 인권과 능력주의라는 기준은 현실 상황에서 갈등하기 마련이다. 그리고 서로 갈등하는 원칙들은 서로 다른 평가기준과 평가방식을 요구하고 동원할 수밖에 없다.

수행능력의 평가는 현재 교육 시스템에서 핵심적인 역할을 하고 있다. 시험을 통해 각자가 얻은 성적이 수행능력으로 평가되고 있다. 사실 엄밀히 따지자면, 시험 성적으로 한 사람의 수행능력을 결정하는 일은 우스꽝스러운 일이다. 그렇지만 차선 또는 차악의 형태로 성적이 수행능력으로 여겨진다. 여기서 다시 한 번 '수행'이란 개념이 부상한다. 성적 지향이나 취향과 관련해서, 그것에 대한 진술은 문제가 되는 성적인 행위를 수행한 것과 다르다는 것을 우리는 관찰했다. 사실 여기서도 비슷하게 성적과 수행능력은 다르다는 점이 인정되어야 하건만, 사회는 이 차이를 인정하지 못한 채 수행능력에 대한 평가 시스템이 돌아가고 있다. 잔혹한 평가 시스템이 사회에 의해 유지되고 있는 셈이다.

또 중요한 점이 있다. '객관성이 필요하다'는 요청과 명분도 다시 평가 시스템을 점점 확장하는 구실이나 이유로 작용한다. 객관성은 나름대로 합리적 기준으로 보이지만, 그 자체로 절대적인 기준은 아니며 실제로는 오히려 형식적으로 평가 시스템을 확대하고 세분화하는 데 기여한다. 어떤 평가가 객관성을 가졌는지 평가하려면, 또 다른 상세한 평가 시스템이 도입되어야 한다. 합리성을 강조할수록, 평가 시스템이 확대되는 순환이 일어나는 셈이다.

평가 시스템의 이중성에 갇힌 회색의 교육 공간

이처럼 다양한 평가 시스템이 도입되었고, 그 도입은 개인들이 자신의 자유를 성취하도록 권장되고 요청된 시대의 사회적 요청과 뗄 수 없이 연결되어 있다. '평가 시스템'에서 강세는 앞과 뒤에 모두 실린다. 평가가 일어나고 있다는 것이 중요하지만, 그렇게 평가를 하는 일 자체가 일종의 시스템으로 작동하며 확대된다는 것이다. 이제 교수에 대한 수업 평가는 당연하고 필수적인 조치도 여겨진다. 현재 실행되는 그 평가 시스템이 아주 공정하고 만족스럽지는 않다. 엄밀히 따지자면, 교수의 수업에 대한 평가는 일정 이상의 학점을 받은 학생들, 예를 들면 B+ 이상의 학점을 받은 학생들에 의해서 실행되는 것이 맞을 수 있다. 일정하게 수업을 수행한 학생에게 자격을 주는 게 오히려 공정할 수 있다. 그러나 학생의 입장에서는 그렇지 않을 수도 있다. 그래서 모든 학생이 교수의 수업을 평가하는 시스템이 일반적으로 받아들여지고 있다. 학원에서는 강사의 능력에 대한 평가가 상품으로서 수업의 질을 평가하는 형태로 넓게 이루어지고 있다. 이처럼 가르치는 사람의 능력에 대한 평가는, 기존의 학생들에 대한 평가와 더불어, 교육 현장에서 평가 시스템이 촘촘하게 스며들고 확산되게 만드는 역할을 한다.

그러므로 교육을 단순히 평등과 자유가 확대되는 진보적인 공간,

그리고 자아를 실현하는 좋은 공간이라고 생각하면 착각일 수 있다. 발생 과정 자체가 훈육적인 메커니즘이 실행되고 투입된 역사적 과정과 뗄 수 없을 뿐 아니라, 자유주의 정부와 사회는 개인들에게 자신의 능력을 최대한 갈고 닦으면서 발휘하라고 부추겼다. 그 과정에서 평가 시스템이 확장된 것이다. 20세기 후반 이후에는 이 모든 일이 엉키면서 교육 현장과 교육 시스템은 긍정적 효과 못지 않게 폭력적인 효과를 낳는 공간이 되었다.

교육현장과 교육 시스템이 흔히 차별을 낳는다고 한다. 그런 면도 작지 않다. 이 경우 차별은 권리의 평등의 관점에서 비판된다. 그러나 실제로 교육 시스템은 평가 시스템의 작동 속에서, 그리고 그 결과로, 참여자들에게 무형과 유형의 압력을 준다. 그 과정에서 개인의 학력에 관한 사실들은 폭력성을 띠며, 그 사실들은 재생산된다. 그 팩트의 폭력은 교육 현장의 참여자에게 특이한 성격의 이중성을 부여한다. 기회의 균등과 개인의 노력의 결과로 발생한 수행 능력과 성적에 대해 각자가 책임을 질 수밖에 없고, 또 그 능력치와 성적을 최대한 유리하게 사용할 자격을 각자가 가지기 때문이다. 사회적 평가 시스템에 이미 내맡겨진 개인들이 이 이중성에서 벗어나기는 힘들다. 사회가 평가 시스템을 도입하면서 개인들에게 부과했기에, 개인들은 그 과정에서 나온 팩트를 각자의 자격과 책임이 교차하는 회색 공간에서 짊어진다.

이렇게 교육 현장에서 학력차별이 발생한다. 그 결과, 교육은 부당한 권리의 차별을 예방하거나 없애는 긍정적 역할도 하지만, 그 못지않게 폭력적인 갈등과 팩트를 생산한다. 물론 교육이 강력한 평가 시스템에 근거하고 또 다시 그 평가 시스템을 생산하는 이유는, 교육문제가 저 홀로 있는 게 아니라 다른 폭발성 높은 문제와 결합하기 때문이다. 폭등하는 부동산가격은 학력경쟁의 요인들과 결합되며 계층문제를 악화시킨다. 또 중앙과 지방의 차별도 교육경쟁에 의해 확대되고, 다시 교육경쟁을 부추긴다. 탈북자들이 한국 사회에 진입하고 통합되면서 치열하게 뚫고 가야 하는 이슈도 다름 아닌 교육경쟁이다. 또 최근 자동화 로봇뿐 아니라 인공지능의 등장에 의해 초래되는 일들도 상황을 악화시키고 있다. 단순하고 일반적인 노동은 로봇이 대체해 수행하고 있으며, 고학력 직업은 강한 인공지능에 의해 침식될 가능성이 높다.

교육현장에서의 학력경쟁은 전반적으로 20세기 후반부터 꾸준히 심해지고 확대되었다. 내가 고등학교에 다니던 1970년대 초중반에도 이미 학교의 공교육은 제 기능을 하지 못했다. 지금은 더 심해졌다. 공교육을 강화해야 한다거나 회복해야 한다는 말은 정치적으로는 올바른 말이지만, 점점 현실성을 상실한 말이 되어버렸고 실제로 그런 말도 점점 줄어들었다. 현재 문제인 정부는 진보를 자처하고 정치적 올바름을 내세우지만, 출범 이후 3년 동안 1인당 사교육비와 사교육비 총액, 그리고 사교육 참여율 모두 증가하고 있다.[39]

물론 과도한 경쟁을 줄이고 교육 시스템을 창의적으로 만드는 여러 노력은 언제나 필요하다. 단순히 학력이 높고 학벌이 좋다고 높게 보상하는 방식에서도 벗어나야 한다. 기본적으론 권리와 능력주의가 균형을 이루는 방향으로 가야 하지만, 단순히 과거 방식으로

될 일도 아니다. 최소한의 기본권을 인정하는 방향으로 가야 하지만, 미래 사회로 가는 방향에서 성장과 도전의 가치도 무시되면 안된다. 이 모든 일을 실행하는 일은 어렵다. 파괴적인 입시제도를 보완하거나 개혁하는 일, 그리고 창의적인 교육과정을 도입하는 일도 일어나지 않고 있다.

물론 잘못되거나 폭력적인 학력차별을 개선하는 방향으로 갈 수 있는 길이 없지는 않다. 또 갈 수 있는 한, 가는 게 좋다. 예를 들면, 공무원 임용에서 학력사항을 기재하지 못하게 하는 것은 효과가 있었다. 그러나 그 효과는 하급 공무원 채용에서는 비교적 컸지만, 다른 곳에서는 제한적이다. 그것 이외에는 뚜렷이 효과적인 정책이 실행되지 못하고 있다. 기본적으로는 대학입학 시험의 역할을 줄이고 대학에 입학한 후 대학에서의 학업을 통해 사람들의 수행능력을 평가하는 것이 훨씬 나을 것이다. 그러나 그것도 충분한 논의가 없으면 힘들다. 그렇다면 수능시험을 없애고 통과하면 누구나 대학에 진학하는 대학입학 자격시험으로 대체할 수 있을까? 진보 쪽에서는 그런 주장이 1990년대 이후 끊이지 않고 나오고 있다.

그렇지만 현재 한국 사회는 그런 개혁을 받아들일 여유가 없다고 생각된다. 그런 개혁이 성공하려면 서울대가 해체 수준에 걸맞게 조정되어야 할 것이고, 거의 개헌을 하는 수준에 준하는 대통령의 결단과 국민적 호응이 갖추어져야 한다. 노무현 시대에 진보 쪽에서 그런 주장이 있었지만, 당시에도 정부든 국민이든 준비가 되어 있지 않았다. 프랑스는 소르본느대학 등에 쏠렸던 대학 시스템을 파리 1대학, 2대학 등의 형태로 개혁했지만, 서울대에 쏠린 무게와 힘은 프랑스보다 훨씬 심하다. 1장에서 말했듯이 상황은 오히려 그때보다 나빠졌고, 지금은 그런 개혁은 거의 기대하기 힘들다. 문재인 정부가 교육개혁에서 아무런 성과를 내지 못하고 있는 모습이 그것을 증명해준다. 서울에 좋은 대학이 거의 다 몰려 있는 상황도 교육개혁을 어렵게 만든다. 좋은 대학의 집중도에서 한국은 프랑스보다도 더 심하다. 학원들의 개입은 비교할 수도 없을 정도다.

쓸쓸하지만, 냉정하게 보면, 교육개혁은 거의 불가능에 가깝다. 이처럼 점점 삶을 피곤하게 하고 공동체의 존재를 무력하게 만드는 교육현장 앞에서, 곤란한 갈림길이 벌어진다. 그 피곤함과 폭력성에 대해서는 사람들이 다 알지만, 그 폭력성에 어떻게 대응해야 하느냐는 문제에 직면해서는, 사람들의 행보가 갈라진다. 우선 착한 의지와 공공성에 호소하는 길이 있다. 흔히 말하듯이, 대입 부담을 줄이고 경쟁을 완화해야 한다는 방향이 그것이다. 틀린 말도 아니고 정치적 올바름에도 맞는 주장이다.

그러나 지금 그런 말만 하는 게 실질적인 효과가 있을까? 거기서는 개인의 착한 의지와 공공성의 좋음이 전제되고 있다. 문제는 그것들은 초월적으로 존재하는 실체가 아니라는 것이다. 자칭 진보들 가운데 상당수는 마치 그 이념이 옳은 것이라서 그것만 목적으로 추구하면 될 것처럼 생각하는데, 그렇지 않다. 혐오 발언을 규제할 수 있느냐는 물음을 다루면서 우리는 발언이나 이념이 그 자체로 그것이 말하는 내용을 수행하지는 않는다는 것을 보았다. 여기서도 마찬가지다. 개인의 착한 의지와 공공성이 효과를 발휘하려면, 여러 사회적 조건과 환경이 갖추어져야 한다. 북유럽이나 독일에서 교육이 그나마 덜 폭력적인 형태로 진행되는 것은 이런 조건과 환경이 갖추어져 있기 때문이다.

교육경쟁을 완화하고 사람들의 부담을 줄여야 한다는 말은 점점 힘을 잃어가고 있다. 그런 말을 하는 사람들조차 실제로는 그것의 효과를 믿지 않는다. 여기서 이론적으로나 사상적으로 중요한 문제는, 개인의 합리적이고 착한 의지나 공공성에 근거하는 정책과 정치에 기대는 일이 점점 의미를 잃는다는 것이다. 물론 그 일이 아예 무망하거나 효과가 없지는 않을 것이다. 그러나 그 일이 희망을 주고 효과가 있는 영역은 제한적이고 점점 줄어들고 있다. 개인의 착한 의지와 공공성을 대변하는 근대 이후의 자유주의적 관점이나 사회민주주의적 관점에는 점점 한계가 드러나고 있다. 이 책이 그것과는 다른 길을 가는 이유이자 맥락이다.

교육이 개인들에게 평등과 자유를 주는 수준을 넘어 이제 폭력적인 팩트를 생산한다는 것을 인식하는 순간, 근대적 계몽과 진보에 대한 믿음은 타격을 받는다. 학력차별을 크게 줄이거나 완전히 없애는 방향으로 교육개혁이 일어나기를 기대할 수 있을까? 그러나 사회 시스템의 차원에서는 학력에 따른 차별이 유감스럽게도 완강하게 존재하며 앞으로도 존재할 가능성이 크다. 이 책이 사실들이 폭력성을 띠는 여러 발생 과정에 주목하고 그것이 재생산되는 과정에 주의하는 까닭이다. 일단 그것의 폭력성과 위험을 제대로 분석하는 일이 필요하다. 그리고 사람들이 그 폭력적인 사실들을 어떻게 받아들이는지 알 필요가 있다. 교육을 너무 잔인하고 폭력적으로 그리는 일일까? 그건 아니다. 좋은 면과 나쁜 면 모두 복합적으로 보는 일일 뿐이다.

무엇보다 균등과 공정과 정의의 가치를 너무 일반적인 이념으로만 볼 필요는 없다. 국가마다 사회마다, 각각의 인구의 규모와 자원의 규모와 역사적 경로에 따라, 서로 다른 평등과 공정과 정의가 가능하다. 사회 시스템과 정치적 지형이 북유럽과 비슷해지거나 인구가 적어지지 않고서는, 북유럽 형태의 교육은 힘들 것이다. 독일처럼 분권화된 상태에서 대입 자격시험만 치르는 시스템이 아니고서는, 독일 수준의 평등과 정의는 감히 실현되기 힘들 것이다. 미국과 프랑스도 일류 대학을 둘러싼 경쟁이 한국 못지않게 치열하다. 다만 한국은 자원도 부족하고 영토가 좁으며 자본을 축적한 과정도 짧아, 경쟁이 상대적으로 더 힘들다. 더 나아가 교육에서 경쟁하는 과정은 이미 그 자체로 고소득과 사회적 안전을 확보하는 데 필수적인 과정으로 자리를 잡았다.

그렇다면 "기회는 평등하고 과정은 공정하고 결과는 정의로운 사회"라는 이념은 무엇인가? 포기해도 될까? 나는 상당히 포기할 수 있다고, 또 포기해야 한다고 생각한다. 모두 포기해야 하는 것은 아니지만, 그 목표는 기껏해야 부분적이고 구체적인 과제에서만 추구될 수 있다. 기회가 평등하거나 절차가 공정하거나 결과가 정의로운 일이 함께 일어나기는 힘들다. 기껏해야 기회가 비교적 평등하거나 절차가 비교적 공정하거나 결과가 비교적 정의롭게 만들 수 있을 것이다. 엄격하게 말하면, 1장에서 서술했듯이 그 가운데 어느 것도 완벽하게 이루어지기는 힘들며, 따라서 그 셋이 다 이루어진 사회라는 말은 빈말이나 정치적 구호에 그치기 십상이다. 문재인 대통령도 취임사에서 그 구호를 말했지만 '조국 사태'를 거치면서 오히려 그 말이 얼마나 공허한지 드러났다. 그리고 전체적이고 보편적인 이념으로서 그 구호를 포기한다고 크게 달라지는 것도 없다. 이미 현실은 그 이념을 추월했기 때문이다.

우리는 1장에서 학력차별과 관련하여 이 책이 논의할 몇 가지 주제를 이미 밝혔다. 논의를 명확하게 만들기 위해, 복잡한 논의를 주제와 주장의 형태로 다시 밝혀보자. 평등과 인권에 호소하면서 해결할 수 있는 차별이 있지만, 그것만으로는 해결하기 힘든 차별이 있다. 사회에서 정당하다고 인정되기 때문이다. 능력주의는 이 정당성을 나름대로 보장하는 기준이자 기제이지만, 그렇다고 능력주의가 정의로움을 충분히 보장해주지는 않는다. 능력주의는 자유를 통한 수행성에 기초한다. 인권에 호소하는 일과 자유를 통한 수행성에 호소하는 일은 사회에서 나름대로 각자 정당성을 가지고 있으며 또 필요하지만, 그럼에도 불구하고 정치적으로 서로 충돌할 뿐 아니라 차별을 완전히 해결해주지도 않는다. 그리고 그렇게도 해결되지 못하는 넓은 범위의 차별이 존재한다.

당연한 말이지만, 평등과 인권에 호소하는 일과 능력주의를 통한 자유의 수행성이 틀린 것은 아니다. 지금까지의 정치적 이념은 그 두 계열을 따라 진행해왔고, 앞으로도 한동안 그럴 것이다. 정치적 공간에서는 기회의 균등과 절차의 공정과 결과의 정의로움을 주장하는 일이 계속 있을 것이다. 그러나 사회에서 평가 시스템에 따라 움직이는 한, 기회의 균등과 절차의 공정과 결과의 정의로움만을 주장하는 일은 공허할 뿐 아니라 그 자체로 다시 갈등을 부추긴다.(갈등과 관련해서 12장의 논의를 참조할 것) 인간관계에서는 학력으로 타인을 평가하지 않고 차별하지 않을 수 있지만, 고용과 입학 등의 차원에서 평가 시스템은 도처에서 개입한다.

개인이 기껏 할 수 있는 일은, 이 폭력적인 시스템으로부터 자유롭지 못하다는 사실을 직시하면서 그나마 자신의 능력에 대해 솔직한 태도를 유지하는 일이다. 타인의 인권을 가능한 한 존중하면서도 사회적 수행능력의 평가는 그것과 다르다는 점을 아는 일이다. 그러나 이 태도를 균형 있게 수행하기는 매우 어렵다. '자신의 능력에 대해 솔직한 태도를 유지한다'는 원칙 자체가 이미 어렵다. 그 실행은 거의 전적으로 개인에게 달려 있으며, 사회적 규범으로 측정하거나 평가하기도 어렵기 때문이다. 4장에서 논의했듯이, 근대 이후 사회에서 능력주의라는 원칙은 신분제를 대체한 공정한 원칙으로 여겨지지만, 실제로 그 원칙은 기껏해야 형식적으로만 공정하다. 다양한 조직들 내부에서, 그리고 그 조직들을 가로질러 일반적인 커뮤니케이션의 수준에서도, 사람의 능력은 임의적이고도 폐쇄적인 방식으로 평가되고 있다. 자신의 능력과 타인의 능력을 공정하게 구별하고 인정하는 태도는 차별에 '주체적으로' 저항하자는 구호를 통해서도 확보되지 않지만, 인권을 존중하자는 큰 목소리에 의해서도 보장되지 않는다. 자신의 능력에 대한 개인의 '이성적' 태도는 결국 평등과 자유에 의해 전적으로 정의되거나 보장되지 않은 채, 폭력성을 띤 갈등의 소용돌이에 휩싸인다.

09

좁은 차별과 넓은 차별
그리고 폭력에 의한, 폭력의 주체

구조적 문제와 갈등으로서의 차별이 중요한 이유

나쁜 차별이라는 문제에서 출발할 경우, 그것을 금지하고, 특히 법률적인 금지를 하려고 하기 쉽다. 거기에서는 마치 차별이 모두 부정적인 것이고 그 자체로 거부되거나 뿌리 뽑아야 할 것으로 여겨진다. 그래서 그렇게 차별을 금지하는 법으로 해결할 수 없는 사회적인 갈등과 폭력적인 사실들은 사회를 해치고 사회 발전에 장애가 되는 것처럼 이해된다. 그리고 사회는 원래 그리고 애초부터 이 부정적인 차별을 전혀 생산하지 않은 것처럼 여겨진다. 이런 생각은 그럴 듯하게 보이지만, 실제로는 그렇지 않다.

법률을 통한 차별 금지는 필요하기는 하지만 충분하지는 않다는 사실을 앞에서 우리는 관찰했다. 허용된 것과 금지된 것의 구별에 근거하는 법률적 금지는 학력차별이나 투자/투기를 통해 생기는 불평등을 다루는 데는 적절하지 않거나 그것을 제때 적절하게 다룰 능력이나 권한을 가지고 있지 못하다. 사회적 갈등이 야기하는 폭력적인 사실은 단순히 허용과 금지의 이분법으로 처리하기에는 미묘하고 복합적이기 때문이다.

이제까지 우리는 나름대로 왜 그리고 어떻게 사회가 정당하다고 인정하는 제도 내부에서 폭력성을 띠는 차별적 행태들이 생기는지 '폭력적인 사실'의 관점에서 분석하고 설명했다. 사회적으로 인정되는 팩트가 왜 폭력성을 띠는지, 또 공적인 성취로 보이는 사실이 왜 점점 공공성을 잃는지 설명하는 게 목표였다. 그 설명이 아직 충분하지 않은 점도 있을 수 있지만, 이제 그 관점과 다른 관점으로 설명해보자. '폭력적인 사실'이라는 개념을 사용하지 않고도, 좀 더 단순하고 편리한 집합 개념에 기대어 그 문제를 설명할 수 있다. '넓은 의미의 차별'이 그것이다. 그것은 모두 폭력적인 사실을 생산한다.(거꾸로, 폭력적인 사실들이 모두 넓은 의미의 차별에 속하지는 않을 것이다.) '폭력적인 사실'라는 표현이 심리적으로 마찰과 분열을 일으키는 데 반해, '넓은 의미의 차별'은 집합 개념을 통해 그 둘의 외연을 구별하며 따라서 심리적 마찰과 분열을 피해간다. 그러나 '넓은 의미의 차별'이라는 표현이 건드리지 못하는 면을 '폭력적 사실'이 건드린다고 할 수 있으면, 이 점에서 둘은 서로를 보완한다.

넓은 의미의 차별과 불평등은 사회가 생산해내는 문제이다. 넓은 의미의 차별은 아마도 그냥 나쁜 것들, 단순히 정상적인 사회가 해결해야 할 나쁜 악은 아닐 수도 있다. 또 나쁜 일들이 전혀 없는 것이 정상적인 사회라는 전제야말로 상당 부분 가상일 수 있다. 물론 그런 이상과 이념이 평등과 자유를 확대하는 데 진보적인 역할을 한 면이 있다. 그래서 역사는 계속 그런 방향으로만 나아가면 된다고 여겨졌다. 그렇지만 이제는 더 이상 그런 한쪽 방향으로만 진행하는 진보는 가능하지도 않고, 효과적이지도 않을 것이다. 단순히 좌파가 믿는 평등과 진보의 목적론이 흔들린다는 말이 아니다. 개인의 자유를 증대시키는 과정과 사회의 자유를 확대시키는 과정이 조화롭게 맞물린다는 자유주의의 전제도 가상적이고 허구적인 면이 많다. 공동체의 안전을 지키는 일이 개인의 존재보다 우선한다는 보수의 전제도 마찬가지다.

근대 이후 인류가 달성한 이 좋은 권리와 정책들을 모두 포기해야 한다는 말이 아니다. 다만 그 방향으로 나아가기만 하면 진보도 이룩되고 공동체도 강화될 것이라는 가상적인 믿음을 포기해야 한다는 것이다. 그리고 사회는 그저 나쁜 차별들을 금지하기만 하면 된다는 믿음도 마찬가지로 순진하거나 허구적이다. 다시, 차별 개념을 정리할 필요가 있다.

차별은 단순히 사회가 진보의 방향으로 가면서 금지하기만 하면 사라지는 어떤 것일까? 아주 오랜 옛날부터 사회는 차별적인 구별에 근거하여 살았고 또 유지되었다. 신분제가 그런 차별적 구별이었고, 남녀의 구별도 그랬고, 인종들에 대한 차별도 그랬다.* 다만

---

* 아리스토텔레스가 민주주의를 다루면서, 여성과 노예를 배제한 것은 잘 알려진 사실이다. 여성을 사회적으로 차별하는 역사도 뿌리가 깊다. 루소는 『에밀』에서 "모든 인류는 평등하다. 하지만 여성에게는 인권이 없다. 그러므로 교육을 시킬 필요도 없으며, 정치에 참여시켜서도 안 된다"고 했다. 서양에서만 이런 일이 일어나지는 않았다. 동양도 그 못지않게 차별적인 사회였다. 공자도 『논어』에서 "여자와 소인은 가까이하면 버릇이 없고, 멀리 하면 원망해 다루기 어렵다唯女子與小人 爲難養也 近之則不孫 遠之則怨"는 말을 했다.

이런 차별적인 악습을 근대 이후 사회는 하나씩 개선하고 또 해결했다. 그래서 차별에 대해 근대 이후 사회는 눈이 부실 정도로 진보와 발전을 해왔다고 할 수 있다. 그러나 다른 한편으로 여기서 착시 현상이 생길 수 있다. 마치 자유와 평등을 포함한 인권을 증대시키는 진보의 방향으로만 나아가면 사회적 차별은 사라지거나 해결될 수 있을 것이라는 착시. 그러나 8장에서 보았듯이 학력에 의한, 학력을 위한 차별은 오히려 20세기 중반 이후 점점 강화되고 확대되는 경향이 있다. 또 노력과 능력에 대해 등급을 매기는 문제도 끊임없이 갈등을 낳고 있다.

마찬가지로 불평등에 대해서도 비슷한 착시가 있다. 근대 이후 사회가 상당한 정도로 불평등을 줄이거나 극복한 것은 사실이다. 지금도 국내에서 인권을 무시하는 갑질을 비롯한 불평등에 대해서는 비판과 진보가 이루어지고 있다. 그러나 그렇다고 마치 사회가 전반적으로 그리고 목적론적으로 불평등을 줄이는 방향으로 진행돼간다고 믿거나 주장할 수는 없다. 실제로 사회적이고 경제적인 불평등이 줄어들었다고 말하기는 어렵다. 제2차 세계대전 이후 1970년대 초반까지는 불평등이 줄었지만, 그 이후 불평등은 점점 확대되었다. 고소득자와 저소득자 사이의 간격은 이전에 생각하기 어려울 정도로 커졌고, 재산에 따른 불평등도 커지고 있다. 불평등을 지적하고 비판하는 일은 여전히 필요하지만, 불평등이 실제로 늘어나는 상황에서 그 비판은 공허하거나 식상할 수 있다. 앞으로도 여러 기술의 폭발적인 발전 과정, 특히 유전공학과 생명공학의 발달이나 강한 인공지능의 발달은 이제 전통적인 불평등에 더하여 새로운 불평등을 초래할 가능성이 크다.

차별뿐 아니라 불평등에 대하여, 이제 씁쓸하지만 환상을 거두어야 할 때이다. 차별과 불평등은 근대적인 진보의 관점에서는 무조건 빠른 시간 안에 뿌리 뽑아야 할 악으로 여겨졌지만, 실제로는 어렵다. 이제 차분하게 또는 냉정하게 장기적으로 그 문제에 대처해야 한다. 그리고 인간 사회는 어떤 차별과 불평등은 극복하지만, 새로운 모습의 차별과 불평등을 생산하고 재생산한다는 사실과 직면해야 하지 않을까. 마치 독한 바이러스가 침입하는 시대에 일시적인 봉쇄만으로 그것을 해결하거나 박멸하기 어려우며, 장기적으로 면역력을 확보하는 과정을 준비해야 하는 것과 마찬가지다. 인류의 역사가 지속하더라도, 또 우주의 시간이 열리더라도, 새로운 차별과 불평등은 바이러스처럼 계속 생산될 가능성이 크다. 역사를 보더라도, 인간 사회는 한 번도 차별과 불평등을 깨끗이 또 과감하게 처리하고 해결하지 못했다. 지금도 정말 그것들을 처리하고 해결하자면 혁명적인 조치들이 연속적으로 일어나야 할 터이지만, 실제로는 피비린내 나는 혁명을 쉽게 믿을 수도 없다. 여기서 보수와 진보의 구별은 크게 중요하지 않다. 진보적인 정책을 펴기만 하면 차별과 불평등을 극복하거나 해결할 수 있다는 믿음이 착각인 것처럼, 힘과 권력을 집중시키고 조직의 위계질서를 유지하기만 하면 조직이 유지된다거나 기업들의 성장이 제일 중요하다는 보수적인 관점도 마찬가지로 착각이다.

구별과 차별에 대해 아직도 제대로 다뤄지지 않고 해결되지도 않은 문제는 이렇다. 다소 거칠게 말해, 근대 이전까지의 사회에서는 올바름이나 탁월함에 대한 정의가 내려지면 그에 따라 구별과 차별이 이루어지는 것을 당연하고 자연스럽게 생각했다. 차별적인 신분제, 성별과 인종에 따른 차별 등이 대표적이다. 사회적으로만이 아니라, 사상과 가치의 관점에서도 그랬다. 플라톤과 아리스토텔레스뿐 아니라 공자를 비롯한 동서양의 역사에서 그 점은 어디에서나 나타난다. 거의 모든 사상과 세계관에서 사람과 사물의 덕(또는 미덕)은 우수함과 탁월함에 근거했다. 최소한 이념과 원칙의 차원에서는 그랬다. 사람과 사물을 구별할 때, 그 기준은 우수함 내지 탁월함 또는 진리 내지 올바름이었다. 이 모든 기준이나 원칙은 보편적이라고 여겨졌다. 그러나 근대 이후 사회에서는 그것이 뒤집혔다고 할 수 있다. 근대 이후 진행된 진보의 기본 팩트가 거기에 있다. '형식적으로는' 모든 사람이 모든 사회 영역에 참여할 수 있는 권리가 있고 또 그런 기회는 평등했다. 그러나 '실질적으로' 모든 사람이 모든 사회 영역이나 기능 시스템에 동등하게 참여할 수 있는 것은 아니었다. 다시 말하면 형식적인 평등과 실질적인 불평등 사이에 큰 괴리와 분열이 있었다. 그리고 이 괴리와 분열은 일시적인 장애와 방해 때문이라고 할 수 없다. 오히려 장기적으로도 해결하기 어려운 근본적인 것이다.

여러 차별과 불평등이 실제로 해결되기도 어렵고 사라질 수도 없는 것인 한, 그리고 사회가 어떤 차별과 불평등을 폐지하지만 새로운 것들을 그때그때 만들어내고 또 관리까지 하는 한, 그것들이 단순히 규범과 법으로 또는 도덕으로 해결되지는 않을 터이다. 그래서 이 책은 그것들을 넓은 의미의 차별로 파악하자고 제안하는 것이다. 물론 사회의 복잡성이 커지고 폭력적인 상황이 확대될수록, 도덕성에 기대하고 또 그것에 기대는 태도도 커지는 경향이 있다. 그러나 선한 의지를 앞세운 감동적인 휴먼스토리들은 복잡한 문제를 단순화시킴으로써 순간적인 효과를 낼 수 있지만, 제대로 복잡성과 마주하지는 않는다. "설사 세계가 당면한 주요 도덕적 문제들을 진심으로 이해하고 싶어도 우리 대부분은 그럴 능력이 없다."*40

뿌리 뽑기 어려운 차별과 불평등이 실제로 존재할 뿐 아니라, 더욱이 앞으로도 그럴 가능성이 매우 크다는 팩트에 대한 인정이 필요하다. 그리고 그 앞에서 겸손해야 한다. 그것이 이런 저런 정치적인 정책으로 전반적으로 극복되거나 해결된다는 주장이야말로 이제는 경계해야 할 대상이다. 선한 의지를 가져야 한다는 주장도 충분하지 않거나 오히려 해롭다. 차별과 불평등은 단순히 사회의 바깥에서, 인간과 전혀 상관없는 어떤 자연 재해처럼, 사회에 침입하는 게 아니다. 바이러스도 인간이 개입한 환경을 통해 발생한다는 점에서 단순히 자연재해는 아니다. 사회적 차별과 불평등은 말할 나위도 없다. 그것들은 인간 사회가 알게 모르게 생산해내거나 정당화한 재해다. 구시대적인 것들은 사라지지만, 새로운 것들이 사

---

* 감동적인 휴먼스토리에 초점을 맞추는 것은 자선단체들이 잘 알고 있는 방법이다. 이와 관련해서 주목해야 할 연구가 있다. "연구진은 사람들에게 로키아라는 이름의 말리 출신 일곱 살 소녀를 돕기 위한 기부금을 부탁했다. 많은 사람들이 소녀의 사연에 감동해서 마음과 지갑을 열었다. 하지만 로키아의 개인적인 사연에 더해 연구진이 아프리카의 보다 폭넓은 빈곤 문제에 관한 통계를 제시하자, 갑자기 응답자들의 구호 의향이 줄어들었다. 또 다른 연구에서는 학자들이 구호 모금을 하면서 한 명의 아픈 아이를 도울 것인지, 여덟 명의 아픈 아이들을 도울 것인지 선택하게 했다. 사람들은 여덟 명의 집단보다 한 아이에게 더 많은 돈을 기부했다." (유발 하라리, 『21세기를 위한 21가지 제언』, 김영사, 2018, 299쪽.)

회 안에서 만들어지고 재생산된다. 우리는 앞에서 여러 예를 들었다.

이 폭력적인 사실들 또는 넓은 의미의 차별은 지금도 많은 영역에서 나름대로 '정당한 이유'가 있다며 정당화되고 있다. 예를 들면, 시험 성적에 따라 입학과 고용에서 구별되고 차별되는 것은 정당하다고 여겨진다. 그래도 거기엔 어떤 근거가 있다. 그러나 대기업의 CEO나 임원들이 직무에 따른 정당한 이유가 있다며 수십 수백 배로 혜택을 받는 것은 이해하기 힘든 차별이다. 거기서 그치지 않는다. 바이러스 재난이 닥쳐도 모든 나라의 국민들은 각각의 나라의 사정에 따라 차등적으로 치료를 받거나 관리된다. 차등적인 치료와 관리가 국가의 차등적인 수준에 따라 정당화되는 셈이다. 기후변화에 따라 또 여러 사회와 지역들은 차별적인 방식으로 거기에 대응해야 할 것이다. 최근 기본소득이 마치 실업과 빈곤을 해결할 것처럼 이야기되는데, 여기에도 착시가 일어난다. 부유한 나라들은 어느 정도 그것으로 실업과 빈곤을 해결할 수 있을지도 모른다. 그러나 부유하지 않은 나라들은 그것을 실행하기도 어렵다. 이런 문제들이 차별금지법 같은 것으로 해결될 수는 없다. 이렇듯 근대 이후의 기대는 이제 점점 충족되기 어려워졌다.

좁은 의미의 차별과 넓은 의미의 차별을 구별하는 일은 중요하다. 그 구별은 단순히 범위의 차원을 넘어선다. 전자는 규범과 법으로 규제할 수 있는 것이며 그를 통하여 효과를 볼 수 있는 것이고, 역사적으로 진보의 관점에서 그 성과와 성취를 확대할 수 있는 형태이다. 여기서 차별은 근본적으로 부정적인 것이며, 극복과 해결의 대상이다. 이 차별의 극복은 본질적으로 근대적인 기획의 산물이자 성과이다. 후자는 애초에 그 근대적 기획의 조건과 목적을 벗어나 있다. 여기서 차별은 단순히 부정적인 것이 아니라, 각 사회가 역사적으로 새로 생산하는 구조적인 문제이자 갈등이다. 지난 시대부터 존재했던 몇 가지 차별과 불평등을 해결했더라도, 과거와 또 다른 사회적 갈등 속에서 새로운 차별과 불평등이 생긴다. 근대적 기획이 낼 수 있는 최대의 성과가 이미 일어났고, 앞으로는 오히려 그 성과가 여러 차원에서 줄어들 수 있다. 학력차별이 대표적인 예다. 과거 가부장제 시대의 여성차별은 여성해방과 함께 사라졌지만, 평등이 확장된 시대에 일부 페미니스트들은 차별의 책임을 남자에게 새롭게 부과할 뿐 아니라 동시에 트랜스젠더를 차별한다. 각각의 시대마다 사회제도 내부가 생산한 팩트는 구별과 차별을 정당화한다.

공평한 고통이 그나마 가장 공정한 것이라는 생각

넓은 의미의 차별은 좁은 의미의 차별로는 판단하기 어려운 삶의 갈등과 문제도 포함한다. 가만히 보면, 우리 자신의 실존 자체가 우발적이고 시대적인 차별적 운명에 내맡겨져 있다. 남성으로 태어난 실존 자체, 또는 여성으로 태어난 실존 자체가 차별적 운명으로 작용한다. 운이 좋아서 좋은 조직이나 국가에 태어난 사람은 실존적으로 그 혜택을 보고, 운이 나빠서 잘 나가지 못하는 나라에서 태어난 사람은 거꾸로 실존적으로 그에 의해 시달린다. 이것은 단지 개인의 실존적 운에 국한되지 않는다.

국제관계는 넓은 의미의 차별이 가장 날 것 형태로 드러나는 영역이다. 처음엔 한국과 일본의 관계가 폭력적인 국제관계에 의해 영향을 받았는데, 그 다음엔 한국과 미국의 관계가 조금 다르면서도 비슷한 성격을 가졌다. 이젠 한국과 중국의 관계가 그렇다. 그 와중에서 어떤 사람들은 중국에 우호적인 태도를 취하는 반면에, 다른 사람들은 중국이 더 위험한 폭력의 근원이라고 본다. 중국이 역사 이래로 끊임없이 한국에 조공을 요구해왔고 지금도 그 태도는 변하지 않았다고 여기기 때문이다. 이 문제가 단지 미·중 사이에서 어느 한쪽을 택일하는 문제로 귀착하지는 않겠지만, 그들 사이에 가장 가깝고도 가장 직접적으로 끼인 나라가 한국이라는 점에서 앞으로 한동안 한국 사람들의 사회적이고 정치경제적인 결정에 막대한 영향을 미칠 것이라는 점은 분명하다. 그리고 이질적인 개인들과 집단이 내리는 여러 결정에서 다양한 폭력적인 기울어짐과 쏠림이 발생할 것이다.

한국이 두 강대국에 비해 작은 나라이며 많은 점에서 의존한다는 점에서, 사실 한국이 취할 수 있는 태도는 많건 작건 그들 사이에서 균형을 잡는 일일 수밖에 없고 따라서 일련의 답답한 상황이 계속될 수 있다. 말하자면, 안보는 미국에 많이 의존하고 경제는 중국에 많이 의존하면서 미·중 사이에 끼인 한국이 한동안 국제적으로 선택하는 결정은 기껏해야 차선이거나 차악일 가능성이 크다. 아무리해도 최선의 선택을 못하고 기껏해야 차선이나 차악 사이에서 선택해야 한다면, 그 선택 자체가 폭력적인 사실에 좌우되는 것이라고 할 수 있다. 사회 내부에서 차별을 생산하는 폭력적인 요인으로서 학력차별을 많이 논의했지만, 국제정치적 환경의 차원에서 가장 폭력적인 요인은 이 지리정치학적인 요인일 것이다.

미·중 갈등만이 문제인가? 기후재난을 포함해서 난민 문제 등은 개별 국가가 단독으로 다루거나 해결하기는 불가능한데도, 개별 국가들의 정치와 정책은 근대국가의 틀을 버리지 못한 채 그 안에 갇혀 있다. 이것은 따지고 보면 근대국가에 기반을 둔 정치의 문제라고 할 수 있다. 물론 개별 국가의 울타리에 머무는 정치의 문제는 하루 이틀 된 것이 아니다. 그러나 기후변화와 난민 같은 문제들이 이전보다 훨씬 더 국제적인 협력을 요구하는 상황에서, 개별 국가들 사이의 차별적인 관계 및 거기서 기인하는 갈등은 이성적이거나 합리적인 접근에 의해 다뤄지지 못하고 있다. 국제관계 자체가 넓은 의미의 차별에 의해 침식되고 있는 것이다.

또 다른 넓은 차별은 서울과 지방의 차별에서도 발생하고 있다. 지방이 식민지로 전락했다는 비판이 있을 정도로,[41] 이 차별은 심각하다. 서울 사람으로 사는 것과 지방 사람으로 사는 것 사이에 커다란 차이가 발생한다. 점점 더 많은 사람이 수도권으로 몰리고, 대학생들과 취업자도 서울로 몰린다. 지방 사람들도 서울의 대형병원으로 온다. 행정도시의 형태로 세종시를 만들었지만, 그곳 공무원들 태반이 서울 근거지를 유지한다. 물론 그렇다고 지방 사람과 서울 사람이 깨끗이 구별되는 것도 아니다. 강남에 주택을 구입하는 사람의 상당수가 지방 사람들이라고 한다. 그 정도로 서울과 지방의 관계는 복합적이다. 차이와 차별은 커지는데도, 서울 집중은 확대되고 있다. 이젠 그 차이와 차별이 심해진 나머지, 더 이상 균형적인 발전은 불가능하지 않겠느냐는 의견도 만만치 않다. 고속열차를 만들어 서울과 지방의 차별을 줄이려는 시도가 있었지만, 그것은 오히려 지방이 서울에 더 예속되게 만드는 결과를 가져온 면도 있다.

사람들은 왜, 어떻게 이 넓은 의미의 차별에 개입하고 관여하게 될까? 어떤 조직이나 제도가 폭력적으로 작동한다고 해서, 거기에 참여하거나 개입하는 개인들을 모두 폭력적이라고 여길 필요는 없을 것이다. 우리는 5장과 6장에서 팩트가 왜 폭력적인 성격을 띠는지 어느 정도 살펴보았다. 어쨌든 사회적으로 구별 짓고 평가하는 시스템들은 행위자를 사회 바깥으로 내던지지는 않는다. 물론 심리적으로는 행위자는 그렇게 느낄 수 있다. 그러나 여기서 과거에 사회 바깥으로 배제하는 형태의 차별과 다른 점을 인식해야 한다.

차별을 비판하는 대부분의 이론과 관점도 알게 모르게, 많건 적건 그 배제의 시각을 전제하고 있다. 그러나 이런 설명은 '소외된 사람들'을 지나치게 관념적으로 설정하면서 마치 그것이 사회현상의 원인인 것처럼 설명한다.* 현대사회에서 사회적 불안으로부터 벗어나기를 원하는 사람들이 있을 수 있다. 그러나 그렇다고 해서 '소외되었기 때문에' 그들이 교회로 몰리거나 또는 여러 이상한 행동을 한다는 설명은 우스꽝스럽다. 현대사회에서 불안은 단순히 부정적인 악이 아니라, 자유와 평등의 확대 및 과학과 기술의 발전 등

---

* 신학자 김진호는 코로나 바이러스와 신천지 교회의 관계를 설명하면서 신천지 교회가 신도들을 많이 끌어들이는 이유는 사회에서 소외된 사람들이 많기 때문이라고 말한다.(「우리 사회와 신천지, 적대적 공생관계」, 『경향신문』, 2020.03.27.) 그러나 현재 사람들이 교회에 가는 이유나 원인은 여러 가지이다. 사회로부터 소외되었다는 설명은 매우 진부하며 위험하다.

이 동반하는 긍정적인 것이기도 하다. '소외되었다'는 설명은 다른 관점에서도 공허하고 위험하다. '소외되었다'는 것은 실제로 안정된 중심으로부터 벗어나 바깥으로 던져졌다는 기본 전제에 의존한다. 근대 이전의 사회에서는 실제로 그런 일이 상당히 일어났다. 사회는 범죄자든 병에 걸린 사람이든 사회 바깥으로 내버렸다. 사회적인 차별도 그렇게 사회 바깥으로 던져지는 과정 속에서 일어났다. 그와 달리, 현재 사회에서 일어나는 많은 차별적인 구별과 평가는 사람들을 사회 바깥으로 던지지는 않는다. 오히려 사회 안에서 계속 머물고 참여하라고 권장된다. 실제로 사회는 전염병이 든 환자도 치료하려 하고, 범죄자의 생명도 쉽게 박탈하지 않는다. 오히려 사회로 복귀할 수 있는 기회를 제공하고 있다. 다만 치료를 받고 교정을 받아들이는 과정은 일련의 구별 짓기와 평가 시스템을 통해 이루어진다. 이 과정에서 사회 안으로 들어오고 주체적으로 참여하라는 권고와 안내가 적잖은 사람들에게는 힘들고 스트레스를 유발하는 요인으로 작용한다. 안에 있는데도 바깥으로 던져진 것 같은 느낌이 드는 것, 이것이 현대사회의 문제이다. 그것은 소외되는 일과는 전혀 다르다.[42]

더욱이 이제 20세기 후반까지는 그나마 가능했던 복지의 역할조차 점점 축소되고 힘들어지고 있다. 물론 사회의 지원이나 복지정책이 단순히 축소되고 쇠퇴한다는 말은 아니다. 기본소득을 포함하여 여러 복지정책이 점점 많이 이야기되고 또 어쩌면 실제로 정책의 차원에서도 더 많이 확대되고 실행될 수 있다. 그렇지만 19세기 이후 20세기 후반까지 논의되고 기대되었던 근대적 복지의 틀은 크게 흔들리고 있다. 기본소득에 대한 기대가 커지고 있는 것과 달리, 사회와 국가는 개인들 모두의 삶을 보호하고 살피는 일을 이전처럼 잘 하지도 못하며 또 실제로 그런 근대적 목표를 알게 모르게 포기하고 있다. 근대적 의미의 사회보장도 최소한 애초의 목표와 틀을 유지하는 것은 힘들어지고 있다. 비록 사회적 지원과 경제적 지원, 그리고 복지정책의 규모와 필요성은 앞으로도 늘어나고 확장될 수 있을지 모르지만, 이미 그 정책의 목표는 모든 개인들을 적극 보호하는 데서는 멀어지고 있다. 복지는 사라지지는 않지만, 성격이 크게 바뀌었다. 모두에게 일자리를 제공한다는 목표 아래, 모두의 삶을 적극적으로 지키고 보장하는 노력은 변형되고 있다. 복지 시스템이 점점 흔들리고 좋은 일자리를 구하기가 점점 어려워지고 있다는 것이 현재 폭력적인 사실이다. 정치인은 사회보장을 넓혀야 한다고 여전히 입에 올릴 것이다. 그러나 분명히 보편적 안전과 보편적 행복을 이루는 건 힘들다. 정부와 사회는 개인들이 경쟁에서 빨리 탈락하지 않도록 받쳐주는 다양한 장치들과 제도들을 앞으로도 운영하고 심지어 규모도 확대할 수 있지만, 일정한 비율로 탈락이 일어나는 것을 막지는 못할 것이다. 전염병이 밀어닥치는 상황에서 복지 선진국조차 위험한 사람을 격리하거나 노인과 사회적 약자들이 위험에 방치되는 것을 막지 못했다.

이제 '근대'라 불리는 시대가 얼마나 인류에게 진보적이면서도 운이 좋은 시대였는지 알아야 할 필요가 있다. 근대가 여러 차원에서 진보를 달성했다는 것은 누구나 알 수 있다. 그와 달리 근대가 인류에게 '운이 좋은' 시대였다는 말은 잘 알려지지 않았다. 어째서

운이 좋은 시대였나? 봉건적 신분제 사회를 끝내고 시민들, 곧 당시 부르주아 중산층이 사회를 이끌기 시작한 것은 명백한 진보였다. 당시에는 물론 실질적으로 모든 사람이 부르주아 또는 시민계급에 속한 건 아니었고, 노예와 하인들 그리고 여성들도 사회적 권리를 누리지 못했지만, 그래도 근대사회는 그 이념과 이상을 실현한다는 목표를 세울 수 있었다. 이것이 '진보'가 일어나는 데 핵심적인 조건이었다. 그러나 '진보'는 그 자체로 정치적으로 옳고 도덕적으로 바른 것이기 때문에, 근대 초기부터 계속 진행되고 추진되었을까? 이런 물음은 다소 추상적인 면이 있다. 그 물음은 실제적인 효과의 관점에서 던져져야 한다.

산업 생산에 필요한 노동력과 인적인 자원을 확보하려면, 그때까지 제멋대로 떠돌거나 방랑하던 사람들, 그리고 어떤 사회적 구속력 없이 게으름을 피울 수 있었던 사람들뿐 아니라 정상적인 시민들에게 절제와 훈육을 심어줄 필요가 있었다. 더 높은 수준의 교육을 제공하는 일도 당연히 사회의 물질적 생산 능력을 높이고 문화자본을 축적하는 데 필수적이었다. 가사노동만 하는 데 머물던 여성들을 사회생활에 참여하게 하는 일도 마땅히 해야 할 일이었다. 또 중세까지는 주로 기사들이 참여하던 전쟁의 상황도 바뀌었다. 이제 말 그대로 국민이 동원되는 군사 시스템이 작동했다. 말하자면, '진보적인' 정책을 실행하는 것이 모든 면에서 생산적이었다. 개인들은 물질적 풍요와 정신적 자유를 얻으며, 사회와 정부는 집단적 생산력과 정치군사적 안전을 확보할 수 있었다. 모든 사람을 동원하여 자신의 자유를 실행하고 감행하게 하는 것이 사회와 국가의 생산력을 강화하고 삶의 질도 높일 수 있었다는 점에서 근대는 '운이 좋은' 시대였다. 개인화와 사회화가 서로 조화롭게 진행되었고 그 둘 사이에 괴리와 분열이 생기지 않았다는 점에서, 그 시대는 '럭키'였다.

그 운 좋은 시대의 사회의 이미지는 단순했다. 여성들이 가부장적 질서에서 벗어나서 해방되면, 성별에 따른 차별은 저절로 줄어드는 사회. 사람들이 대학에 많이 진학하면 개인에게도, 사회에게도 도움이 되는 사회. 그러나 그 모습은 20세기 후반에 흔들리기 시작했다. 나라마다 상황에 따라 조금씩 다르기는 했지만, '그 좋은 근대'는 거의 모든 나라에서 흔들렸다.

앞에서 이야기했듯이, 근대가 모든 점에서 진보적이고 좋은 시대는 아니었다. 여러 문제들이 있었지만, 그래도 사람들은 듣기 좋은 이념과 거대담론을 믿었다. 근대는 진보에 유리한 시대였다고 할 수 있다. 그것이 어느 순간 훌쩍 지나가고 있다. 그리고 미래는 매우 불확실하다. 올해 코로나 바이러스의 충격의 와중에서, 사람들은 코로나 이전B.C., Before Corona과 코로나 이후A.D., After Corona가 갈라질 것이라는 예측들을 내놓고 있다. 그렇게 볼 수도 있을 것이다. 하지만 그 구별은 다소 과장된 면도 있다. 코로나 바이러스가 극적인 상황을 만들기는 했지만, 그렇다고 그것이 저 홀로 모든 면에서 사회적 전환을 가져온 것은 아니다. 이미 20세기 후반부터 사회 모든 영역에서 '팽창시대'가 지나가고 있다는 징후가 있었다. 커다란 사회적 변화는 오히려 수십 년에 걸쳐 점진적으로 진행되고 있었다. 사람들이 주의를 기울이지 않는 중요한 예는, 자유와 평등을 확대하는 데 기여하고 성장도 촉진한 교육이 어느 순간부터 고통과 폭력을 유발하는 시스템이 된 것이다. 전염병은 거기에 추가된 '큰 한 방'일 것이다.

1장과 8장에서 우리는 기회의 균등과 과정의 공정과 결과의 정의를 모두 성취하자는 주장이 공허한 이상일 수 있음을 지적했다. 그 셋 가운데 하나에 가까이 가는 일조차도 거의 불가능한 일이 되었기 때문이다. 기회의 균등과 정의를 엄격하게 정의하고 수행하려고 할수록, 갈등은 더 커질 수 있다는 것이 아이러니이다. 또 교육이 그 두 이념을 자체로 실행하기도 어렵다. 따라서 교육은 점점 과정과 절차에서의 공정이라는 이념을 지키고 생산하는 쪽으로 기울어지고 있다. 평가 시스템으로서 교육이 가지는 사회적 역할이 거기에 있다. 그러나 시험 성적을 객관적인 평가기준으로 삼을수록, 그것의 허점과 맹목성이 드러난다. 전반적으로 모든 평가방식에서, 곧 시험에서든 스펙쌓기에서든 부유한 계층이 압도적으로 유리하기 때문이다.

이 상황에서 다수의 사람들이 시험이라는 평가 시스템이 그나마 공정하다고 생각하며 거기에 매달린다는 사실에 주의를 기울일 필요가 있다. 타고난 기회의 불평등은 어쩔 수 없더라도, 또 실제의 차별과 불평등을 정의롭게 만들기는 어려워도, 모두가 시험이라는 고통스러운 과정을 거치는 것이 그나마 공정하다는 것이다. 부자든 권력이 있든 그래도 시험이라는 과정을 거치는 게 그나마 공정하다고 여겨지는 것이다. 그 분위기 속에서 '조국 사태' 이후 대통령은 갑자기 정시의 확대를 요구했다. 교육을 통한 평가가 이미 최선

"이럴거면 국가직무능력 시험 왜 있나"… '불공정'에 공분한 취준생

자신들이 겪은 것과 같은 고생과 고통 없이 정규직이 되는 건 불공정하다고 말하는 청년들. 기회도, 결과도 공정할 수 없는 세상에서 누구도 고통을 피할 수 없다는 사실이 그나마 공정한 것이라 여겨지는 아이러니란 대체 무엇인가.(디지털타임스, 2020년 6월 29일)

에서 멀어지고 있는 상태에서, 시험이라는 차선 또는 차악의 방식이 선택되고 있는 셈이다. 그래서 공정을 수행하는 현장으로서 교육과 시험은 다시 고통스럽고 폭력적인 제도가 된다. 여기서 아이러니는, 교육 과정에서 올바른 평가를 통해 공정이 실행되기보다는 모두가 평등하게 고통과 폭력을 거치게 함으로써 공정이 실행된다는 데 있다. 고통과 폭력을 통해서만 공정이 수행되는 셈이다. 폭력적인 고통의 공유를 통해 그나마 민주주의가 실행되는 것이다.

누구도 고통이나 폭력을 피할 수 없다는 것이 공평하다고 보는 아이러니가 바람직할 리는 없다. 그러나 각자가 가진 기회가 다르며 이제까지 밟아온 경로와 사용할 수 있는 자원이 다를 때, 그리고 자유와 평등이라는 권리를 통해서도 공정성이 충분히 실현되지 않고 합리성이나 권력에 의해서도 정의가 실현되지 않을 때, 어느 누구도 고통을 피할 수 없다는 사실이 나름대로 공정하다고 여겨질 수 있다. 포퓰리즘에 호소하는 정치적 구호나 이념도 믿음을 주지 못하며, 불평등에 대한 비판은 늘어나지만 고학력이 된 진보도 그 문제를 풀기 힘들기 때문이다. 이 상황에서 모두가 고통을 받는 폭력적 방식이 그나마 공정하다고 여기는 경향이 사회 곳곳에서 퍼진다. 시험을 비롯한 평가 방식의 부작용과 악순환에도 불구하고, 사람들이 거기에 매달리는 까닭이다. 폭력적인 제도의 유지가 고통의 공평성이라는 아이러니에 의해 정당화되고 있는 셈이다.

'고통의 공평성'이니 '고통의 민주주의'가 확산되는 상황은 바람직스럽지 않지만, 그것과 맞물려 '팩트 폭력'이 확산되리라는 것은 충분히 짐작할 수 있다. 마찬가지로 '병맛' 코드도 확산될 것이다. 누구나 고통을 맛보는 세상이 공평한 상황에서는 단순히 루저만 '병맛'을 느끼는 것이 아니다. 아무리 열심히 하거나 성공한 것처럼 보여도, 그 맛이 혀끝에 달라붙어 떨어지지 않을 것이다. 지식인이나 지혜를 가진 자는 거기서 벗어날 수 있을까? 그냥 벗어나지 못하는 것이 아니다. 지혜를 가져도 그 맛은 피할 수 없다.

'적극적이고 정의로운' 폭력의 주체

이 변화는 차별과 불평등에 대한 관점에서도 큰 변화를 야기할 것이다. 물론 평등과 인권의 기준은 앞으로도 계속 유지되고 또 어떤 점에서는 강화될 수도 있다. 다르게 말하면, 좁은 의미의 차별과 불평등의 차원에서는 앞으로도 진보가 있을 수 있다. 점점 복잡해지고 불안정에 출렁이는 사회에서 평등과 인권의 이념은 최소한의 안전망 구실을 할 터이다. 기본소득에 대한 관심도 거기에 속한다. 그러나 기본소득에 대한 관심이 커진다는 것 자체가 안정적인 일자리는 확실히 줄어들 것이라는 예측과 상상이 커지고 있다는 증거다. 더욱이 코로나 바이러스가 지구를 강타하는 와중에, 20세기 중반 이후 꾸준히 확대되었던 자유무역체제가 얼마나 허약하고 구멍이 뚫릴 수 있는지 드러났다. 근대적 보편주의 가운데 자유주의가 제공하고 또 의존했던 보편주의는 막강한 것이었는데, 그것이 타격을 받은 셈이다.

그러나 넓은 의미의 차별을 평등과 인권의 가치에 의해 해결하지 못한다고, 사회가 실패한 것일까? 그렇진 않을 것이다. 그것들이 문제를 만들고 갈등을 야기하기는 하지만, 그렇다고 현재와 미래를 암울하게 볼 필요도 전혀 없다. 비록 평등과 인권의 관점에서는 그것들이 폭력적으로 보일지라도, 평등과 인권의 관점 자체가 특별히 근대적인 것이라는 점을 기억해야 한다. 그리고 넓은 의미의 차별 자체가 상당한 정도로 자유와 평등이 진전한 결과로 등장했다고 보아야 한다.

좁은 의미의 차별과 불평등과 넓은 의미의 차별과 불평등 사이에서 폭력에 시달리면서도 폭력을 다시 되던지는 사람들은 단순히 피해자는 아니며, 어떤 의미에서는 가해자일 것이다. 폭력적인 사실에 의해 평가되고 차별된다는 점에서는 객체이지만, 그것을 통해 자신을 구성한다는 점에서 사람들은 폭력의 주체라고 할 수 있다. 20세기 후반부터 '폭력의 주체'가 새로 등장하고 있다. 이들은 폭력에 영향을 받으며 시달리는 객체이면서도, 다른 한편으로 그로부터 생기는 팩트들을 폭력적으로 적용하면서 자신을 폭력의 주체로 구성한다. '폭력의 주체가 된다'는 것은 단순히 나쁜 폭력을 다른 사람들에게 휘두른다는 말이 아니다. 폭력적인 평가 시스템에 참여하는 사람들은 그 과정에서 발생한 평가의 차별적 결과들을 인용할 수밖에 없다는 것이다.

주체는 단순히 객체보다 우월하거나 그것을 초월하는 어떤 것이 아니다. 오로지 '좋은 목적을 추구하는 주체'는 맹목적인 개념이다. 거꾸로 객체로 대상화된다는 것은 단순히 객체에 머문다는 말이 아니다. 오히려 그 과정에서 객체들은 자신을 주체로 구성한다. 예컨대 성적인 대상이 되는 객체들도 단순히 피해자에 머물지 않고, 자신을 주체로 구성한다. 푸코가 분석하고 강조했듯이, 개인들은 권력관계에 의해 객체로 대상화되면서만 자신을 주체로 구성할 수 있다. 훈육적 권력에 의해 객체로 기록되고 대상화되면서만 자신을 주체로 인식하듯이, 경제적 자유와 합리성과 안전을 매개로 작동하는 권력에 의해 객체로 대상화되고 동원되면서만 개인들은 자신을 자유주의적 주체로 구성한다. 그런데 비슷한 일이 20세기 후반부터 폭력에 의해서도 일어났다. 그전까지만 해도, 공적인 권력이 비교적 합리적으로 작동한다고 여겨졌고, 공론장도 비교적 공공성에 의해 통제되는 것처럼 보였다. 그런데 이제 사람들은 폭력에 의해 대상화되고 폭력적인 사실들을 적용하면서, 자신을 주체로 구성한다.

차별금지법에 의해 차별을 극복할 수 있다고 믿고 또 진보적인 정책에 의해 불평등도 줄어든다고 강하게 믿는 사람들은 '폭력의 객체이자 주체'라는 관점을 피한 채, 인간이 오로지 평등과 자유의 주체라고만 생각할 것이다. 그리고 그 주체는 전적으로 역사의 진보를 지향할 것이라고 믿을 것이다.

당연한 말이지만 평등이나 자유라는 인권은 중요하며, 폭력의 주체는 단순히 그것을 포기하거나 배제하지 않는다. 또 폭력의 주체가 역사 속에서 단순히 평등과 자유의 주체를 대체하는 것도 아니다. 어쩔 수 없이 폭력적 사실들에 시달리면서 다시 그것들을 다른 사람들에게 던지기는 하지만, 그들은 나름대로 인권의 가치를 인정하고 존중한다. 그들도 그때그때 상황에 따라서는 얼마든지 평등을 요구하거나 자유를 요구한다. 다만 이것이 언제나 그리고 보편적인 방식으로 효과를 가지지는 않는다. 그들도 많건 적건 그 사실을 안다. 또 폭력의 객체/주체가 역사 속에서 권력의 객체/주체를 단순히 대체하지 않는다. 권력은 과거와 같은 합리성과 공공성을 잃어가고 있지만, 그렇다고 사라진 것은 아니기 때문이다. 그 권력은 지금도 존재하며, 도착적인 권력이 폭력을 유발하는 면도 크다. 폭력의 객체/주체가 되는 사람들은 권리나 권력의 주체 또 자유주의적 주체와 교차하고 겹친다. 사회적 행위자들은 그들이 혼재하면서 만들어진 결과라고 할 수 있다.

또 사람들은 단순히 사회에서 부과되거나 강요되는 넓은 의미의 차별 때문에만 폭력의 주체가 되는 것은 아니다. 여기서 아이러니가 생기는데, 바로 '평등'과 '자유'를 비롯해서 '정의' 같은 좋은 보편적 가치들을 적극적으로 수행하려는 의지를 가질수록, 사람들은 '적극적이고 정의로운' 폭력의 주체가 된다. 여성의 평등을 액면 그대로 끝까지 수행하려는 페미니스트는 여전히 폭력적인 남성에 대해 그리고 '진정으로 여성적이지 않'은 여성에 대해, 폭력을 실행하는 것을 꺼리지 않는다. 각자의 능력을 최대한 발휘하게 하는 사회를 정의로운 사회라고 생각하는 사람도 능력이라는 가치를 극한으로 밀어붙일 것이며 학력차별도 그로부터 얼마든지 정당화될 것이다. 그뿐일까? 인류의 보편적 평등을 정말 믿는 사람은 해외이주민과 난민 모두에게 동등한 권리를 주어야 하며, 이에 반대하는 것은 인권을 무시하는 행위라고 주장할 것이다. 그뿐 아니다. 지구의 생태를 보호해야 한다는 지상 명령을 실행하려는 사람은 그것을 방해하는 모든 사람들과 정의로운 싸움을 수행해야 한다. 채식이 출발이라고 생각해보자. 자신만 채식을 하는 것으로 충분할까? 아니다. 여자친구/남자친구를 포함해서 자기 주변 사람 모두가 그 길을 가야 한다고 생각할 것이다. 기후재난을 막기 위해서 필요한 모든 행동을 해야 한다고 굳게 믿는다면, 그 믿음은 많건 적건 모든 사람들에게 엄격한 요구를 강요할 것이다.

'좋고 정의로운' 이념을 적극 주장하는 사람이 폭력성을 띠는 역설은 드문 것이 아니다. 극우 집단만 폭력적 행위를 하는 것이 아니라, 극좌 집단도 종종 폭력성을 띠는 이유가 여기에 있다. 때로는 극우와 극좌가 실제로 같이 모이기도 한다. 또 그린피스 회원이나 급진 페미니스트들이 종종 과격한 시위를 하는 것도 우연이 아니다. 그럼 그들의 모습이 예외일까? 보편적이거나 이상적인 이념을 절대선이라고 믿는 사람이라면 그것을 실행하려고 들 것이고, 급진적이거나 극단적인 수준에 이를 것이다. 그 이념에 근거해 자신을 주체로 인식하는 사람은, 정말 자신이 그 준엄한 존엄성을 믿는다면,

어떤 수단을 사용해서든 그 존엄성을 실현하려고 들 터이다. 이상적인 이념을 믿는 사람이 빠지기 쉬운 폭력성이 있는 것이다.

그렇지만, 폭력에 의해 이렇게 대상화되고 또 그 와중에서 자신을 주체로 구성하는 사람은 문제적이지 않은가? 그렇다, 문제적이다. 물론 폭력성만 문제적인 것은 아니다. 그 이전에 권력이 객체화 과정을 통해 주체를 구성하는 메커니즘 자체도 문제적이다. 또 실제로는 모두가 공정하게 자유와 평등을 누리지 않는데도 모두가 인권의 주체라고 주장하는 사상도 문제적이다. 다만 이제 이 인권의 주체와 권력의 주체 그리고 합리성의 주체에 더해, 사람들이 폭력의 객체/주체가 되니 더 문제다. 폭력의 객체가 됨으로써 주체가 되는 과정은 역사적으로 매우 부담스럽고 위험한 일이 되고 있다.

3부

위험과 갈등,
주체를 넘어 시스템의 관점에서

10

커뮤니케이션은 단순히
'소통'이 아니다

'어르신'과 '틀딱충'이 같은 대상을 지칭하는 이유

우리는 9장에서 던져진 폭력에 의해 시달리면서도 어쩔 수 없이 그것을 되던지는 사람들, 곧 폭력의 객체이면서도 주체가 되는 인간에 대해 논의했다. 이들은 폭력에 의해 피해를 보면서 다시 그 피해를 반사하는 사람들이다. 그런데 그런 접근은 전통적인 주체의 관점에 사로잡혀 있는 것일 수 있다. 마치 모든 사회적 행위의 시작과 끝이 개별적인 주체인 것처럼 보일 수 있다. 이제 우리는 개별적인 행위자의 의지와 자율성이 강조되는 주체의 차원을 넘어서고자한다. 그 대신 시스템의 관점을 익히고자 한다. 여기서는 개별 인간행위자의 의지나 자유가 부각되는 대신, 그것을 넘어서 작동하는시스템의 작동방식이 중요하다.

흔히 커뮤니케이션은 '의사소통' 또는 짧게 '소통疏通'이라고 번역된다. 이 번역어에서는 말하는 사람의 의사가 강조되면서 출발점이 되고, 더 나아가 그런 의사나 마음의 뜻이 합의에 이를 것이라는 가정이 깔려 있다. 이것은 단순히 번역의 문제는 아니다. 인간의 말과 대화를 그런 인간주의적 목적론에 따라 이해하는 관점이 애초에 사상과 이론으로 존재한다.

그러나 그런 언어 이론이나 대화 이론은, 공적으로 정당화된 조직이 권력이라고 믿는 관점과 비슷하게, 커뮤니케이션과 사회 시스템을 과도하게 '조화로운 사회조직' 또는 '조화로운 인간관계'라는 관점에서 미화했다고 볼 수 있다. 또 그런 이론은 말하는 사람의 힘과 마음에 과도한 의미와 정당성을 부여한다. 그런 관점을 주장한 대표적인 사람으로 하버마스를 들 수 있다. 그리고 '조화'와 '합의'를 전제하고 강조하는 그런 이론을 이론적으로 뒤집은 사람이 대표적으로 니클라스 루만Niklas Luhmann이다. 루만은 커뮤니케이션이 무조건 또는 단순히 의사소통이나 합의를 목적으로 삼지 않는다는 점을 강조했다. 또 그런 목적을 전제하는 것이 의사소통 이론의 한계이자 맹점이라는 점을 부각시켰다.[1]

기존 의사소통 이론에서는 거의 언제나 말하는 사람의 의사와 의지가 중요하게 여겨졌다. 고대 사회에서부터 줄곧 말하는 사람에게는 권위가 부여되어 있었고, 권위와 권력이 있는 사람이 많이 그리고 크게 말했는데, 철학 사상이나 이론들도 그 현실을 당연하게 여겼을 뿐 아니라 '진리'로 승화시켰다. 그런 전통적인 상황에서는 말을 수신하는 사람들은 그것을 받아들이는 수밖에 없거나, 그렇지 않더라도 드러나게 거부하기는 힘들었을 것이다.

언어 주체를 출발점과 중심에 놓는 그런 전통적 이해방식을 뒤집기 위해서는, 커뮤니케이션 과정을 오히려 수신자의 관점에서 파악해야 한다. 이 관점은 커뮤니케이션 이론에서 완전히 새로운 시각을 제공한다. 커뮤니케이션의 수신자는 무조건 그것을 받아들이거나 이해만 해야 하는 위치에 있지 않다. 사회 시스템의 관점에서 말하자면, 애초에 모든 커뮤니케이션은 기대와 거절 사이의 넓은 스펙트럼을 만난다. 서로 얼굴을 마주보고 말을 할 때 말을 건네받은 사람은 그 말을 거부하거나 부정하기가 일반적으로 어려울 것이다. 여기서 말을 하는 사람에게 권력이나 권위가 주어져 있으면, 그 말을 거부하거나 그 말에 동의하지 않기가 더 어려워질 것이다. 여기서 이론적으로 다른 두 갈래 길을 그려볼 수 있다. 애초에 권력관계를 커뮤니케이션이 기울어지게 만드는 핵심적인 원인으로 여길 수도 있다. 그와 달리, 권력관계에 과도한 무게가 실리는 것을 피하면서(또는 권력관계를 일단 생략하고), 사회 시스템의 관점에서 커뮤니케이션이 진행되고 생산되는 과정에 더 무게를 둘 수 있다. 루만의 시스템 이론은 후자의 길을 간다. 애초에 얼굴을 마주보고 말을 하는 현장에서는 누구든지 상대방의 말을 대놓고 부정하거나 거부하기 어렵다. 권력관계는 그 기본적인 상황을 악화시키는 사회적 요인으로 파악된다.

문명의 발생 단계에서 말의 권위에 의존했던 공동체가 문자라는 발명품에 의심의 눈초리를 던졌던 이유도 커뮤니케이션 매체와 관련이 있다. 문자는 말과 달리 사람의 얼굴을 마주보고 하는 커뮤니케이션이 아니며, 따라서 그 자체가 시간적·공간적인 지연이나 변형의 가능성을 내포하고 있다. 문자는 '아니'라고 말할 수 있는 기회를 증가시킨 셈이다. 그리고 나아가 인쇄술은 문자가 제한된 범위에서 가졌던 이 지연과 변형과 거부의 가능성을 획기적으로 확대시켰다. 커뮤니케이션 환경이 크게 바뀐 셈이다. 인쇄된 문자는 이제 개인이 진심을 담은 말의 테두리를 떠나, 대중적이고도 인위적으로 확산되는 커뮤니케이션이 되었다. 문자를 수신하는 쪽에서는 무조건 또는 일방적으로 전달받은 말을 그냥 받아들일 필요가 없게되었다. 공동체에서 이전처럼 합의가 쉽게 이루어지지 않을 수 있는 환경이 커진 셈이다. 책을 아직도 문학적으로 칭송하는 관점은 마치 작가가 영혼을 담아 글을 쓰고, 그것이 독자의 영혼에 닿는다고 해석하며 이해한다. 그러나 루만은 사회적 커뮤니케이션이 작동한 순간, 그것은 개인의 영혼과는 거리가 먼 어떤 것이 되었다고 말한다.

그런데 루만은 인쇄술과 대중매체가 지배했던 상황에서, 곧 20세기 중반에서 1980년대 초까지의 상항에서 커뮤니케이션을 분석했다. 물론 TV를 비롯한 대중매체도 이미 인쇄술과는 크게 다른 변화를 가져왔다. TV에서는 사람들이 얼굴을 마주하고 말하는 것처럼 보이지만, 방송과 같은 대중매체는 근본적으로 고전적인 의미에서 개인들이 얼굴을 마주보고 수행하는 상호작용을 불필요하게 만들었을 뿐 아니라 배제한다. 그것이 배제될 수 있다는 조건이 오히려 대중매체의 기본적인 가능성의 조건인 셈이다. 온라인 환경에서 이 변화는 또 한 번 극적인 점프를 수행했다. 말과 달리 인쇄된 문자에 기본적으로 내포되었던 가능성, 곧 상대방의 말에 동의하지 않거나 회피하거나 거부할 수 있는 가능성이 이제는 거의 실시간으로 실행된다. 이것이 현재 이루어지는 커뮤니케이션에서 가장 두드러진 특징이자 효과이다.

바로 이 상황에서 모든 형태의 '혐오'가 과격해진다. 그것이 대중적인 커뮤니케이션 시스템에서 쉽게 그리고 대규모로 사람들의 관심을 끌 수 있는 효과적인 수단이자 매개체로 작용하기 때문이다. 그리고 '혐오'는 단순히 급진적인 여성주의자들이나 일베 같은 일부 집단이 퍼뜨리는 극단적인 구호나 주장에 그치지 않는다. '혐오'는 애초에 모든 커뮤니케이션에 기본적으로 내포되었던 가능성, 곧 상대방에게 '아니'라고 말할 수 있는 가능성이자 상대방의 말을 받아들이지 않거나 거부할 수 있는 태도가 극단에 다다른 형태라고 할 수 있다. '좋아요'와 '싫어요'의 즉각적인 구별과 투입은 열광과 혐오라는 극단적 표현을 초래하는 데로 이어지고 있다. 혐오는 열광의 짝인 셈이다. 아마 열광적인 맹목성이 없었다면, 혐오도 없었을 것이다.

열광적인 찬성과 배척하는 혐오는 그냥 감정의 배출에 그치지 않는다. 위에서 우리가 폭력성에 잠식된 팩트라고 불렀던 모든 표현들은 사실 이 열광과 혐오의 회전문을 통해서 생산되었다고 볼 수 있다. '된장녀'는 '한남'으로 돌려진다. 또 이제까지 공론장이라고 알려진 공간에서의 정치적인 말들이 열광을 표현하는 팬덤으로 구성된 극성 지지자들에 의해 사용되고 유포되는 일이 벌어진 것, 그래서 공적인 언어가 열광과 혐오라는 짝패에 휘둘리고 사로잡히는 일이 벌어진 것도 그 때문이다. '틀딱충'의 예로 이 문제를 설명해 보자.

흔히 그 말은 노인들을 차별하는 혐오 표현의 일종으로 다루어지진다. 그러나 그럴 경우, 도대체 왜 혐오가 거기에 실렸는지 설명이 잘 되지 않는다. 그저 일부 노인들의 점잖지 못하거나 '꼰대'스러운 행동 때문에, 그런 혐오 표현 또는 폭력적인 표현이 만들어졌을까? 그럴 경우 그 말은 단순히 감정적인 반응의 한 결과라고 여겨진다. 그러나 '틀딱충'은 단순히 감정적인 혐오 표현에 그치지 않는다. 그 표현은 '커뮤니케이션'을 '소통'이라고 이해하는 은근하고도 도덕적인 커뮤니케이션에 의해 유발되었다고 보아야 한다. 다르게 말하면, '틀딱충'은 '어르신'을 강조하는 착한 커뮤니케이션이 확대되는 과정에서 그에 대응해 나타난 산물이다.

어떻게 그런 일이 벌어졌을까? 과거 사회에서 나이는 존중을 가져다주는 요인이었다. 그러나 급격한 현대화 과정에서 그 존중은 의미를 잃었고, 노인은 애매한 존재가 된다. 젊었을 때 열심히 일하면서 산업화 과정을 이끌었고 그 결과에 자부심을 가졌던 노인세대는 점점 무력한 존재가 된다. 수명은 늘어났고 생활은 좋아졌는데, 노년의 삶은 쉽지 않다. OECD 국가 가운데 노인 빈곤율이 제일 높다는 부끄러운 수치도 많은 노인들이 무력과 우울을 느끼게 만들었다. 그 와중에 '헬조선'이라는 표현이 등장한다. 자신들은 국가와 사회를 성장시키고 좋게 만들었다고 생각하는데, 젊은 세대는 지옥이라고 부른다. 세상을 보는 간격이 쩍 벌어진다. 어쨌든 수명이 늘어나고 65세가 넘어도 젊게 살려는 태도가 바람직한 세상에서 '노인'이라는 호칭이 바람직하지 않게 느껴지는 건 자연스럽다. 그러면 무엇으로 대체해야 하는가? '노인'을 대체할 만한 좋은 호칭은 쉽지 않았다.

그 분위기 속에서 2010년에 '나이든 이에 대한 바람직한 호칭'을 주제로 한 세미나가 열렸다. '노인이라는 단어는 늙어서 생산력이 없다는 느낌을 주고, 단어 자체가 사람의 기운을 뺏는 것 같다'는 인식이 일반적인 배경으로 작용했을 것이다. '고령자'라는 단어도 어감이 좋지 않고 일본어에서 사용되는 표현이기에 마땅치 않았다. 세미나 참석자들은 대안으로 '어르신'을 제시했다고 한다. 손진호 『동아일보』 어문연구팀장은 "신문에서는 '노인'을 사전적 의미에 맞게 가치중립적으로 쓰고 있지만, 만약 일반인들이 '노인'에 '무기력하다'라는 부정적 어감이 있다고 느낀다면 존경의 의미가 담긴 어르신을 대안으로 적극 검토할 필요가 있다"[2]고 말했다. 그 세미나의 제안 덕택에 그 후 '어르신'이라는 용어가 일반적으로 사용되었는지는 정확히 알 수 없지만, 그래도 그 제안이 큰 역할을 했음직하다.

여기서 '존경의 의미가 담긴' 용어를 일반적으로 사람을 지칭하는 명사로 사용하는 일이 바람직한지 물어볼 필요가 있다. 의도는 좋았을지 몰라도, '어르신' 호칭은 최소한 일반적인 3인칭 호칭으로는 과도한 존중을 담은 표현이다. 세미나 자리에서도 모두가 그 제안에 호응한 것은 아닌 듯하다. 보도에 따르면, 남기심 전 국립국어원장은 "어르신이라는 표현을 법률용어에 쓴다거나 '이 어르신이 한마디 하겠습니다'처럼 자신을 지칭할 때 쓴다면 어색할 수도 있기 때문에 언론과 사회가 새로운 용어를 만드는 것도 고려해봄 직하다"고 덧붙였다고 한다. 이처럼 얼굴을 마주할 때는 '어르신'

이라는 호칭이 괜찮지만 일반적인 호칭으로까지 그것이 사용된 것은 과도했다. 그러나 언론과 사회가 다른 제안을 하는 일은 성공하지 못했고, 결국 '어르신'이란 표현이 일반적인 호칭으로도 사용되게 되었다.

여기서 일반적인 호칭으로 '어르신'이 사용된 데는 어떤 사회(학)적인 배경이 있었다고 추측할 수 있다. 나이가 든 사람들은 사적으로나 동년배들끼리는 지금도 여전히 '노인'이란 표현을 사용하며, 그 말이 전적으로 부정적이지도 않다. 여기서 고려해야 할 점은, 한국 사회가 일반적으로 호칭과 존칭에 매우 예민한 사회라는 것이다.

김대중 대통령이 2005년 미국을 방문했을 때, 조지 부시 대통령이 기자회견 도중 김 대통령을 'this man'이라 부른 적이 있었다. 한국 언론에서는 그 호칭이 '무례하다'는 의견까지 나왔지만, 영어에서 그 말 자체는 3인칭 호칭으로 일반적으로 사용된다. 한국 사회는 호칭과 존칭을 그만큼 유연하지 못하게 사용한다는 반증이다. 미국에서는 대통령을 'Mr. President'라고 불러도 되지만, 우리말에서 'Mr.'의 번역어로 '씨'를 그렇게 사용하다가는 매우 불편한 일을 당할 것이다. 여기서 한국 사회에서 '사장님'이라는 호칭이 왜 일반적으로 사용되는지 알 수 있다. 그럼 그 호칭이 상호작용의 차원에서 상대방 성인 남자에 대한 존중을 담고 있다고만 말할 수 있을까? 그렇지 않다. 그렇게 생각한다면, 어떤 호칭이 사회적으로 유포된 상황에 대해 제대로 해석하지 못하는 것이다. '사장님' 호칭은 2인칭 호칭이 마땅치 않은 상태에서 자칫하면 불편한 말싸움이 날 수 있는 상황을 예방하는 차원에서 생겼다고 할 수 있다. '당신'이란 말이 상대방을 가리키는 일반적인 2인칭인데도 불구라고, 한국 사회에서는 그 말이 상대방을 얕잡아보는 말로 격하되었다. 영어를 비롯한 다른 말에서는 2인칭 지시대명사가 호칭으로 일반적으로 사용되는 것과는 완전히 다른 셈이다. '노인'이란 말도 그 자체로는 그렇게 무난하게 사용될 수도 있음에도 불구하고, 호칭에 대한 사회의 예민함과 까다로움이 그 말의 사용을 막았다고 볼 수 있다. '당신'을 '사장님'이 대체했던 과정과 비슷하게, '노인'을 '어르신'이 대체한 셈이다.

그렇다면 호칭 사용에서 일반적으로 일종의 언어적 인플레이션이 작용한 것일까? 그러나 인플레이션이라는 관점은 호칭 사용의 까다로움과 민감함을 충분히 설명하지 못한다. 이 상황을 설명하기 위해, 나는 가끔 학생들에게 내 이름에 '씨'를 붙여 불러보라고 한다. 학생들은 매우 주저한다. '씨' 자체도 존칭인데도 쉽게 사용하지 못하는 데는 언어 인플레이션을 넘어선 사회적 문제가 개입되어 있다. 인플레이션을 넘어, 일종의 폭력적인 검열이 얼굴을 마주한 상호작용뿐 아니라 일반적인 호칭에서도 작용하는 셈이다. 말하자면, '사장님'이나 '어르신'은 단순히 존중을 표현하기 위해서 사용되었다기보다는, 이미 사회적인 관계에서 존재하는 폭력적인 검열 상태를 통과하고 회피하기 위해서 투입된 셈이다.

팩트 폭력 또는 폭력적인 표현은 이상하게도 도덕적 규범이 강조되거나 정치적 올바름이 수행되어도, 심지어 그렇게 강조되거나 수행될수록 커질 수 있다. 여혐 또는 남혐 갈등에서 기인하는 팩트 폭력에서도 그런 점이 드러난다. 커뮤니케이션 차원에서 '존중'이라는 도덕적 이념이 강조되거나 연출된다고 해서 사회가 낳은 폭력성이 줄어들거나 해결되지는 않는다. 오히려 거꾸로다. '틀딱충'도 그냥 노인에 대해 혐오가 증대했기 때문에 생긴 건 아니다. 오히려 '어르신'이 존중을 과도하게 생산하는 상황에 대한 반작용으로 거부와 싫음이 표현되었다고 보아야 한다.

'어르신'이라는 커뮤니케이션을 둘러싸고 몇 겹의 오해와 착시가 일어난다. 그 단어가 존중의 표현이라는 생각이 첫째 오해와 착시다. 둘째 오해와 착시는, 존중을 담은 표현을 사용하면 사회에 이미 존재하는 예민함이나 폭력적인 대응방식을 예방하거나 극복할 수 있으리라는 생각이다. 그러나 그런 생각은 단견일 뿐 아니라, 오히려 사회에 이미 존재하는 폭력성을 가리고 왜곡한다. 도덕의 이름으로 부과되는 커뮤니케이션은 존칭의 인플레이션만 낳는 데 그치지 않고, 커뮤니케이션을 둘러싼 감정적 피로감이나 폭력성을 증폭시킨다. 여러 형태의 '감정노동'이 점점 피로감을 유발하는 것도 그런 폭력적 역할 때문이다. 호칭을 비롯한 모든 커뮤니케이션이 기대와 거절 사이에서 받아들여질 수 있는데, 과도한 존중을 강요하는 호칭 사용은 오히려 그 호칭을 수신하는 쪽이 거절로 향하게끔 몰고 가는 역할을 할 것이다. '좋음'을 강요하면 '싫음'이 오히려 튀어나오는 것과 비슷한 이치이다.

사회에 이미 존재하는 폭력성은 존중이나 착함을 인위적으로 표현하는 커뮤니케이션으로 결코 해결되지 않는다. 오히려 이것이 다시 팩트가 폭력성을 띠게 만든다. 말하자면, 과장되거나 다소 부담스러운 도덕적 커뮤니케이션은 이미 사회에 존재하는 폭력적인 경향(무난하고 소박한 중립적인 호칭이 어려워지고, 자칫하면 말싸움으로 번지는 상황, 그리고 일반적으로 사회적 직위를 붙여 호명하는 부담스러운 상황)을 가리거나 은폐하며, 더 나아가 그것을 해결한다는 엉뚱한 임무를 띠게 된다. 그리고 결국에는 그런 도덕적 존중을 남용하는 커뮤니케이션에 대한 반작용 속에서, 더 엉뚱한 팩트 폭력('틀딱충'이라는 극단적인 혐오 표현이 내포하거나 암시하는 사실)이 유발된다.

어쨌든 왜곡된 커뮤니케이션도 커뮤니케이션이다. 다만 커뮤니케이션은 단순히 '소통'이 아니고, 또 실제로 '소통'을 목적으로 삼지도 않는다. 커뮤니케이션은 오히려 사회적인 불안과 불만에 민감하게 반응하는데, 그 결과로 팩트가 폭력성을 띠게 된다. '어르신'의 예는 나이가 든 분들에 대한 존중을 수행하기가 어려운 시대에 그들의 불안과 불만을 성급하게 도덕심으로 해결하려는 시도의 표현이다. 그 과정에서 유감스럽게도 '어르신'과 '틀딱충'의 짝이 나왔다고 볼 수 있다.

도덕적 태도를 과도하게 부과하거나 강요하는 커뮤니케이션이 오히려 폭력성을 띠게 되는 또 다른 이유가 있다. 도덕적 높임 또는 부풀림은 도덕적 평가라는 틀을 전제할 수밖에 없다. 존중할 만한 태도와 그렇지 못한 태도가 구별되기 때문이다. 위에서 우리가 논의했듯이, 모든 평가 시스템들은 부담스럽고 폭력적인 효과를 초래하기 쉽다. 평가를 하게 만들면, 사람들은 원하지 않더라도 그 평가 시스템이 유발하고 생산하는 좋음과 싫음, 그리고 잘함과 못함의 차별에 내맡겨지고 예속된다. 도덕적인 평가에 의존하는 커뮤니케이션을 수신하는 사람은 이전보다 그 대상을 거부하고 비난할 더 기회를 더 많이 갖게 된다. '어르신'이라 불리는 나이든 사람이 도리어 예의 없이 구는 경우가 그렇다. 사람이 언어와 호칭이 직위와 지위에 따라 지나치게 세분화되고 경직되어 있다면, 결국 언어사용에서 폭력적 표현을 유발할 공산이 커진다. 이 경우 호칭과 존칭의 사용에 개입하는 긴장을 먼저 줄이고 완화시키는 노력을 해야 하는데, 그렇게 하지 않은 채 도덕적인 태도를 강조하는 커뮤니케이션은 오히려 폭력적인 사실들을 부추기고 조장한다.

커뮤니케이션은 동의나 합의를 목적으로 삼지 않는다

커뮤니케이션이 전통적인 언어 이론이 말하듯이 조화와 합의에 기초하지도 않고 또 그것을 목적으로 삼지도 않는다는 관점은, 휴머니즘에 쉽게 의존하는 입장에서 보자면 놀랍거나 심지어 거부감이 들지도 모른다. 그러나 오히려 전통적인 언어 이해가 지나치게 인간중심주의와 휴머니즘에 호소했거나 그것을 참칭했다고 보아야 한다. 그리고 이런 일은 인터넷이나 SNS가 대세가 되기 이전에도 이미 일어나고 있었다.

대중매체의 시대에도 TV와 방송은 이미 전통적으로 이성적인 대화라고 이해된 것의 차원을 훌쩍 넘어갔다. 그것들은 매일매일 자신들의 이야기와 기사와 프로그램을 생산한다. 세상에 대해 이야기하며 세상의 문제들을 다룬다고 말하지만, 대중매체는 저 자신의 프로그램을 돌리고 또 돌린다. 어느 곳에서 전쟁이나 재난이 터져도, TV와 방송은 계속 자신의 프로그램에 따라 돌아간다. 세상의 문제를 다루고 해결하는 데 기여하지 못한다는 말은 아니다. 다만 그 매체가 작동하는 방식은 그 자신의 작동 시스템에 의해 시간별로 따로 프로그램이 되어 있다. '바깥' 세상에서 사람들의 삶이 어떻게 흘러가든, 매체들은 저 자신의 궤적을 따라 돌아간다. 어떤 사건이 일어난다고 해서 대중매체가 그것에 대해 어떤 도덕적인 목적만을 일관되게 추구하는 것도 아니다. 오히려 이미 매체 자신의 시간 속에서 그에 대해 이야기할 몇 가지 서로 다른 버전을 예측하고 준비하고 있다. 모든 경우가 가능한 것으로 열려 있지는 않겠지만, 있을 법하고 일어날 법한 가능성에 대해서는 최대한 준비해야 한다. 대중매체는 자신이 작동하는 시스템의 진행과정에 따라 그 내부에서 준비되고 조직된 경로로 흘러간다. 옳은 것이나 좋은 것을 찾아가지 못한다는 말은 아니다. 비록 그런 것을 찾아서 갈 수 있더라도, 내부에서 준비되고 조직된 수준이나 방향이 허락하는 한에서 그렇게 한다는 것이다.

20세기에 가장 발달했던 대중매체는 세상의 모든 잡다한 사건에 대해, 사람들끼리 얼굴을 마주한 채, 거의 현재적으로 대응하고 보도하는 특이한 매체였다고 할 수 있을 것이다. 물론 모든 대중매체에서 사람들이 언제나 얼굴을 마주한 채 현재적으로 상호작용을 하는 것은 아니다. 신문은 인쇄술의 형태로 사람들이 세상에 대해 말하고 대응하는 방식이었고, 방송에서도 녹화된 촬영이 많았다. 그래도 TV는 사람들이 얼굴을 마주한 채 사회적 사실들에 대해 상호작용을 하는 첫 사회적 매체의 시대를 열었다고 할 수 있다. 다만 일상적인 대화처럼 커뮤니케이션이 같은 시간과 자리에서 이루어지지 않는다는 것이 차이일 뿐이다. 이 이야기를 하는 이유는 현재적인 상호작용의 형태를 띠는 커뮤니케이션에 대해 우리가 아직도 제대로 이해하지 못하는 것이 많기 때문이다. 전통적으로 사람들은 현재적인 상호작용인 대화를 의사소통의 핵심으로 여겼다. 같은 시간에 같은 장소에서 얼굴을 마주한 채 이야기하는 대화가 서로 의사를 전달하며 동의와 합의에 이르는 핵심적인 경로라고 이해한 것이다. 물론 거기엔 맞는 점이 있다. 같은 시간에 얼굴을 마주한 채 말하면 언어 표현뿐 아니라 상대방의 감정까지도 잘 포착할 수 있고 또 잘 전달할 수 있기 때문이다.

그러나 실제로는 대화 같은 동시적인 상호작용도 저절로 동의와 합의에 이르지는 않는다. 위에서 수행적인 언어의 예에서 살펴보았듯이, 언어가 수행적인 효과를 내기 위해서는 정상적이라고 여겨지는 콘텍스트가 작동하고 또 당사자들도 자신의 사회적인 역할에 충실해야 한다. 특히 수행적인 언어가 행위의 효과를 가지기 위해서는, 사회적 권위나 구속력을 가진 기구나 장치나 제도가 뒷받침되어야 한다. 여기서 우리는 전통적으로 대화와 같은 현재적인 상호작용이 사회적 커뮤니케이션의 핵심이라고 여겨졌던 이유를 분석할 수 있다. 당시에는 무엇보다 언어 사용의 바탕이자 배경인 사회적 콘텍스트가 지속성을 가졌고, 당사자들의 사회적 역할도 신분에 의해 안정적으로 고정되어 있었으며, 사람들의 능력도 비교적 단순한 사회적 위계질서에 의해 배분될 수 있었다. 이것들이 전제로 깔려 있었기에, 대화는 동시적인 상호작용으로 인정되고 정당화될 수 있었다. 사람들은 감정을 일부러 꾸밀 필요도 없었다. 사회적 위계질서나 지위에 따라 태도와 감정이 일정 수준과 형태로 조율되고 정형화되었기 때문이다. 언어를 도와주는 이러한 사회적 전제들이 없었더라면, 얼굴을 마주하는 대화도 제대로 작동하지 않을 것이다. 자신이 사는 사회적 질서가 통하지 않는 낯선 곳에서 낯선 사람을 만나는 경우를 생각해보라. 그런 곳에서는 대면 상태의 대화가 서로 거리를 두고 이루어지는 커뮤니케이션보다 더 공포를 유발할 수 있다. 대면 상태의 커뮤니케이션에서는 신체적인 특징이나 능력들 그리고 행위자가 가지는 다른 강력한 도구들이 드러날 터이며, 그것은 한쪽에게 즉각적으로 유리한 포인트를 부여할 것이기 때문이다.

어쨌든 중요한 점은 전통적으로 대화하는 현재적 상호작용에 안정성과 의미를 보장해주었던 이 사회적 기구와 장치들이 근대가 시작되면서 점점 허물어지고 사라졌다는 것이다. 사회적 위계질서와 지위가 부여하는 강력한 권위와 강제력은 흔히 말하는 민주적인 절차에 의해 대체된 것처럼 보인다. 서로 동등한 권리를 가진 행위자로 여기고 인정하면서, 그때그때 적절한 방식으로 상황을 고려하면서 언어 표현을 고르고 태도와 감정도 조절하는 방식이 일반적인 커뮤니케이션의 형태로 자리를 잡게 되었다. 근대 이전의 사회는 신분제와 위계질서 그리고 중심과 변두리 등의 구별에 의해 사람들이 서로를 사회적으로 인식하고 또 알았다면, 근대 이후에는 그런 표지들이 힘을 잃고 사라진다. 다소 극단적으로 표현하면, 이제 상대방이 무엇을 생각하고 원하는지 사람들은 모르며, 바로 그 때문

에 커뮤니케이션은 확대되며 또 새로운 사회적 의미를 가진다.[3]

정치적이고 사회적인 기본권이 인정되고, 그것을 위한 진보가 이루어질 것이라는 믿음이 있으며, 또 사회적 사실이 충분히 공론에 의해 조절될 수 있는 한 민주적인 커뮤니케이션은 최선의 방식으로 작동했다. 지금 기준으로 보면 19세기에는 서유럽조차도 좋은 일자리도 복지도 충분하지 않았지만, 당시에는 그것도 지금처럼 큰 문제는 아니었다. 자유민주주의와 자본주의가 상당히 낙관적으로 기대를 충족시켰기 때문이다. 그리고 그런 전제가 충족될 때, 상대방을 고려하고 상대방의 내면을 탐색하는 일은 성찰적인 상호작용으로 이끌리기도 한다.

그러나 20세기 후반 무렵에 이 전제들은 많건 적건 전체적으로 흔들리기 시작했다. 여러 사회적이고 경제적인 원인과 배경이 있었지만, 여기선 그에 대한 논의는 생략하자. 어쨌든 1980년 무렵 커다란 전환이 일어난 것은 분명하다. 신자유주의라는 것은 이 커다란 전환의 한 결과이자 증상일 뿐이다. 중요한 점은, 전통적으로 대화나 의사소통에 부여되었던 의미나 가치도 이 커다란 전환과 함께 변화를 맞이하고 있다는 것이다. 커뮤니케이션이 단순히 의사소통도 아니며, 또 무조건 동의와 합의를 목적으로 삼지도 않는다는 논의가 갑작스럽게 돌출한 것도 아니다.

너무 거대한 이야기일 수도 있으니, 다시 작은 이야기로 돌아가 보자. 서로 얼굴을 마주보는 상호작용인 대화가 가진다고 여겨졌던 특권이 흔들리고 사라진다고 했다. 이 변화를 보여주는 구체적인 예가 '문자 보내기'(영어로는 텍스트 보내기)이다. 인터넷의 발달로 대중매체의 시대가 지나가면서 각자가 직접 네트워크에서 커뮤니케이션을 할 수 있는 통로가 생겼다. 전화와 전보가 가졌던 효과와 특징들이 선별적으로 발전했다고도 말할 수 있을 것이다. 거의 현재적으로 신호를 주고받으면서도 그냥 소리로 들리는 대신에 텍스트의 형태로도 주고받을 수 있으니 말이다. 물론 우리는 지금도 직접 소리를 듣고 싶을 땐 전화로 대화를 한다. 그러나 전화라는 커뮤니케이션 방식이 주지 못하는 편리함과 이점을 문자 보내기는 가진다. 이 편리함과 이점 덕택에 문자 보내기(그리고 그것의 연장선에서 댓글 달기)는 애용된다. 그것은 어떤 이점인가? 문자를 보내고 받을 때, 우리는 상대방의 언어와 기호에 반응할 수 있는 시간적이고 감정적인 여유를 확보하며, 태도를 유연하게 조절하거나 숨길 수 있다. 얼굴을 마주보고 대화할 때에는 즉각적으로 대답해야 하지만, 문자 보내기는 일정한 지연과 지체를 허용한다. 다른 일을 하고 있을 수 있다는 가정이 문자 보내기에서는 언제나 적용되기 때문이다.

물론 얼굴을 마주보고 하는 대화를 모방하고 그것의 효과를 내기 위하여 다양한 이모티콘들이 사용된다. 그렇다고 이모티콘들이 전통적인 대화 이론이 가정했듯이 '진정한' 감정이나 속마음만 전달하는 목적을 가진다고 믿을 필요는 없다. 과장되거나 꾸며낸 감정 표현들이 얼마든지 동원될 수 있기 때문이다. 사람들이 의도적으로 속인다는 말이 아니다. 여기서 우리는 위에서 논의했던 커뮤니케이션의 기본 상황을 다시 환기할 필요가 있다. 커뮤니케이션은 오로지 동의와 합의를 목적으로 서로에게 의사를 전달하는 과정이라고 전제할 필요가 없다. 오히려 애초에 승인과 거절 사이의 다양하고 다른 반응이 가능하다. 시간적 지연 속에서 반응이 일어나고 필요에 따라 감정을 인위적으로 꾸미는 일은 '자연스러운' 반응에 속한다. 속으로는 화가 나지만, 안 그런 척하는 문자를 얼마든지 보낼 수 있고, 그런 꾸밈은 많은 경우에 좋게 작용할 것이다.

말하자면 서로 자신의 의사와 감정을 정확하게 전달한다는 것은 가상에 가깝거나 실제로는 상당히 드문 일에 속한다고 할 수 있다. 이 문제는 얼굴을 보고 통화한다고 해서 크게 달라지지 않고 해결되지도 않는다. 대면 방식의 대화를 회복한다고 해서 커뮤니케이션 상황에 내재하는 다의성과 복합적 콘텍스트를 없앨 수는 없다. 물론 이번 코로나 전염병이 걷잡을 수 없이 퍼지는 상황에서 화상 통화나 화상 회의는 아주 큰 도움이 된다. 일단 사회적 커뮤니케이션이 단절되지 않은 채 계속될 수 있다. 그렇더라도 일단 커뮤니케이션이 얼마나 사회 시스템에 의존하는지 알려진 다음에는, 쉽게 다시 조화로운 의사소통으로 되돌아갈 수는 없다.

여기서 이모티콘의 효과를 잠깐 살펴볼 필요가 있다. 지금껏 논의한 내용과 함께, 우리가 곧바로 논의할 다른 문제와 직결되기 때문이다. 좋은 의도만 생각한다면, 이모티콘은 문자 보내기에 내재하는 모호성을 줄이기 위해 동원되는 감정의 도우미라고 할 수 있을 것이다. 언어 기호에 생생한 감정과 느낌을 주는 것이 의사소통에 도움이 된다고 여겨지기 때문이다. 그러나 이것도 전통적 대화 이론이나 현대적 의사소통 이론이 남용하는 전제임을 알아야 한다. 사회에서 커뮤니케이션을 할 때 언제나 감정 표현이 풍부해야 한다고 전제되거나 요구되지는 않았다. 이런 전제나 요구는 오히려 근대사회에서 확대된 현상이라고 할 수 있다.

앞에서 서술하였듯이, 근대 이전의 사회에서 일반적으로 유지되었던 여러 위계질서와 신분제 그리고 가족 중심의 테두리가 사라지면서, 언어 사용을 뒷받침하고 방향을 정해주던 사회적 고정점들이나 받침대들이나 꼭지점들이 흔들리거나 줄어들거나 심지어 아예 사라진다. 사람들은 그때그때 상대방에 따라 커뮤니케이션을 잘 되게 하는 방향으로 기호와 감정들을 동원하고 꾸며야 할 필요에 직면한다. 예절이 섬세해지는 사회적 경향도 전반적으로 대화하기가 미묘해지고 복잡해진 시대적이고 사회적인 상황을 반영하고 있다. 상대방의 의도와 지위 그리고 그가 가진 대응수단들을 분명하게 알 수 없는 상황에서는 가능한 한 좋은 표정으로 좋은 의도를 꾸미는 것이 도움이 될 것이고, 사회적으로도 그런 대화법이 권장될 것이다.('어르신'이라는 존칭 표현에 대한 분석도 이제 이 시대적 상황을 배경으로 한다는 것이 드러난다.) 말하자면, 되도록 친밀성을 표현하고 드러내는 것이 권장될 뿐 아니라 요구되는 것이다. 더욱이 자본주의 사회의 발전과 확대는 고객에 대해서만 친절과 친밀성을 강조하는 데 그치지 않았다. 잠재적인 고객 모두에 대해 친절할 필요가 있다.

다르게 말하면, 감정을 진실하게 표현하고 친밀성을 드러내야 한다는 기대나 요구는 흔히 대화 이론이나 의사사통 이론이 말하듯 커뮤니케이션에 절대적으로 또는 일반적으로 필요하지는 않다. 오히려 그런 기대나 요구는 공공성이나 공론장이라는 것이 허약하거나 불안하다는 걸 반영하거나 그 상황의 징후일 수 있다.[*] 또는 사회적 관계가 전반적으로 불안정한 상태에서 자본주의 사회의 '고객처럼 대하기'라는 요구가 개입되었을 것이다. 왕을 비롯한 윗사람에 대한 태도가 모든 사회에서 언제나 같지는 않았지만, 최소한 과거에는 요즈음처럼 친밀성이나 감정적 가까움이 강조되지 않았다는 것은 명확하다. 지금처럼 친밀하게 웃는 표정이 유별나게 강조되지 않았다. 때로는 진중함이 강조되었고, 때로는 엄숙함이 부각되었었고, 때로는 감정을 삼가는 태도가 권장되었고, 심지어 적지 않은 경우에는 무서움과 공포를 표현하는 것이 요구되었다. 사극에서 많이 사용되는 '황공합니다'라는 표현은 바로 이 무서움과 공포의 표현에 가깝다.

감정을 예쁘고 친밀하게 꾸미는 일은 또 다른 점에서 중요한 관찰의 대상이 된다. 동양이든 서양이든 고대 및 중세 사회에서 그런 감정 꾸미기는 도덕성에 필수적인 요소가 아니었다. 도덕성은 사회적 지위나 신분이나 권위에 거의 자동적으로 근거하거나 연결되었고, 태도와 감정도 구조적으로 그것에 연동되었다. 높은 신분이나 지위에 있는 사람들은 아랫사람들의 내면을 깊이 살피거나 크게 고려할 필요가 없었고, 거꾸로 후자들도 전자들에게 친밀성을 기대하거나 요구하지 않았다. 어떤 점에서 그들은 각자의 사회적 신분에 걸맞게 따로 살았고 또 그만큼 서로의 내면에 무관심할 수 있었다. 말하자면 도덕과 예의와 겉모습의 근사함은 따로 놀지 않았다. 그

---

[*] 6장에서 논의했듯이, 리처드 세넷도 공적인 인간이 몰락하는 과정에서 친밀성의 이데올로기가 확대되었다는 점을 강조한다.

런데 서양의 경우 18세기 중반 무렵 그 둘은 서로 분리된다.[4] 신분이 높든 낮든 상관없이 매너는 일반적으로 통용된다. 내면의 덕이 어떻든 어떤 신분이든 겉모습과 외양을 잘 꾸밀 수 있게 된다. 도덕과 매너 그리고 미학적 근사함은 서로 분리되기 시작한 셈이다. 그리고 그 이후 이 과정은 점점 가속화된다. 당연히 자본주의와 민주주의의 영향도 컸다. 그 와중에서 그것들은 각자 자신의 길을 간다.

이들 문제를 점검하고 난 이제, 우리는 비로소 인터넷 커뮤니케이션에서 두드러지는 현상 가운데 하나인 좋음과 싫음의 감정 표현이라는 문제에 접근할 수 있다. 행위자의 도덕이나 인격과 상관없이 감정의 표현이 출렁거릴 수 있고, 심지어 공적인 이념이나 공공적인 관계가 쇠퇴하는 과정에서도 감정의 표출은 부각될 수 있다는 점이 이제 알려졌기 때문이다. 그럼 인터넷 댓글에서 좋음과 싫음의 구별 또는 평가가 야기하는 문제는 무엇일까? 이미 말했듯이, 모든 커뮤니케이션은 그 자체로 기대와 거절 사이의 넓은 스펙트럼을 따라 흔들리고 출렁거릴 수 있다. 인쇄술과 대중매체, 그리고 사이버스페이스의 발전과 확장은 바로 이 기대와 거절 사이의 간격을 점점 크게 그리고 기우뚱하게 벌려놓고 있다.

댓글들이 단순히 부정적인 역할만 하지는 않지만, 상당히 폭력적인 경향을 보인다는 것은 잘 알려진 사실이다. 댓글은 주어진 메시지에 사람들이 기대하는 태도와 거절하는 태도로 얼마나 쉽게 갈라지면서 요동을 칠 수 있는지, 그리고 익명이든 아니든 얼마나 빠르고도 단순화된 방식으로 사람들이 반응하는지 보여주는 일상적이면서도 극단적인 예이다. 댓글의 부정적인 면을 보면, 정말 한심하거나 어리석은 예들도 많다. 조금 길고 내용이 단순하지 않은 글은 제대로 읽지도 않으면서도 무모하게 자신이 하고 싶은 말만 하는 태도를 보면 아찔한 느낌도 든다.

여기에 중요한 문제가 있다. 보수와 진보라는 정치적 진영논리에 따라, 또는 단세포적으로 '좋아요'와 '싫어요'의 이분법에 사로잡히거나 거기 빨려 들어가는 일은 피해야 할 일이다. 단순한 이분법 대신에 제3자가 개입할 수 있는 틈과 공간을 확대하는 일은 커뮤니케이션이 진화하는 데 결정적으로 중요하다. 무엇보다 어떤 사태나 문제가 단순히 '좋아요'와 '싫어요'의 선택만으로 끝나지 않도록 하는 게 필요하다. 어쨌든 좋음과 싫음을 표현할 수 있는 방식, 특히 커뮤니케이션에서 거부할 기회나 선택을 가지는 것은 나쁘기만 한 일이 아니다. 흔히 도덕적인 태도가 강조될수록 선함과 착함이라는 모범적인 가치가 부각되고, 부정적인 감정들과 행위들은 마치 없어지면 좋을 어떤 것으로 여겨진다. 그러나 상대방의 메시지나 지시를 싫어하거나 거부할 수 있는 기회를 둘러싸고 다양한 갈등이 확대되는 것은 어떤 점에서는 당연한 일이다. 그로부터 개인적이고 사회적인 갈등도 점점 늘어날 것이다. 따라서 그런 갈등을 다루고 관리할 일도 점점 늘어날 것이라고 보아야 한다. 그 부정적인 감정과 행위들을 어떻게 조절하고 관리할 수 있느냐가 앞으로 사회적으로 중요한 문제가 될 것이다.

거듭 말하지만, 커뮤니케이션의 목적이 그저 사회적 합의에 있고 그 합의에 따라 갈등을 사회적으로 해결하는 데 있다고 보는 것은 너무 좁고 편향된 생각이다. 물론 현대사회가 갈등이 많다 보니 공동체의 조화나 환대를 강조하는 의견들이 강조되는 경향이 있다. 그러나 커뮤니케이션의 진화 과정은 그 자체로 동의와 거부 사이에서 선택의 복잡성을 넓히는 과정과 분리될 수 없다. '환대의 윤리'나 '착함의 윤리'는 윤리의 차원에서 나름대로 필요하고 중요한 덕목이지만, 그것으로 커뮤니케이션을 규정하거나 정의할 수는 없다.

'좋아요'와 '싫어요' 사이에서의 선택적 구별을 통해, 팩트들이 폭력성을 띠게 되는 경향이 있다는 점을 부정할 수는 없다. 사회적 이슈와 문제들이 가진 복잡성을 제대로 논의하지 않은 채 기존의 태도를 단순화시키는 일이 성급하고 위험하다는 것도 명백하다. 그러나 그런 일들을 통해, 단순한 선악의 구별과 금지/허용이라는 법적 구별에 의해서는 드러나기 어려운 관점과 느낌들이 드러나는 면도 있다. 사회적 이슈와 문제들이 끊임없이 밀려드는 상황에서 개인과 집단의 빠르고 솔직한 반응을 포착하는 일도 나름대로 중요한 일이다. 어쨌든 여기서 주의를 기울일 점은, 사람들이 좋음과 싫음을 표명하는 태도가 거칠고 폭력적이라면 일단 그 개인들의 태도와 인격이 문제일 테지만, 거기에 전적으로 책임을 돌릴 수는 없다는 것이다. 다양한 사회적 갈등을 조절하고 관리하면서 복잡성을 다룰 시스템이 사회에 있어야 한다. 그 시스템이 작동하지 않는다면, 개인들은 틀림없이 불만을 가질 것이고, 폭력적인 방식으로 '좋아요'와 '싫어요'를 눌러댈 것이다.

여기서 중요한 환경적 변화를 하나 더 언급해야 한다. '좋아요'와 '싫어요'의 구별이 사회적 커뮤니케이션에 대한 불만과 거부와 뗄 수 없는 관계에 있는 것은 분명하다. 그러나 여기서 사람들이 불만을 느끼고 거부를 표현하는 것은 그들이 억압되었기 때문일까? 또 그들이 사회에서 단순히 배제되었거나 차별을 받고 있기 때문일까? 기존의 불평등과 차별이 여전히 작용하는 가운데, 의미가 큰 환경의 변화가 일어나고 있다. 프로이트는 무의식이 억압된다고 주장했다. 감시하고 억압하는 분위기가 사라진 건 아니고 심지어 어떤 점에서는 감시의 그물망이 더 촘촘해지는 면도 있지만, 그와 다른 경향이 확대되고 있다는 데 주의를 기울여야 한다. 최근 소셜미디어가 확대된 환경에서 개인들은 억압되었다기보다는 오히려 자신을 드러내고 과시하는 경향을 보인다. 개인들은 숨거나 말을 못하는 것이 아니라, 오히려 말을 하고 자신을 드러내도록 사회나 플랫폼 기업에 의해 권장되고 부추겨진다.

이 상황이 이전과 다르게 새로운 방식으로 차별을 만들고 확대시킨다. 이 차별은 일반적인 평등이나 인권의 이념이 지켜지지 않아서 발생하는 차별과는 거리가 멀다. 많은 사람들이 자기에게 관심이 집중되도록 자신을 과시하면서 생기는 폭력적인 표현이기 때문이다. 다르게 말하면, 개인들이 자아를 실현하도록 권장되고 자유를 적극 수행하라고 부추겨지는 과정에서, 새로운 폭력적 표현들이 발생한다. 인터넷을 통한 커뮤니케이션 시스템의 발전과 확장 속에서 자아실현과 자유의 수행은 필연적으로 타자의 시선에 의존하는 일이 되었고, 시선의 경쟁은 피할 수 없이 모방적 경쟁과 '관종적' 태도를 유발한다. 그리고 그 과정에서 다시 다양한 유형의 차별과 불평등이 발생한다. 이런 것들은 평등과 인권의 이념에 근거해 해결될 수 없고, 차별금지법으로도 처리될 수 없을 것이다.

커뮤니케이션 자체가 일종의 시스템

이처럼 커뮤니케이션은 인간의 마음을 표현하는 전통적인 의사소통의 차원을 넘어간다. 여기서 커뮤니케이션을 전통적인 인간의 마음과 이성이 수행하는 '의사소통'이 아니라, 사회 시스템의 관점에서 새로 파악하는 것이 중요하다. 전통적으로 서로 얼굴을 마주하는 대화에 부여되었던 커다란 의미는 철회된다. 설혹 지금 얼굴을 마주한 형태로 커뮤니케이션이 이루어지더라도, 이제 그것은 단순히 서로의 마음을 확인하고 소통과 합의라는 목적을 실행하지는 않는다는 점이 드러났다.

그렇더라도 일단, 사회 시스템으로서의 커뮤니케이션의 확장은 얼굴을 마주하는 동시적 상호작용에서 멀어지는 현상과 깊은 관계를 가진다. 교육 현장에서의 폭력적 경쟁과 학력차별의 예를 보자. 한 사람 두 사람, 또는 다소 숫자가 많더라도 개인이 직접 경험하는 범위 안에서만 그런 일이 일어날 경우와, 거대한 사회 시스템의 형태로 커지고 확대된 경우는 당연히 다르다. '상식'을 가진 개별적인 개인들이 저항하거나 거부할 수 있는 범위를 벗어나는 경우가 늘어난다. 자신을 정상으로 여기거나 착하다고 생각하는 사람들 상당수도 그 교육경쟁과 학력차별이 빚어내는 결과에 저항하거나 거부할 수 없다면, 이건 더 이상 얼굴을 마주하고 이야기하면서 설득하거나 해결할 수 있는 문제가 아니라, 얼굴이 지워진 상태로 행동하는 사람들과 그들을 구성하는 시스템의 문제일 것이다.

과격한 여성주의나 미친 듯이 학력을 구축하려는 사람들에 대해 이야기할 때, 우리는 종종 몇몇 개인들과 집단의 거칠고 무모한 짓을 그리기 쉽다. 어떤 트랜스젠더 개인을 배제하는 여성주의를 논의할 때도, 마치 일부 극단적인 집단이 그런 짓을 한다고 생각할 수 있다. 그러나 어떤 사회 조직이나 시스템에서 한 사람은 개별적으로 정상적이거나 괜찮은 방식으로 행동할 수 있지만, 그 조직이나 시스템 전체는 그 개인의 행동의 정상성과 합리성을 무력하게 만들고 무시한다. 사교육을 통한 학력경쟁이 일종의 광증으로 떠돌면서, 뉴스는 일부 광적인 인간들의 개별적인 모습을 언뜻언뜻 보여주곤 하지만, 실제로 학력경쟁에서 드러나는 것은 불안과 공포에 휩싸인 집단의 폭력적인 움직임이다. 해외이주민을 대하는 국민의 모습도 어느 나라에서나 비슷하다. 어느 정도 합리적으로 관리가 될 때는 필요한 인원을 가려서 받아들이지만, 지금 상황은 이미 그 단계도 넘어간 듯하다.

정치에서도 비슷한 구별이 가능하다. 사람들이 투표를 통해 합리적으로 정당을 선택하고 그 정당들이 비율에 따라 정치적 영향력을 가진다면, 얼굴을 가진 개인들의 의지가 정치적으로 실행된다고 볼 수 있다. 그러나 선거와 정당 정치에서조차 더 이상 개인들의 합리적이고 상식적인 선택이 통하지 않는다. 그 문제는 이제 여러 각도와 차원에서 드러나고 있다. 정상적인 보수적 의지가 보수정당에서 실행되지 않고, 정상적인 좌파나 진보의 의지도 진보정당으로 흘러 들어가지 않는다. 연동형 비례대표제를 한다며 선거제도를 바꾸었는데, 차례로 위성정당들이 비례정당으로 등장하는 웃지도 못할 일이 일어난다. 보수당은 구태를 벗어나지 못한 패거리들의 정당이 되고, 촛불시위로 집권한 정당도 내로남불의 행태를 보인다. 그런데도 괜찮은 중도정당은 생기지 못한다. 얼굴이 없고 얼굴을 지운 폭력적인 시스템으로 작동하는 정치의 모습이 일상이 되었다. 정치 지도자의 품격에서 한참 떨어진 사람으로 여겨지는 트럼프가 미국 대통령이 된 형국 자체가 이미 폭력성에 잠식된 민주주의의 모습을 보여준다.

거대한 집단이 각자의 방식으로 생존하는 도시의 다양한 사회 시스템, 다양한 명령과 권한이 도대체 제대로 실행되는지 알 수도 없는 국방과 안보 시스템들도 사람이 만들고 초래한 것이기는 하지만, 사람의 얼굴과 마음을 지우면서 작동한다. 이로써 우리는 개인이 아무리 성실과 진실을 추구한들 제대로 대응할 도리가 없게 만드는 커뮤니케이션의 소용돌이 속에 있다. 그리고 거기서 사실들은 폭력성을 띤다. 이성적이고 지적인 성찰은 빛을 잃는다. 학자들은 잘 하고 있는데, 대중이 잘못하고 있다는 말도 아니다. 학자들이나 지식인들조차 이성적이고 비판적인 토론을 공유하지 못한다. 그들도 각자가 믿는 폭력적인 사실들에 빨려 들어가며 휘둘린다.

물론 집단이나 무리가 모두 충동적으로만 행동하거나 전혀 '이성적인' 행동을 하지 못한다는 말은 아니다. 네트워크로 연결된 무리가 나름대로 집단이성을 발휘할 수도 있다. 때때로 아주 멋있는 행동으로 이어질 수도 있고, 좋은 방향으로 저항과 시위가 조직될 수도 있다. 그러나 바로 그 순간에도 그것이 이루어지는 모습이나 형태는 전통적인 의미의 인간적 의사표현과 숙고를 통해 이루어지지 않는다. 갑자기, 어느 한 순간에, 폭력적인 속도와 규모로 일이 벌어진다. 여기서 폭력은 당연히, 우리가 이 책에서 이미 여러 번 관찰했듯이, 단순히 물리적인 것도 아니고 심리적인 것만도 아니다. 우리는 개인의 선함과 악함, 개별적인 행위의 옳음과 그름이라는 기준으로는 더 이상 논의하거나 해결할 수 없는 폭력적인 사실들과 마주한다. 인문학이든 정치든 경제든 각각 나름대로는 해결책을 제시하기는 하지만, 그 방안들은 각자 이질적인 시스템들 안에서 따로 따로 돌아가고 있다.

물론 사회 시스템들이 일정한 정도로 각자 독립적인 방식으로 돌아가고 있는 것 자체는 잘못된 게 아니다. 그 자율성은 근대사회가 달성한 성과이니까. 그러나 각각의 사회 시스템들은 자신의 내부에서 각자 자신을 조직하며 자신을 정당화하며 자기참조적으로 커뮤니케이션을 한다. 커뮤니케이션 자체가 일종의 시스템이다. 그것은 개인들이 마음을 전달하여 소통하는 인간적 과정이 아니다. 사회 시스템들이 자신을 조직하듯, 그것도 일종의 시스템으로 자신을 구성한다. 여기서 문제가 생긴다. 시스템은 폭력적인 사실이다. 그리고 각각의 시스템들은 다른 시스템에게는 타자이거나 환경일 뿐이며, 각각의 시스템은 타자로서의 이 환경의 요구와 필요에 일차적으로 닫혀 있다.[5] 이것이 시스템 이론이 관찰한 무서운 결과다. 이 점을 우리는 다음 장에서 다시 살펴볼 것이다.

보수와 진보로 나뉜 정치적 관점은 커뮤니케이션의 이 문제를 제대로 인지하지 않는다. 전자는 권력의 위계질서를 전제하며 그것만이 중요하다고 여기는 경향이 크다. 폭력은 기껏해야 그것으로부터 파생되는 이차적인 것으로 여겨진다. 후자는 약자를 보호하는 일이 권력의 과제라며, 자신들이 그 권력의 수행자라고 주장한다. 둘 다

권력에 의한 정당화가 제일 중요하다고 여기며, 권력이 하는 일이 정당화된다고 여긴다. 그리고 둘 모두, 방식은 조금 다르더라도, 커뮤니케이션의 목적이 인간적 '의사소통'이라고 여긴다. 정상적인 권력의 질서를 믿는 그들은, 사실이나 커뮤니케이션을 잠식하는 폭력을 그저 일부 집단이 저지르는 비합리적이고 정당화되지 못한 행위라고 여긴다.

시작하면서 말했듯이, 이 책은 사실들이 폭력성을 띠는 풍경을 일단 가능한 한 담담하게 또는 냉정하게 서술하고자 한다. 그것만이 옳다는 말은 아니다. 또 그런 상황을 서술하는 일은, 생각보다 어렵다. 그 작업을 하려면, 어떤 올바름이나 규범에 쉽게 호소하지 않아야 한다. 커뮤니케이션 시스템이 인간적 합의와 조화를 목적으로 삼지 않으면서, 기대와 거절 사이의 넓은 격차에 내맡겨져 있다는 점도 서술하기 어려운 과제이다. 왜냐하면 그렇게 수신자의 '자율성'에 열려 있다고 해서, 커뮤니케이션이 흔히 말하듯이 착하게 또는 순하게 '열려 있는' 것은 아니기 때문이다. 메시지를 환영할지 아니면 거부할지가 거의 전적으로 받아들이는 사람의 의지에 달려 있다고 해서, 저절로 좋은 결과가 나오지는 않는다. 오히려 다음 장에서 다시 보겠지만, 수많은 갈등이 열리는 것은 확실하다.

11

갈등도 일종의
사회 시스템이다

시스템의 관점에서 갈등을 바라보기

커뮤니케이션이 단순히 그리고 쉽사리 사람들 사이에서 동의와 합의를 이끌어내지도 않을뿐더러, 꼭 그것을 목표로 삼지도 않는다는 앞 장의 논의는 사람들을 깜짝 놀라게 할 수도 있겠다. 흔히 우리는 사회적 갈등 앞에서 대화와 논의로 문제를 해결하자고 할 정도로 대화를 통한 설득의 힘에 의존하기 때문이다. 수업이나 회의에서도 비교적 합리적인 대화와 논의를 통해 갈등을 다루고 관리하려고 하지 않는가? 물론 그렇게 되기도 한다. 합리적인 형태의 시도들, 의미를 부여하면서 질서를 구축하려는 시도들이 인간 사회를 앞으로 나아가게 만든다.

그러나 그런 시도들도 실제로는 특정한 기능을 가진 사회 시스템 안에서 일어난다. 학교든, 법정이든, 회사와 공장이든, 군대든. 또 특정한 형태로 흘러가는 인간관계나 '게임' 안에서 그런 일이 일어난다. 사랑이나 우정의 관계도 거기에 속한다. 이들 모든 형태의 사회 시스템들은 나름대로 특정한 기능을 수행한다. 그 내부에서는 그 기능에 맞춰 논의가 이루어지고, 갈등도 그에 따라 다뤄지고 관리된다. 그 내부의 논의나 절차, 심지어 갈등 같은 것들도 그 시스템 바깥 어딘가로 놓이고 던져진다면, 한순간에 이제까지 작동하던 일정한 자율성을 잃어버릴 것이다.

따라서 우리는 당황스럽게 보이는 위의 문장, 곧 커뮤니케이션이 단순히 그리고 쉽사리 동의나 합의를 생산하지 않는다는 문장을 조금 다르게 표현할 수 있다. 커뮤니케이션은 각각의 사회 시스템에 고유한 방식으로 이루어진다고. 이렇게 표현하면, '이성적 대화'의 근사한 건축물을 허물어버릴 듯했던 당황스러움은 완화될 것이다. 최소한 사람을 깜짝 놀라게 하지는 않는다. 실제로 사람들은 삶의 이곳저곳에서 어처구니없는 일이나 말도 안 되는 일을 드물지 않게 만난다. 사회 시스템들이 각자 수행하는 그 특별한 기능들 없이는 커뮤니케이션이 잘 작동하지 않는다는 것을 모르지 않는다는 사실이다. 다만 일반적으로 사람들이 사회 시스템 안에 살고 있으며, 하나의 시스템 바깥으로 나오더라도 바로 다른 시스템으로 들어가기에, 커뮤니케이션이 그래도 일정하게 이루어지고 수행된다는 느낌을 가지는 셈이다.

예를 들어보자. 학교에서는 그래도 학생과 선생의 관계가 전제돼 있고 선생이 수행하는 특별한 기능이 인정되기에, 배움과 학습이 수월히 이루어진다. 물론 모든 학생이 선생의 역할에 만족하지 않을 수 있다. 특히 머리가 굵어질수록 그럴 것이다. 그래서 대학에서는 학생이 강좌를 선택할 수 있다. 마음에 들지 않는 선생의 수업은 피하거나 회피할 수 있는 기회가 주어진다. 대학생은 한 학습 커뮤니케이션 시스템에서 다른 시스템으로 옮겨갈 수 있다. 법정에서도 판사와 변호사와 검사는 사법 시스템이 허용하고 또 봉사하는 특정한 기능에 따라 논변을 펼치고 판단한다. 그들이 특정한 법리에 갇히거나 특정한 권한의 갈등에 사로잡힐 가능성이 생기면서 그 시스템이 작동하지 않을 경우, 시민들 역시 구성된 배심원단이 유죄와 무죄를 판단하는 데 개입한다. 거기서 나온 판결에 불복하고 싶은 사람은 다시 이의를 제기한다. 대법원까지 갈 수 있다. 거기서도 만족하지 않을 경우, 헌법소원을 걸 수 있다. 그래도 만족할 수 없다면? 정치적인 경로를 통해 문제 해결을 시도하거나, 자신의 몸으로 시위에 나서야 할 것이다. 사랑하는 사람들도 그들이 맺은 헌신의 테두리에서 감정을 주거나 요구하며 서로에 대한 약속을 생산하고 교환한다. 친밀한 감정이 헌신적이고도 배타적인 방식으로 오간다는 점에서 그 관계는 다른 사회적 관계보다 내밀하고 특별하다. 그러나 그 헌신이 배타성을 띠는 만큼, 그 관계는 다른 사회적 관계보다 더 거친 긴장과 갈등을 낳을 수 있고 과격하게 깨질 수도 있다.

커뮤니케이션이 동의나 합의를 이루지 못하고 갈등만 유발하거나 부추긴다는 것은 그러므로 섣부른 오해나 왜곡이다. 그것은 사회 시스템들에 고유한 방식으로 작동한다. 각각의 시스템들의 기능이 사회적으로 인정되고 유지되고 존중되는 한, 그 내부에서 커뮤니케이션은 자율적으로 작동한다. 그런데도 불구하고 시스템의 관점에서 관찰되는 커뮤니케이션의 작동방식은 전통적이거나 관습적이거나 규범적인 틀을, 흔히 법과 도덕이라는 규범 또는 이성이라는 규범으로 사회적인 갈등을 해결하려는 틀을 뒤흔든다. 이것이 시스템의 관점이 유발하는 효과일 것이다. 물론 그렇다고 이 시스템의 관점이 사회적인 갈등을 전폭적으로 해결할 수 있다는 말은 전혀 아니다.

이제 우리는 넓은 의미의 차별이라고 부른 문제를 이 사회 시스템에 고유한 방식으로 관찰할 수 있다. 흔히 사람들은 그 문제를 법과 도덕의 잣대로 다루고 해결하려고 한다. 거기서 갈등이 생기면 다시 정치적인 이념이 동원된다. 이것들이 유효하지 않은 것은 아니다. 완강하게 버티는 차별을 바꾸거나 철폐하기 위해서는 법과 도덕과 정치적인 싸움이 필요하다. 또 권력관계를 분석하는 일도 여전히 필요하다. 누구의 말이 단순히 옳지 않거나 일관성이 부족하다는 점을 지적하고 비판하는 데서 더 나아가, 그 사람이 어떤 권력관계 속에 있으며 거기서 어떤 것을 누리고 있고 또 '나'는 어떤 권력관계 속에 있는지 분석할 필요가 있다. 그러나 이 방식은 기대와 달리 사람들의 권력의지에 큰 변화를 가져오지 못한다. 오히려 각자의 권력관계에서 누릴 것은 누리고 누리지 못하는 것에 대해서만 서로 갈등을 굴리는 경우가 많다. 어쨌든 이들 방식에 대해서는 사람들이 알 만큼 알거나, 비교적 잘 알려져 있다. 그 방식에서 부족하거나 그 방식으로는 다뤄지지 않는 점이 무엇인가 생각해볼 필요가 있다.

넓은 의미의 차별은 법과 도덕 같은 규범, 그리고 이성이나 휴머니즘 같은 철학적 이념만으로 해결하기 어려운 사회적 갈등이라 할 피케티는 어느 인터뷰에서 "좌파정당이 노동자들의 당에서 고학력자들의 당으로 변하는 현상은 세계 공통의 양상"이라고 말하기도 했다.(한국경제, 2020년 5월 29일)

수 있다. 시스템의 관점은, 법과 도덕 그리고 정치적 투쟁으로도 해결되지 못하는 차별의 문제 앞에서 느끼는 답답함을 냉정하게 관찰하는 방식일 수 있다. 물론 시스템의 관점도 문제를 깨끗이 해결해주지는 못한다는 점에서 다시 답답해질 수 있다. 그렇지만 조금은 침착함과 냉정을 되찾게 해줄 수는 있다.

과거에 사회적 갈등은 주로 정치적 이념과 법에 의해 다뤄졌고 또 상당 부분 관리됐다고 할 수 있다. 항의와 시위도 그 맥락에서는 갈등을 관리하고 처리하는 데 도움이 됐다. 혁명적인 방식으로 싸우는 것도 그 맥락에서는 도움이 됐거나 의미가 있었다. 그러나 현재 벌어지고 있는 학력이나 자산격차나 일자리를 둘러싼 갈등에 대해 법과 정치조직들은 이전과 달리 점점 무력하다. 아무리 민주화운동을 한 사람이라도 정치를 해서 국회의원이 되면 몇 년 사이에 자산이 몇 배로 는다면, 정치는 이권과 권력으로 가는 통로로 여겨질 것이다. 또 자칭 진보를 내세우는 정당이 다수의 가방끈이 긴 사람들에 의해 움직여진다면 저학력자들이 겪는 문제를 제대로 다루기 매우 어려울 것이다. 한 세대 두 세대 전만 해도 큰 의미를 가졌던 정치적 시위와 투쟁이 급격히 힘을 잃었다는 것은 놀라운 사실이다. 그 결과로 이러한 사회적 사실들은 갈등에 시달리고 폭력성을 띠는 것이다.

이런 답답한 상황에서 시스템의 관점을 말하고자 하는 건 어쩌면 말로 하기 힘든 상황에서 그래도 말을 해보려는 일일 것이며, 말로 다룰 수 없는 문제에 대해 그나마 말로 다뤄보는 시도일 것이다.

갈등은 사회 시스템의 진화 과정에서 생겨난다

갈등은 단순히 무조건 빨리 해결되어야 할 부정적인 것만은 아니다. 사회적 갈등은 그 자체로 사회가 진화하는 과정에서 필연적으로 발생하는 모순이다. 주택가격 폭등을 둘러싼 갈등도 일부의 탐욕만으로 생긴다고 볼 수 없다. 사람들이 발전하는 대도시로 점점 더 몰리는 경향과 교육경쟁이 겹치고 쌓이면서 형성된 갈등이다. 난민들의 이동이나 미세먼지도 세계화에 따라 발생한 지구 차원의 사회적 갈등이다. 개별 국가가 홀로 다루기 힘든 문제다.

사람들은 갈등에 대해 말하면서 쉽게 선과 악을 구별하고 또 보수와 진보 등의 이분법으로 그것을 해결하려고 한다. 그러나 이런 접근은 지나치게 정치적이다. 흔히 나쁜 것으로 이해된 갈등은, 가능하면 또는 무조건 피해야 할 어떤 것일 터이다. 그러나 위험으로서 그리고 사회 시스템으로서 갈등은 쉽게 피할 수 있는 게 아니며, 심지어 결코 피할 수 없다. 현재 사회에서 위험과 리스크는 그저 피할 수 있는 우발적인 것이 아니라 언제나 존재하는, 심지어 선제적으로 적극 찾아서 마주하고 관리해야 할 대상이다. 경제 침체는 무조건 막아야 할 어떤 악이 아니라 언제든지 주기적으로 일어날 수 있는, 경제 시스템 자체가 생산하는 갈등과 위험이다. 전염병에 의한 위험과 갈등도 마찬가지다. 재난이 초래할 갈등과 위험이 완전히 정확히 계산되진 않겠지만, 이미 주어진 단서를 기반으로 얼마든지 일어날 수 있는 위험으로 예측해야 하며, 따라서 끊임없이 여러 예방 조처를 상시적으로 취하면서 관리해야 한다. 다르게 말하면, 상당한 정도로 사회 시스템에 내재한다고, 아니 심지어 사회 시스템이 그걸 생산한다고 여기면서 다뤄야 할 문제인 셈이다.

사회의 갈등이 단순히 일회적인 것도 아니고 금방 없어질 것도 아니라는 이야기는, 그 갈등을 둘러싼 폭력성도 그저 일회적이거나 단순히 부정적인 것이 아니라는 의미다. 물론 정말 '나쁜 인간들'이나 나쁜 조직에 의해 야기된 갈등도 있고, 그런 문제에는 사회가 효과적으로 강력하게 대응하면 좋을 것이다. 그러나 이는 좁은 의미의 갈등이다. 좁은 의미의 차별과 불평등이 있고 넓은 의미의 차별과 불평등이 있듯이, 좁은 의미의 '나쁜' 갈등을 넘어서 사회 시스템들 자체가 생산하고 유발하는 갈등들이 많아지고 있다. 이것을 넓은 의미의 갈등이라고 할 수 있다. 그리고 이것도 폭력성을 띤 여러 사실들을 통해 구성되고, 다시 그 사실들을 재생산한다. 문명화 과정과 자본주의 시스템이 환경에 영향을 줌으로써 다시 생기는 위험들도 여기에 속한다.

사회와 세계는 21세기가 진행되면서 새로운 위험들을 경험하고 있다. 모든 사회 재난 앞에서 가난한 계층은 더 어려워진다는 사실을 모르는 사람이 없지만, 팬데믹은 새로운 차원에서 이 사실을 두드러지게 만들었다. 갈등이 사회 시스템에 의해 생산되고 어느 정도는 또 관리된다는 점은, 전염병 속에서 경제활동이 돌아가는 방식과 사람들이 대응하는 방식에서도 드러난다. 전염병이 갑자기 시작됐을 때 사람들은 처음에는 보편적인 위험에 내맡겨졌다고 여겼지만 그렇지 않다는 것이 곧 드러났다. 재택근무와 재택수업이 권장되는 상황에서도, 육체노동을 하는 사람들은 직접 나가서 뛰어야 한다. 원격근무를 할 수 있는 계층은 상대적으로 '안전'에서 특권을 누리는 셈이다. 그렇다고 이 위험 앞에서 사람들이 도덕적이거나 공공적인 방식으로 행동하지도 못한다. 전염병 때문에 경제가 악화되는 상황에서도 사람들은 투기성 투자에 더 나선다. 이제까지 그렇게 했던 사람들은 자연스럽게 더 하고, 이제까지 그렇게 못했던 사람들은 이제라도 하지 않으면 더 하찮은 존재가 될까 두려워서 더 한다. 이렇게 갈등은 갈등을 낳으며, 악순환에 들어간다.

많은 점에서 말이 되지 않는 상황이다. 어떤 합리적이고 계몽적인 대책도 무력해지고 꼬인다. 여기서 갈등에 대하여 어쩔 수 없이 새로운, 곧 냉정한 관점이 필요하다. 갈등은 사회 시스템에 의해 생산될 뿐 아니라, 그 자체로 일종의 사회 시스템이라는 관점이 그것이다. 갈등이 사회 시스템이라니? 갈등은 사회 시스템이 정상적으로 작동하는 것을 방해하는 부작용이자 훼방꾼이 아닌가? 그런데 갈등이 그 자체로 사회 시스템이라니? 사회를 시스템의 관점에서 보는 일은 쉽진 않지만 그래도 일정 정도는 우리에게 내면화되고 있다. 시스템의 다양한 압력들이 이미 많건 적건 사회에 스며들어 있고, 그것을 인정하지 않고는 인간이 사회생활을 할 수 없으니 말이다. 그러나 갈등 자체를 사회 시스템의 한 형태로 인정하는 일은 다소 이론적인 노력을 요구한다. 루만의 시스템 이론은 갈등도 일종의 사회 시스템으로 파악하게 해준다.[6]

갈등이 사회 시스템이라는 생각은 갑자기 튀어나온 엉뚱한 생각은 아니다. 우리는 위에서 커뮤니케이션이 단순히 인간적인 '소통'이 아니며 '소통'을 목적으로 하지도 않는다는 점을 보았다. 커뮤니케이션이 그냥 합의나 동의를 지향하는 대화가 아니라는 것, 그리고 모든 커뮤니케이션은 가장 넓은 형태의 기대와 거절을 모두 포함한다는 것을 기억하자. 여기서도 커뮤니케이션은 이미 인간적 주체성을 넘어선 시스템으로 작동하고 있다. 모든 사회 시스템의 진화 과정은 그 자체로 모순의 가능성을 내포한다. 여기서 '모순'은 그저 논리적으로 풀기 어려운 부정성 또는 반드시 풀어야 하는 부정성이 아니다. 오히려 사회적인 삶은 애초에 논리적으로 깨끗하게 설명하거나 해결할 수 없기에, 사회는 필연적으로 모순들을 포함한다. 이때 모순이 커뮤니케이션 과정에서 일어나는 어려움인 것은 맞다. 그러나 그것은 시스템을 위협하는 악이 아니라, 시스템이 진화 과정에서 복잡성에 직면해 선택하는 연결의 한 형태이다.

여기서 시스템에 관한 몇 개의 중요하면서도 미묘한 개념들을 관찰해보자. 우선, 사회 시스템이 작동하는 기본적인 방식이 있다. 개별적인 행위자들이나 주체의 관점보다 사회 시스템의 관점에서 사회와 조직들의 움직임을 관찰하는 일이 점점 중요해졌지만, 그럼에도 불구하고 시스템의 작동방식은 아직도 낯설다. 무엇보다 시스템이 작동하는 과정에서 자기참조적인 경향이 문제적이다. 중요한 점은, 시스템과 환경은 짝을 이룬다는 것이다. 그리고 어떤 시스템이든 일차적으로 작동의 차원에서 환경에 대해 닫힌 채로 작동한다는 것이다. 흔히 열린 태도를 가지거나 열린 마음을 가지자는 말을 한다. 그러나 실제로 어떤 시스템이든 기본적으로 환경에 대해 닫힌 상태로 작동하는 것이 시스템의 작동 조건이다. 그 조건이 지켜지는 한에서만, 시스템은 2차적으로 환경에 대해 자신을 열 수 있다. 놀라운 일로 보이지만, 어떤 점에서는 자연스러운 일이다. 닫힘과 폐쇄성이 일정 정도 존재하는 한에서만 시스템은 자율적으로 작동하며, 그 다음에 비로소 환경에 대해 열린 태도를 가지는 게 가능하다. 루만은 이 과정을 자기참조성Selbstreferenz, Selfreference이라고 불렀다. 여기서 어쩔 수 없이 순환이 일어난다. 이 이중성을 일반적으로 그리고 다양한 방식으로 인정하는 일이 필요하다. 신경 시스템이든 생물적 시스템이든 사회 시스템이든 기본적으로 각자 자신의 조직을 재생산하기 위해 내부적으로 작동하는 면이 크다.

다음으로, '자기를 조직한다Self-Organization'는 개념이 등장한다. 자아에 대해, 우리는 흔히 자신을 잘 제어하고 관리해야 한다고 말한다. 비슷한 뜻으로, 시스템은 자신을 조직하면서 움직이고 커뮤니케이션을 한다. 어떤 사회 시스템을 특정 개인(지도자 등)이나 그것을 구성하는 개인들의 관점에서 서술하는 대신, 나름 독자적으로 존재하는 그 시스템의 존재에 걸맞게 그 시스템의 관점에서 관찰하는 방식이다. 이것은 시스템에게만 특별히 부여되는 관점은 아니다. 기업이나 사회단체에게도 우리는 '법인'의 지위를 부여한다. 또 어떤 팀이 어떤 특정 개인의 능력이나 기량에 의해 잘 움직이기보다 팀워크에 의해 잘 굴러갈 경우, 우리는 그 팀이 잘 조직되어 있다고 말한다. '자기를 조직하는' 시스템은 특정 개인의 힘에 의해 이끌어지는 게 아니라, 시스템으로 움직인다. 이처럼 '자기조직'이라는 개념은 시스템을 어떤 특별한 개인의 능력을 넘어서 그 자체로 움직이는 시스템 또는 네트워킹의 관점에서 관찰하는 데 필요하다. 경제 시스템과 정치 시스템도 각자 독자적으로 움직이는 시스템이며, 그런 한에서 자기를 조직한다. 식물이든 동물이든 생명체도 시스템으로서 자기를 조직한다고 할 수 있다. 더 나아가면, 인공지능이 스스로 학습하는 머신 러닝machine learning도 일종의 자기조직 시스템이다.[7]

그 다음으로 모든 시스템은 자기참조성을 따라 자신의 작동을 정당화하는 경향을 가진다. 이 점에서 정당화는 기본적으로 모두 자기정당화이다. 논리적으로 대화하고 논의하는 일, 따라서 자신의 실수나 부족함을 인정하고 타자의 능력을 인정하는 일은 이성적인 존재인 인간의 덕목일 터이지만, 실제로 시스템이 작동하는 관점에서는 그런 일이 일어나기 힘들다. 어떤 시스템이든 실수를 피하려고 노력은 하겠지만, 그럼에도 시스템이 실수나 착오를 저지르지 않기는 힘들 것이다. 어떤 커다란 실수나 실패가 일어나면 대부분의 사회 조직이 어떻게 행동하는지 보라. 그런 실수나 실패를 막을 인원과 기구가 조직에 부족했다는 이유가 빠짐없이 등장한다.

이제 이 몇 개의 개념에서 출발하면서, 시스템이 일반적으로 바깥의 환경을 고려하지 않고 우선적으로 자기를 참조하며 작동한다는 사실의 한 예를 들어보자.

기후변화가 심해지고 그 결과로 생태적 차원에서 다양한 형태의 재난과 재앙이 예고되고 있다. 그리고 이 변화에 대항하고 저항하는 움직임이 커지고 있다. 윤리적인 차원에서는 기후변화를 야기하는 행동을 줄이는 태도가 바람직하며, 정치적으로도 올바르다. 그러나 그건 너무 일면적이거나 또는 지나치게 올바름만 내세우는 규범적 태도일 수 있다. 왜 이런 생태적 변화나 재앙이 일어나는지, 그런데도 사회 및 생태 시스템이 왜 자신의 경로를 쉽게 바꾸지 못하는지 차분히 살펴보는 일도 그 못지않게 중요하다. 지구 전체를 하나의 시스템으로 관찰해보자. 인구가 꾸준히 늘어나고 있으며, 그에 따라 생활수준도 높아지면서 소비도 늘어나고 있다. 중국은 이미 상당한 수준의 자본주의 시스템이며 세계의 공장 역할을 하고 있다. 그에 따라 한국을 비롯한 주변국에도 생태적 영향이 미치고 있다. 그런데 중국은 기후변화를 늦추거나 막기 위해 필요한 대응 정책에 얼마나 적극적으로 참여할 수 있을까? 그들의 제조업 시스템이 그런 적극성을 허용하기 힘들거나 기껏해야 제한된 범위에서만 허용할 터이다. 인도 같은 인구대국도 비슷한 과정에 들어간다고 보자. 더 나아가 아프리카에서도 다수의 사람들이 물질문명의 혜택을 누린다고 생각해보자. 그들이 제조업을 발달시키는 정도에 따라 소비와 그에 따른 쓰레기 생산도 늘어날 것이다. 이 모든 요인들이 작용하는 과정이 어느 정도로 환경에 영향을 미칠 것인지, 그래서 각 지역이나 나라가 정확히 어떤 역할을 맡아야 하는지, 평가하고 합의에 도달하기는 결코 쉽지 않다. 어쨌든 인구대국들을 포함해서 여타 나라들도 점점 부유해지면서 에너지 및 물질 소비가 늘어날 것이라는 점은 거의 분명하다. 그 조건 아래에서 생태 변화에 잘 대응하기는 쉽지 않을 것이다.

이처럼 세계와 지구 전체를 하나의 사회이자 하나의 사회 시스템으로 보면, 그 사회는 내부의 복잡한 요인들에 의해 얽혀 있으며 거기서 나타나는 경로를 따라 흘러간다고 할 수 있다. 도덕적인 생태학의 관점에서는 사회 시스템보다 생태환경이 더 중요하겠고 더 가치를 가지겠지만, 사회 시스템으로서 세계는 그 내부에 복잡한 자신의 요인들을 가지고 있다. 그 점에서 상당한 정도로 닫혀 있다는 것이다.

물론 이 상황에서 생태적으로 윤리적이며 정치적으로 올바른 태도를 가지는 것은 물론 바람직하고 필요한 일이다. 그러나 그 태도가 문명화 시스템 또는 자본주의 시스템 또는 지구라는 사회 시스템에 내재하는 폭력적인 과정을 멈출 수 있을까? 생태 윤리를 강조하는 관점도 물론 일종의 사회 시스템이다. 그러나 지구와 세계라는 사회 시스템의 관점에서 관찰하면, 생태적 태도는 그 내부에 있는 하부 시스템에 가까울 것이다. 자본주의 시스템이라고 말하면, 그것이 매우 탐욕스러워 보일 수 있으니 다른 방식으로 말해보자.

선진국 사람들뿐 아니라 모든 사람들이 어엿하게 경제적 풍요를 누려야 한다는 원칙도 나름대로 기본권에 속하는 가치이다. 코로나 바이러스의 전염성에 기겁을 하면서도, 경제가 무너지면 끝장이라는 불안이 커지는 것도 경제라는 시스템이 매우 커졌기 때문이다. 말하자면 전세계는 지구가 자기참조적인 순환 과정 속에서 움직인다. 그렇기 때문에, 환경이 위험에 빠지고 있다는 경고등이 켜지고 급하게 깜박거리는데도, 지구적 자본주의 시스템이 그 경로를 빠르게 수정할 능력이나 여유는 제한되어 있는 셈이다. 자유주의 무역 시스템을 말하면서도 막상 위험이 닥치면 개별 국가들도 다른 나라와 같은 외부의 환경을 고려하기보다 자신의 시스템을 먼저 고려하고 참조할 수밖에 없다. 모든 나라들이 경제적으로 서로 경쟁하면서 자국민에게 물질적 혜택과 안전을 보장하는 시스템이 지금의 국가 시스템 아닌가.

이처럼 모든 시스템이 자기를 참조하면서 환경에 대해 닫힌 상태로 작동한다는 사실은 기본적으로 이미 시스템과 환경 사이에 비대칭이나 불균형이 있다는 말이다. 여기서 냉정한 이론가라면 이론적으로 자기참조성의 순환성에 대해서만 말할 수도 있을 것이다. 그러나 나는 시스템에 고유한 자기참조성에서 생기는 비대칭성이나 불균형 또는 폐쇄성이 현재와 같은 사회에서 일련의 폭력적 팩트들을 생산하는 경향이 크다고 말하고 싶다. 모든 시스템이 우선적으로 자기의 경로와 역사적 조건을 고려하면서 앞을 내다보는 한, 그 작동이 아무리 자율적이라고 해도 거기엔 상당한 배타성과 폭력성이 스며들어 있다. 어떤 시스템이든 자신이 발생하고 발전해온 경로를 따라 작동할 뿐 아니라 그 경로에서 벗어나기 힘들다는 점도 다름 아니라 여기에서 기인한다.

다만, 여기서 폭력성은 일단 그 시스템 내부에서는 폭력으로 여겨지지 않을 것이다. 시스템은 자신이 계속 작동하기 위해서, 자기가 작동해온 방식에 따라 계속 자신을 참조하는 것뿐이다. 생명체와 같은 시스템뿐 아니라 사회 시스템도 이제까지 존재해왔듯이 계속 존재하려고 한다. 그 방식은 자신에게 필요한 면역 과정으로서 정당화된다. 그러나 외부의 관찰자에게는 그 작동방식은 폭력성을 띤다. 자기참조적으로 작동하면서 외부 환경에 대해 일단 폐쇄적인 시스템은 자기조직력을 정당화하겠지만, 외부의 관찰자에게 그것은 얼마든지 폭력적인 성격을 띨 수 있다.

갈등을 둘러싼 위험과 폭력은 누가 그것을 감수하느냐에 따라, 시스템 내부에서 관찰하느냐 외부에서 관찰하느냐에 따라 성격이 크게 달라진다. 시스템 내부에서 시스템의 생존과 유지는 면역력으로 정당화된다. 그러나 외부에서는 달리 보인다.

갈등은 사회의 면역력을 강화한다

이제 이 갈등과 복잡성을 시스템의 면역력 관점에서 생각해보자. 갈등 자체도 일종의 사회 시스템이라는 이야기로 다시 돌아가자. 시스템이 자기를 조직하는 과정에서 여러 '기형적이고' 패턴에서 벗어나는 형태들이 생기는데, 그 형태들을 배제하면서도 자기를 조직하고 재생산하는 과정은 당연히 필요하다. 거기에 '모순적인' 과정이 있지만, 이 '모순'은 시스템이 자기를 조직하는 과정 자체에는 단순히 악이 아니다. 시스템이 진화하는 과정에서, 이 '모순적인' 문제는 어떻게든 거치거나 뚫고 지나가야 하는 단계인 셈이다. 예를 들면, 생명체가 과도한 부담과 스트레스를 받으면 탈이 나거나 병이 난다. 그렇게 나는 탈이나 병은 내부에서는 일어날 법한 일이다. 한동안 모순의 성격을 띨 수 있지만, 일시적이거나 지나가는 것이다. 다만 바깥에서 바라보는 관찰자에게는 그것은 논리적인 '모순'이나 막다른 골목일 것이다. 시스템은 환경 속에서 어떻게든 모순적인 갈등을 만나며, 그것을 지나서 나아갈 수 있느냐는 물음이 생존이나 조직력의 물음과 직결된다.

이 관찰이 중요한 이유는, 바로 그 때문에 사회 시스템으로서 갈등이 가지는 중요한 성격이 드러나기 때문이다. 기존의 경로에 맞지 않거나 어긋나 보이는 것, 곧 모순적으로 보이는 것은 그럼 한 시스템에게 어떤 역할을 하는가? "모순은 틀에서 벗어나는 것들을 제거하도록 강요하지는 않지만, 가능하게 해준다. 그럼으로써, 그것은 면역 시스템을 촉진시키는 속성을 가진다."[8] 이제 시스템의 관점에서 모순과 갈등은 흔히 생각하는 것과는 아주 다르게 파악된다. 모순과 그것에서 기인하는 갈등은 시스템을 단순히 위협한다기보다는 면역 시스템을 유발하고 촉진한다. 이 점은 생물 종의 면역 시스템에도 적용될 수 있다. 생물 종의 다양성이 줄어들거나 위축되는 경우, 그 종은 복잡성을 일정하게 유지하면서 진화 과정에서 여러 다양한 접속을 선택할 수 있는 가능성과 여유를 상실한다. 유전적인 다양성은 그 자체로 '모순적'인 가능성을 내포하는 셈이다.

조직을 비롯한 사회 시스템도 마찬가지다. 그 안에서 갈등을 비롯한 복잡성은 많건 적건 생긴다. 중요한 문제는, 그 갈등이 시스템이 환경 앞에서 높은 면역성을 가지는 데 기여하느냐 아니면 거꾸로 면역성을 떨어트리느냐다. 갈등을 야기할 수 있는 잡음이나 소음 또는 '더러운 것'을 시스템이 자기의 복잡성을 높이는 데 유리하게 만들 수 있다면, 그 시스템은 더 큰 면역력을 가지게 된다. 갈등과 모순은 오히려 강하게 될 수 있는 '위험한' 기회다. 해로운 것이나 더러운 것과 만나서 그것을 자기에게 통합하거나 배제할 수 있는 능력은 면역 시스템의 조건이자 결과이다.

생명 시스템의 경우든 사회 시스템의 경우든, 낯선 존재의 개입이나 침입은 위험할 수 있다. 시스템은 일단 이 낯선 것이 자기에게 해가 되는지, 아니면 자기가 흡수하고 소화할 수 있는 것인지 인식해야 한다. "하나의 작동유형은 내부적으로 어떤 작동은 시스템에 속하고 다른 작동들은 시스템에 속하지 않음을 인식해야 한다. 이물음은 면역학, 곧 면역 시스템 이론에게 60년대 말 이후 중요해졌다."[9] 시스템의 작동능력은 다름 아니라 시스템 자신과 환경을 구별하는 데 핵심적인 조건이다. 시스템이 만나는 환경은 언제나 그것과 다를 뿐 아니라, 그것보다 더 복잡할 가능성이 크다. 시스템이 작동하는 과정에서 그것은 언제든 자신의 작동을 환경의 영향으로부터 보호할 필요가 있으며, 다른 작동operation에 대해서는 경계를 하면서 수용하든 거부하든 해야 한다. 새로 출현하는 작동(예를 들면, 바이러스)을 자신의 시스템에 통합하거나 아니면 막아내는 일은 그 시스템이 계속 작동하게 하는 조건이자, 동시에 면역 시스템의 조건인 셈이다.

그런데 시스템과 환경의 구별이 그렇게 단순하지 않다는 점이 문제다. 어떤 작동이 자신에게 좋을지 나쁠지를 시스템이 구별할 수 있으려면, 시스템은 관찰하는 능력이 있어야 한다. 그렇다면 시스템 내부에서 어떤 형태의 작동이 그런 구별을 수행할 수 있을까? 이 구별 능력의 수행성을 살피는 일이 중요한 이유는 그것이 좋고 나쁜 것을 구별하는 능력, 곧 차별하고 배제하는 능력이며, 이 책이 줄곧 논의한 좁은 의미의 차별과 넓은 의미의 차별의 문제와 이어지기 때문이다.

여기서 떠오르는 것은 다음 물음이다. 어떤 시스템이든 끊임없이 차이를 설정하고 구별하기 마련인데, 그 과정에서 관찰자는 그 시스템 안에서 다시 경계선을 긋고 자신을 시스템과 구별해야 한다. 내부와 외부의 구별은 이제 단순하지 않게 된다. 시스템과 그 바깥의 환경이라는 구별은 내부와 외부의 구별을 일단 가능하게 해주었지만, 면역 시스템의 차원에서 그런 단순한 경계선은 없다. 시스템 내부에서 행위자나 관찰자는 다시 자신을 시스템과 구별하는 차이를 발견하고 설정해야 하기 때문이다. 그런 관찰자가 발전할 수 있을까?

이 비슷한 물음을 과거 철학뿐 아니라 현대의 철학 이론은 쉽게 '자기 성찰'이라는 표현으로 해결하려고 했다. 또는 '문제해결'이라는 표현으로 '해결'하려 했다. 그러나 시스템 이론의 관점에서는 그런 표현은 문제를 쉽게 관념적으로 해결하려는 시도이다. 자기 성찰이 그렇게 쉽다면 '내로남불' 현상이 왜 그리 널리 퍼지겠는가? 그래서 시스템 이론은 여기서 '자기 성찰'이라는 추상적이고 쉬운 대답을 하는 대신에, 면역 시스템의 관점에서 문제를 살핀다. 조금 단순하게 말하면, 생물체에서 면역 시스템이 제대로 작동하려면, 유기체 조직에 침입한 세균을 걸러낼 수 있어야 하고, 세균이 좋은지 나쁜지 관찰할 수 있어야 한다. 그럼 '누가' 관찰하는가? 그냥 생물체에 속한 기존의 세포가 그 일을 할 수는 없다. 일반적인 상황에서도 신경 시스템과 신체 시스템은, 비록 협력할 수는 있지만, 엄밀히 말하면 서로 다른 시스템이고 따라서 얼마든지 서로 다른 차원에서 따로 작동한다. 그러므로 유기체가 자신을 지키려면 유기체의 일부인 "신경 시스템이 관찰 대상인 유기체로부터 자신을 구별해야 한다."[10]

그러나 어떻게 조직의 한 부분이 전체 조직으로부터 자신을 구별할 수 있는가? 더 나아가 그렇게 하려면, 전체 유기체의 한 부분인 신경 시스템은 그 유기체보다 더 복잡한 환경에 대해서도 통제를 할 수 있어야 하는데, 이것이 가능한 일인가? 이 물음은 유기체뿐 아니라 사회 시스템에 대해서도 적용된다. 사회 시스템을 제대로 관찰하려면, 그 관찰자는 그 시스템의 일부로서 그 시스템 전체보다 커다랗고 복잡한 환경에 대해서도 인지능력을 가져야 한다. 그런데 이것이 가능한 일인가? 사회 시스템을 구성하는 요인들이 자신보다 크고 복잡한 시스템을 잘 관찰하는 문제는 이제 겨우 인식되기 시작했다. 사회는 갈등을 일종의 사회 시스템으로 '관찰하는' 방법을 이제 겨우 배우기 시작했다. 겸손할 수밖에 없다. 자기 관찰의 어려움이나 부족함과 비교하면, '자기 성찰'이란 말은 너무 거창한 것이다.

지금 우리는 기껏해야 기본적인 차원에서 면역 시스템의 조건에 대해 논의하고 있다. 실제 상황에서 면역 시스템이 작동하는 방식은 그보다 훨씬 복잡할 수밖에 없다. 생명체의 경우에도 공격당하는 부분은 많고 서로 다를 수 있다. 전이가 어떻게 일어나느냐에 따라서도 복잡하게 달라진다. 더욱이 어떤 사건이 터지기 전에 면역 시스템을 완성한다는 것은 불가능한 일이다. 사건이 터진 다음에야 그에 대한 분석과 실험에 들어갈 수 있다. 그리고 그 과정도 아주 오래 걸린다. 더욱이 바이러스를 비롯한 병원체는 자신을 변이시킨다. 그 변이도 병원체에게는 일종의 자기조직인 셈이다. 달라진 환경 앞에서 자신을 자신의 시스템으로부터 구별하면서 변이가 일어난다. 또 생명체와 사회 시스템은 어느 정도의 유사성이 있음에도 불구하고, 상당히 다른 방식으로 돌아간다. 생명체의 면역에 대해선 그나마 과학적이고 의학적인 관찰과 검토가 가능하지만, 사회 시스템의 경우엔 그것과 다르며 더 복잡한 과정을 거쳐야 한다. 특히 사회 시스템을 면역 시스템의 관점에서 관찰하는 일은 흔히 도덕과 법이 의존하는 허용과 금지의 구별과 다르다. 면역의 관점에서 사회 시스템을 관찰하는 일은 매우 중요함에도 불구하고, 아직 걸음마 단계에 있다고 할 수 있다.

사회 시스템으로서의 폭력에 대응하는 법

그러면 사회의 진화 과정에서 사회 시스템들은 갈등을 무조건 피하거나 줄이려고 할까, 아니면 사회 시스템이 점점 복잡해지는 상황 속에서 이 복잡성을 한편으로는 인정하면서 동시에 각자의 방식으로 대응하려고 할까?

대기업들은 언제나 시장의 공정한 경쟁관계를 흔들면서 자신에게 유리한 독과점 상태를 만들려 하며, 국가의 경계를 넘어 글로벌 기업이 되려고 한다. 시장에서 갈등이 커지고 복잡해지는 상황에서, 기업들은 그 갈등을 다루고 처리하면서 언제든지 위기를 기회로 바꿀 준비를 하고 있는 셈이다. 지난 세월 입시경쟁에 대해 무수한 비판이 있었음에도, 서울대를 비롯한 상위권 대학들은 학력경쟁을 둘러싼 사회적 갈등 줄이기를 자신들의 일차적 목표로 삼는 대신, 그 사회적 갈등을 타고 가면서 대학들의 순위경쟁이라는 압박을 자신들의 방식으로 관리하고 이겨내는 데 집중했다. 국제관계에서도 중국은 커다란 인구를 배경으로 강대국이 되려고 하고, 그 결과로 미국의 패권에 가장 강력하게 맞서는 힘으로 작용하고 있다. 중국의 팽창에 따라 국제관계는 새로운 갈등과 복잡성을 마주하고 있는 셈이며, 정부와 기업들뿐 아니라 보통 사람들도 그 갈등이 장기적으로 유지될 것임을 안다.

갈등을 일종의 사회 시스템으로 관찰할 때, 몇 가지 중요한 사실을 알 수 있다. 모든 사회 시스템이 자기를 정당화하는 경향이 있듯이, 그것들은 자기를 참조하는 작동 속에서 "자기를 재생산하는 자기 생성적인 조직이다."[11] '자기 생성적인' 과정은 자기를 조직하는 시스템에게 고유한 생성 과정이다. 아니 조금 더 과격하게 말하자. "모든 사회 조직은 잠재적인 갈등이다."[12] 따라서 그 사회 시스템에 의해 생산된 갈등은 그 시스템에 의해 해결될 수 없다. 외부 환경의 영향으로 갈등의 참여자 가운데 한 축이 부서지거나 붕괴되어야만 그 갈등은 끝이 난다.[13] 사회발전도 이 갈등의 관점에서 관찰될 수 있다. "사회가 발전하고 복잡해짐에 따라 그 사회의 발전은 전체 사회 차원에서 갈등 역량이 증대한다는 것을 전제한다."[14] 갈등은 그저 줄여야 하는 어떤 것도 아니고, 그냥 줄어들 수 있는 것도 아니다. 사회와 세상 자체가 갈등을 만들고 증대시킨다. 물론 사회는 역설적으로 다시 그것을 적절하게 줄이는 노력을 해야 한다. 사회가 갈등의 역량을 가진다는 것은 매우 복합적인 의미이다.

시스템의 관점에서 보면, 법과 도덕이 넓은 의미의 차별이나 불평등을 해결하지 못하는 이유가 분명해진다. 현재 사회에서 사회 시스템들은 절차와 과정을 합리화하면서 스스로를 정당화하기 때문이다. 사유재산을 포함한 모든 권력관계도 실정법과 도덕에 의해 뒷받침되고 있으며, 이 점에서 넓은 의미의 차별을 합리화해주는 사회 시스템이다. 우리는 이 점을 위에서도 여러 각도로 진단했었는데, 이제 이 점은 갈등에게 적용되면서 새로운 차원에서 확인된다. 현재 사회에서 "도덕과 법 그리고 자본은 갈등을 해결하는 대신에, 오히려 갈등을 촉진하거나 부추긴다."[15]

좁은 의미의 차별뿐 아니라 넓은 의미의 차별을 포함한 갈등을 생각하고 다루는 데 있어 이 관점은 커다란 전환점 가운데 하나일 것이다. 어떤 사회든 기본적으로 도덕과 법에 의해 지지되어야 한다는 점에서, 그것들은 사회가 움직이는 데 필수적이지만, 그렇다고 갈등과 차별을 줄이거나 없애는 역할은 하지 못하거나 제한이 있다. 도덕적 판단과 비난은 표면에서는 갈등을 해결하는 것처럼 보여도, 표면 아래에서는 오히려 갈등을 부추긴다. 판결을 뒷받침하는 공권력 덕택으로 법도 한동안 갈등을 해결하는 것처럼 보이지만, 갈등은 수면 아래로 내려가서 다시 진행되거나 부추겨진다. 조금 과격하게 말하면, 갈등을 근본적으로 해결하는 것이 도덕과 법과 자본의 목표도 아니고 또 그것들에게 그런 능력이 있지도 않다. 겉으로 그것들이 그런 목표를 내세울지 몰라도, 실제로는 진심으로 최선을 다해 수행하지는 않으면서 여러 방식으로 갈등을 부추긴다. 그것들은 어떤 갈등에는 장애물이나 벽을 세우기는 하지만, 다른 한편으로는 갈등을 유지하거나 심지어 생산하는 능력이 있다.

갈등은 물론 커뮤니케이션 과정에서 수신자에게 열려 있는 '아니다' 또는 '싫다'의 선택 가능성 때문에 발생하는 면이 있지만, 그렇다고 단순히 커뮤니케이션이 '실패했기' 때문에 갈등이 생기는 것은 아니다. 애초에 커뮤니케이션은 단순히 합의에 이르는 것을 목적으로 가지지 않듯이, 단순히 갈등을 해결하는 것도 목적이 아니다. 갈등은 다만 커뮤니케이션 과정에서 어떤 문제나 모순이 있음이 드러난 증상일 뿐이다. 그리고 이 문제나 모순은 그저 부정되거나 '지양되어야' 할 나쁜 것이 아니다. 물론 갈등이 발생하고 심해지면, '예스'와 '노' 사이의 긴장이 더 심해질 것이다. 현재 사회에서 차별과 불평등의 문제가 많이 제기되는 이유는 여럿이지만, 무엇보다도 사람들이 '노'라고 말할 기회가 많아졌기 때문이라고 볼 수 있다.

'노'라고 당당하게 말한다는 것은 갈등을 덮는 대신에 갈등을 무릅쓴다는 말이다. 그리고 현대사회에서는 '노'라고 말할 수 있는 여지와 틈이 이전보다 당연히 훨씬 더 많이 생겼다. 그와 달리, 근대 이전의 사회에서는 신분제와 위계질서 때문에 아래 사람들은 감히 '노'라고 말하지 못했다. '노'라고 말할 기회와 여유를 가지려면, 재산을 축적하고 법을 통해 권력을 강화해야 했다.[16] 재산이 있고 권력이 있는 자는 상대방이 '노'라고 감히 쉽게 말하지 않도록 언제나 물리적인 폭력을 투입했고, 앞으로도 그렇게 하지 못하도록 그 강제력을 더 투입할 준비가 되어 있었다. 그런데 근대 이후 민주주의가 발전하면서, 더 이상 물리적 폭력으로 타자의 '노'를 막기는 어려워진다. 물론 지금도 비상 또는 응급 상황이 발생하면 물리적 폭력이나 강제력이 투입된다. 그러나 그것들은 갈등을 해결하는 최선의 수단이 아니다. 갈등은 일시적으로는 물리적 강제력으로 통제될 수 있겠지만 자칫하면 아예 사회 시스템을 부서트리기 때문이다. 마찬가지로 도덕과 법과 자본도 갈등을 일반적으로 해결하지는 않는다. 그러므로 현재 사회의 복잡성에 걸맞은 복잡한 갈등 관리 도구가 새로 마련되어야 한다. 법과 도덕으로 해결하지 못하는 넓은 의미의 차별과 갈등은 바로 이런 복잡성의 산물이자 거꾸로 다시 조건으로 작용한다.

그럼 사회적 시스템으로 작동하는 갈등에 어떻게 대처해야 하는가? 현재 사회의 갈등에 적절히 대응하는 갈등 관리 기구는 도대체 어떻게 가능한가? 우리는 앞에서 넓은 의미의 차별과 불평등, 또는 폭력적인 팩트들을 길게 논의했는데, 아마도 이 물음이 떠올랐을 것이다. 비록 현재 사회에서도 갈등이 심해질 때 물리적 폭력이 개입하기는 하지만, 사회적 팩트와 위험은 그 자체로 강제력은 아닌 폭력성을 띤다. 그것이 문제다. 여기서 우리는 미묘한 대비를 관찰할 수 있다. 현대사회에서 좁은 의미의 차별과 불평등을 막기 위해 사람들이 일차적으로 호소하고 또 동원할 수 있는 자원은 다름 아닌 법과 강제력이다. 과거 사회에서 재산과 권력이 있는 사람들이 물리적 강제력 및 그것에 근거하는 법을 통해 다른 사람들이 'No'를 무릅쓸 여지를 박탈했고 따라서 차별을 유지했다면, 현대사회는 오히려 차별을 막는 데 비슷한 자원을 사용하고 동원한다. 넓은 의미의 차별과 불평등은 그런 법과 강제력을 통해서는 해결되지 않으며, 오히려 자신을 정당화하는 시스템으로 직접 변화하거나 그런 것에 기대고 있다. 학력차별 및 그로 인한 재산 및 소득의 불평등, 그리고 시장이 생산하고 조장하는 차별과 불평등을 보라. 부유한 계급이 고학력을 확보하고 자신을 정당화하는 시스템을 보라. 외모를 비롯한 미학적 요인들도 그 시스템에 통합된다.

그로 인해 발생하는 갈등은 법이나 도덕으로도, 물리적 폭력으로도 해결될 수 없다. 그렇다면? 일종의 사회 시스템으로서 갈등을 관리하는 두 가지 방법이 제안될 수 있다. 하나는 물리적 폭력을 투입하지 않는 것이며, 다른 하나는 시스템 내부에서 하부 시스템들이 서로 의존하게 만듦으로써 복잡성을 구축하는 것이다. 갈등을 둘러싸고 한쪽이 물리적 폭력을 투입하지 않는다면, 다른 쪽도 마찬가지로 물리적 폭력으로 자신을 조직하지 않을 가능성이 커진다. 다른 한편으로 복잡성을 긍정적으로 구축하면, 단순한 대립적 갈등을 피할 수 있게 된다. 실제로 단순화된 대립이나 이분법이 갈등을 유지하거나 다시 유발한다. 대립하는 두 세력에 의해 갈등이 초래되고 부추겨진다면, 무엇보다 제3자가 그들 사이에서 개입할 수 있는 공간을 확대하는 것이 좋다. 그렇게 하는 방법이 "갈등 시스템을 복잡하게 만들고 섬세하게 만들며 지속하게 만드는 길이다."[17] 제3자는 누구인가? 이분법에 의해 배제되었지만, 죽지 않고 살아남은 자이다. 그것을 사회 시스템 안에 다시 불러들이면, 시스템은 생존력과 면역력을 키울 수 있다.

첫째 조건인 물리적 폭력의 배제를 보자. 모든 갈등 상황에서 물리적인 폭력의 개입은 우리 사회에서 비교적 많이 줄어들었다고 할 수 있다. 시위를 막는 과정에서 물대포와 최루탄도 사라졌다. 그러나 아직도 국회에서 몸싸움이 일어날 정도로 후진적인 모습도 있다. 태극기부대를 비롯한 극우단체도 종종 물리적인 폭력을 사용하고 있다. 그래도 식민지 시대를 거쳐 전쟁의 폐허에서 이만큼 발전한 것은 자부해도 좋을 듯하지만, 이런 자부심은 그 시대를 겪은 세대에게만 효과가 있고 젊은 세대에게는 효과가 거의 없다. 그렇지만 물리적 폭력이 줄었다고, 폭력이 사라진 것은 전혀 아니다. 소셜미디어에서 보듯이 댓글을 통한 폭력성은 크게 늘었고, 사이버스페이스가 새로운 싸움터가 되기도 한다. 그것은 물리적인 것은 아니지만, 일종의 새로운 사회적 폭력이다. 이런 사회적 폭력도 물리적 폭력 못지않게 위험할 수 있다. 그것들은 '있을 수 있고 또 있어야 하는' 갈등을 나쁜 갈등으로 만들면서 갈등이 폭발성을 띠게 만들기 때문이다. 우리가 위에서 사실이 점점 폭력성을 띠는 문제를 집중적으로 다룬 것은 이 때문이다. 그리고 이 정도 수준으로 논의를 한다고 그 문제가 해결되지도 않는다. 이제 겨우 시작일 뿐이다.

둘째 조건인, 갈등을 복잡하게 만들고 섬세하게 만들며 지속가능하게 만드는 일을 보자. 갈등 시스템을 섬세하게 만들고 지속 가능하게 만드는 과제는 그것을 복잡하게 만드는 과제와 비교하면 상대적으로 쉬울 것이다. 또 그것을 섬세하게 만드는 일도 갈등의 복잡성을 구축하는 일과 크게 맞물려 있을 것이다. 그러므로 이제 이 문제에 마지막으로 주의를 집중하도록 해보자. 복잡성complexity은 단순히 부정적인 의미의 '복잡하게 얽혀 있음complication'과 다르다. 신체의 면역성을 강화하려면, 육식만 하지 말고 다양한 야채와 과일을 먹는 게 도움이 되는 것과 비슷한 개념이다. 마찬가지로 남성과 여성이라는 단순한 성별 대신에, 동성애와 트랜스젠더를 제3자로 긍정하는 것도 복잡성을 만드는 일이다. 그러나 실제로 복잡성을 사회 시스템의 차원에서 이루는 일은 어렵다. 무엇보다 후진적이고 진영 이념에 사로잡힌 정치가 폭력을 이념적으로 단순하게 만들고 있다는 예들 들어보자.

　보수와 진보가 서로 기생하면서 적대하는 구조가 지속하면서, 중도적 태도가 배제되고 있다. 한국 정치에서 중도 세력은 정치적으로 자신을 조직하기 힘들다. 제3자가 적극 개입할 수 있게 만드는 일이 정치 영역에서 바람직한데도, 그 길이 막혀 있는 셈이다. 실질적으로 다당제가 구축되고 내각책임제로 가는 것이 효과적일 터이다. 그러나 무조건 내각책임제가 잘 작동한다는 법은 또 없다. 그것이 잘 작동하기 위해선 나름대로 여러 사회적 조건들이 갖추어져야한다. 중앙집중적인 권력시스템에서 벗어나는 것이 선결 조건일 것이다. 그런데 사람들이 여전히 여러 이유로 대통령중심제를 선호한다면? 여기서 문제는 헛돌 것이다. 대통령중심제의 권력집중에 따른 폐해와 정치적 대립의 단순화가 유발하는 갈등을 피하기 위해 내각책임제를 선택하는 것이 좋고 또 정치학적으로도 내각책임제가 바람직한 면이 큰데도, 대통령을 자신이 뽑는다는 사람들의 묘한 자부심 및 내각책임제에 대한 불신이 그리로 가는 길을 가로막고 있다.

물론 정치를 통해 모든 갈등을 해결하려는 태도도 복잡성의 구축을 방해하는 태도이다. 정치는 사회를 구성하는 하나의 기능 시스템이고 사회 시스템들을 통제하는 중요한 조건이기는 하지만, 그렇다고 사회를 전체적으로 제어하거나 조종하지는 못한다. 그것은 또 집단과 개인의 권력의지에 과도하게 의존한다. 그런데도 국내에서는 정치에 의존하는 경향이 크다. 최근에 '협치' 또는 '거버넌스'라는 말이 입을 타지만, 실제로 그 일이 일어나기가 상당히 어렵다. 말은 좋지만, 실제로 일어나기는 어려운 과제이다. 사회 시스템들 사이의 갈등이 확대되고 있는데도, 갈등의 복잡성은 제대로 인정되지 않고 있잖은가. 또 보수와 진보의 대립이 경직되어 있는 상태를 바꾸지 않으면서, 협치가 일어나기는 어렵다.

이 경우만 보더라도, 갈등을 복잡하게 만들면서 사회 시스템을 강하고도 섬세하게 만드는 일은 상상하기 힘들 만큼 어렵다. 그러므로 갈등 시스템을 복잡하게 만들고 섬세하고 만들며 지속가능하게 만든다는 목표는 문제에 대한 최종적인 대답이 아니다. 이미 그 자체로 복잡한 과제이자 숙제이다. 행위자 각자에게 사회 시스템을 상대하는 것은 많은 경우 그 자체로 '계란으로 바위를 때리기' 같은 일인데, 감히 갈등 시스템을 복잡하고 섬세하고 지속가능하게 만든다니? 누가 그것을 할 수 있는가? 어떤 영웅이나 착한 사람의 등장에 기대를 하는 일은 애초에 난망이다. 사회 시스템의 차원에서 문제를 관찰하는 일은 이미 개인의 선한 의지로부터는 멀리 있는 과제이기 때문이다.

차별적 갈등을 유발하는 사회 시스템을 바꾸는 일을 쉽게 도덕과 법에 기대해서 해결할 수 있다면 얼마나 간단하겠는가. 그러나 그런 일은 성공하지 못한다. 또 그것들에 크게 의지하는 정치에도 기대할 수 없다. 그래서 시스템 이론은 갈등의 발생과 지속 자체를 일종의 사회 시스템으로 이해하고 관찰한다. 물리적 폭력을 피하고, 복잡성을 시스템이 면역력을 높이는 방식으로 만드는 것이 근본적인 대응책이라 했지만, 그것들은 아직 충분히 구체적이지 않고 최종적이지도 않다. 더 논의해야 할 지점들이 많다. 다음 장에서 다시 출발해보자.

일단 면역 시스템의 문제가 왜 중요한지만 다시 정리하도록 하자. 전통적으로 사람들은 사회를 도덕이나 법과 같은 규범, 그리고 그것들에 크게 의지하면서 선한 의지를 내세우는 정치를 통해 바꾸려 했다. 그러나 거기엔 한계가 있다. 도덕과 법 그리고 정치가 갈등을 유발하는 원인이 되는 경우가 얼마나 많은지 생각해보자. 아무리 좋은 말도 내로남불의 덫에 걸려 넘어지는 경우도 허다하다. 사회가 직면한 갈등을 시스템으로 이해하고 면역력의 관점에서 관찰하자는 시도가 물론 당장 그리고 한 번에 대답을 주지는 않는다. 어떤 점에서는 더 어려운 일일 수 있다. 개인의 선한 의지나 개혁적 의도에 크게 의존하지 않으니, 얼마나 어려운 일인가. 또 슬픈 면도 있다. 정치 이념에 의지해서 개혁하는 데는 명백히 한계가 있다는 점에서부터 출발해야 하기 때문이다.

12

갈등의 복잡성

복잡한 사회에서 발생하는 복잡한 갈등

시스템 차원에서 일어나는 갈등과 면역력에 대한 앞 장의 관찰은 물론 상당히 일반적이거나 추상적이며, 구체적인 시스템이 갈등 상황에서 어떻게 작동하는지에 대해서는 충분히 설명해주지 않는다. 어쨌든 점점 복잡해지는 현재 사회에서 갈등이나 모순을 깨끗이 없앤다는 희망이나 기대야말로 착각이거나 기만일 수 있다. 동성애를 금지하거나 동성결혼의 합법화에 반대하기만 하면 된다고 생각하는 자칭 보수는 독단적이며 갈등을 부추긴다. 그러나 거꾸로 사회가 진보하기만 하면 갈등이 없어질 것이라는 진보적인 생각도 착각이며, 그것이 다시 갈등을 유발한다. 도덕과 법 그리고 정치는 순전히 갈등을 없애는 것을 목적으로 삼지 않으며, 그것을 각기 제 방식으로 정당화할 뿐이다.

사회적 갈등은 사회의 복잡성과 함께 확대되는데, 사람들은 쉽게 그 갈등을 축소하거나 단순하게 만들거나 정치적 이념으로 해결할 수 있다고 포장한다. 또 갈등에 대해 이야기하는 많은 서사들에서 인과관계가 단순하게 만들어지거나 감동적인 휴먼스토리로 꾸며내는 일이 반복되고 있다. 그만큼 갈등의 복잡성은 이야기되기도 힘들고 분석되기도 어렵다. 이제 이 마지막 장에서 우리는 이제까지의 논의에서 충분히 설명되지 못한 몇몇 문제들을 정리할 것이다. 특히 넓은 의미의 차별, 시스템으로서의 갈등, 복잡성의 의미, 그리고 폭력이라는 요인들에서 더 명확하게 설명되어야 할 문제들이 있다. 앞 장에서 갈등을 시스템으로 인정하는 데는 최소한 두 가지가 필요하다고 이야기했다. 물리적 폭력을 줄이는 문제가 하나이고, 다른 하나는 갈등의 복잡성을 확대하고 섬세하고 지속가능하게 만드는 일이다. 이 두 과제는 차별적인 갈등을 단순히 도덕과 법 그리고 정치에 의해 개혁한다는 일의 한계를 보여주기는 하지만, 아직도 충분히 구체적이지는 않았다. 이 마지막 장에선 그 두 과제를 점검하고 보충하는 데 집중하겠다. 먼저, 복잡성의 문제를 다루고, 다음에 폭력의 요인을 점검해보자.

앞 장의 시스템 이론에서 보았듯이, 갈등 자체에 내재하는 복잡성complexity은 꼬이고 뒤엉킨 상태의 복합성complicatedness 또는 심지어 합병증과 같은 착잡성complication과는 다르다. 복잡성은 어느 정도는 사회의 갈등에 내재하는 속성이라고 할 수 있으며, 단순히 잘못된 방식으로 뒤엉켜 있거나 꼬인 것이 또 꼬이는 것과는 다르기 때문이다. 그렇지만 그들의 영어 표현이 알려주듯이, 그들은 비슷한 어원을 가지며 공유하는 면이 있다. 뒤엉켜 있는 복잡성과 합병증 증상 같은 착잡성은 그 자체로 나쁜 것이거나 그렇게 여겨지기에, 시스템 이론은 갈등에 내재하는 복잡성을 그것들과 구별하면서 출발했다. 현재 사회 시스템이 일정 정도로 복잡성을 가질 수밖에 없다는 것은 누구나 알 수 있다. 사람들의 활동이 과거보다 훨씬 더 상호의존적인 관계에 있으며, 사회질서도 과거처럼 단순하지도 않다. 그런데 갈등이라는 시스템에 내재하는 복잡성의 문제는 그런 사회구조의 성격만으로는 충분히 설명되지 않는다.

갈등의 복잡성에 특별히 주의를 기울여야 하는 이유는 기본적으로 인지 과정과 정보 처리 과정에 대한 관찰과 시스템들의 진화 과정에 대한 관찰 때문이다. 인지 과정이나 진화 과정은 그 자체로 독립적으로 존재하는 실체인 '세계'를 있는 그대로 재현하는 일이 아니다. 그 경우 두뇌나 지능은 정보의 무게나 잡음에 눌려 허둥대거나 쓰러질 것이다. 실제로 지능은 세계의 복잡성 전체를 재현하는 일은 포기하고 당면한 과제나 필요에 따라 움직인다. 그 과정에서 '세계' 또는 환경의 복잡성은 끊임없이 축소되고 어느 정도는 단순화되어야 한다. 또는 인위적으로 설정된 의미의 질서에 따라 배열되고 가공되어야 한다. 이미 여러 번 언급되었듯이, 근대 이전의 사회에서는 분명한 위계질서가 있었고, 중심과 주변이라는 공간적 구별이 확고했으며, 가족을 중심으로 하는 신분제도 구속력을 가졌다. 그래서 그때는 일정하게 세계와 환경의 복잡성이 그 질서에 따라 비교적 안정적이고도 구속력이 있는 방식으로 정리되고 축소되었다. 그런데 근대 이후 복잡성을 축소하는 그 조건들이 많은 부분 허물어지고 부서졌고, 그 대신에 근대적 가치와 이념들이 그 자리에 들어섰다. 그런데 이것들의 효과는 복합적이며, 근대사회는 이 복합성을 어떻게 관찰하느냐에 따라 상당히 다르게 이야기된다.

어쨌든 복잡성이 이전보다 급속도로 늘어나고 확산된 것은 사실인데, 인지 과정이나 진화 과정은 여전히 '세계'의 복잡성을 재현하거나 인식하는 쪽으로 움직이지는 않는다. 오히려 상반되는 가치나 이념들이 사회의 여러 층위에서 교차했다. 예들 들면, 인권 개념과 능력주의도 원래 애초부터 조화롭게 공존할 수 있는 것은 아니었지만, 점점 더 갈등상태에 돌입하고 있다. 인권은 이미 프랑스혁명이나 미국 독립선언에서 주장되었지만, 다른 한편으로는 아예 처음부터 제한되었고 그 이후 끊임없는 갈등의 대상이었다. 1부에서 논의했듯이, 이 역사적 과정은 한편으로는 인권이 증대되는 진보적 과정이기는 하지만 그렇다고 역사의 진보라는 관점에서만 설명될 수 없다. 오히려 여러 원칙과 가치들이 근대 이후의 사회에 내재하고 있는데, 역사적 과정에서 그것들의 복잡성이 그때그때마다 이런저런 방식으로 다뤄지고 관리되었다고 보아야 한다. 능력주의나 경제적 자유 같은 이념은 지금도 인권과 긴장관계를 가지고 있으며, 앞으로 역사가 진보하면서 줄어들 것이라는 보장은 어디에도 없다. 넓은 의미의 차별에 대한 논의에서 볼 수 있듯이, 오히려 더 큰 갈등이 그들 관계에서 생길 수 있다. 기본적으로 그것들 자체가 자유라는 이념에 내재하기 때문이며, 그 자유도 인권의 하나이기 때문이다.

갈등은 점점 복잡성을 띨 수밖에 없다. 사회적 활동, 특히 교육 과정은 인권에 의해서만 정의될 수도 없고 능력주의만으로도 정의될 수 없다. 따라서 이미 상당한 정도의 복잡성이 교육 과정에 내재한다고 할 수 있다. 근대 이후의 사회의 특징을 무엇이라 정의하든, 사회 시스템은 기본적으로 이들 복잡성을 줄이면서도 다른 한편으로는 사회 시스템들을 통해 기능의 복잡성을 유지하고 구성함으로써 갈등을 조절하고 관리했다고 할 수 있다. 국민국가의 이념과 제국주의도 비슷하게 충돌하는 관계에 있었다. 서유럽국가들이 국민국가의 자율성을 주장하면서도 제국주의적 팽창주의를 실행할 때도, 그들 사이에서 발생하는 복잡성은 결코 무시되거나 부인될 수는 없었다. 그때그때마다 합리화되고 정당화되었을 뿐이다.

그렇다면 일종의 사회 시스템으로서 갈등에 필요하거나 도움이 되는 복잡성에 대한 연구가 충분히 되어 있는가? 그렇지 않다. 필자가 루만의 시스템 이론을 빌려서 갈등을 설명하기는 했지만, 사실 사람들은 의외로 그 문제에 관심을 기울이지 않는다. 오히려 정치와 법 그리고 도덕에 의지해서 사람의 의식에 호소하거나 그것을 바꾸려는 방법이 계속 반복된다. 그러나 그 과정에서 인과관계는 이미 과도하게 단순화되거나 감동적인 휴먼스토리로 꾸며진다. 그렇지만 학력과 부동산을 둘러싼 갈등에서 볼 수 있듯이, 도덕이나 사람들의 문제의식에 호소하는 방식의 효과는 명백히 제한되어 있다. 그것이 틀렸다는 말은 아니다. 사람들은 기본적으로 도덕과 정치적 올바름을 인정한다. 그렇지만 갈등 시스템이 이미 복잡성을 띠면서 작동하는 과정에서 그것들의 역할은 애초에 제한되어 있다.

갈등의 복잡성을 시스템의 관점에서 파악하려는 시도에 사람들이 주의를 기울이지 않는 이유는 이해할 만하다. 개별적인 행위자로서 개인들에겐 구체적인 행위를 위한 실용적인 지침이 일차적으로 필요하기 때문이다. 그것은 개인에게만 해당하지 않는다. 국가 차원에서도 마찬가지다. 국제관계도 차별적 갈등을 생산하는 거시적인 예인데, 거기서 갈등의 요인을 전략적으로 이해하려는 시도는 인간의 합리적인 행위에 초점을 맞춘다. 갈등에 대한 전력을 게임 이론의 관점에서 연구한 한 필자는 "갈등을 참가자들이 승리하려 애쓰는 일종의 경합으로 간주한다."[18] 거기서는 "의식적이고 지능적이고 정교한 갈등 행위"를 연구의 대상으로 삼는다. 이렇게 "합리적 행동(지능적 행위뿐 아니라 의식적인 이해타산에서 유발되는 행동)이 전제되어야 한다면" "스스로 연구를 제약하는 셈이 된다"는 것을 이 필자는 모르지 않는다. 그럼에도 불구하고 이 필자는 왜 합리적 행위를 대상으로 삼고 거기서 출발할까? 국제관계의 갈등을 다루는 방법을 게임 이론처럼 다룰 수 있기 때문이다. 그 시도가 도움이 되는 이유는 "모든 가능한 접근법 중에 그것이 진리에 가장 가깝기 때문"일까? 그렇지 않다는 것은 저 필자도 인정한다. 어떤 방식이 옳으냐 아니냐가 중요하다기보다는 어떤 방식이 생산적이냐는 물음이 더 중요할 것이다. "합리적 행동이라는 전제가 생산적인 접근법이기 때문이다. (…) 합리적 행동을 전제로 접근하면 우리 자신의 분석 과정과 갈등 관계에 있는 가설적 당사자의 분석 과정을 동일시할 수 있다."[19] 행위자들이 합리적 행동을 할 것이라고 가정하는 것이 이론을 생산할 때 큰 효과가 있지만, 그렇다고 그렇게 합리적인 행동을 가정하기만 하면 실제의 갈등을 다 관리할 수 있다는 말은 아니다. 그 "이론이 실제의 행동을 제대로 간파할 수 있느냐 못하느냐는 그 다음 문제다."[20] 이렇게 게임의 관점에서 갈등을 분석할 경우, "적대적인 두 당사자의 이해가 완전히 상반되는 완벽한 갈등은 특별한 경우다. 그런 갈등은 끝을 보고야 마는 전쟁에서도 극히 찾아보기 어렵다." 여기서 '승리'가 언급되고 있더라도, 그것은 "적과 비교했을 때 상대적인 승리를 의미하는 것이 아니다. 승리는 자신의 가치체계에 비추어보았을 때 얻는 상대적 이득을 의미한다. 그리고 그런 승리는 교섭과 상호 조정, 가해행위 회피 등으로 얻을 수 있다." 파괴적인 무기경쟁이 개입되는 국제관계 갈등에서도, 이 방법들이 매우 필요하다.

이처럼 게임 이론을 빌려서 개별 행위자들이 사용할 수 있는 합리적 행위들을 연구하는 것도 갈등을 관찰하는 데 중요하다. "전략 이론은 갈등을 당연한 것으로 여긴다."[21] 시스템 이론도 비슷하다. 행위자들의 합리적인 행위를 고려하는 것도 일정 정도로는 필요하다. 다만 시스템 이론은 게임 이론에서 출발하는 전략 이론과는 또 다르다. 이 차이를 잘 파악하는 것이 중요하다. 게임 및 전략 이론에서는 일차적으로 무기의 개입이 전제되는 상태에서 교섭을 하고 가해 행위를 회피하는 것이 중요하지만, 사회 시스템에서는 일차적으로 그것이 전제되지 않는다. 또 시스템 이론에서는 개별 행위자들이 취할 행위를 넘어 시스템 자체의 발생 과정과 존재 방식에 더 주의를 기울이기 때문이다.

물론 시스템 이론도 개별 행위자들이 비교적 합리적인 형태로 결정을 내리는 방식을 고려하고 설명한다. 현재 사회의 커뮤니케이션이 기존의 권위나 권력이 원하는 대로 동의하고 합의하는 것을 목표로 삼지 않을 때, 시스템으로서 커뮤니케이션도 복잡성과 직면해야 한다. 대표적으로 이중 삼중의 우발적인 조건들이 끼어든다. '만일 내가 원하는 것을 네가 하면, 나도 네가 원하는 것을 하겠다'와 같은 이중적 우발성이 그 예이다. 우발성은 연쇄적으로 조건관계에 있다.[22] 그러면 이 이중의 우발적 조건은 커뮤니케이션 및 갈등과 어떻게 연결되는가? 갈등이 단순히 커뮤니케이션의 실패는 아니라는 점은 제10장에서 논의했다. 이제 거기에서 조금 더 나아가 보자. "갈등은 커뮤니케이션의 실패가 아니라, 이중의 우발적 조건이 실행되는 특별한 커뮤니케이션이다."[23] 또는 갈등은 "이중적인 우발적 조건의 부정적인 버전이다."* 흔히 게임 이론을 빌려 죄수의 딜레마가 설명되곤 한다. 죄수의 딜레마 모델은 서로 상대방의 의도를 알 수 없는 상황에서 경우의 수만을 예측하는 방식이다. 시스템 이론이 말하는 이중의 우발적 조건 모델에서는 상대방의 수를 예측하는 일이 겹겹의 조건으로 쌓인다. 따라서 합리적으로 행위한다는 걸 가정하고 예측한다고 하더라도, 복잡성은 쉽게 통제하기 어렵다.

이 이중의 우발적 조건이라는 모델의 의미는 무엇일까? 흔히 우리는 '상호작용'이니 '상호성'이라는 표현을 많이 사용한다. 그러나 갈등 상황에서 그런 표현은 모호하거나 공허할 수 있다. 내가 한

---

* 그러나 이 경우에도 각각의 상황에서 '나'나 '너'가 자신이 원하는 것을 알 것이라고 설정될 수 있다. 그러나 정말 각자는 자신이 원하는 것을 아는가? 이 물음 앞에서, 저 이중 조건조차도 계속 후퇴할 수 있다. '내가 원하는 것을 네가 한다고 내가 생각한다는 것을 네가 안다면, 나는……' 말하자면, '나'는 단일한 주체가 아니다. '나'는 신체 시스템과 신경 시스템과 사회 시스템이 교차하고 맞물리는 지점에서 구성되는 결과일 뿐이다.(Luhmann, Soziale Systeme, Shurkamp, p. 531.)

다고 저쪽이 똑같이 하지는 않는다는 것을 사람들은 대부분 안다. 실제로 사람들은 그렇게 쉽게 기대하지도 않고, 따라서 그렇게 행동하지도 않는다. 상대방이 어떤 행동을 언제 어떤 방식으로 어떤 배경에서 하느냐가 언제나 문제가 된다는 것을 알기 때문이다. 그런데 많은 이론가들과 철학자들은 그 표현에 만족하곤 했다. 칸트는 특히 그 보편적 상호성에 의존했다. 그는 상호작용이 보편적인 인과관계의 형태로 일어난다고 가정한 것이다. '내가 이렇게 행동하면, 다른 사람들도 그렇게 행동할 것이다'라는 가정에서 행위들은 이성적 질서를 따른다. 그러나 그것은 지나치게 합리화된 보편성에 의지한다. 실제로는 더 까다로운 조건이 이중으로 개입하며, 행위의 대칭성은 이 우발적인 이중의 조건뿐 아니라 시스템 내부의 자기참조성에 의해 좌절된다.

복잡성의 형태와 이중의 복합성

우리는 이미 앞 장에서 시스템의 작동이 자기참조적인 순환성을 따라 움직인다는 점을 배웠다. 이 점은 외부의 조건이 단순하게 행동을 유발한다는 행동주의Behaviorism와 다르다. 파블로프의 실험에서는 대부분 외부의 자극이 자동적으로 신체의 반응을 유발했다. 시스템 이론은 그런 단순한 조건화에 동의하지 않는다. 실제로 신경 시스템이든 신체 시스템이든 사회 시스템이든 단순히 이미 프로그램된 대로 외부의 조건에 반응하지는 않는다. 각각의 시스템은 이제까지 자기참조적으로 생성해온 방식과 궤적을 따라, 그리고 시스템에 고유한 일정한 경로를 따라 움직인다. 쉽게 말하면 시스템의 상태에 따라 같은 외부의 자극이나 스트레스도 다른 반응을 만난다. 이것은 아주 생경한 이론이 아니다. 오히려 누구나 조금만 생각하면 알 수 있는 경험이다.

여기서 시스템의 상태나 능력은 정보 처리 과정과 비교할 수 있다. 시스템은 끊임없이 자신의 바깥 환경에서 오는 복잡성을 선택적으로 줄이는 과제를 안고 있고, 그 과제를 충족시켜야 한다. 바로 이 과정이 '복잡성을 선택적으로 줄이는' 과정이다. 정보 처리 과정에서 복잡성을 줄이는 과정을 사람들은 전통적으로 어떤 행위자의 '능력'이나 '힘' 같은 이미지를 빌려 이해했으며, 그 방식은 아직도 유지되고 있다. 그러나 거기에선 언제나 지나친 단순화가 이루어진다. 행위자의 어떤 힘이나 능력 때문에 어떤 일이 일어난다고 이해될 때, 원인과 결과가 지나치게 단순하게 귀속되고 만다. 결국 보편적인 도덕성이든 자연법 사상이든 어떤 이념에 기대어 대칭과 균형을 주장하는 상호성 이론은 유효하지 않으며 수정되어야 한다. 시스템 이론은 필연적으로 선택적인 방식으로 복잡성을 줄이는 과정에 초점을 맞춘다. 그리고 그 과정은 시스템 내부에서 자기참조적인 방식으로 제어된다.[24]

복잡성을 축소하는 과제는 '나쁜 차별'이라는 갈등에서는 확실하게 효과를 가진다. 왜냐하면 기본적인 권리 또는 인권이라는 핵심 가치가 인정되기만 하면, 그 갈등은 상당히 해결된다. 그래서 그런 문제에선 법이 강력한 효과를 볼 수 있다. 2부에서 우리는 젠더 갈등이 심각해지는 맥락과 배경을 살펴보았지만, 사실 그 갈등은 넓은 의미의 차별 가운데에서 그래도 기본권의 가치를 강력하게 밀고 나감으로써 상당히 극복할 수 있는 영역이다. 그 점에서 다른 넓은 의미의 차별보다는 비교적 복잡성이 덜한 편이라고 할 수 있다. 다르게 말하면, 넓은 의미의 차별을 둘러싼 갈등에서도 복잡성의 수준과 성격은 상당히 다를 수 있다. 동성애 갈등에서 오는 차별은 기본적 권리를 부각시키는 방식으로 효과적으로 해결할 수 있을 것이다. 그러나 다른 것들, 학력을 둘러싼 차별과 부동산 갈등에서 오는 차별, 그리고 국제관계에서 생기는 차별적 갈등은 훨씬 어렵다. 그런데도 '차별'이라는 문제는 이제까지 과도하게 그런 '단순한' 기준이나 관점으로 이해되고 파악되었다. 평등이나 인권을 인정하기만 하면 되고 관용을 확대하기만 하면 된다고 여겨졌다. 그러나 현재 사회가 직면한 넓은 의미의 차별들은 실제로는 갈등의 복잡성이라는 문제에 의해 영향을 받고 다시 그것 때문에 꼬인다. 여기서 발상의 전환이 필요하다. 평등을 비롯한 기본적인 권리만으로는 그것이 가진 복잡성을 줄일 수 없다는 점에서, 복잡성은 그 자체로 인정되어야 하고 또 유지되어야 하는 특성이다. 그러나 다른 한편으로 그 복잡성은 갈등이라는 시스템의 면역력을 높이는 데만 기여하지 않는다. 그것을 훼손하고 혼란스럽게 만드는 경향이 커진다.

문제는 이렇게 복잡성을 줄이는 선택적인 과정은 시스템 내부의 자기참조성에 너무 의존한다는 것이다. 조금 단순하게 말하면, 결국 시스템이 복잡성을 얼마나 줄일 수 있느냐는 물음에는 객관적인 방식으로 대답하기 어렵다. 각각의 시스템이 시간과 역사 속에서 그리고 그것들이 조건화하는 환경 속에서 어떻게 자기를 참조하고 자기를 '성찰'할지는 다른 누구도 알 수 없다. 행위들이 진행되고 그 결과가 드러나야 다른 관찰자들도 비로소 거기에 대해 판단하고 평가할 수 있다. 시스템조차도 자신의 역사적 배경과 생명의 궤적에 따라 그때그때 '그냥' 자기참조적으로 작동한다고 말할 수 있다. 그가 그 행위에 대해서 판단하는 방식은 외부의 관찰자와 다르겠지만 자신의 행위를 관찰하려면 시스템과 거리를 두어야 하며, 따라서 이 점에서는 결국 외부의 관찰자와 크게 다르지 않다. 결국 복잡성을 어떻게 적절하게 줄이고 관리해야 하느냐는 물음에는 객관적이거나 선험적인 방식으로 대답하기 어렵다. 기껏해야 시스템에 고유한 자기참조성이 어떻게 진행되는지 기록하고 추적할 수밖에 없다.

어떻게 보면 실망스러운 대답일 수 있다. 그러나 다른 관점에서 보면, 그것이 바로 경험적으로 우리가 갈등 상황에서 행동하는 방식이다. 그때그때 상황에 따라 선택적으로 복잡성을 줄이면서 선택적으로 행동해야 한다. 시스템도 비슷하게 일차적으로 환경에 대해 닫힌 채 작동하며, 그리고 바로 그 닫힘 덕택에 시스템은 일정한 자율성을 가지고 작동할 수 있다. 그리고 그것이 환경으로부터 오는 복잡성을 줄이는 시스템의 선택적인 방식이다. 그러나 무작정 세상의 복잡성을 줄이면 안 된다. 현재와 같은 학력경쟁 상황에서 모든 학생은 시험이 실시되는 다양한 방식과 시험의 결과가 영향을 미치는 복잡한 관계를 인지해야 한다. 그것들이 정의로운지 공정한지 판단하기 전에, 아니 그런 판단을 유보한 채, 그런 것들이 이미 거기 있다는 사실 및 그것들의 복잡성을 인지해야 한다. 그리고 선택적으로 그 복잡성을 줄여야 하다. 그러기 위해서는 그때그때 자신이 할 수 있는 수준과 자신의 능력을 파악하고 참조하면서 선택적으로 행동해야 한다. 그리고 이 과정에 대해서는 어느 정도까지는 합리적으로 분석과 평가가 가능하다. 그래도 사람은 자신이 실행할 수 있는 능력에 대해 그냥 합리적으로만 평가하기는 어렵다. 학력경쟁 과정에는 이미 자신이 통제할 수 없으며, 자신의 능력을 넘어가는 여러 요인들(부모의 경제력부터 시작해서)이 개입하고 있기 때문이다.

그런데 차별적 갈등은 바로 각자가 통제할 수 없는 이 요인들에 의해 크게 영향을 받지 않는가? 시스템은 자신 내부의 자기참조적인 능력에 따라 복잡성을 줄이거나 관리할 수 있지만, 자기가 참조하지 못하는 환경적 요인들의 복잡성을 크게 줄이지는 못하지 않는가? 그렇다면 시스템에 고유한 자기참조적인 능력이라는 것도 벽에 부딪치지 않는가? 그렇다, 그런 경계선이 있다. 시스템 이론은 시스템이 면역력을 가지고 작동하고 또 잘 작동하기 위해 복잡성을 유지하고 관리해야 한다는 점을 강조했지만, 시스템은 환경의 복잡성을 다 고려할 수 없다. 우리 신경이든 신체든 사회 시스템이든 그것이 직면하는 '복잡성'은 결국 시스템과 환경의 관계에 대한 관찰이다. 시스템은 환경을 다 인식할 수도 없고 그것의 요구를 일차적으로 고려할 수도 없다.

여기서 복잡성의 다른 형태가 또 끼어든다. 흥미롭게도, 시스템 이론은 처음에는 꼬인 상태의 복합성complicatedness에는 큰 관심을 가지지 않았다. 시스템 이론이 기본적으로 모든 시스템들이 고유한 자기참조성에 따라 작동한다고 본 것이 한 이유지만, 다른 이유도 있다. 시스템 이론은 사회적 기능들이 점점 차이를 통해 분화된다는 데서 출발하기 때문이다. 가장 두드러진 기능적 분화는 사회의 기능 시스템들(정치·경제·법·학문·종교·도덕·예술 등)이 독립성과 독자성을 가지며 작동한다는 것일 터이다. 그러나 거기서 그치지 않는다. 학문 시스템과 영역이 개별 학문 영역으로 다시 세분화되듯이, 비슷한 세분화 과정이 다른 기능 시스템에서도 일어난다. 사회적 영역들과 활동들 사이에 '칸막이'가 설치되면 기능적 구별이 생기고, 각각은 일정한 자율성을 누리게 된다. 세분화된 기능 시스템들이 자율성을 누리며 작동하는 한, 이 과정은 문제가 되지 않았다. 그 세분화된 기능 시스템들이 확산되는 과정은 차별을 막거나 줄이는 데 도움이 되었기 때문이다. 근대사회가 시작하면서 사람들은 이전처럼 신분이나 특정 위계질서에 의해 강제적으로 어느 직업이나 활동에 예속되지 않았다. 어느 하나만 잘해도 그럭저럭 어떤 기능 시스템에 자신을 위치시키고, 거기서 사회적 의미를 찾을 수 있었다. 모든 영역이나 기능 시스템에서 선택적으로 자신의 능력을 발휘할 수 있고, 그것은 기회의 확장에 도움이 된다. 자신이 원하면 얼마든지 여러 활동 영역에서 활동할 수도 있었다. 성장이 전반적으로 일어나고 일자리가 부족하지 않은 한 기능 시스템들의 세분화는 긍정적으로 보였고, 기능 시스템들의 복잡성은 긍정적인 역할을 했다.

그러나 성장이 둔화되고 일자리가 부족해지면서, 그리고 계층과 직업 사이에 소득 차이가 20세기 후반에 점점 커지면서, 기능 시스템들의 분화 과정은 거꾸로 개인들에게 부담과 괴로움이 되었다.

왜냐하면 한 영역이나 시스템에서 실패하면 다른 기능 시스템이나 사회영역에서도 권리를 잃게 되는 일이 연쇄적으로 일어나기 때문이다. 학력이 낮으면 소득도 낮고 시간도 모자라고 건강도 나빠질 수 있고 가족을 꾸리기도 힘들어진다. 학력이 높아도 경제적으로 실패하거나 괜찮은 직업을 얻지 못하면, 사회적 기회에서 연쇄적으로 배제되는 쓴맛을 볼 수 있다. 그렇게 연쇄적으로 사회 시스템에서 배제되는 불행에서는 면제되더라도, 개인들은 점점 세분화된 기능 시스템 하나에 틀어박히거나 갇히게 되는 경향이 커진다. 근대 초기에 낙관적으로 기대되었던 기회와 선택의 자유는 온데간데없게 된다. 결국 사람들은 까다롭게 어느 하나의 영역을 선택해서 기껏해야 거기서 자율성을 누리는 수밖에 없다. 조금 다른 시스템으로 옮기려고 하면 삶이 복잡해지고 꼬이기 십상이다.[25]

시스템 이론은 위에서 말했듯이 두 가지 형태의 복잡성을 구별했고, 그것이 유지된다고 보았다. 꼬인 상태의 복잡성은 시스템에 내재적인 복잡성과는 다르다는 것이다. 그러나 유감스럽게도 역사는 그렇게만 진행되지 않는다. 칸막이된 기능 시스템들과 그것들이 세분화되는 과정은 이제 사람들에게 긍정적으로 작용하기보다는 부정적으로 작용한다. 세분화된 칸막이가 유발하는 꼬인 복잡성은 시스템에 고유하고 긍정적인 복잡성을 침식하게 되고 이것에 간섭하게 된다. 시스템 이론은 스스로 풀기 어려운 복잡성 문제에 직면한다. 시스템 이론이 그 문제를 인식하지 못한 것도 아니다. 시스템 이론은 시스템이 일차적으로 환경에 대해 닫힌 상태로 작동할 수밖에 없다는 점을 누누이 밝힘으로써, 스스로 그 한계를 드러내고 있다. 그래서 그 이론은 자신이 세상의 문제를 해결할 수 있는 해법이나 대답을 가졌다고 말하는 것을 가능한 한 피한다. 그 이론은 구체적인 행위자나 상황에 대해 대답해주기보다는 시스템들이 작동하는 일반적인 조건을 설명하고자 했다. 시스템이 자기에게 고유한 방식으로 자기를 참조하면 어느 정도의 자율성은 이루어지지만, 그 시스템 바깥에는 다른 시스템들이 수없이 많다. 하나의 시스템에게 자신을 제외한 다른 시스템은 환경일 뿐이다. 환경이 주는 이 복잡성을 어떤 시스템이든 줄이기는 하겠지만, 그런다고 환경이 주는 그 복잡성의 영향과 부담에서 깨끗이 벗어날 수 있는 것은 아니다.[26] 신경이든 신체든 사회 시스템이든 끊임없이 자기보다 복잡한 환경의 복잡성에 내맡겨져 있으며, 자신이 그 복잡성을 잘 다루고 있는지 충분히 잘 아는 것은 아니다. 우리는 앞에서 세계 차원의 사회가 왜 기후재난 같은 문제에 제대로 대응을 못하는지 논의한 바 있다. 이제 복잡성의 문제는 그 문제를 조금 다른 각도에서 다시 조명하고 설명해줄 수 있다.

결국, 넓은 의미의 차별은 이중적으로 복잡성에 시달리게 된다. 학력경쟁을 둘러싼 복잡성을 보자. 한 세대 전만 해도 시험을 통한 평가는 비교적 단순한 방식으로 이루어졌었다. 오로지 시험성적으로 학생의 수행능력을 평가하고 결정했다. 그러다 그 평가 방식에 대한 비판이 있었다. 그 방식은 너무 단순하여 학생의 능력을 제대로 평가할 수 없으며, 우발적 변수가 많이 작용하는 한두 번 시험성적으로 한 사람의 인생을 결정하는 방식은 너무 가혹하다는 비판은 적절했다. 그래서 시험을 통해 평가하는 방식은 점점 복잡해진다.

이 과정 자체는 나쁜 것이 아니다. 너무 단순하게 학생의 능력을 평가하는 방식은 분명 입시 위주의 학습방식을 팽배하게 만들었기 때문에, 좀 더 복잡한 방식으로 수정이 필요했다. 다만 복잡성을 가미하는 일은 과거의 경직된 평가 방식을 수정하는 일을 포함하기에, 간단하지 않았다. 한 예로, 노무현 정부 때 수능 성적 등급이 너무 촘촘하다는 비판이 있자 그것을 느슨하게 하는 시도가 있었지만, 학생들의 능력을 제대로 평가하려면 그런 느슨한 방식이 도움이 안된다는 반발에 밀려 얼마 지나지 않아 취소되었다. 또 정시에 덧붙여 추가된 수시전형이나 내신전형 등은 그 자체로는 복잡성을 구축하는 바람직한 길이 될 수도 있었지만, 〈SKY캐슬〉이라는 드라마가 보여주었듯이, 대학들의 위계질서가 공고한 상황에서는 그런 새로운 방식들도 효과를 발휘하기 힘들었고 오히려 갈등을 더 확대시켰고 심화시켰다. 물론 이전과 비교하면 대학들의 단순한 위계질서에는 변한 점이 있다. 무조건 서울대가 통하는 시대는 지나갔고, 상위권 대학의 의대와 로스쿨이 더 인기를 끌기도 한다. 그렇지만, 상위권 대학 중심의 위계는 여전히 완강하다. 또 시간과 돈을 더 많이 투입하는 고소득이자 고자산 계층은 수시에서든 정시에서든 지배적이기에, 그냥 제도를 복잡하게 만드는 일의 효과는 또 제한되었다. 결국 시험의 종류는 복잡해졌지만, 교육 과정은 기회를 균등하게 만들지도 못하고 정의롭지도 못한 것이 되어버렸다. 다만 시험과 스펙의 복잡성만 강화되고, 그 각각에서 미세한 차이가 사람들을 차별하는 효과만 커졌다.

또 교육이라는 기능 시스템의 핵심 가치인 학력이 다른 기능 시스템의 기회를 잡아먹거나 왜곡하거나 깎아먹는 일도 확대되었다. 대졸자와 고졸자의 임금 격차가 줄지 않은 것도 그 과정에서 영향을 미쳤다. 고졸 출신이 사회적 경력을 쌓아서 성공하는 길이 계속 막혀 있어서, 저학력자들은 연쇄적으로 다른 사회 시스템에서 배제되기 쉬웠다. 또 괜찮은 직업을 찾기 어려워지고 직업들 사이에서도 소득의 차이가 벌어지면서, 상위권 대학이나 인-서울 대학에 진학하는 일이 삶의 경쟁이 되어버렸고, 거기서 한 번 탈락하면 이후의 삶에서 연쇄적으로 사회적 기회에서 배제되는 위험을 떠안아야 했다. 또 인-서울 상위권 대학에 진학하는 과정에서, 학생들은 (조)부모의 경제력이 차등적인 영향을 미친다는 폭력적인 사실을 곱씹어야 하는 상황을 만난다. 그 차별적 조건은 많은 학생들의 열의를 꺾을 것이다. 안전한 공무원이 되려는 경향이 지나치게 커진다. 또 서울 상위권 대학에 진입하더라도, 지방 출신들은 서울에서의 높은 거주비용을 감당하느라 다시 불리한 상황에 빠진다. 강남에서 기인하는 갈등요인을 추가하면, 갈등 상황은 더 꼬인다. 이렇게 갈등이 꼬이면서, 사람들은 시험 성적의 작은 차이와 그것이 차등적으로 유발하는 결과에 과잉 의존하게 된다. 그래서 학력으로 대표되는 능력이 과잉 결정력을 가지게 되고 그것을 통한 차별이 확대된다.

학력을 둘러싼 갈등과 차별은 이처럼 우선 평가 시스템 내부에서 복잡성이 제 기능을 다하지 못하기 때문에 생긴다. 대학 서열화와 시험 성적을 연결하는 고리를 끊고 좋은 복잡성을 도입해야 한다. 다른 한편으로는 교육 시스템에서 자율적으로 일어나야 할 학력경쟁이 다른 시스템들을 지나치게 간섭하거나, 거꾸로 이것들에 의해

지나치게 간섭된다. 고소득과 안정적 직업은 부동산이 자산을 축적하는 코스에서도 유리하고, 전문지식은 주식투자를 비롯한 투기성 재테크에서도 유리하다. 결국 고학력은 사회적 지위를 확보하는 일이 되고, 불확실한 사회에서 그 자체로 안전을 구축하는 방어적 역할도 하며, 행복을 포함한 자아실현에서 지나치게 막강한 역할을 한다. 학습이 중요해지는 것은 피할 수 없는 일이지만, 고학력이 과도한 결정력을 행사하는 일이 제어됐어야 한다.

복잡성과 관련된 두 요인이 엉키고 교차하면서, 복잡성은 과잉 상태에 있지만 공정의 가치는 더 의심스럽거나 매우 미묘하고 까다로운 것이 된다. 복잡성이 시스템에게 긍정적인 역할을 하는 대신에, 짐이 되고 심지어 지옥으로 가는 길을 연다. 기본적으로는 모두 인권의 가치를 인정하면서도, 사람들은 시험과 스펙이 배분하는 차등적 기회와 권리를 받아들일 수밖에 없다. 평가 과정에서 생긴 결과에 따라 차등적이거나 차별적인 대우를 받을 수밖에 없다는 폭력적인 사실이 확장된다. 그 평가 시스템이나 인사 시스템은 사회에서 이미 묵인되거나 정당화되고 있다. 물론 모두 똑같이 그 사실을 받아들이지는 않는다. 거기서도 이미 차등적인 조건이 폭력적인 사실로 작용한다.

차별적인 갈등은 이처럼 다른 요인들이 복합적으로 작용하는 '슈퍼' 복잡성이 되고 있다. 학력을 둘러싼 차별적 갈등이 부동산 갈등에서 생기는 차별적 불만과 교차하거나 겹친다. 거기다 취업준비생과 공기업 비정규직과 사기업 비정규직 사이의 갈등이 엉킨다. 우리는 앞에서 사회가 폭력적인 사실을 생산하고 묵인하며 정당화한다고 지적했는데, 이제 복잡성의 관점에서 보면 그 지적도 조금 수정되어야 한다. '사회 일반'이라는 것은 점점 가상이 된다. 사회 시스템들이 분화되는 과정이 그래도 긍정적이었을 때는, 사회는 그들의 긍정적인 상호 연결을 통해 전체적으로 기능했고 따라서 사회는 전체적으로 존재한다고 여겨졌다. 이제 하나의 기능 시스템에서 실패를 겪거나 루저가 되면 다른 곳에서도 연쇄적으로 배제될 가능성이 커지는 상황에서는, 칸막이들은 나쁜 일이 일어날 때만 활짝 열려 부정적인 흐름을 통과시키고 긍정적인 흐름은 가로막는다. 그나마 작동하는 일들이 각각의 기능 시스템 내부에서만 겨우 일어난다면, 사회는 닫힌 시스템들에 의해 역습을 당하는 꼴이며, 조각난 형태로만 기능하는 셈이다. 말하자면, 이중의 복잡성에 의해 시달리는 사회는 폭력적인 사실을 제대로 다룰 수단과 능력이 많이 부족하다.

복잡성은 현대사회의 갈등에서 있을 수 있고 또 일정한 정도로 있어야 한다. 그런데 한편으로 쓸데없이 복잡하기만 한 복잡성이 하나의 시스템 내부에서도 기능장애를 일으키고, 다른 한편으로 하나의 갈등이 다른 갈등을 낳거나 이것과 결합하면서 복합성을 확대시킨다. 그래서 있을 수 있고 또 일정하게 있어야 하는 갈등은 '나쁜' 갈등이 된다. 여기서 차별이 생기지만, 이것은 좁은 의미의 나쁜 차별에서 생기는 것과는 성격과 질이 다르다.

사회라는 전체를 구성하지 않은 채, 움직이는 부분들

이 거친 복잡성 앞에서 사람들은 합리성이나 투명성이나 전체성을 충분히 높이면 된다고 말할 수도 있다. 특히 복잡성을 압도할 만한 합리성이나 투명성이나 전체성에 기대를 걸 수도 있다. 그러나 이 일은 쉽게 되지 않는다. 그것들이 표현되는 몇 가지 과격한 방식을 보자.

흔히 사람들은 사실과 진리를 추구하리라 여겨진다. 그러나 그것도 순진한 거대담론이다. 철학이 아닌 다른 측면에서 살펴보자. 데이터 전문가인 네이트 실버Nate Silver는 경제학자 피셔 블랙이 '소음 트레이더noise trader'라고 부른 현상을 인용한다. "소음은 금융시장에서 거래가 이루어질 수 있도록 해주며, 우리가 금융자산에 대한 가격의 움직임을 관찰할 수 있게 해준다. 그러나 소음은 시장을 비효율적으로 만든다. (…) 일반적으로 소음은 금융시장 또는 일반 시장이 작동하는 방식에 대한 실천적이거나 학술적인 이론 그 어느 것도 검증하기 매우 어렵게 한다."[27] 이 소음은 커뮤니케이션에서 복잡성을 확대하는 요인이다. 그러곤 자신의 말을 덧붙인다. "아닌 게 아니라 효율적 시장 가설은 본질적으로 자신을 부정하고 파괴하는 이론이다."[28] 그리고 과학과 달리, 정치에서는 "우리는 점점 더 합의에서 멀어져가는 듯하다."[29] 데이터를 이용해서 문제에 접근하는 일도 "하나의 완벽한 해법을 찾기보다는 그물을 넓게 던지는 방식을 취한다."[30]

개인의 자유를 보장하는 사회 시스템은 역사적 진보의 성과지만, 그렇다고 사람들이 자신의 능력을 객관적으로 인식하고 또 그것을 타인의 능력과 객관적으로 비교할 수 있지도 않다. 철학적이고 인문학적 노력이 오래 이루어졌음에도, 우리는 여전히 자신을 제대로 알지 못한다. 자유와 평등이라는 이념도 이상이나 가상으로 작동한다. 자유와 평등의 부족에서 생기는 차별도 있지만 그것의 확장에도 불구하고, 아니 바로 그 확장 덕택에 생기는 차별적 갈등도 있다.

그래도 가능한 한 많은 사람의 의견이 투명하게 반영되도록 만들수 있지 않을까? 그러면 차별적 갈등이 그 투명성 덕택에 해결되지 않을까? 우리는 제2장에서 차별과 불평등을 줄이기 위해, 모든 정보를 투명하게 공개하는 시도가 효과를 볼 수 있을지 짧게나마 검토한 바 있다. 그렇지만 모든 정보의 공개는 역설적이게도 다름 아니라 개인의 자유인 프라이버시의 존중 때문에 불가능하다. 실제로 개인의 소득이나 재산 정보를 완전히 투명하게 공개하는 사회는 지금도 없다. 그나마 근접한 예는 핀란드의 '국민 질투의 날' 행사일 것이다. 11월 1일 하루 핀란드 사람들은 국세청에서 다른 사람들의 개인 소득을 열람할 수 있다. 그런데 왜 하루만? 또 소득 수입이 항목별로 자세히 공개되지 않는다. 비과세 수입도 공개 대상에 포함되지 않는다. 투명성 운동가들은 이 행사가 소득에 대한 투명성을 높이는 데 도움이 된다고 생각하며, 그런 면도 있을 것이다. 그러나 그 행사에 붙은 이름은 벌써 그 일이 빛과 그늘이 있음을 알려준다. 좋은 면만 있다면 그 정보 공개가 언제나 이루어지도록 확대하면 될 것이다. 거기엔 이미 개인정보를 보호해야 하는 제약이 있다. 그리고 그 투명성이 정말로 불평등을 극복하는 데 이로운지 아닌지, 또 사회적 평등에 어떤 영향을 미치는지는 확실치 않다. 헬싱키대 세법 전문학자 크리스티나 알마는 "그런 정보를 공개하는 게 사회에 긍정적인지 부정적인지는 명확하지 않다. 투명성이 민주주의 사회를 가능케 한다고 믿는 사람이 있는가 하면 개인 프라이버시를 침범하는 제도라고 믿는 사람도 있다."[31]

다른 한편으로 가능한 한 많은 정보가 드러난다고 가정해도, 그 자료를 평가하고 그것에 대한 대응책을 모색하는 일은 또 다른 문제다. 참여민주주의나 숙의민주주의는 듣기에는 좋은 말이다. 참여하는 모든 사람이 의견을 낼 수 있으면 무조건 그 자체로 좋을 것으로 여겨진다.[32] 그러나 그렇지 않다. 이 빅데이터를 처리하는 인공지능의 작동방식은 이미 위에서 소개한 머신 러닝의 형태인 '자기조직 시스템'이다. 엄청나게 큰 데이터에서 어떤 대답을 끌어내느냐는 문제는 어떤 패턴을 찾느냐는 데 달려 있다. 데이터가 크면 유리한 점이 분명히 있지만, 그렇다고 자동적으로 객관성이나 투명성이 확보되지는 않는다.

그래도 모든 사람의 데이터와 정보가 투명하게 주어진다면, 세상 전체를 객관적으로 잘 조절하거나 관리할 수 있을 것이라는 생각이 사라지지 않는다. 그런 생각에는 물리학적 가정도 연결되어 있다. 세계를 전체적이고도 객관적인 방식으로 원인과 결과를 예측하거나 통제할 수 있을 것이라는 가정. 그러나 세계가 원인과 결과를 명확하게 계산하고 통제할 수 있는 확정된 전체가 아니라는 사실은 양자물리학에서만 유효한 게 아니다. 시스템 이론은 전통적으로 부분과 전체의 관계라고 알려진 문제가 다시 정의되어야 한다고 강조한다.

넓은 의미의 차별적 갈등에서 갈등을 구성하는 요인들은 부분과 전체의 관계에 있는가? 여기서도 단순한 물리학적 가정들이 영향을 미친다. 고정된 퍼즐 조각들이 전체 그림을 구성하듯이, 부분과 전체의 관계를 전제하는 가정. 물론 신분제 사회에서는 각각의 부분들이 서로 다른 위치에서 비교적 전체적인 방식으로 사회를 구성했다. 지배와 예속이라는 틀로 상층계급과 하층계급을 나누는 관점도 일단 확정된 전체를 전제한 후에 그것을 구성하는 부분으로 계급들을 나눈다. 나쁜 차별이 금지되는 차원에서도, 모든 사람은 평등한 개인으로 전체 사회를 구성한다고 설정된다. 그러면 차별적인 갈등에서 복잡성과 그것을 구성하는 집단들은 전통적으로 말하는 부분과 전체의 관계로 설명할 수 있는가? 힘들다. 학력, 소득과 재산, 부모의 능력 등이 얽힌 그물망에서 각자는 각자의 방식으로 시스템으로서의 그물망에 묶여 있고 연결되어 있다. 같은 사회에서 산다고 하더라도, 어떤 사회 시스템에 연결되어 있느냐에 따라 '전체'는 다르게 구성된다. 어떤 사람에게는 가족이나 자기와 같은 정파적 관점을 유지한 집단이 중요한 전체적 지평이자 사회 시스템으로 작용한다. 한편 어떤 다주택자들은 정치색이 무엇이든 다주택자 그룹의 전체적 이해를 대변하는 시스템에 따를 것이다. 과격한 페미니스트 그룹에게는 나쁜 남자들이 배제되고 진정한 여자들이 구성하는 사회 시스템이 우아한 세계를 상징할 것이다.

전체가 사람들에게 각각 다르게 구성된다는 것은 그냥 비유가 아니라 실제다. 정치적으로는 여전히 보수와 진보와 중도의 몫을 나눌 수 있겠지만, 학력 및 자산 갈등을 둘러싼 차별적인 상황에서는 보수와 진보가 별 차이 없이 같은 묶음을 이룬다. 고학력자와 고소득자와 지위를 가진 사람들이 한 시스템을 구성하고, 저학력자와 저소득자와 비정규직이 다른 시스템으로 작동한다. 차별적 갈등이 흘러가고 섞이는 방식에 따라, 사람들도 떠밀려간다. 보수든 진보든 서울에서 주택을 구입할 수 있는 사람은 이미 능력껏 구입했고, 그 혜택을 누린다. 아직 진보의 이념을 지키려는 사람들은 부동산 갈등에 안타까움과 짜증을 느낄 수는 있지만, 그렇다고 그것이 투자와 투기가 겹치는 시스템을 막지는 못한다.

고정된 부분들이 각자 자리에 있으면서 전체를 구성하는 그런 부분과 전체의 그림은 현재의 차별적 갈등을 이해하는 데 도움이 안된다. 사실 이 현상은 사회의 기능 시스템들이 분리되고 분화되는 과정에서 이미 관찰된다. 그들(정치·경제·도덕·학문·연예 등)이 분화된다고 했지만, 그렇다고 그들을 합치면 퍼즐 조각처럼 사회가 생기지는 않는다. 각자의 시스템에게는 외부 환경만이 존재할 뿐이며, 따라서 '사회'라는 것은 완성된 퍼즐조각처럼 구현되지는 않는다. 기능 시스템의 차원에서 전체로서의 사회는 벌써 상당히 복잡한 문제가 된다. 우리 몸에서도 각자의 신경 시스템이나 신체 시스템은 각자의 시스템 내부에서 재귀적再歸的으로 작동하며, 내 신경 시스템에게는 내 신체 시스템도 일차적으로는 외부 환경일 수 있다. 몸이 피곤해서 아플 때까지 우리가 심리적으로 하고 싶은 일에 몰두하는 것도 일차적으로 신경과 마음이 자신의 재귀적인 경로를 따라가기 때문이다. 물론 몸이 아파지면 이제 그 신호에 대응해야 하고, 시스템들은 한 사람의 유기체 조직 안에서 구조적으로 연결되어야 한다. 그래도 크게 탈이 날 때까지, 우리가 하던 행위를 계속하는 건 드문 일이 아니다.

통일된 전체는 최소한 조각들이 합쳐지는 방식으로는 더 이상 완성되지 않는다. 거꾸로 그것을 조화롭게 구성하는 부분들도 존재하지 않는다. 물론 신경 시스템과 신체 시스템이 개인이라는 단위에서 잘 조직될 수도 있다. 그 경우에도 개인은 다시 거대하고 복잡한 사회 시스템들이 일으키는 갈등 속에 있다. 다르게 말하면, 어떤 주체가 전체를 객관적으로 파악할 수 있는 세계는 없다. 물론 그렇다고 세상이 무너지지는 않는다. 다만 갈등이 복잡해지고 있는 것은 사실이다. 생명이 제일 중요하다고 하지만, 생명이라는 시스템도 이미 신경 시스템과 부분적인 신체 시스템들로 나뉘어 있다. 개체의 생명을 위해서는 그 둘이 언제나 잘 협력해야 하겠지만, 그렇지는 않다. 몸 일부의 고통이 커지면 우리는 거기에 굴복하곤 한다. 큰 고통은 생명 시스템들을 이질적인 것으로 분화시킨다. 개인 차원에서만 그렇지 않고, 사회와 지구 차원에서도 그렇다.

이렇게 부분과 전체라는 전통적인 그림이 깨진 상황에서 '을'들도 함께 같은 부분을 이루기 힘들다. 그러니 나란히 같은 편에 서 있지도 못한다. 차별적 갈등이 심해지는 상황에서 을들끼리 다투는 일이 빈번해진다. 인천국제공항에서 비정규직을 정규직으로 전환하는 문제를 둘러싸고 취업준비생과 비정규직 사이에 갈등이 있었는데, 이제 을들끼리 다투고 갈등하는 일은 일상이 되었다.

사실 이미 일상적 커뮤니케이션에서도 전통적인 부분과 전체의 관계는 흔들리거나 깨지고 있다. 흔히 퍼센트의 형태로 제시되거나 설명되는 사회적 사실을 예로 들어보자. 거기서 전체는 추상적인 틀로서만 제시된다. 그리고 사실이라는 것은 어떤 물음을 던지느냐에 따라 그때그때 다르게 출렁거리는 확률적 파도이거나 그물일 뿐이다. 확률 형태로 제시되고 인정되는 팩트는 이미 개인의 의지와 의사를 무력하게 만드는 효과를 가진다. 확률에서 어떤 개인이 어떤 방식으로 존재하며 행동하느냐는 것은 이미 중요하지 않다. 그때그때의 비율이 중요할 뿐이다. 비율이 어느 정도 이상으로 높아지거나 낮아지는 경향이 있고 거기 위험 요인이 있을 때만, 사회는 개입한다. 어떤 확률적 결과에 구체적으로 누가 속하느냐는 것은 이미 이차적인 문제이고, 한 사람 한 사람의 동기나 의지를 따지는 일도 이미 중요하지 않다. 이미 변수들이 너무 복잡하다.

불평등에 대한 지적과 비판을 통계 수치로 지적하는 일이 차별적 갈등을 줄이는 일에 크게 도움이 되지 않는 이유도 여기에서 찾아봐야 할 것이다. 복잡성의 그물망이 퍼지는 방식을 그 복잡성에 걸맞게 제대로 살펴야 하는데, 기껏해야 보수와 진보의 구별이라는 기준이나 소득분위를 몇 구간으로 나눈 기준에 의해 진단되고는 한다. 그런 수준으로는 차별적 갈등이 이루어지는 문제를 제대로 다루기 힘들다.

시스템의 관점을 보완하는 네트워크

이제 갈등 시스템에서 물리적인 폭력을 줄여야 한다는 문제로 돌아가보자. 앞 장의 논의에서 이미 보았듯이, 물리적 폭력은 전반적으로 민주화 과정이 진전할수록 많이 줄었다. 그러나 그와 달리 오히려 폭력적인 사실이라고 부를 수 있는 것은 더 확대되고 확산되었다. 이 점은 이미 20세기 후반에서도 관찰될 수 있는 변화이다. 그런데 루만은 왜 단순히 물리적 폭력을 줄여야 한다고 말했을까? 묘한 문제다. 갈등을 관리하는 방법에서 시스템 이론이 어떤 점에서 충분하지 않은지 드러나는 지점이기도 하다. 물리적 폭력은 줄어들지만 그와 달리 사회 시스템들이 작동하는 방식에서 '폭력적'이라고 여겨질 수 있는 팩트들이 이미 20세기 후반에 넓게 확산되고 있었는데도, 시스템 이론은 이에 충분히 주의를 기울이지 못했다.

여기서 이 책의 논의 과정에서 일어난 조금 '이상한' 일을 고백해야 하겠다. 1부와 2부에서 우리는 사실들이 폭력성을 띠는 여러 맥락과 정황을 서술했었고, 그것들이 사회에서 확대되는 과정을 여러 각도에서 분석했다. 그런데 정작 시스템 이론의 관점에서는 사실들의 폭력성이 거의 이야기되지도 않고 부각되지도 않는 면이 있다. 다만 여러 기능 시스템들에게 부여되었던 긍정적인 역할이 가로막히거나 심지어 연쇄적인 배제를 유발하는 상황을 서술하는 지점에 이르러서만, 시스템 이론은 겨우 이 폭력성에 관심을 준다고 할 수 있다. 그래서 갈등을 시스템의 관점에서 다루면서도 시스템 이론은 물리적 폭력을 줄이면 된다고 상당히 순진하게 접근한 셈이다.

물론 사실들이 띠는 폭력, 곧 사실들이 사회적으로 구성하는 폭력(성적에 따라 능력이 결정적으로 평가된다) 또는 사실들이 꽉 끼어들어가 있는 폭력(부모의 능력도 자식의 실력이다)은 물리적인 지시 대상은 아니다. 그런 점에서 사실의 '폭력'은 비유적인 표현으로 여겨질 수 있다. 그러나 그렇다고 그것의 효과가 무시되거나 부정될 수는 없다. 오히려 더 민감해진다. 부모가 지위를 이용해서 자녀의 스펙을 쌓는 데 개입한다면, 그리고 우월한 지위를 이용하여 갑질을 한다면, 그리고 평가방식이 사람들을 점점 작은 점수와 등급에 집착하게 만든다면, 그리고 진보를 믿는 사람들도 자산과 학력경쟁에서는 보수와 큰 차이가 없다면, 사회관계는 이미 폭력적이다. 비록 물리적인 폭력이 없더라도, 사회는 폭력에 의해 잠식되고 있다. 아무리 '착한' 마음도 학력·지위·부·권력이 사회적으로 연쇄적인 차별적 갈등을 일으키는 과정 앞에서는 무력하며, 이것을 막지 못한다.

이 지점에서 보면, 시스템의 작동에 가장 기본적인 특징인 자기참조성에는 관계적인 의미에서 폭력으로 여겨질 수 있는 것이 이미 작용한다. 각각의 시스템은 일차적으로 자신을 고려하며, 따라서 타자나 환경은 고려하지 못한다. 그와 달리, 어떤 시스템을 외부에서 관찰하는 관찰자는 그것의 행동방식에서 언제든지 지나침이나 자만이나 독단을 집어낼 수 있을 것이다.[33] 그때그때 명확한 게임의 규칙이 제시되고 조직들이 그것을 지킨다는 약속을 그때마다 한다면, 불균형에서 기인하는 폭력성의 문제는 그나마 줄어들 것이다. 스포츠 게임이 그 예이다. 지독한 훈련이 있고, 선수들을 사오거나 트레이드하는 과정에서 엄청난 자본이 투입되며, 게임 자체도 가혹한 조건에서 이루어지지만, 게임의 규칙은 비교적 명확하고 현장에서 비교적 구체적으로 작동한다. 그래서 사실들이 띠는 폭력은 묵인되거나 정당화된다. 그래서 게임 방식이 현재 사회에서 확장되는 셈이다. 그와 달리 흔히 말하듯이 '인간적인' 또는 인문적인 사회시스템에서는 그런 합리성조차 적용되지 않는 경우가 많다. 이제까지의 방식으로 움직이더라도 그 조직에서 일어나는 행위들이나 조직의 작동방식은 언제든지 그리고 얼마든지 폭력적으로 여겨질 수 있다.

그런데 아마도 더 중요한 점은, 시스템의 관점에서는 그것을 구성하는 요인들 사이의 관계가 시스템의 재귀적인 자기참조성 차원에서 설명된다는 데 있다. 그 요인들은 기본적으로 시스템이 일차적으로 닫힌 상태에서 생성하고 작동하는 데 기여하는 것으로 설명된다. 말하자면 시스템이 작동하는 자율성이 긍정되면서, 그것을 구성하는 요인들 사이의 관계는 많건 적건 단조롭게 설명된다. 시스템 안에 다시 하부 시스템들이 분화되더라도, 이것들은 다시 나름대로 자율성을 가진다고 여겨진다. 그래서 이들 사이의 갈등은 충분히 서술되지 못하고 있다.

예를 들어보자. 경제 시스템 안에서 하부적으로 부동산 시스템·조세 시스템·금융 시스템·경기 시스템이 분화되었는데, 이들이 언제나 조화롭게 상호작용을 할까? 얼마든지 서로 갈등하는 관계에 들어갈 수 있다. 모든 정부들이 경제에 나쁜 영향을 줄까 조심하고 겁내면서 부동산 문제에 접근하고 있다는 것 자체는 문제가 아닐 수도 있다. 그러나 부동산 갈등이 심각한데도 다주택자에게 크게 세금을 부과하지 않고, 심지어 대출을 비롯한 금융 혜택까지 주고 있다면, 정말 웃기는 일이다. 그런데다 점점 갈등이 심해지니, 정부는 바야흐로 아직 주택을 구입하지 못한 사람들에게 대출을 제한하면서 구입을 막는 정책을 동원하고 있다. 말하자면 시스템 내부의 이질적인 요인들이 통제되지 않으면서 서로 갈등상태에 빠진다. 지금까지 다주택자들에게까지 주택 구입을 지원해주었는데, 이제 실수요자들을 막는 정책이 정당화될까? 그들에게도 기회가 주어져야 할 것이다. 물론 그 경우 부동산 시장이 걷잡을 수 없이 요동을 칠 위험이 있다. 바로 여기서 경제정책은 고민에 빠지며, 경제는 복잡성에 시달린다. 물론 복잡성을 구체적인 상황에서 통제할 수 있는 여지는 있다. 그러나 사회와 정부가 그렇게 잘하고 있느냐가 문제다.

부동산 문제가 이렇게 차별적인 갈등을 야기하는데, 공적인 직위에 있는 사람들이 다주택자로 머무는 일은 정책의 신뢰를 크게 깎아먹는다. 물론 그들 탓만 할 수 없다. 이미 주택을 가진 사람들의 역할도 복잡성에 부딪친다. 부동산 문제만 그런가. 주식 시스템은 또 어떤가. 주식 투자하는 사람은 경제가 안 좋더라도 주식 시장이 잘 되길 바라는 경향이 있다. 위기 상황에서도 그런 태도는 바뀌지 않을 뿐 아니라 더 심해진다. 이러다간 평생 주택과 소득 때문에 차별을 당한다는 불안에 사로잡힌 20대가 그래서 부동산과 주식 투자에 몰리는 것이다. 투자는 투기와 떨어지지 않을 뿐 아니라, 더 심해진다. 그런데도 아직까지 주식 투자에 대해서 양도세가 거의 없었다. 이제 겨우 2000만 원 이상 되는 투자 이익에 대해 과세한다는 정책이 예고되었을 뿐이다. 몇 번의 진보적인 정부를 거쳤어도, 그렇다. 이런 상황에서 계층적 불평등에 대해 비판하는 일이 얼마나 의미가 있을까?

차별이 일어나는 갈등 시스템에서 구성 요인들은 이처럼 합리적으로 통제가 되지 않으며, 서로를 깎아먹는다. 갈등 시스템은 일정 정도의 복잡성을 생산하는 것이 필요하고 바람직스럽지만, 폭력적 차별은 필요하고 바람직한 복잡성의 수준을 넘어간다. 지배와 예속의 관점에서 말하면, 기득권 계급의 기득권 때문이라고 설명될 것이다. 그런 면도 있다. 그러나 현재의 차별적 갈등은 그것만으로는 충분히 설명되지 않는다. 부동산 문제에서도 다주택자는 당연하지만 1주택자들도 투기성 투자에서 완전히 벗어나 있지 못하다. '똑똑한 한 채'라는 말이 괜히 나온 게 아니다. 다주택자처럼 큰 문제를 일으키지는 않지만, 1주택자도 문제의 일부를 이룬다. 부동산 갈등의 복잡성은 뿌리가 깊다. 이 갈등은 단순히 상층계급과 하층계급 사이의 대립으로만 설명하기 어렵다. 중산층도 그 갈등 시스템을 구성하는 한 요인이다. 더 나아가면, 어엿하게 살고 싶은 갈망을 가진 다수 또는 모두가 잠재적으로 이 갈등 시스템의 복잡성을 구성하는 한 요인이다.

시스템을 구성하는 요인들 사이에서 일어나는 폭력이 시스템의 관점으로 충분히 설명되지도 못한다고 해서, 시스템의 관점이 그냥 의미를 잃는다는 것은 아니다. 갈등 시스템이라는 개념은 여전히 유효하다. 다만 크게 두 가지 점이 보충되어야 한다. 우선 첫째로 우리는 복잡한 갈등이 그저 시스템으로만 작동한다기보다 일종의 그물망, 곧 네트워크의 형태로도 작동한다고 가정해야 한다. 시스템을 이루는 요인들이 시스템의 자기참조성에 따라 상당히 닫힌 상태로 작동하는 것과 달리, 네트워크는 그런 완강한 폐쇄성에 상대적으로 덜 얽매인다. 상이한 크기와 굵기를 가진 그물코들이 복합적인 그물망을 형성할 수 있으며, 그 상태에서 서로 다른 요인으로 네트워크가 작동하는 데 다른 방식으로 기여할 수 있다. 또 그때그때 일부분이 찢어지더라도, 그물망이 금방 작동을 멈추는 것은 아니다. 어떤 부분에서는 행위자가 그 그물을 끊거나 자를 수도 있다. 그래도 그물망 전체는 움직인다. 시스템 이론은 구체적인 조직의 문제보다는 시스템의 일반적인 작동구조에 초점을 맞추기에 구체적인 문제가 직면한 상황을 서술하는 데 약할 수 있는 것과 달리, 네트워크 모델은 복잡성을 고려하면서도 동시에 그것을 구성하는 요인들 사이에 존재하는 차이와 갈등을 훨씬 더 조명할 수 있다. 어떤 갈등의 네트워크에 어떤 개별적인 행위자들이 추가되고 결합되는지, 또 어떤 다른 행위자들이 탈락하거나 떨어져나가는지 비교적 잘 설명할 수 있다.

물론 개별적인 네트워크가 실제로 얼마나 갈등의 복잡성을 고려하고 관리할 수 있느냐는 물음은 다른 문제다. 실제로 어떤 정치적 주제를 중심으로 모인 네트워크는 갈등의 복잡성을 견디지 못할 수 있다. 그러나 갈등을 시스템으로 다룰 수 있듯이, 네트워크로도 다룰 수 있다는 것은 틀림없다. 쉬운 예를 들면, 트래픽 분석은 그물망의 어떤 교차점에서 어떤 연결들을 통해 커다란 규모의 움직임이 생기고 어떤 교차점에서는 작은 규모의 움직임이 생기는지 보여줄 수 있는데, 여기서도 네트워크가 시스템의 형태보다 갈등의 복잡성을 드러내는 데 효과적일 수 있다는 점을 알 수 있다. 기본적으로 시스템의 관점을 유지하더라도 그 차원에서 충분히 설명하지 못하는 점은 네트워크의 차원에서 보완될 수 있다.*

---

* 물론 네트워크의 개념은 여기서 시스템의 개념처럼 명확하지 않은 점이 있다. 또 그것이라고 자기참조성에서 완전히 자유롭다고 말하기도 어려울 것이다. 거기

말하자면, 네트워크에는 언제나 가느다란 끈이나 접선이 이제까지의 방식으로는 예측할 수 없거나 통제할 수 없는 방식으로 매달릴 수 있거나 연결될 수 있다. 네트워크는 시스템보다는 훨씬 '열린' 방향으로 조직이나 연합이 일어날 수 있다. 물론 '열린' 방식으로의 조직이나 연합이라고 해서 흔히 말하듯이 그저 '착한' 방식으로 합의를 따르거나, 일률적인 형태로 결정을 내리거나 받아들이지는 않을 것이다. 그 점에서 네트워크는 시스템들이 이질적이고도 복합적인 방식으로 서로 연결되거나 분열되는 작동방식이라고 할 수 있다. 시스템들의 또 다른 시스템인 셈이니, 그것은 일종의 복합적인 시스템이라고 할 수 있다. 시스템에서도 마찬가지지만, 네트워크에서도 전통적인 형태의 단일한 권력이나 위계질서는 작동하지 않을 것이다. 현재의 사회적 갈등도 많은 점에서 시스템이나 네트워크의 방식으로 생기고 연결되어 있다. 따라서 그것들을 제대로 연구하고 고려하지 않는 한, 현재의 복잡한 갈등을 관리하기는 어려울 것이다. 그렇지만 지금 흔히 갈등에 접근하는 방식은 그것과는 거리가 멀다. 전통적인 방식으로 단일한 권력이나 이념을 중심으로 하거나 또는 기껏해야 '다수'의 이익에서 출발하곤 한다.

　둘째로 시스템의 자기조직성을 너무 강조할 필요도 없고, 정치적 올바름만 강조하는 일도 충분하지 않을 때 필요한 일이 무엇일까? 권력관계를 파악하는 일이다. 그러나 권력관계조차 객관적으로 파

서도 기존의 그물망이 가지는 이슈와 주제들이 재귀적으로 영향을 미칠 것이다. 그렇지만 네트워크는 시스템처럼 환경과 단절되지는 않을 것이다. 네트워크에는 언제나 가느다란 끈이 매달릴 수 있거나 연결될 수 있다.

악하기는 어렵다. 또 그것을 논리적으로 해결할 수도 없다. 논리 시스템은 여러 시스템 가운데 하나일 뿐이다. 그래서 폭력을 구성하거나 폭력에 끼어 있는 사실들을 제대로 마주하는 일이 필요하다. 그래서 우리는 위에서 사람이 권력관계의 주체에서 더 나아가 폭력의 주체가 되고 있다고 말했다. 물론 아직도 이 주체에 대한 설명은 부족하다. 그리고 까다롭다.

그냥 마음만 잘 먹거나 의지를 가지거나 문제의식을 가진다고 개인이 '주체'가 되는 것은 결코 아니다. '자기 삶의 주체가 되라!' 고 외치는 주장이나 이야기는 허구적이다. 오히려 끔찍하게도 사람은 일정하게 객체로 구성되면서만 겨우 자신을 주체로 설정할 수 있다. 무슨 말인가? 현재의 사회에서는 어느 기능 시스템에서든 일단 자신의 능력을 평가받거나 인정받아야 한다. 또는 어쨌든 그 시스템의 작동에 기여해야 한다. 그렇지 않고서는 객체로도 존재하기 힘들다. 그렇게 활동하면서, 자신을 평가하는 사회와 기능 시스템에 진입하며 그 과정을 통해 사회에 통합될 수 있다. 그러나 사회 시스템들의 세분화가 확대되고 평가 방식은 빡빡해지는 과정에서, 대상화되면서 객체가 되고 그러면서 자신을 주체로 구성하는 일도 점점 힘들어진다. 사회 차원에서 타인의 자유를 훼손하지 않은 채 조용히 자신의 자유를 수행하는 자유주의적 개인이 설 틈은 점점 좁아지고 있다.

아마도 피해자가 되는 방식으로만 또는 피해자가 된 상황에서만, 개인들은 가까스로 자신의 목소리를 낼 수 있을 것이다. 그러나 피해자가 되면서 목소리를 낼 수 있다는 이야기도, 그나마 착한 개인에 관한 영웅적고 주체적인 스토리텔링에 속한다. 그 피해자가 폭력의 피해자이고 희생자라면, 누가 그 일을 자발적으로 원할 것인가? 수동적으로 피해자가 되고 피해의 객체가 된 다음에야, 주체로서 목소리를 낼 수 있다면 누가 그것을 원할 것인가? 어쨌든 갈등의 복잡성이 확산되는 상황에서는 차별적 갈등의 피해자가 되고 그렇게 대상화가 된 사람이 주체적인 목소리를 낼 필연성이나 가능성이 커지게 될 것이다. 그러나 갈등의 피해자가 돼야 겨우 주체가 될 수 있다면, 삶은 얼마나 폭력적인가.

또 피해자에 기반을 두어야만 변화의 주체에 확실하게 힘이 실린다면, 명백한 피해자가 되지 않은 채 나름대로 '성실하게' 사는 다수의 사람들은 그런 뾰족한 주체가 되기는 힘들어 보인다. 이들은 일상에서 복합적인 방식으로 폭력의 피해자이자 가해자로 머물기 십상이기 때문이다. 실제로 이 보통 사람들은 이 이중성을 누리면서, 동시에 거기에 시달린다. 그들은 과거와 달리 단순히 노동자에 머물지 않고 여러 방식으로 자본에 참여하는 사람들이다. 비록 소액이지만 주식에도 투자하고 더 나아가 고학력과 기술적 능력을 통해 스스로 인적 자본을 형성한다. 그래서 언뜻 보면 과거에 '쁘띠 부르주아'라고 부정적으로 불렸던 행적들이 그들에게서 드러나는 듯하지만, 그렇다고 그들을 그렇게만 본다면 착각이다. 어쨌든 이들도 나름대로 폭력적인 사실들의 피해자이자, 그 사실들의 한 복판에서 기어가면서 그것들과 씨름한다. 이들은 폭력의 객체로 대상화되고 피해를 보면서도 거기에 붙어살며, 그 붙어살기를 통해, 그것의 주체가 되는 셈이다.

폭력의 객체이자
주체가 마주하는 것

이 책이 폭력적인 사실들을 이야기한 까닭은 무엇일까? 왜 이런 이야기가 필요했던가? 도덕이나 법 그리고 정치적 올바름도 쉽게 뛰어넘을 수 없는 위험하고 차별이나 폭력적인 사실들이 있다는 건 무슨 말인가? 넓은 의미의 차별 또는 폭력적인 사실이 있는데, 그것을 금지하거나 극복하기 어렵다면, 비관적이지 않은가?

오늘날 '팩트'라는 말에 내재하는 가장 끈질기고 무서운 속성은 내가 보기에 폭력과 위험이다. 폭력은 단순히 물리적인 것이 아니다. 그것은 사실을 구성하며, 다시 사실에 의해 뒷받침되고 강화된다. 개인들은 각자에게 주어지거나 부과되거나 선택하는 삶의 방식에 따라 이 폭력적인 사실을 받아들이고 다시 던진다. 물론 그 팩트를 받아들이고 던지는 방식은 매우 다르다. 사람들이 오히려 동일한 태도를 유지하기 힘들다는 데서, 폭력성을 띤 사실들의 특성이 드러난다. 사람들은 한편으로 평등과 인권의 가치를 알고 또 인정한다. 그러나 사회에서 생산되거나 부과된 사실을 사람들이 학력 획득 과정에서 받아들일 때, 사람들은 사실이 나름대로 정당성을 가진다고 생각할 수밖에 없다. 사회가 이미 시스템 속에서 그 사실을 묵인하거나 정당화했기 때문이다. 기후재난도 마찬가지다. 지구의 생태를 좋게 유지하자는 데 반대할 사람은 없다. 그러나 문명화된 삶은 사람들을 서로 다른 나라에 가둬놓고는 서로 다른 상황에서 각자 다른 방식으로 더 나은 물질적 소비를 추구하게 한다. 전염병이 지구를 덮치는 와중에도 사실은 폭력성을 띤다. 사람들은 모든 생명의 고귀함을 인정하지만, 전염병 앞에서 환자를 격리하고 '차별'해야 한다. 생명을 보호해야 한다는 원칙이 그 사실을 정당하게 만든다. 또 그 재난이 초래한 위기 속에서 경제가 너무 후퇴하지 않을까, 라는 불안은 사람들 목구멍에 달라붙어 있다.

보수와 진보로 나뉜 정치적 지형은 사실이 폭력성을 띠는 문제에 제대로 대응하지 못한다. 보수와 진보 모두 각자의 방식으로 직접 그 문제를 생산하고 있기 때문이다. 전자와 후자 모두 권력이 자신을 정당화하는 과정에 기생한다. 전자는 이념적으로 자유를 과도하게 강조하고, 후자는 거꾸로 평등을 그렇게 대한다. 그러나 실제로 권력을 추구하고 자산과 소득을 축적하는 데서 그들은 별 차이가 없다. 학력경쟁이든, 소비생활이든, 안전을 추구하는 태도에서든 마찬가지다.

부인할 수 없는 사실이 있다. 한국은 유례없이 폭력적인 사회이다. 물론 단순히 폭력적인 사회가 아니다. 빠른 기간 안에 성장했고 민주주의도 성취했으니 자부심을 가질 수 있다. 아마도 바로 그 빨리 성장하는 과정이 폭력적 사실들을 낳는 데 이바지했을 것이다. 이런 진단이 필요한 이론적 이유는, 전통적으로 또는 기존에 선진국에서 나왔던 이론들도 사실의 폭력성을 설명하는 데 직접 적용하기 힘들기 때문이다. 자유와 평등이 서로 다른 경로를 따라, 서로 다른 방식으로 확대되는 와중에서 생긴 사실의 폭력성은 이론적으로도 그 차이에 걸맞은 방식으로 대응해야 한다. 북유럽 국가의 좋은 면이 종종 부각되지만, 사회적 요인도 다르고 밟아온 역사적 경로도 다르다. 한국 사회가 직면한 이 폭력적인 사실들은 그들의 좋은 면을 따라간다고 쉽게 해결할 수 있는 것도 아니다. 이 문제를 다루기 위해, 이 책은 다소 이론적인 검토와 관찰을 겹겹이 통과해야 했다. 어떤 점에서는 쉬운 해결책을 거부하는 쪽으로 논의가 진행되었다고 여겨질 수도 있다. 그렇지만 이 논의는 그냥 건너뛸 수 없는 것이다. 그리고 구체적인 해결책을 만들려고 할 때에도 필수적으로 논의해야 할 문제들이다.

폭력적인 사실에 그치지 않고 차별이 문제가 되는 상황에서, 대안이나 해결책에 대한 조급한 마음은 당연하다. 어떤 형태로든 차별금지법을 만드는 일은 중요하지만, 그것만으로 해결되지 않는 차별과 갈등이 사회에 의해 생산되고 있다는 걸 알 필요가 있다. 이 차이를 인식하지 않으면서, 그냥 차별금지법만 만들면 된다는 태도는 너무 단순하며 또 다른 문제를 만들어낼 뿐이다. 법은 갈등을 다루는 하나의 사회적 방식이기는 하지만, 갈등을 해결하는 만능열쇠는 아니다. 정당하지 못한 차별은 법으로 대응할 수 있지만, 사회 내부에서 정당화되는 차별도 많다.

'정당한' 차별은 물론 모순적이고 그 자체로 폭력적일 수 있다. 나름대로 역할을 할 수 있고 사회가 정당화하기도 하지만, 갈등을 유발한다. 어떤 '정당한' 차별이 정말 정당한지 알 수 있을까? 그러려면 생명이 갈등을 잘 조직하는지, 사회 조직들이 갈등을 잘 조직하는지 관찰할 수 있어야 한다. 이 문제는 정말 어렵다. 부분이 어떻게 전체를 관찰할 수 있는가? 더구나 그 전체라는 것이 고정된 그림이나 지도로 주어지지도 않으며, 이 점에 대해서 인간은 아직 제대로 인식하지도 못하고 있지 않은가. 머리를 숙일 수밖에 없는 상황이다.

사실 이 폭력성을 띠는 문제를 서술하면서, 이 책은 이성과 소통, 평등과 인권의 이념, 그리고 자유와 능력주의에 대한 믿음만으로는 충분하지 않다는 방향으로 논의를 했다. 그것들을 무시할 수 있다는 것은 결코 아니다. 능력이 가능한 한 솔직하게 인정되는 사회가 좋은 사회일 것이다. 또 이성의 힘이 아니면, 이 책이 폭력적인 사실에 대해 논의하지도 못했을 것이다. 다만 이성적 소통, 평등과 인권의 가치, 자유와 능력주의만 있으면 된다는 생각은 근대적 이념에 의존한 자기만족일 뿐이다. 또 갈등 앞에서 흔히 사람들은 공공성을 실행하거나 착한 의지를 가지기만 하면 된다고 여긴다. 그렇게 해서 될 수 있는 일이라면, 사실들은 왜 폭력을 구성하고 폭력에 의해 강화되겠는가? 바로 공론의 공간에서 공공성과 팩트의 사실성을 확보하기가 점점 어려워지기 때문이다. 또 착하거나 도덕적인 의지를 가진다고 사회적 문제들이 해결되지도 않는다. 진리truth를 믿는 일과 진리를 수행하는 일도 서로 다르다. 그렇다고 사실성을 포기해야 한다는 말은 아니다. 보편적인 진리는 없더라도, 지역적이고 부분적이고 시스템의 역사성에 따르는 '작은 진리'는 여전히 존재할 것이다.

물론 아직도 많은 사람에게는 평등이나 자유가 부족하다. 공정이나 정의도 그렇다. 앞으로도 그것을 요구할 일이 많을 것이다. 그러나 평등과 자유가 그저 긍정적인 효과만 가져다준다고 생각할 수 있는가? 예컨대 자유는 서로를 자유롭게 할 수도 있지만, 얼마든지 서로에게 부담이 될 수도 있고 서로에게 상처를 줄 수도 있다.

사실들이 폭력성에 사로잡히는 일은 단순히 일부 사람들의 이기주의나 탐욕 때문은 아니다. 자본주의나 신자유주의 등에 모든 책임을 돌리는 것도 추상적인 '적'을 만드는 거대 서사일 뿐이다. 폭력적인 사실이 생산되는 원인과 이유는 복합적이다. 모든 사람이 자아를 실현하려는 동기, 그리고 모든 사람이 물질적으로 어엿한 삶을 누리는 것은 좋은 일이지만, 그것도 사회에서 경쟁이 치열해지는 과정과 뗄 수 없는 상관관계에 있다. 자유와 평등은 후진적인 폭력에서는 벗어나게 하지만, 민주화 과정이 진전된 사회에서는 더 경쟁하게 하고 다양한 평가시스템을 도입하게 만드는 면이 있다. 이 점에서 평등이나 자유를 추구하는 것만이 유일하거나 가장 무거운 목표는 아닐 것이다. 따라서 폭력적인 사실은 단순히 부정적인 요인들 때문에 생기지도 않았다. 긍정적인 사회제도와 사회변화도 그것을 생산하는 데 기여한다.

이 상황에서 개인들에게 아주 무거운 과제가 생기고 있는데, 사회가 묵인하거나 정당화하는 팩트들이 점점 더 폭력성을 띠는 세상에서 버티거나 싸우는 일이다. 지금 여기서 견디거나 싸우는 일. 그것이 점점 중요한 과제로 다가오고 있다. 그렇다, 사실의 폭력성은 개인들에게 점점 커다란 영향을 미친다. 현대인이 우울증에 많이 빠지거나 사로잡히는 이유도 거기에 있다. 그렇다고 사실의 폭력성이 개인들의 삶을 지배한다는 것은 아니며, 그것들이 사회를 지배하는 것도 아니다. 따라서 미래가 전적으로 암울하다고 생각할 필요도 없다. 비록 사실들의 폭력성이 커지는 와중에 개인들이 그 폭력성을 크게 감수하고 감당해야 하지만, 사회에서는 평등도 자유도 확대돼왔고 물질적으로 누릴 수 있는 행복도 확대돼왔다. 안전도 복지도 그래왔다. 그럼에도 불구하고, 아니 어떤 점에서는 바로 그 때문에 폭력적인 사실은 생산된다. 이 점에서 사실의 폭력은 단순히 자연적인 요인이나 객관적인 실체가 아니라, 그 '사실들'에 개입하고 간섭하며 또 그것을 구성할 수 있는 개인들의 권리와 욕망의 확대에 따라 발생한다고 할 수 있다.

그렇다고 폭력이 단순히 심리적으로 불안하게 만드는 요인은 아니다. 오히려 생명체든 사회조직이든 시스템의 관점에서 파악할 필요가 있는데, 이 경우 위험과 폭력의 문제는 갈등과 복잡성 앞에서의 면역력 문제로 바뀐다. 갈등과 복잡성이 확대될수록, 그것을 상대하며 조직하는 능력이 시스템의 면역력을 좌우한다. 여러 방향에서 복잡성이 증대하고 있는 것은 사실이다. 민주주의 사회도 일반적으로 커다란 복잡성을 생산한다. 그 덕택에 면역력도 커지지만, 그 힘이 발휘되려면 각각의 사회 기능들이 높은 자율성을 가지면서 상호의존적이어야 한다. 또 공적인 네크워크들이 조직력을 가지는 방향으로 작용해야 할 것이다. 이 복잡성을 잘 수용하고 관리하면, 환경에 대한 시스템의 면역력은 커질 것이다. 인류는 근대 이후 마치 생존의 시험은 끝났으며 그저 진보하기만 하면 된다고 생각했지만, 그렇지 않다. 아마도 진보와 생존은 충돌하면서 맞물린다. 생존은 새로운 의미로, 새로운 규모로, 문제가 되었다.

나는 이전 책에서 주로 '권력'과 '권력관계'의 관점에서 갈등을 분석했다. 그런 분석은 여러 점에서 중요하지만, 거기엔 많건 적건 단점이 있다. 권력관계를 객관적인 관점이나 제3의 관점으로 관찰할 수 있을까? 권력이 합리적으로 또는 인식의 차원에서 이야기나 담론만을 생산하는 데 그칠까? 권력이나 권력관계를 다루는 이론이 기본적으로 객관적 관찰을 전제한다면, 그와 달리 폭력은 관찰자에 따라 달라지는 어떤 것이며, 결정을 내리는 사람과 그것을 받아들이는 사람 사이의 차이에서 발생한다. 폭력적 사실들은 직접 권력이 개입하지 않는 것처럼 보이든 또는 거꾸로 이미 그것이 개입하고 있든, 사회적 관계에서 얼마든지 발생한다.

이 책이 논의한 사실의 폭력성은 현재 사회에서의 주체성에 대해서 진지하게 생각하게 한다. 오늘의 사회와 세상에서 개인들은 그 사실들에 내맡겨지고, 또 그것에 많건 적건 참여하며 그것을 인용하고 사용한다. 행위자는 폭력성을 띤 사실들에 의해 대상화되고 객체가 되면서, 비로소 자신을 주체로 구성하는 다양한 경로에 진입한다. 교육현장에서 평가 시스템의 확장을 통해 생산되는 차별적 팩트들은 많은 사람들을 객체로 만들면서 동시에 주체화한다. 사회가 동원하는 수많은 평가시스템을 거치지 않고서는, 주체는 지금

거의 구축되거나 세워지지 않을 것이다. 사람들은 인권의 주체에 그치지 않고 합리성과 권력의 주체이자, 이제는 유감스럽게도 폭력의 주체도 되고 있다. 그런데 이들 주체들의 활동방식은 서로 상당히 이질적이고 일관성이 없다. 서로 침식하고 잠식한다. 그 사이에서 복잡성이 매우 커질 수밖에 없다.

폭력에 의해 대상화되면서 자신을 주체로 구성하는 폭력의 주체라는 개념을 '발견'하는 일은 어떤 효과가 있을까? 그런 주체로서 자신을 인식한다고 당장 큰 변화를 만들 수는 없다고 여길 수 있다. 어쩌면 세상에 변화를 가져오는 일이 더 쉽지 않음을 알게 될 수도 있다. 어쨌든 제대로 그 팩트들과 마주하는 일은 꼭 필요하다. 사실이 폭력성을 띤다는 점을 말하는 일은 사람들에게 환영받을 일도 아닐 것이고, 사람들이 좋아할 일도 아닐 것이다. 환상을 버리거나 그것이 사라지는 것을 보는 일, 곧 '환멸'을 받아들이는 일은 아주 어렵다. 그렇게 폭력이나 위험과 제대로 마주한 다음에야, 우리는 각자 실천하는 태도를 찾을 수 있을 것이다.

넓은 의미의 차별은 도덕과 법에 의해 금지되기 어렵지만, 이 상황에서 비로소 '실천하는 태도'로서 윤리의 중요성이 떠오를 수 있다. 단순한 선악의 구별과도 다르고, 사회에서 규범으로 작용하는 도덕과도 다른, 자기 자신이 실천하는 태도의 문제(고대 그리스인들이 'ethos'라 불렀던 '윤리'가 이것에 가깝다)이며, 자신이 갈고 닦아야 하는 자제와 극기의 문제다. 그것의 핵심은 무엇보다 자신에 대한 책임과 제어에 있다.

그런데, 그것은 쉽지 않은 일이다. 고전적인 윤리는 '세상에 대한 책임'과 동시에, 어떤 점에서는 그보다 먼저 '자신에 대한 책임'을 강조했다. 그러나 현재 사회에서는 과거의 이 미덕이 사라져가고 있거나 뒤집히고 있다. 우리 현대인은 실제로는 제대로 알지도 못하고 짊어지지도 못하는 세상에 대한 책임 때문에 쪼그라든다. 그리고 세상의 폭력 속에서 이중적이고 양가적인 태도 사이에 꽉 끼인 채, 가지가지 규칙들을 수행한다. 자신의 강점은 자신의 권리라고 누리면서, 약점에 대해서는 책임을 다른 데로 돌리는 일은 누구에게나 가능한 태도이다. 현재 사회에서 마음은, 제대로 짊어지지 못하는 세상에 대한 책임과 거대담론들에 짓눌리고 있다. 금방이라도 부서질 듯하다. 그 부끄러움을 못 느끼는 뻔뻔한 사람들만 사회에서 큰소리를 치고, 그 큰소리 덕택에 조직을 꾸리는 형국이다. 지독한 모순이고 끈질긴 갈등이다.

그렇지만 다양한 형태의 위험하고 폭력적인 사실을 인식하는 일은, 그것이 무참하게 확대되는 광경을 그냥 맥없이 쳐다보는 일과는 다르다. 현재 사회에서 역사적 성과로 인권은 확대됐고, 안전도 점점 중요해졌다. 각자 자신의 행복을 추구할 수 있다. 그럼에도 불구하고, 사람들을 객체로 만들면서 또 주체로 만드는 많은 사실들이 알게 모르게 폭력성을 띤다. 사회 시스템들이 그 사실들을 생산한다. 이 사실을 견디거나 그것과 싸우는 일이 중요하다. 그러기 위해선, 일단 그 존재를 인정하는 겸손이 필요하다.

우리는 이제 겨우 자신이 폭력에 의해 대상화되면서 주체로서 구성된다는 폭력적인 사실을 직시하기 시작한다. 이제 이 사실 앞에서 우리의 실천하는 태도를 제대로 다듬고 키울 때이다. 그러나 세상의 폭력에 대해 빨리 대안을 찾으려고 해야 할까? 아마도, 아직은 때가 아닐 것이다. 조급한 대안 찾기는 오히려 위험을 마주하는 일을 가린다. 쉬운 대안은 가능하지 않다. 폭력과 위험은 한동안 더 확장될 개연성이 크고, 다양한 피해자의 모습도 과거의 관점으로는 설명하기 어려울 수 있다. 그런 상황에서는 너무 빨리 그리고 너무 쉽게 대안을 이야기하지 않는 것이 더 나을 것이다.

지금은 사회적 사실들이 폭력에 물들고 있는 모습을 더 바라보아야 하고, 더 견뎌야 하며, 더 버텨야 한다. 사회의 폭력을 마주하는 길은 어렵다.

참고문헌

강준만, 『지방은 식민지다!』, 개마고원, 2008.

_____, 『지방식민지 독립선언』, 개마고원, 2015.

김지혜, 『선량한 차별주의자』, 창비, 2019.

김진석, 『니체는 왜 민주주의에 반대했는가』, 개마고원, 2009.

_____, 『우충좌돌』, 개마고원, 2011.

_____, 『소외되기 - 소내되기-소내하기』, 문학동네, 2013.

_____, 『강한 인공지능과 인간』, 글항아리, 2019.

너스바움, 마사, 『혐오와 수치심』, 민음사, 2015.

한스 로슬링, 올라 로슬링, 안나 로슬링 뢴룬드, 『팩트풀니스』, 김영사, 2019.

리프만, 월터, 『여론』, 까치, 2012.

박가분, 『혐오의 미러링』, 바다출판사, 2016.

버네이스, 에드워드, 『프로파간다』, 공존, 2009.

버틀러, 주디스, 『혐오 발언』, 알렙, 2016,

번스타인, 피터 L., 『위험, 기회, 미래가 공존하는 리스크』, 한국경제신문, 2008.

보드리야르, 쟝, 『시뮬라시옹』, 민음사, 2001.

서동진, 『자유의 의지 자기계발의 의지』, 돌베게, 2008.

선스타인, 캐스 R., 『최악의 시나리오. 범지구적 재난에 대한 효과적 대응법』, 에코리브르, 2008.

실버, 네이트, 『신호와 소음』, 더 퀘스트, 2014.

아즈마 히로키, 『일반의지 2.0』, 현실문화, 2012.

오스틴, J.L., 『말과 행위—오스틴의 언어철학, 의미론, 화용론』, 서광사, 2005.

오찬호, 『우리는 차별에 찬성합니다』, 개마고원, 2013.

이보라, 김희진 기자, 「불안이란 이름의 '혐오'…트랜스젠더 배제한 '터프' 해부하다」, 『경향신문』, 2020.02.21.

프랭크, 로버트, 『부자 아빠의 몰락』, 창비, 2009.

핑커, 스트빈, 『우리 본성의 착한 천사, 사이언스북스, 2014.

하라리, 유발, 『21세기를 위한 21가지 제언』, 김영사, 2018,

홉스봄, 에릭, 『폭력의 시대』, 민음사, 2008.

Beck, Ulrich, *Risikogesellschaft*, Suhrkamp, 1986.

Bourdieu, Pierre, *La Distinction*, Seuil, 1997.

Butler, Judith, *Excitable Speech: A Politics of the Performative*, Routledge, 1997.

Ewald, François, "Insurance and Risk", in *The Foucault Effect. Studies in Gevernmentality*. Ed. by G. Burchell/C. Gordon/P. Miller. The University of Chicago Press, 1991.

Foucault, MIchel. *Histoire de la sexualité, La volonté de savoir*, Paris: Gallimard, 1976.

_____, "What is Enlightenment?"(1984), *Foucault Reader*, Vintage Books, 2010.

_____, *Naissance de la Biopolitique. Cours au Collège de France. 1978~1979*, Gallimard/Seuil, 2004.

Heidegger, Martin, "Die Frage nach der Technik", in *Vorträge und Aufsätze*, 1953.

Hume, David, *A Treatise of Himan Nature: Being an Attempt to introduce the experimental Method of Reasoning into Moral Subjects. 1739-1740.*

Kahneman, Daniel and Tversky, Amos, *Choices, Values, and Frames*, Cambridge University Press, 2000.

Luhmann, Niklas, *Soziale Systeme. Grundriß einer allgemeinen Theorie*, Suhrkamp, 1984.

_____, *Ökologische Kommunikation*, Westdeutscher Verlag, 1986.

_____, *Soziologie des Risikos*, de Gruyter, 1991.

_____, Einführung in die Systemtheorie. Carl-Auer Verlag, 2002.

Mouffe, Chantal, *The Democratic Paradox*, Verso, 2000.

Piketty, Thomas, "Bramin Left vs Merchant Right: Rising Inequality and the Changing Structure of Political Conflict", WID. world WORKING PAPER

SERIES N⁰ 2018/7, March 2018.

Scheler, Max, *Das Ressentiment im Aufbau der Moralen*, Frankfurt/M.: Vittorio

 Klosterman, 1978.

Sennet, Richard, *The Fall of Public Man*, W.W. Norton & Company, 1974.

U.S. Supreme Court, Plessy v. Ferguson, 163 U.S. 537 (1896).

Young, Michael, *The Rise of the Meritocracy*, London: Thames and Hudson,

 1958.

주석

1부

1) 김지혜, 『선량한 차별주의자』, 창비, 2019, 226쪽.

2) 김지혜, 같은 책, 240쪽.

3) 오찬호, 『우리는 차별에 찬성합니다』, 개마고원, 2013, 215~228쪽. 이 책은 학력 경쟁이 유발하는 차별을 서술한 책으로 인기를 얻었다.

4) 오찬호, 위의 책, 108쪽, 112쪽. 문장에서 강조는 내가 한 것이다.

5) 오찬호, 같은 책, 111쪽, 112쪽

6) 오찬호, 위의 책, 192쪽. "이 이야기를 꺼내는 이유는 사회문제를 '개인이 어떻게 할 수 없는 것'으로 이해하는 태도들 때문이다."

7) 오찬호, 같은 책, 126쪽.

8) 같은 곳.

9) 오찬호, 위의 책, 174쪽.

10) 이 점에 대해서 나는 『우충좌돌』에서 논의한 바 있다.

11) 이런 말은 괜한 상상이 아니다. 기회의 균등이라는 원칙을 엄격하게 적용하자면 그렇다는 것이다. 능력주의에 대한 꿈과 악몽에 대해서는, 다음 책을 참조할 것. Young, Michael, *The Rise of the Meritocracy*, London: Thames and Hudson, 1958. 여기서도 생물학적 우월성을 박탈하는 '급진적인' 처방이 논의되고 있다.

12) 월터 리프만, 『여론』, 까치, 2012; 에드워드 버네이스, 『프로파간다』, 공존, 2009.

13) 2020년 2월 국회 교섭단체 대표 연설에서 심재철 미래통합당 원내대표는 '재앙'이란 표현을 18번이나 썼는데, 이것은 언론과 소셜 미디어에서 대통령에 대한 일종의 팩트 폭력의 일환으로 파악되었다.

14) 법무부가 발의한 내용에 관해서는 법무부 공고 제2007-106호를 참조할 것.

15) 미국에서 2004년에 출간된 『혐오와 수치심Hiding from Humanity: Disgust, Shame, and the Law』에서 너스바움은 다음과 같이 적고 있다 "결혼보호법이 논쟁되고 있을

당시 에드워드 케네디 상원의원이 제안한 고용차별금지법안—차별 금지 목록에 성
적 성향을 추가하는 내용을 담고 있다—은 논리적이고 실제로 필요한 조치였다. 이
법안이 이후 수 년 간 통과되지 않고 있다는 사실은 국가적으로 부끄러운 일이다."
민음사, 2015년, 527쪽. 또 "하나의 나라로서 우리는 차별금지법의 예외 문제를 완
전히 해결하지 못했으며, 정책적으로 일관된 모습을 보이지도 않고 있다." 528쪽.

16) U.S. Supreme Court, Plessy v. Ferguson, 163 U.S. 537 (1896).

17) 김지혜, 같은 책, 226쪽.

18) 이 점에 특히 주의를 기울인 사람은 샹탈 무페다. *The Democratic Paradox*,
Verso, 2000.

19) 김지혜, 같은 책, 236쪽.

20) 김지혜, 같은 책, 237~238쪽.

21) 마사 너스바움, 『혐오와 수치심』, 민음사, 2015, 534쪽.

22) 1심은 김씨가 대한민국을 모욕할 목적이 있었다고 인정하기 어렵다며 무죄를 선
고했다. 이에 검사가 항소해 현재 항소심이 진행 중이다. 김씨는 1심 재판 중 형법
105조가 과잉금지원칙 등에 위배된다며 법원에 위헌법률 심판제청을 냈으나 기각
됐고, 2016년 3월 같은 취지의 헌법소원 심판을 청구했다. 그에 대해 2020년 1월 7
일 헌법재판소는 국기 모독 등을 처벌하는 형법 105조에 대한 헌법소원 심판 사건
에서 재판관 4명 합헌, 2명 일부위헌, 3명 위헌 의견으로 합헌 결정을 했다고 밝혔
다. 헌법재판관 다수가 과잉처벌이라는 비판을 받아온 국기모독죄를 위헌이라고
판단했다. 하지만 위헌 판결을 받기 위해서는 9명 가운데 6명이 위헌이라고 판결해
야 했기에, 아쉬운 정족수 미달이었다. 과잉 처벌이라는 비판을 받아왔던 이 법률
은 살아 있게 됐다. 일부 위헌이라고 판결한 두 재판관은 조금 다른 관점이었다. 표
현의 자유만을 강조해 국기의 손상·제거·오욕을 금지·처벌하지 않을 경우에 국기
가 상징하는 국가의 권위와 체면이 훼손되고 국민들의 국기 존중 감정이 손상된다
는 합헌 의견에 동의하면서도, 다만 표현의 자유가 중요한 만큼 처벌범위를 축소해
야 한다며 공공적으로 사용되는 국기의 모독행위만 처벌하자고 했다. 곧 국가기관
이나 공적인 기관에서 사용하는 국기에 대한 모독만 처벌하자는 것이다. 두 재판관
은 이 경우 태극기 자체가 대한민국의 상징성이나 위상을 갖는다고 봤다. 국기 모독
죄 논란은 주로 개인이 자신이 소유한 태극기를 훼손한 경우에 불거졌기 때문에 처

벌범위를 '공용에 공하는 국기'로 제한하면 과잉처벌을 막을 수 있다는 것이다.

23) 위헌이라고 판결한 3인 재판관도 국민이 정치적 의사를 표현하는 수단과 방법에는 국기 사용도 당연히 포함되며, 경우에 따라선 그 방법으로 국기 훼손을 선택할 수도 있다고 봤다. 그렇기 때문에 국기모독죄가 '대한민국을 모욕할 목적'을 처벌 대상으로 삼은 것은 표현의 자유를 제한한다고 보았다. 세 재판관은 또 '모욕'이라는 기준이 너무 모호하다고 판단했다. "다소 경멸적인 표현이 수반된 '비판'도 '모욕'으로 평가될 수 있을 뿐만 아니라, 국가의 정책을 주도하는 특정 집권세력에 대한 모욕을 의도한 것이 국가에 대한 모욕으로"(「아쉬운 5대 4… '국기모독죄' 수명 연장」, 『오마이뉴스』, 2020. 01.07) 여겨질 수도 있다. 특정 집권 세력에 대한 모욕과 국가에 대한 모욕은 구별되어야 한다는 취지이다. 개인적으로 나는 위헌 판결에 동의하지만, 이 일부 위헌 판결에도 동의할 수 있다. 전자는 강력하게 표현의 자유를 지지하는 판단이고, 후자는 그보다는 약하지만 그래도 상당한 수준으로 표현의 자유를 보호하는 판단이라고 할 수 있다. 그 정도로만 표현의 자유가 보호되어도 지금보다 훨씬 낫다.

24) 그 법률 조항은 다음과 같다. "내국인이 국외에서 대한민국 또는 헌법에 의하여 설치된 국가기관을 모욕 또는 비방하거나 그에 관한 사실을 왜곡 또는 허위사실을 유포하거나 기타 방법으로 대한민국의 안전·이익 또는 위신을 해하거나, 해할 우려가 있게 한 때에는 7년 이하의 징역이나 금고에 처한다."

25) 1998년 김인호 전 청와대 경제수석은 IMF사태를 초래한 경제정책 최고 책임자로 지목돼 기소됐었다. 그런데 그는 마치 자신이 해외로 탈출하려는 의지가 있는 것처럼 묘사함으로써 자신의 명예를 훼손했다며 시사만화가 김상택 씨와 경향신문사를 상대로 10억 원의 손해배상 청구 소송을 냈다. 2000년 7월 대법원 민사 3부는 소송 상고심에서 김씨의 상고를 기각하고 원고 패소 판결한 원심을 확정했다. 재판부는 판결문에서 문제의 만평은 희화적 묘사이며, "구체적인 사실의 적시 없이 단지 특정 인물이나 사건에 관하여 비평하거나 견해를 표명한 것에 불과할 때에는 명예훼손이 되지 않는다"고 판결했다.

26) 2019년 '조국 사태'와 관련하여 나는 한국일보에 몇 개의 비판적인 칼럼을 게재했다.

27) 버틀러, 『혐오발언』, 알렙, 2016, 143~144.

28) 버틀러, 같은 책, 147쪽.

29) 버틀러, 같은 책, 148쪽.

30) 같은 곳.

31) 버틀러, 같은 책, 155쪽.

32) 버틀러, 같은 책, 157쪽.

33) "이런 수행문의 권력은 혐오 발언을 하는 자에게 부여된다.", 버틀러, 『혐오발언』, 알렙, 2016, 157쪽,

34) 나는 이전에 소외' 개념의 이런 배경을 자세히 분석했다. 『소외되기-소내되기-소내하기』를 참조할 것.

35) 오스틴의 '발언 내부 행위'와 '발언 효과 행위'의 구별에 대해서는, J.L. 오스틴, 『말과 행위—오스틴의 언어철학, 의미론, 화용론』

36) 데리다는 오스틴의 텍스트를 분석하면서, 언어 행위가 언제나 저절로 정상적인 틀 안에서 기능하지는 않는다는 점, 그리고 수행성은 까다로운 콘텍스트에 의존한다는 점을 보여주었다. J. Derrida, "signature, évènement, contexte", *Marges de la philosophie*, Minuit, 1972.

37) 버틀러도 이 점을 지적하고 있다. "이런 수행문의 권력은 혐오 발언을 하는 자에게 부여된다."(『혐오발언』, 157쪽) "혐오 발언의 수행적 권력은 국가가 승인한 법적 언어의 수행적 권력으로 비유되며, 혐오 발언과 법의 경쟁은 역설적이게도 두 주권 권력 사이의 전투로 상연된다."(159쪽)

2부

1) 이 점에 대해서는 에릭 홉스봄의 『폭력의 시대』(민음사, 2008)가 좋은 안내서이다.

2) 스티븐 핑커, 『우리 본성의 착한 천사—인간은 폭력성과 어떻게 싸워왔는가』, 사이언스북스, 2014.

3) 이 점에 대해서는 네이트 실버의 『신호와 소음』(더 퀘스트, 2014)를 참조할 것. 인간의 사회적 행위에 대한 데이터가 얻어지는 경로는 전통적으로 사람들이 믿었듯이 꼭 사실이나 진리는 아니다.

4) 이 점에 대해서는 David Hume의 *A Treatise of Himan Nature*, 특히 III 장을 참조할 것.

5) 한 예로 다음 책은 팩트의 '진리'를 제대로 인식하자는 주장을 하지만, 실제로는 사람들이 그것을 제대로 인식하지 못하는 이유들을 열거하는 데 무게를 두고 있다. 한스 로슬링, 올라 로슬링, 안나 로슬링 뢴룬드, 『팩트풀니스-우리가 세상을 오해하는 10가지 이유와 세상이 생각보다 괜찮은 이유』, 김영사, 2019.

6) Daniel Kahneman and Amos Tversky, *Choices, Values, and Frames*, Cambridge University Press, 2000.

7) 김지혜, 같은 책, 43쪽.

8) 김지혜, 같은 책, 44쪽.

9) 현상학적 윤리학의 관점에서 Max Scheler는 이미 이 점에 주의를 기울였다. *Das Ressentiment im Aufbau der Moralen*, Frankfurt/M.: Vittorio Klosterman, 1978. 경제학에서도 지위에 대한 모방 경쟁은 알려진 사실이다. 로버트 프랭크, 『부자 아빠의 몰락』, 창비, 2009.

10) 『소외되기 – 소내되기-소내하기』, 문학동네.

11) 이 점에서 대해서 나는 『니체는 왜 민주주의에 반대했는가』에서 자세히 설명하였다. 그리고 나는 『강한 인공지능과 인간』(특히 5장)에서 이 문제가 인공지능의 시대에서도 중요한 문제로 떠오른다는 점을 설명했다.

12) MIchel Foucault, *Histoire de la sexualité, La volonté de savoir*, Paris: Gallimard,1976.

13) 박가분, 『혐오의 미러링—혐오의 시대와 메갈리아 신드롬 바로보기』, 바다출판사, 2016, 157쪽.

14) 박가분, 같은 책, 296쪽. 박가분도 결국은 혐오 발언이 사회의 구조적인 문제 때문에 생긴다고 인정한다. "혐오 발언의 근원적인 뿌리는 사회경제적인 불안정과 불평등 그리고 또래집단과의 단절과 세대 간의 문화적 단절에 있다." 301쪽.

15) 박가분, 같은 책, 95쪽.

16) 박가분, 같은 책, 233~234쪽에서 재인용.

17) 워마드에서는 다음과 같은 주장이 있다. "사실 아닌 유언비어 퍼트리는 데에 죄책감 갖지 마라. 5000년 동안 한남들은 이미 그렇게 속여 왔다." 남성들이 이미 사실이 아닌 것을 사실로 말했기 때문에, 자신들도 그렇게 한다는 논리다. 박가분, 같은 책, 180쪽.

18) 「소라넷 폐쇄·여성혐오 공론화 이끈 메갈리아와 자매들」, 『여성신문』, 2016.06.02.

19) 『여성신문』, 2016.05.29.

20) 박가분은 "메갈/워마드 신드롬에 대한 진보·여성주의 진영의 착시 현상은 이념의 문제 이전에 인터넷 공론장public sphere에 대한 무지와 환상에서 비롯된 것일 수 있다"고 말한다. 그는 메갈리아를 둘러썬 일이 인터넷에 고유한 환경에서 기인한다고 생각한다. 위의 책, 176쪽.

21) Richard Sennet, *The Fall of Public Man*, W.W. Norton & Company, 1974, p. 259.

22) 이보라, 김희진 기자, 「불안이란 이름의 '혐오'…트랜스젠더 배제한 '터프' 해부하다」, 『경향신문』, 2020.02.21. 한국의 터프 집단은 영국 출신 터프 이론가 실라 제프리스의 주장을 신봉한다. "제프리스는 트랜스젠더에 배제적 입장을 보였던 1970~1980년대 래디컬 페미니즘 조류에서도 극단에 있는 학자로 평가된다. 트랜스젠더를 여성에게 위협적인 존재이고 신체 훼손을 부추기는 사람들이라고 주장한다. 이 같은 논의는 해외에선 강한 비판이 전개돼 학계에서 영향력이 있지 않다. 학자들은 그의 주장이 트랜스젠더를 낙인찍고 이들의 사회적 권리를 심각하게 침해한다는 점에서 문제라고 본다. 페미니즘이 그간 진전시킨 젠더 논의를 협소하게 만들고 후퇴시킨다는 점에서도 비판한다." 이전에 트랜스젠더가 싫다는 소극적인 싫음 수준의 시각은 제프리스 등의 이론을 빌려 급진적인 페미니즘의 언어이자 이데올로기가 되었다. "터프는 태어날 때 지정된 성별은 바꿀 수 없다고 본다. 여성과 남성을 '계급'으로 인식한다. 가장 아래 계급에 위치한 여성 인권을 남성·트랜스젠더의 그것보다 우선해야 한다고 말한다."

23) 이보라, 김희진 기자, 위의 글. 인용된 말은 문화평론가 손희정의 말이다.

24) Foucault, "What is Enlightenment?"(1984), *Foucault Reader*, Vintage Books, 2010. 나는 이 문제를 『소외되기』와 『강한 인공지능과 인간』에서 다룬 적이 있다.

25) 이보라, 김희진 기자, 「불안이란 이름의 '혐오'…트랜스젠더 배제한 '터프' 해부하다」, 『경향신문』, 2020.02.21.

26) 이보라, 김지희 기자, 위의 글. 같은 기사에는 다음과 같은 내용도 있다. "온라인에서 유통되는 일부 가짜뉴스도 혐오를 키웠다. 대부분 '트랜스젠더는 여성 안전을

위협한다' '트랜스젠더가 여성 자리를 빼앗는다' 같은 내용이다. 출처를 확인한 결과, 악의적으로 윤색된 가짜뉴스도 다수 섞였다. 예컨대 '여성을 강간하고 여성교도소로 수감되는 트랜스젠더들'로 소개된 인물들 중 일부는 사실이 아니었다. 영국 가디언 등에 따르면 '여성을 성폭행한 트랜스젠더가 남자교도소에 보내졌다' '성폭행 혐의로 기소된 트랜스젠더가 무혐의 처분을 받았다'가 사실이었다. 해외 반기독교·반트랜스젠더 사이트의 내용들이 검증 없이 번역돼 소개됐다."

27) 나는 이 문제를 『소외되기-소내되기-소내하기』에서 다룬 적이 있다.

28) 김지혜, 같은 책, 51쪽.

29) 버틀러의 『혐오 발언』에서 인용했지만, 정식 출판본의 번역이 조금 좋지 않아서, 이번 인용은 원서에서 내가 직접 했다. Butler, *Excitable Speech: A Politics of the Performative*, Routledge, 1997, Ch.3, Note1.

30) 같은 곳. 인용된 구절 가운데 강조는 버틀러에 의한 것임.

31) 같은 곳.

32) Butler, *Excitable Speech*, p. 117.

33) 푸코는 이 '생명 권력'에 대해 철학적이고 역사적인 분석을 수행했다. *Naissance de la Biopolitique. Cours au Collège de France. 1978~1979*, Gallimard/Seuil, 2004.

34) 구별 짓기는 차별을 생산한다. 부르디외는 구별 짓기가 생산하고 유발하는 문제가 특히 상징적 가치를 주장하고 강조하는 과정과 맞물려 있음을 분석했다. *La Distinction*, Seuil, 1979.

35) Thomas Piketty, "Bramin Left vs Merchant Right: Rising Inequality and the Changing Structure of Political Conflict", WID. world WORKING PAPER SERIES N⁰ 2018/7, March 2018, p.3.

36) Thomas Piketty, 같은 곳, p. 16.

37) Thomas Piketty, 같은 곳, p. 16.

38) Thomas Piketty, 같은 곳, p. 61.

39) 「'사교육비 폭증', 대입 부담과 경쟁 완화가 해결책」, 『한국일보』, 2020.03.12. "문재인 정부 들어 3년 연속 사교육비 총액과 1인당 사교육비, 사교육 참여율 모두 급등 추세라는 점이다. 사교육비 총액은 2015년 17조8345억 원까지 내려간 뒤 반등

해 지난해에는 전년 대비 증가율(7.8%)마저 가장 높았다. 사교육 참여율(74.8%)도 2016년 67.8%로 최저점을 찍은 뒤 3년째 증가 추세다. 교육부는 "소득이 늘어난 만큼 사교육비가 오른 측면이 있다"고 했지만 책임 회피다. 평균소득 중 1인당 월평균 사교육비 비중이 해마다 늘어난 것이 이를 반증한다.

40) 유발 하라리, 『21세기를 위한 21가지 제언』, 김영사, 2018, 298쪽.

41) 지속적으로 이 비판을 한 사람이 강준만 교수다. 그는 『지방은 식민지다!』(개마고원, 2008)에 이어 『지방식민지 독립선언-서울민국 타파가 나라를 살린다』(개마고원, 2015)를 썼다.

42) 그것은 오히려 소내되는 과정이라고 파악될 수 있다. 나는 이 문제를 『소외되기-소내되기-소내하기』에서 상세히 다뤘다.

3부

1) 개별 행위자의 의사 대신에 시스템의 관점에서 커뮤니케이션을 분석한 이 장의 내용의 핵심은 루만이 연구한 성과이다. 루만의 관점이 곳곳에 스며들어 있기에 개별적인 인용을 하지 않았음을 알린다. *Soziale Systeme. Grundriß einer allgemeinen Theorie*, Suhrkamp, 1984. 이 책 4장의 주제가 '커뮤니케이션과 행위'이다.

2) 「부정적 어감 '노인' 호칭…'어르신'으로 고쳐 부르자」, 『동아일보』, 2010.07.01

3) 루만은 이 점을 분명하고 냉정하게 언명한다. "커뮤니케이션은 모든 것을 사로잡는, 보편적인, 그리고 없앨 수 없는 의혹을 열어놓는다. 모든 맹세와 위안은 그 의혹을 재생시킨다." *Soziale Systeme*, Suhrkasmp, p. 207. 여기서 출발하면, 커뮤니케이션에서 어떤 정보를 수용하느냐 아니냐는 물음은 중요하지 않다는 점이 드러날 것이다. 다음 문장은 이 점을 다소 과격한 모습으로 말한다. "어떤 전달을 받아들이는 것은 커뮤니케이션을 구성하는 요인이 아니다." *Einführung in die Theorie der Gesellschaft*, Carl Auer Verlag, p. 100.

4) 루만은 '도덕과 매너가 18세기에 분리된다'는 점을 주의 깊게 관찰했다. 한 예로, *Einführung in die Theorie der Gesellschaft*, Carl Auer Verlag, p. 305. 물론 그래서 감정이 단순히 힘을 잃었다는 말은 아니다. 오히려 그것은 낭만적 사랑의 형태로 확대되거나 극단적인 형태로 다시 의례가 되었다.

5) Luhmann, *Soziale Systeme. Grundriß einer allgemeinen Theorie*, Suhrkamp, 1984. 이 5장의 주제가 '시스템과 환경'이다.

6) Luhmann, *Soziale Systeme. Grundriß einer allgemeinen Theorie*, Suhrkamp, 1984. 이 책 9장의 주제가 '모순과 갈등'이다.

7) 시스템의 관점에서는 인간의 지능과 인공지능 사이에는 큰 차이가 없다. '자기 조직 시스템'으로서의 머신 러닝에 대해서는 나의 『강한 인공지능과 인간』(글항아리, 2019), 47~48 페이지를 참조할 것.

8) Luhmann, *Soziale Systeme*, p. 504.

9) Luhmann, *Einführung in die Systemtheorie*, Carl-Auer Verlag, 2002, p. 57.

10) Luhmann, *Einführung in die Systemtheorie*, Carl-Auer Verlag, 2002, pp. 57~58.

11) Luhmann, *Soziale Systeme*, p. 537.

12) Luhmann, *Macht*, Konstanz und München: UVK Verlagsgesellschaft(4. Auflage, 2012), p. 13.

13) Luhmann, *Soziale Systeme*, pp.537~538.

14) Luhmann, *Soziale Aufklärung II*, Aufsätze zur Theorie der Gesellschaft, Wiesbaden: Springer, 2005, pp.19~20.

15) Luhmann, *Soziale Systeme*, p. 535.

16) Luhmann, *Soziale Systeme*, p. 539.

17) Luhmann, *Soziale Systeme*, p. 539.

18) 토마스 셸링, 『갈등의 전략』, 한국경제신문, 2013, 19쪽.

19) 셸링, 같은 책, 20~21쪽.

20) 셸링, 같은 책, 21쪽.

21) 셸링, 같은 책, 21쪽.

22) 이 문제를 루만은 "이중의 우발적 조건doppelte Kontingenz"라는 주제로 분석했다. *Soziale Systeme*, Shurkamp, pp.148~190.

23) Luhmann, *Soziale Systeme*, Shurkamp, p. 530.

24) 이 문제에 대해서는 다음을 참조할 것. Luhmann, *Soziale Systeme*, Shurkamp, p. 154.

25) 이 문제에 대해서 나의 다음 글을 참조할 것. 「시스템이론과 내포/배제의 문제」, 『철학연구』114호, 2016년 10월.

26) 나는 이 시스템의 문제를 『강한 인공지능과 인간』에서 다뤘다. 특히 3부를 참조할 것.

27) 네이트 실버, 『신호와 소음』, 더퀘스트, 2014, 535쪽.

28) 같은 곳.

29) 같은 책, 599쪽.

30) 같은 책, 643쪽.

31) "이 나라는 '국립 질투심 날'에 국민 모두의 소득을 공개한다. 프라이버시를 침범하는 제도라며 반대하는 자들도 있다." Laura Paddison, HuffPost US, 2018. 11.05.

32) 한 예로 아즈마 히로키는 "대의제만으로는 민주주의를 완성할 수 없다"며 정치적 무의식을 드러내야 한다고 말한다. "필자는 이런 광경을 몽상한다. 국회 의사당에 거대한 스크린을 설치해, 거기에 실시간으로 집약된 ― 의사 중계 영상을 시청한 ― 국민의 반응을 직감적으로 파악 가능한 그래픽으로 변환해 띄운다."『일반의지 2.0』, 현실문화, 2012, 188쪽. 물론 그는 자신의 제안이 흔히 말하는 '오픈 소스 민주주의'와도 결정적으로 다르다고 말한다. "필자는 집단지성을 활용해 조문이나 정책을 만들 수 있다고 생각하지는 않는다. 집단지성은 정보의 수집이나 오류 수정에는 힘을 발휘하나 무로부터의 창조에는 걸맞지 않기 때문이다. 알기 쉽게 말해서 사전 제작이나 사실 보도에는 효과적이지만, 장편 소설이나 정치 문서 작성에는 맞지 않는다." 199쪽. 그러나 그런 대의제로 드러나지 않는 정치적 무의식을 표면에 드러내기만 하면, 사람들의 태도나 반응을 직감적으로 알 수 있을까? 그 자료를 어떻게 파악하느냐는 물음은 다시 커뮤니케이션이라는 사회 시스템이 어떻게 작동하느냐에 대한 대답에 달려 있다. 자료가 저절로 사실이나 진리를 드러내게 하자는 믿음은 자칫하면 신화적인 형태의 진리를 추종하는 일이 될 수 있다.

33) 자기를 일차적으로 참조하되 타자는 고려하지 못하는 이 자기 참조성은 타자 참조성에 대비될 수 있다. 시스템이 어쩔 수 없이 빠지는 이 자기 참조성에 대해서 나는 『강한 인공지능과 인간』에서 다룬 적이 있다. 특히 3부를 참조할 것.

찾아보기